阅读成就思想……

Read to Achieve

从格雷厄姆到巴菲特

[美]
布鲁斯·C.格林沃尔德
(Bruce C. Greenwald)
贾德·卡恩
(Judd Kahn)
艾琳·贝利西莫
(Erin Bellissimo)
马克·A.库珀
(Mark A. Cooper)
塔诺·桑托斯
(Tano Santos) ◎著

林安霁 樊帅◎译

价值投资

VALUE
INVESTING

FROM GRAHAM TO
BUFFETT AND BEYOND

投资

第2版 SECOND
EDITION

中国人民大学出版社
· 北京 ·

图书在版编目（CIP）数据

价值投资：从格雷厄姆到巴菲特：第2版 /（美）
布鲁斯·C.格林沃尔德（Bruce C. Greenwald）等著；
林安霁，樊帅译. -- 北京：中国人民大学出版社，
2024. 7. -- ISBN 978-7-300-32875-1

Ⅰ. F830.59

中国国家版本馆CIP数据核字第2024VS5875号

价值投资：从格雷厄姆到巴菲特（第2版）

布鲁斯·C.格林沃尔德（Bruce C. Greenwald）

贾德·卡恩（Judd Kahn）

[美]　艾琳·贝利西莫（Erin Bellissimo）　　　　　著

马克·A.库珀（Mark A. Cooper）

塔诺·桑托斯（Tano Santos）

林安霁　樊　帅　译

JIAZHI TOUZI : CONG GELEIEMU DAO BAFEITE （DI 2 BAN）

出版发行	中国人民大学出版社			
社　址	北京中关村大街31号		**邮政编码**	100080
电　话	010-62511242（总编室）		010-62511770（质管部）	
	010-82501766（邮购部）		010-62514148（门市部）	
	010-62515195（发行公司）		010-62515275（盗版举报）	
网　址	http://www.crup.com.cn			
经　销	新华书店			
印　刷	北京联兴盛业印刷股份有限公司			
开　本	720 mm×1000 mm　1/16		**版　次**	2024年7月第1版
印　张	28.75　插页2		**印　次**	2024年8月第3次印刷
字　数	434 000		**定　价**	139.90元

致戴安娜·格林沃尔德，没有她"温柔"的鼓励，这本书就不会存在，还有加布里埃尔·卡恩——优秀的儿子和了不起的父亲！

本书赞誉

本书值得每一位严肃的投资者收藏。

《金融时报》

格林沃尔德教授培养了一代价值投资者，他教授的课程备受赞誉。

《巴伦周刊》

布鲁斯·C.格林沃尔德：华尔街大师的宗师。

《纽约时报》

本杰明·格雷厄姆在20世纪20年代于哥伦比亚大学商学院开创了价值投资之路，随后在20世纪30年代出版了史诗般的《证券分析》。但他从未想到，多年后布鲁斯会来到哥伦比亚大学商学院，给成千上万的年轻人上课，帮助他们成为优秀的价值投资者。我遇到过很多人，他们把自己投资的成功归功于布鲁斯的课程。我在伯克希尔－哈撒韦的两位投资经理中就有一位是布鲁斯的高徒，就是托德·库姆斯。我也多次参加过布鲁斯的课程，每当看到年轻人有机会向布鲁斯学习投资时，我就倍感高兴！

沃伦·巴菲特

伯克希尔－哈撒韦董事长、哥伦比亚大学商学院 1951 届校友与布鲁斯合作，我在各方面都棋逢对手。他拥有一种以全新视角分析事物的能力，从而打破常规，创造出具有极大普遍性和影响力的简洁模型。对我们俩来说，打磨与创造新思想远比加紧写作要有趣得多。

约瑟夫·E.斯蒂格利茨（Joseph E. Stiglitz）

哥伦比亚大学商学院教授、诺贝尔经济学奖获得者

如果没有机会在哥伦比亚大学商学院或者北京大学光华管理学院修读价值投资课程，那么认真阅读《价值投资：从格雷厄姆到巴菲特（第2版）》和《竞争优势：透视企业护城河》这两本书，一定能给你醍醐灌顶的学习体验。

姜国华

北京大学光华管理学院会计学教授、北京大学博雅特聘教授

教育部长江学者特聘教授 、中国证监会第十七届发审委委员

这本现代投资经典在第1版的基础上进行了深刻的更新。格林沃尔德和他的团队对当今投资者面临的一些最棘手的问题进行了深入的探讨，并提供了成功应对的思路。

赛思·A.卡拉曼（Seth A. Klarman）

包普斯特集团（Baupost Group）总裁，《安全边际》作者

全球金融危机后，特别是2020年以来，成长投资的业绩表现显著优于价值投资。有人认为价值投资已死，而成长投资的成功则是源于企业近年优异的业绩表现，以及被动投资兴起所带来的良性循环。与时俱进固然重要，但不要忘记那些久经检验、探寻投资价值源泉的原则。无论你站在哪边，本书都是你获取投资必备方法的宝贵指南。

霍华德·马克斯（Howard Marks）

美国投资大师、橡树资本联合创始人、《投资最重要的事》《周期》作者

对成熟投资人与投资初学者来说，本书都是必读书目。价值投资领域的大师布鲁斯·C.格林沃尔德与贾德·卡恩对他们的早期成果进行了更新，探索在金融危机、疫情以及科技股狂潮之中，价值投资实践是否需要改变。尽管在当下"以50美分买1美元"的机会不易觅得，但布鲁斯、贾德以及书中一众代表性投资者，仍为今天的市场提供了缜密的指引。

格伦·哈伯德（Glenn Hubbard）

哥伦比亚大学商学院前院长、罗素·L.卡森金融学与经济学讲席教授

从基本理论框架到具体实用方法，结合对四家具体公司的案例分析，以及对12位价值投资人之投资风格和经典案例的简介，本书从理论到实践对价值投资进行了深入浅出的讲解，自然是价值投资的入门必读之书。

常劲

喜马拉雅资本执行董事兼首席运营官、哥伦比亚大学商学院1996届校友

本书第1版问世时即被公认为经典。当时（1999年）价值投资并不受推崇，一如当下。对于当时放弃久经检验的价值投资的投资者而言，随之而来的反转迅猛而残酷。本书第2版在修订与更新之时补充了诸多内容，可谓更佳。购入本书，仔细钻研，便能从中获利。

比尔·米勒（Bill Miller）

Miller Value Partners基金创始人、董事长与首席投资官

本书为价值投资信徒必读。格雷厄姆与多德于1934年创立了基本面证券分析。格林沃尔德夯实了这一方法的价值，并在新世纪发扬光大。

马里奥·加贝利（Mario Gabelli）

加贝利资产管理公司董事长

这本价值投资的权威之作终于修订完毕，成长会是新版之中激起热议的

话题。何时为成长买单？这是最聪明的格雷厄姆与多德式价值投资者如今不能回避，甚至日常自省的问题。本书第2版将成长视为卓越投资的关键变量，为期望在当前快速变化的世界中取得不俗业绩的聪明投资者们，提供了更多智慧与洞见。

约翰·米哈杰维奇（John Mihaljevic）

MOI Global董事长、《发现黑马》作者

格林沃尔德和卡恩最新修订并扩充内容的《价值投资：从格雷厄姆到巴菲特（第2版）》非常棒，我的桌上摆着这本书，各位也应该人手一本，仔细学习。

卫斯理·R.格雷（Wesley R. Gray）

Alpha Architect首席执行官

《量化价值投资》与《构建量化动量选股系统的实用指南》作者

《价值投资：从格雷厄姆到巴菲特（第2版）》是哥伦比亚大学格林沃尔德教授和团队的力作，在经典价值投资理念基础上，拓宽和深化了对成长性和相关风险的理解，对于广大的中国投资者来说，尤其在当下经济环境和投资范式切换的变局中，非常具有指导意义，可以说是一本生逢其时的好书。

刁扬

腾达资本创始人、哥伦比亚大学商学院理事会成员

哥伦比亚大学商学院2001届校友

所有基本面投资者都面临两个挑战：评估企业的成长性和实施有效的风险管理策略。格林沃尔德在本书第1版的基础上进行了更新和拓展，第2版很好地解决了这两个问题。本书提供了系统性的方法来分析成长性，并提供了计算成长对估值影响的方法，还包含了现代化的风险管理方法，解决了传

统风险管理与个股脱离的不足之处。《价值投资：从格雷厄姆到巴菲特（第2版）》是所有基本面投资者的必读经典。

保罗·约翰逊（Paul Johnson）

资深投资人、哥伦比亚大学商学院客座教授

《证券分析师进阶指南》作者

作为一位具有长期视野的投资人，我很难找到一本专注于长期投资的书籍。耐心的钱终将获得丰厚的回报。格林沃尔德教授既理解相对短期的投资者所需的工具，同时也深谙投资于基业长青企业并伴随其发展的真谛。这是一本必读之作！

托马斯·鲁索（Thomas Russo）

Gardner Russo & Quinn LLC 基金管理人

对于任何想从全新视角分析公司和选择投资的人来说，本书都是必读之书。

帕特·多尔西（Pat Dorsey）

多尔西资产管理公司创始人、晨星公司证券研究部前主管

《股市真规则》《巴菲特的护城河》作者

最值得你花时间的新书是格林沃尔德的这本著作，作者的目标是让他们的作品能够被放在本杰明·格雷厄姆20年代50年代经典之作《聪明的投资者》的旁边。1986版的《聪明的投资者》被沃伦·巴菲特称赞为"迄今为止最佳投资书籍"。我认为格林沃尔德的这本书更好。

罗伯特·巴克尔（Robert Barker）

《商业周刊》

格林沃尔德是一位痴迷于价值投资的经济学家（麻省理工学院博士）。他更新并拓展了格雷厄姆的理念，他讲授的夏季课程备受推崇，从知名基金经理到那些没能选上格林沃尔德课程的哥伦比亚大学商学院 MBA 学生都希望能够学习。不过随着本书出版，大家有了更为便宜的学习方式。

保罗・斯特姆（Paul Sturm）

美国晨星公司前董事

无数投资大师的成功案例告诉我们，价值投资是所有投资方法中最容易取得成功的。对今天的投资者来说，要想把价值投资学好，站在前人的肩膀上是最简便的方法。在我的阅读清单中，有一些价值投资作者的书可以说是"每本必看"，布鲁斯・C.格林沃尔德就是其中一位，他的这本《价值投资：从格雷厄姆到巴菲特（第2版）》就绝对值得投资者反复、仔细阅读。这本书从价值投资的原理讲起，包含了丰富的案例分析，最后以十余位价值投资大师的经历收尾，值得有志于价值投资的朋友们仔细阅读。值得指出的是，译者林安霁先生也是我的挚友，他在美国著名的价值投资机构工作，出自内行的翻译手笔让这本书阅读体验倍增。有道是"看书是这个世界上最好的投资"，我诚挚向你推荐这本书，希望你能从中找到正确的投资方法，从此走上价值投资的坦途。

陈嘉禾

九圜青泉科技首席投资官、《证券时报》专栏作者、CGTN 财经评论员

布鲁斯・C.格林沃尔德是我在哥伦比亚大学商学院读书时最尊敬的教授。他是哥伦比亚大学价值投资理念的传播者和放大器。格林沃尔德教授在哥伦比亚大学的授课非常强调理论结合实际，大部分课堂邀请行业里面著名的价值投资者来分享自己的感悟和案例分析。本书就具体介绍了 12 位投资大师的价值投资理念。

格林沃尔德教授对于"好生意"的定义、判断和选择，对我的投资理念的形成影响非常大。过去三年，疫情和战争让世界充满不确定性。坚持长期

投资有护城河守护的业务增长、有客户黏性的品牌、难以切换的网络效应，尤其珍贵。另外，在中国市场过去两年被投资人抛弃时，是否敢于逆向投资中国的"好生意"，也是对坚守价值投资的考验。格林沃尔德教授关于价值投资的真理永远不变，变化的是人的心态。

张小刚

兰溪资本创始人、哥伦比亚大学商学院 2004 届校友

每次翻读格林沃尔德教授的《价值投资：从格雷厄姆到巴菲特（第 2 版）》，我都会有种重剑无锋、大巧不工的感觉。这次看到安霁翻译的中文版，"安全边际""市场先生""能力圈"这些熟悉的概念似乎提醒着读者，在变幻莫测的市场做到知行合一是多么难能可贵。站在 2023 年底的时点，回顾这几年地缘政治冲突和资本市场流动性变化带来的投资范式的转变（Paradigm Shift），更感觉投资者需要的不是预测未来的能力，而是对价值信仰的坚持。哪有穿越周期无畏牛熊的赚钱铁律，无非都是坚持在能力圈内持续专业化的积累和基本的判断罢了。

刘潇

太古公司中国业务发展总经理、哥伦比亚大学商学院 2011 届校友

我需要坦白的是，当年我走进哥伦比亚大学商学院格林沃尔德教授的课堂，学习本书的部分内容时，我已决定毕业后投身于科技创业投资的疆域。当时，我怀疑价值投资的原则是否适用于评估那些追求未来呈指数级增长的科创企业。甚至在分析亚马逊公司的案例时，我还与几个同学哗众取宠地挑战价值投资的估值原则。

然而，随着时间的推移，在创业投资的道路上不断前行，我发现自己不断回到本书及《竞争优势：透视企业护城河》这两本书上。尤其是当前，技术革新的步伐愈发迅速，从人工智能到新能源，再到 Web3，市场呈现出众多充满投资潜力的技术趋势。作为投资者，我们必须警醒地保持在自己的"能力圈"内操作，而非逐浪而行。在中国，创业投资的浪潮正从轻资产的

移动互联网转向与传统制造业联系紧密的硬科技。本书所提倡的三要素估值方法，对于精准评估硬科技投资机会，提供了极具洞见的视角。

周志峰

启明创投合伙人、哥伦比亚大学商学院2011届校友

"绿爷爷"（格林沃尔德）用30多年来每一堂课的教学、每一个大师的投资历程故事，以及每一个师生共同的投资实践，不断地完善、丰富价值投资的内涵，浓缩于这本哥伦比亚大学价值投资项目的经典教材中。《价值投资：从格雷厄姆到巴菲特（第2版）》对经典价值投资体系的补充、拓展及反省的内容尤为珍贵。

"尽信书，不如无书。"祝读者们早日达成"手中有剑，心中无剑"之境。

周知然

中庸资本合伙人、哥伦比亚大学商学院2011届校友

10多年前我在哥伦比亚大学商学院求学的时候有幸上过布鲁斯·C.格林沃尔德教授主讲的"战略行为经济学"（*Economics of Strategic Behavior*）课程，这是我价值投资的启蒙课，课上探讨过不少投资案例和分析，让我对价值投资心向往之。但是真的开始做一级市场投资的时候，我才发现要实践这个理念很难。尤其是过去10年在中国以成长期机会为主的时候，价值投资的框架很难用于评估成长期的机会。这次《价值投资：从格雷厄姆到巴菲特（第2版）》是在之前第1版的基础上，补充了成长期价值判断的原理。在中国乃至全球整体市场增速下滑的今天，如何对成长性进行判断，如何更好地为企业的增长定价，显得更加重要。本书介绍的投资框架不仅仅是一、二级市场投资人用于判断投资标的价值的工具，也是企业家、战略家对于企业发展方向、竞争优势判断的决策工具。在面临更多内外部挑战的今天，希望我们都能够更好地运用价值投资原理，成为价值导向的成长投资者。

吴晶

CPE源峰执行总经理、哥伦比亚大学商学院2013届校友

本书第 2 版蕴含大智慧，过滤掉了许多与投资相关的噪音，详细讲解了能够长期创造财富的投资框架。在我刚开始职业生涯时，第 1 版为我提供了很多指导，一直是我时常翻阅的经典。我每年都把本书推荐给我在哥伦比亚大学商学院的学生。

杰夫·穆勒（Jeff Muller）

波伦资本基金经理、哥伦比亚大学商学院 2013 届校友、客座教授

所有好的投资都是价值投资，而成功投资的一些核心原则仍然一如既往地重要，即关注不受欢迎的领域、注重行业知识能力圈和估值纪律，并关注优秀企业及其竞争优势。作为格林沃尔德教授的学生，我欣喜地看到教授为读者提供了更为全面的投资框架，特别是如何投资拥有经济特许权的企业（这是我非常注重的投资领域）。我要赞扬林安霁校友为中国读者高质量地翻译了这本书，并真诚希望本书能带动下一代投资者采用更为优越的投资方法。

彭志豪

某国际著名投资机构资深投资人、哥伦比亚大学商学院 2014 届校友

本书与《竞争优势：透视企业护城河》互为补充，提供了研究与实践价值投资的宝贵方法，值得每位基本面投研人士学习与收藏。

刘玉刚

Fidelity Pacific Basin Fund 基金经理、哥伦比亚大学商学院 2014 届校友

价值投资理论问世以来，得到了广泛的实践应用，同时也在不断地被讨论和完善。过去三十多年随着信息技术和新材料等领域的颠覆性突破，涌现出了非常多优秀的成长型企业。如何评估这样的成长型企业，尤其叠加上新兴市场的各种复杂因素，给价值投资理论带来了巨大的挑战。格林沃尔德教授结合在哥伦比亚大学商学院多年的教学经验，在本书第 2 版特别讨论和强

调了风险管理和主动研究实践的重要性，对在中国的价值投资实践者有相当大的启发性和思考意义，进一步拓宽了价值投资理论应对社会发展和市场变迁的内涵，堪称学习价值投资的《新约全书》。

曾晓东

前世界银行资源管理官员

在价值投资领域，本书是继《证券分析》和《聪明的投资者》之后最重要的必读书，不仅帮助读者领会价值投资精髓，而且与时俱进地讲授如何评估成长。真实案例和12位价值投资者的实践让读者学懂会用。我向所有认真对待投资的朋友推荐本书！

王文

中国人民大学重阳金融研究院执行院长

作者将成长性作为计算公司价值的因子，是对企业内在价值理解的重大进阶。尤其令人耳目一新的是，书中提到了没有显著竞争优势的成长，就是价值毁灭，这点对中国尤其适用；同时又提到了要考虑经济特许权的衰减，以加强投资的安全边际。这两条都是非常重要的认知提升。

邱伟

九弦资本创始合伙人

欣闻格林沃尔德教授所著《价值投资：从格雷厄姆到巴菲特（第2版）》的中文翻译已经由林安霁和樊帅完成。安霁请我给中文版写序，自是荣幸，爽然允诺。

格林沃尔德教授（格老）是我三十年前在哥伦比亚大学商学院求学时的教授，虽然无缘上他的课，但却因价值投资的教学而结缘，有幸邀请到格老于2016年暑期来北京大学光华管理学院讲授了一周的价值投资课。格老那时已经在为退休做准备，能答应到北京大学讲课实在是给了天大的面子。而姜国华老师和我在北京大学光华管理学院开设的价值投资课正是依照格老在哥伦比亚大学商学院开创的教学模式来进行的，《价值投资：从格雷厄姆到巴菲特（第2版）》正是我们选择的教材之一。我们的教学内容也参考了格老在哥伦比亚大学讲授价值投资课的内容，而我更是把格老的企业内在价值估值框架作为我授课的重点内容。师恩如此，何以为报！

格老在价值投资界以价值投资的教学闻名，他在哥伦比亚大学商学院开设的价值投资课，不仅是哥伦比亚大学商学院最受学生欢迎的课，也是价值投资教学实践的标杆！哥伦比亚大学商学院的"价值投资人的摇篮"之名声，始于格雷厄姆教授，盛于格林沃尔德教授！他的《价值投资：从格雷厄姆到巴菲特（第2版）》一书作为哥伦比亚大学商学院价值投资课的教材，是格老和贾德·卡恩等诸位作者参与编写的心血结晶。从基本理论框架到具体实用方法，结合对四家具体公司的案例分析，以及对12位价值投资人之投资风格和经典案例的简介，本书从理论到实践对价值投资进行了深入浅出的讲解，自然是价值投资的入门必读之书。

1991 年格老加盟哥伦比亚大学，成为商学院罗伯特·海尔布伦（Robert Heilbrunn）终身金融与资产管理讲席教授，并开始从事价值投资的教育，1994 年他把价值投资打造成商学院的招牌选修课，10 年后（2001 年）正式出版本书第 1 版，再过 20 年后（2021 年）方才出版第 2 版，可谓三十年磨一剑！可想而知，格老对书中内容之认真，也是此书为何经得起时间之考验的关键所在！过誉之词无需多言，相信书中的内容各位读者读完自可感知。

格老本是一位杰出的经济学家，在从事价值投资教学的同时也在华尔街进行着价值投资的实践。本书在价值投资的理论上未做深入的探索，更多着墨于价值投资的实践，可谓一个遗憾。所以在教学过程中，他把经济学的原理运用于价值投资的理论建设，于 2005 年写了《竞争优势：透视企业护城河》一书作为对本书的补充，有兴趣的读者可以找来读一读。

上过北京大学价值投资课的朋友应该会发现，姜老师和我的教学内容与格老在哥伦比亚大学的教学内容相比甚有差异，尤其是我讲授的部分，偏重于理论的探讨和思辨，而对于实用方法和技巧的介绍和讨论比较少。我的价值投资之旅并非始于哥伦比亚大学，而是始于喜马拉雅资本。我对价值投资的知识和理解主要来自李录先生。而李录先生对价值投资的理论和实践形成了自己的一套体系。在实践上，我们更强调对公司基本面的研究，强调研究的深度，对重要问题认识和理解的深度，而不太强调具体数据的分析。这也许便是我们这堂课的遗憾，而格老的这本书正好可作为对我们教学缺失的补充。

我在教学过程中，常纠结于中英文概念在理解上的细微差别，也常慨叹某些中文翻译对英文原文的曲解所造成的误人子弟。好在此书的两位译者都是价值投资的忠诚信徒，都给姜老师和我在北京大学价值投资课的教学中担任过助教。安霁不仅在哥伦比亚大学商学院接受过格老的亲授，还是我在喜马拉雅资本的同事。樊帅更是在北京大学价值投资课开设以来一直担任助教，对姜老师和我的帮助始终如一，让我衷心感激、钦佩。于公于私，我都乐意为此中译本作序推荐。

是为序。

常劲

2023 年 10 月 28 日于美国西雅图

推荐序二

2015 年秋，在喜马拉雅资本的支持下，北京大学光华管理学院"价值投资"课程正式开课。当时正值股灾过后的投资者情绪低谷期，首期选课学生不到 20 位，申请旁听的校外学员也屈指可数。2016 年夏，布鲁斯·C. 格林沃尔德教授专程来华，将前沿的价值投资理论带到了北京大学光华管理学院"价值投资"课程当中。彼时，这门课开课还不满一年。

如今，我国资产管理顶层设计经历了从讨论、落地到执行的完整过程，金融制度愈发成熟。同时，这门课程已经开办了九年。九年间，选课学生与旁听学员累计超过 2000 人，在传播价值投资理念的同时，也在国内聚起一批认同与践行该理念的投资人，构筑起中国版的"价值投资村"。从 2015 年到 2023 年，课程开设的这九年，也正是国内价值投资理念从萌芽到发展的九年；我们的课程越来越受欢迎，反映出价值投资理念逐渐被国内投资者所理解和认同。

价值投资知易行难。人们喜欢巴菲特的财富，但很少有人能真正践行这一方法。格雷厄姆的《证券分析》奠定了价值投资乃至投资分析领域的理论基础，但半个世纪过去之后，价值投资领域一直缺少一本教材级的新作。格林沃尔德教授的这本著作正好填补了这一空白。成书于世纪之交的本书第 1版，在格雷厄姆经典理论的基础上，创造性地提出了一种全新且非常实用的估值方法，我们在北京大学的课堂上给这种方法起了个中文名，就叫"格式估值法"。而于 2021 年问世的本书第 2 版，更是将众多经典价值投资者避而不谈的"成长"问题重点提出，将成长价值的分析与评估纳入"格式估值法"的框架之中。不仅如此，格林沃尔德教授还将 20 年间的投资感悟，渗透在选股、研究、组合与风控等各个章节的内容中。

本书与格林沃尔德教授的另一本经典著作《竞争优势：透视企业护城河》也实现了相互呼应。本书介绍价值投资的理念与方法论，其中对于"好生意"的分析判断（本书第 7 章），正是《竞争优势：透视企业护城河》所展开讲述的内容；《竞争优势：透视企业护城河》聚焦企业战略与护城河，其中从战略视角评估企业价值的方法（该书第 16 章），正是《价值投资：从格雷厄姆到巴菲特（第 2 版）》的核心内容。建议想通过本书学习价值投资的读者，可以将两本书结合起来阅读与思考。另外，两本书还有一个难能可贵的共同点——都有丰富的案例分析以供读者充分理解理论内容。许多投资者对于撰写案例讳莫如深，生怕案例公司未来发展与成书内容不一致，会遭到读者诟病。格林沃尔德教授不仅在两本书中都给出了丰富的案例，本书第 2 版还在第 1 版的基础上讨论了案例公司后续年份的发展，对原有案例形成了有力补充。价值投资者需要这种"对知识的诚实"（intellectual honesty），而案例分析内容在一二十年的后验视角下仍颇有启发性，也是该方法论有效性的体现。

本书和《竞争优势：透视企业护城河》一书的两位译者——林安霁、樊帅，都是北京大学光华管理学院会计系的校友，也曾是北京大学光华管理学院"价值投资"课的学员。翻译这两本书，正是 2016 年格林沃尔德教授来华授课时，两位译者对教授的承诺。林安霁在当年暑期课程结束后，即赴哥伦比亚大学商学院攻读 MBA，不仅入选了久负盛名的价值投资项目，还有幸担任格林沃尔德教授在哥伦比亚大学商学院开设的"战略行为经济学"与"价值投资"两门课程的助教，毕业后加入美国喜马拉雅资本。樊帅自北京大学光华管理学院"价值投资"课程开课以来一直担任助教。如今，他也正在中国长期资本开始形成的大背景下，将价值投资的方法论运用到中国本土基金管理人的创立过程之中。无论是对作者的熟悉程度，理论基础与中英文水平，还是在中美不同背景下的投资实践经历，他们两位都是本书再合适不过的译者了。

　　我和格林沃尔德教授因价值投资相识，2016 年暑期课程结束后，教授热情地邀请我到访哥伦比亚大学，只可惜因工作原因一直没能成行。适逢《价值投资：从格雷厄姆到巴菲特（第 2 版）》中文版问世，在此特向教授表达由衷感谢与祝贺。

姜国华

2023 年 11 月于燕园

价值、成长与投资中国

自本杰明·格雷厄姆（Benjamin Graham）20世纪30年代初创立价值投资以来，以价值为导向的投资方法业绩卓然超群。在全球范围内，由低市盈率和/或低市净率股票组成的统计学层面的价值组合所创造的回报率，显著高于市场指数组合。在最成功的机构与个人投资者之中，很大比例是价值投资的实践者。沃伦·巴菲特已经是全球投资领域的一位标志性人物了。这并非偶然。即便那些看起来诱人的增长潜力并不能被量化，甚至股价高企，对令人激动、广受追捧的魅力股的偏好也深植于大多数投资者的内心。价值投资者的成功正是源于他们避免了这一问题，他们聚焦于枯燥无聊、晦涩难懂、常令人失望的股票，而大多数投资者对这类股票避之不及，无论股价有多低。与此同时，价值投资者也在理论与实践中受益于所使用的估值方法，这种方法与多数职业投资者惯用但并不精确的现金流折现法相比更优。他们的价值评估基于公司当期资产负债表与过往利润表中的可靠信息，并不怎么依赖于不那么靠谱的未来成长与利润预测。价值投资者极少为诱人的增长前景付高价。

在此期间，经济大环境也对价值投资者的卓越业绩有所助益。20世纪30年代到50年代，当大多数"理智"的投资者远离股市时，美国的全国性企业开始占据美国国内市场，如汽车行业的通用汽车、电气装备行业的通用电气、消费电子行业的美国无线电公司、信息处理行业的 IBM 等。在发达国家的工业经济中，受益于规模经济效益增强下的主导地位，这类企业的既有与新增投资都获得了丰厚的回报。第二次世界大战后复苏时期的高速经济增长创造出远超资本成本的增量利润。增长所创造出的巨量财富，反过来又激发市场参与者去追逐这些高增长的主导企业，无论它们的股价有多高。

进入 20 世纪 60 年代，来自欧洲与亚洲的国际竞争削弱了上述企业在美国国内的主导地位。激烈的竞争在削减行业利润的同时，还需要企业扩大投资。美国公司利润占国民收入的比重开始持续下降，20 世纪 50 年代为 14%~15%，60 年代为 12%~13%，70 年代为 10%~11%，80 年代末到 90 年代初则降至 8%~9%。与此同时，投资占国民收入的比重则持续攀升。结果，资本的投资回报率降至与资本成本持平甚至更低的水平。此时的增长已经完全不创造价值了，甚至会毁灭价值。成长股的回报率持续不及预期。价值投资者因早于众人青睐股票且不愿为成长买单而获益，避免了成长股投资令人失望的结果。美国市场的这一现象后续波及欧洲与亚洲的发达经济体（尤其是日本），成长相较于价值的回报差异同样显著。

20 世纪 90 年代后，这一经济趋势发生了反转。本地化的服务日益成为主导的经济活动。美国国内制造业雇用的人数降至不足全部劳动力的十分之一。中国制造业的雇佣人数占全国劳动力的比例在近几十年没怎么增长。与此前的美国全国性企业类似，专注本地的企业若享有规模经济优势，加上高频且直接的互动所带来的客户忠诚度对其市场地位的保护，便能主导当地市场。即便在投资要求下降的情况下，此类公司的投资回报率仍在增长。美国公司利润总体上占国民收入的比重由 20 世纪 90 年代的 10%~11%，增至 2000 年代的 12%~13%，再到近期的接近 14%。在此期间，投资占国民收入的比重持续下降。上述公司的投资回报率显著高于资本成本。正确聚焦的本地化增长，此时创造出了巨大的价值。这些情况对中国也同样适用。

如今，尽管中国以及全球的经济增长率都在下滑，但价值投资者忽视上述成长的价值仍是有风险的。许多聚焦于资产与当期利润的传统价值投资者，在过去十余年跑输了指数，统计学层面的价值组合回报也很糟糕。可见，对成长进行价值评估实属不易。

在竞争性的全球市场中，公司往往只能赚取与资本成本相当的回报，成长几乎不创造价值。无聚焦地进军由本地在位企业主导的市场，这种成长将会毁灭价值。成长只有在专注于己方享有显著竞争优势的市场之中时，方能创造价值。但增长率很难预测，对成长价值的估计水平也存在很大的误差。有效的成长价值投资需要深刻的产业认知，以及对公司管理层的透彻理解。中国的增长速度相对较快但变动较大，且受竞争环境的影响，上述结论尤为适用。

为了有效地践行这一点，价值投资者需要专注于少数行业和 / 或地区，在认知方面求深而非求广。他们还需要学习专门针对成长性的新估值方法，在中国这一点同样重要。本书第 2 版将致力于围绕上述两方面进行阐述，我尤其希望能对中国的价值投资者们有所帮助。

布鲁斯·C.格林沃尔德

2023 年 5 月于纽约

序言

1999 年，当我们开始撰写本书的第 1 版时，由本杰明·格雷厄姆和大卫·多德（David Dodd）[①]创造并由他们的继承者发扬光大的价值投资，作为一种选股方法显得黯然失色。三十年来[②]，金融学术界一直信奉有效市场假说（efficient market hypothesis），该理论认为主动投资不可能取得持续的成功。第一次互联网泡沫带来的股市繁荣似乎使价值投资依据的所有分析原则都失效了。除了沃伦·巴菲特之外，价值投资者被认为与当代经济现实脱节，为时代所弃。幸运的是，2000 年至 2002 年间科技股和电信股的崩溃，加上价值投资者的卓越表现，使人们对格雷厄姆和多德的投资哲学重新产生了兴趣。与此同时，大量发表的学术证据也有力地反驳了有效市场假说。在几乎所有的有足够长的历史数据的各国证券市场里，统计学上构建的价值投资组合在较长时间段内，业绩表现几乎总是优于整个股票市场。

由丹尼尔·卡尼曼（Daniel Kahneman）和阿莫斯·特沃斯基（Amos Tversky）开创的心理学研究路径被日益接受，催生了行为金融学领域，并为价值投资组合的优秀历史业绩提供了解释——本质原因是根深蒂固的人类行为偏见。因此，回报中的"价值溢价"似乎可能成为未来金融市场的一个持久特征。这些研究和价值投资者的不断创新，使人们对格雷厄姆和多德的价

[①] 国内有的出版物也译作戴维·多德。——译者注

[②] 1970 年，芝加哥大学布斯商学院的尤金·法玛（Eugene Fama）教授在他的论文《有效的资本市场：理论与实证研究回顾》（*Efficient Capital Markets: A Review of Theory and Empirical Work*）里首次提出了有效市场假说。——译者注

值投资理念有了更透彻的理解，价值投资的实践也有了明显的改善，尤其是在识别和评估被称为"拥有经济特许权"的企业方面。

自2008—2009年金融危机以来的漫长牛市，再次引发了人们对格雷厄姆和多德式价值投资有效性的质疑。自2009年以来，许多著名价值投资者的业绩表现明显落后于本国和全球市场指数。虽然领先的差距还没有完全消失，但统计学上精心构建的价值投资组合与整体市场在业绩表现上的差距明显缩小了。新一代科技股提供的持续回报似乎再次与广泛接受的价值投资原则相悖。价值投资者再次被认为是因循守旧的，已经与当前的经济现实脱节。

在某种程度上，价值投资组合业绩表现的相对下降是所有长期牛市后期估值水平都过高的一个可预见结果。历史上，价值投资者在这些时期的表现也相对较差，正如他们在20世纪90年代末的业绩表现一样。然而，一些其他重要因素似乎也在起作用。一个影响因素是，从2000年到2007年，格雷厄姆和多德式价值投资的再次成功提高了价值投资的普及程度。特别是在美国，以价值为导向的投资者占比明显上升。对价值股的需求增加可能压缩了"魅力股"和价值股在估值倍数上的差距，不过相关证据还不够确凿。另一个影响因素是，经济发展使得应用格雷厄姆和多德的投资原则变得越来越复杂。经济活动从工业、制造业向服务业转变，增加了无形资本（客户关系、训练有素的员工、产品组合和品牌形象）相对于有形资本（存货、应收账款、固定资产）的重要性，对于后者的传统会计处理是将其列入企业的资产负债表。然而，由于对无形资产的投资（广告、招聘、培训和产品开发）通常在会计上作为当期支出费用化处理，定义和衡量当期的盈利能力变得更加困难。技术发展也产生了类似的影响。亚马逊、谷歌、甲骨文、Facebook（现名Meta）、微软和奈飞等现代计算机和互联网公司并不需要太多的实体资本。因为会计处理的原因，它们大部分与成长性有关的投资隐藏在费用里，财务报告里的利润被过度压低了，相应的估值倍数看起来也高了许多。

还有一个复杂的影响因素是，现代科技与服务公司在地理维度的局部市场或者产品维度的细分市场进行深耕的程度越来越高。这些局部或细分市场的特点是潜在的规模经济效益，以及通过持续高频的客户互动而实现的高度客户锁定。在局部市场或细分市场耕耘的企业能够受益于进入壁垒，进而取得相应市场的支配地位，这样的案例越来越多。用价值投资的语言来说，拥有宽阔的护城河、拥有经济特许权的企业在总体经济活动中的比重越来越大。对于拥有经济特许权的企业来说，企业的净资产在决定利润方面的作用越来越小，而成长性对企业整体价值的贡献越来越大。其结果是，股权价值在很大程度上依赖于未来的现金流，而且往往是遥远未来的现金流，其价值难以用格雷厄姆和多德的资产价值或者盈利能力价值（earnings power value，EPV）的方法来衡量。另外，对于拥有经济特许权的企业来说，管理层的表现，特别是在资本分配方面，对企业价值的影响更大。在这种环境下，许多传统的以资产负债表为重点的价值投资者表现不佳也就不足为奇了。

最后一个影响到拥有经济特许权企业估值的新的重要因素，是破坏企业经济特许权的颠覆性变革发生的可能性增大了。对于没有明显规模经济效益的竞争性行业里的企业来说，随着企业的收缩，盈利能力的下降大致都应该被固定资本和营运资本的回收所抵消。对于盈利能力价值超过资产价值的拥有经济特许权的企业来说，颠覆性的下降会带来更严重的后果。规模经济效益的损失破坏了盈利能力，但没有任何补偿性的资本回报。资本的高回报率意味着损失的盈利能力只能被任何已实现的资本回收略微抵消。当曾经拥有经济特许权的企业濒临死亡，其失去的价值要比垂死的"烟屁股"企业丧失的价值大得多。无论何时，在尝试投资于被市场"低估"的拥有经济特许权的企业之前，我们都应该仔细评估倘若企业被颠覆，会有什么后果。

上述这些变化意味着我们必须重新全面审视本书第1版所讲述的价值投资方法。我们重新思考了寻找潜在的有吸引力的投资机会必须要做的工作，以及在发现这些机会后如何对其进行估值。另外，我们还仔细检查了在初步估值后进行主动研究的步骤，并比本书第1版更广泛地研究了风险管理问题。在这次修订中，得益于对实践中的价值投资者的观察，我们注意到了他们面对不断变化的经济环境所做出的调整。在所有这些领域，我们明确地衡量了主动投资者所面临的根本挑战，以及现代格雷厄姆和多德方法的优势。虽然现在有大量的证据表明，金融市场并不像学术理论描述的那么有效，但是从一个基本且不可避免的角度来看，市场确实是有效的：任何资产类别中所有投资者的平均回报，必须等于该资产类别中所有资产的平均回报（即该资产类别的"市场"回报）。所有的资产都由某人拥有，衍生工具（例如，无担保卖空）相互抵消，因为每个卖家都有相应的买家。因此，如果一名投资者在某一特定资产类别的业绩表现优于市场，那么必然有另一名投资者的业绩表现不及市场，两者与市场的差距经过各自的资产管理规模加权计算之后应该相等。这种约束适用于所有资产类别，因此它也适用于所有的投资。

格雷厄姆和多德完全意识到了这种有效的约束，只是他们对此的描述略有不同。他们知道，每当有人买入一种证券，认为它可能相对于其他机会表现更好时，其他人也在卖出这种证券，因为这些人认为它的表现会弱于相关的别的机会。从结果来看，上述两个不同方向的投资者中总有一个人是错的。一个精心构思的投资流程的基本特征是，在每一个步骤（寻找机会、估值分析、研究工作、风险管理）都应该让投资者处于交易中正确的一方。这个投资流程必须优于处于交易另一方的投资者的投资流程。这个标准就是我们用来明确衡量本书第2版所讲述的现代价值投资实践的标准。

寻找机会的步骤不仅涉及价值取向，即对无趣的、令人厌恶的、失宠的和不易分析的股票的偏爱，而且还涉及某种程度的专业化。如果我作为一个"通才"投资者，与一个同样有能力且高度自律的"专才"投资者进行交易，那么这位专才通常会获得更多的信息和更深刻的理解。因此，专才往往会在交易中处于正确的一方。在这一版中，我们扩展了寻找机会的章节，加入了对有效专业化战略的讨论。我们近年来的经验和观察都支持上述观点：即使与整个价值投资界相比，高度专注的价值投资者也往往异常成功。成功但兴趣更广泛的价值投资者，往往是在他们专注的行业和领域取得比其他领域更好的业绩表现。因此，我们在本书最后的价值投资者简介部分增加了一些走专业化路线的投资者。格雷厄姆和多德的"能力圈"概念不仅适用于远离不熟悉的领域，还适用于积极界定所聚焦的专精领域。

在本书第1版出版以来的这些年里，我们在估值方面吸取了类似的教训。不同回报期的不同资产带来了不同的估值挑战。对于清算资产或其他有催化剂的短期投资，贴现现金流估值是合适的。相关的现金流有可能被准确估计。在竞争性市场中确定价值的资产（房地产、自然资源、不享有经济特许权的业务），通常是那些成长性并不创造重大价值的资产。这限制了遥远的未来现金流的重要性。对于这些投资，格雷厄姆和多德的资产价值/盈利能力价值的方法忽略了成长性，比贴现现金流或者比率估值更好，至于原因，我们已在本书的第1版中讨论过，可以说是大多数价值投资者的首选方法。然而，它并不适合评估那些成长能创造出显著价值的企业。在这些情况下，成长性意味着遥远的未来现金流一方面难以可靠估计，增速的微小差异由于复利的作用会转变为遥远的未来现金流的巨大差异，另一方面又构成价值的一个重要部分。因此，这类企业目前的内在价值并没有可用的精确估值方式。基于对未来回报的预测做出的投资决策，会比基于估计价值的投资决策更有意义。本书第2版的主要创新之处在于，对三个章节进行了扩充，介绍了基于回报来评估拥有经济特许权的企业的方法。我们所阐述的流程可能不会成为评估拥有经济特许权企业的最终方法，然而我们可以肯定地说，一刀切的估值方法不可能使投资者在交易中始终是正确的一方。

自1999年以来，基于对成功的价值投资者们实践的密切观察，我们在本书第2版中增加了关于主动研究实践（active research practices）的章节。随着全球经济的发展，无形资产投资和经济特许权带来回报的重要性持续上升，这意味着对于很多企业而言，传统的财务报表分析已经不够用了。企业管理层的管理水平和尽心程度对投资者回报的重要性日益增加，这也迫使投资者在评估投资机会时所需要了解的信息远远超出企业公布的财务数据。这些必要的工作要求投资分析师付出更多的时间。这样一来，适当和有效的主动研究流程对于取得投资的成功越来越重要。一个更好的研究流程将使投资者更频繁地站在交易的正确一方。在这一新的章节中，我们讲解了何为优秀的主动研究流程。

最后，专业化和主动研究的重要性日益增加，也给风险管理带来了重大问题。从历史上看，基金经理在建立与管理投资组合时，是假定他们管理着客户的大部分甚至全部资产的。于是他们在自己管理的投资组合层面进行了一定程度的分散，但他们并没有考虑实际情况——财富拥有者通常将其持有的资产委托给许多投资经理来进行管理。对于财富拥有者来说，重要的是他们整体投资组合的风险，而这些整体投资组合往往还包含大量流动性较差的持仓或者企业。原则上，财富拥有者关注整个投资组合的风险，就应该集中管理风险。非集中的、分散的风险管理有可能导致不同投资经理的操作产生相互抵消的效果——投资经理A选择承担某一风险，而投资经理B对冲了该风险；还有可能导致投资经理持有头寸的回报与大量流动性较差的资产的回报高度相关。其结果可能使得风险管理的成本极高，但对于降低整个投资组合的风险却没有实际作用。因此，对于专业化的投资经理而言，分散化带来的益处必须在财富拥有者的整体层面实现。因此，风险管理将越来越与投资个别证券相分离。集中管理风险的专业人士必须从被委托管理资产的投资经理那里获得足够的信息，以便有效地集中管理风险。鉴于这些发展，我们在本书第2版中增加了对风险管理的讨论。我们从格雷厄姆和多德的角度仔细定义了风险，并讨论了管理风险的有效方法。

格雷厄姆和多德式价值投资的生命力，始终取决于价值投资者能成功适应不断变化的经济与金融环境。考虑到这一点，我们修订了本书最后的价值投资者简介部分。如果我们在第1版中涉及的投资者已经去世，我们在此使用原来的版本，不做任何改动，以保存他们的宝贵洞见。我们在书中所介绍的投资者一直在不断创新和改进他们的投资流程。幸运的是，多年来他们中的大多数人每年都会出席哥伦比亚大学商学院MBA项目的"价值投资"课程，作为嘉宾与学生们进行分享。对于他们和其他课程的嘉宾，我们给出了简短的介绍，说明他们在价值投资实践的宽广光谱上的位置，以及他们的投资方法是如何随着时间推移而演变的。我们还提供了这些价值投资者在课堂上分享的视频，作为补充材料供读者参考。我们在本书第2版中新加入的大部分投资者——托马斯·鲁索、保罗·希拉尔（Paul Hilal）和安德鲁·韦斯（Andrew Weiss），他们都是某种程度上走专业化路线的投资者，他们多次来我的课上跟同学们分享。另外两位重要的投资者，一位是经验老辣的沃伦·巴菲特，另一位是第2版新加入的扬·胡梅尔（Jan Hummel），他们近期没有来课上分享。对于胡梅尔，我们对他的专业化投资方法进行了简单介绍，读者还可以参考本书随附的网上视频，胡梅尔在视频里介绍了自己的投资流程、选择公司的标准以及如何成为一个行业的专家。和以前一样，沃伦·巴菲特的那部分内容主要摘自巴菲特致股东的信和伯克希尔 – 哈撒韦公司的《所有者手册》。

当我们在 1999 年开始撰写本书的第 1 版时，布鲁斯已经讲授 MBA "价值投资"课程大约五次，此外还给 EMBA 项目和高管培训项目讲授同一课程。20 年后，即使偶尔有学术休假，布鲁斯也算是连续讲授了 25 年的"价值投资"课程。2005 年，我们出版了《竞争优势：透视企业护城河》①一书，这本书详细研究了构成可持续竞争优势的因素，以及拥有经济特许权、受进入壁垒保护的企业与饱受竞争压力威胁的企业之间的区别。在这些年里，我们俩都有直接的投资经验——在一家大型全球共同基金和三家对冲基金工作。毫无疑问，我们每讲授一次课程，就加深一次自己对价值投资的理解。感谢聪明绝顶而又精力充沛的学生们，他们参与了本书缘起的课程，贡献良多。感激百忙之中作为客座嘉宾来课堂上分享的价值投资者，为持续发展格雷厄姆和多德的价值投资方法而慷慨贡献自己的时间和专业知识。同样重要的是，我们在这个领域一直持续花时间深耕。正如历史学家爱德华·吉本②在回忆录里写到他在七年战争中服役，"现代一个营的训练和演习，使我对古代的方阵和军团有了个较明确的概念，所以汉普郡掷弹兵连的上尉（读者也许会发笑），对于罗马帝国史的历史家，倒也不是没有用处的呢。"③

布鲁斯·C.格林沃尔德

贾德·卡恩

2020 年于纽约

---

① 中文版由机械工业出版社于 2021 年 8 月出版，原书的英文书名为 *Competition Demystified: A Radically Simplified Approach to Business Strategy*。——译者注

② 英国历史学家，著有史学名著《罗马帝国衰亡史》。——译者注

③ 此处译文引自上海译文出版社于 2013 年 2 月出版的《吉本自传》，译者戴子钦。——译者注

考虑成长性：价值投资的艺术如何进步

尽管我们已经超越了本杰明·格雷厄姆和大卫·多德（David Dodd）最初所倡导的方法，大幅更新和改写了本书第 1 版，出版了第 2 版，但我们仍然非常感激他们的价值投资思想：首先是寻找其他人没有关注的投资机会，远离为"魅力股"付出过高代价的人们。与大众相反，价值投资者想要找的是统计上估值便宜、令人厌恶的、失宠的公司。其次是用清晰准确的方式进行证券估值，这正是普通投资者所欠缺的。此外，他们还要用一个非常好的估值框架来进行估值。

请记住，格雷厄姆和多德投资的通常是竞争性行业里的企业；对于这些企业来说，成长性并不重要，因为竞争的力量会将回报压低到刚好等于资本成本。如果你能够实现有机增长（organic growth），那只会吸引更多的竞争。于是，格雷厄姆和多德便专注于建立对盈利能力价值的理解；他们几乎没有系统地处理过企业成长性的问题。

然而，我们正在有意识地处理成长性的问题——作为当代价值投资者，我们不能再忽视这个维度，因为经济发生了根本性、基础性的变化。这些变化使得更多拥有经济特许权的企业涌现出来，这些企业得到了进入壁垒的保护，其利润率不会被竞争所侵蚀。价值投资一直强调准确理解投资企业背后的本质是什么。因此，作为现代的价值投资者，我们当然要理解企业有多大的成长价值，以及什么时候企业会变得一文不值。

对于拥有经济特许权的企业而言，成长的三个要素能够为其创造价值；然而，对于身处竞争性市场的企业而言，这三个要素并不能带来好处。

- 第一个要素：有机增长，这当然不足为奇。
- 第二个要素：再投资所创造的价值要高于资本成本。
- 第三个要素：通过稳步改善技术水平来提高利润率，通常很多人并不将这一点视为成长。如果一家企业处于竞争激烈的行业，那么技术改善会使所有竞争对手都受益。但是对于得益于进入壁垒的企业而言，其成本就会下降，从而使它们享受到成本节约带来的利润率提升。

能够将价值导向的成长投资者与普通的成长投资者区分开来的核心点在于：知道应该以什么价格来投资，这意味着要理解成长型业务的价值。当成长价值位于遥远的未来并且对于增速和资本成本等假设的变化非常敏感时，投资者无法进行标准的贴现现金流估值，以至于几乎不可能准确估计出一家企业的价值。

不过，我们有一个替代方案，就是可以思考这个问题：如果以今天的价格投资这家企业，将获得什么样的回报？我们认为这种方法对于寻求成长性的价值投资者至关重要。

以价值为导向的成长投资者必须关注他们今天能获得多少现金，他们可以从有机增长中获得多少收益，以及他们将从留存收益有利可图的再投资中获得多少回报。历史上管理层再投资的回报如何？企业管理层如何分配利润？结合分配给投资者的比例和再投资的比例，我们可以判断管理层走的是价值创造还是价值破坏的道路。

试图预测未来的巨大变化几乎是不可能的，格雷厄姆和多德从未尝试过这么做。现代价值投资者和传统投资者一样，会仔细审视历史并掌握连续性：现金回报、有机增长和再投资回报。计算这些指标需要技巧，但也是可以做到的，有了这些数字，投资者就可以正确评估企业的成长性了。

为了完成这些艰巨的任务，优秀的价值投资者比以往任何时候都更专注。他们专注于特定行业、特定情况或特定类别的事件，直到他们达到精通的程度，并胜过那些认为仅凭先天才能就能所向披靡的"通才"投资者。

我们希望能帮助价值投资者适应将不得不开始考虑为企业成长性支付对价的投资环境。投资者在实践过程中必须高度自律。你必须对估计的未来增速和回报率保持冷静，因为你无法再用独立的资产价值来检验基于盈利能力估算出的价值。因为没有任何拥有经济特许权的企业能够永远存在，所以投资者总是要谨慎行事。价值投资者有一个长期的传统，就是嘲笑那些被致富美梦蒙蔽双眼而失去判断力、恣意忘形打开钱包的同行。我们希望帮助你投资于企业的成长性，但前提是，它是真实的，值得你为此付出对价。

布鲁斯·C.格林沃尔德

贾德·卡恩

2021 年于纽约

目录

第 1 章

价值投资：定义、区别、结果、风险与原则

VALUE
INVESTING

价值投资的定义

本杰明·格雷厄姆和大卫·多德最初在 20 世纪 20 年代和 30 年代提出了价值投资这一投资方法。从那时起，这种投资方法在一群引人注目但又相对小众的投资者中得以发展和繁荣，其中最著名的价值投资者是沃伦·巴菲特。他在 20 世纪 50 年代初求学于哥伦比亚大学商学院，师从本杰明·格雷厄姆和大卫·多德。[①] 正如格雷厄姆和多德最初定义的那样，价值投资依赖于金融市场以下的三个关键特征。

1. 金融证券的价格呈现出变幻莫测的走势。著名的"市场先生"（格雷厄姆用来比喻决定证券价格客观力量的拟人化角色）每天都会在市场买入和卖出各类金融资产。市场先生行为古怪，容易受到各种不可预测的情绪波动的影响，谁也不知道他想要以什么样的价格来进行交易。

2. 尽管金融资产的市场价格存在波动性，但其中许多资产确实有相对稳定的隐含价值或者基本经济价值。对于细心研究、纪律严谨的投资者而言，他们通常能够在合理的准确度之内衡量这些相对稳定的基本经济价值。换言之，证券的内在价值（intrinsic value）是一回事，当前的交易价格是另一回事。虽然价值和价格偶尔相同，但通常是彼此背离的。

3. 长期来看，只有当证券市场价格明显低于计算出的内在价值时，买入证券的策略才能创造优异的回报。格雷厄姆把价值和价格之间的差距称为"安全

---

① 巴菲特于 1950 年秋季修读了大卫·多德讲授的"投资管理与证券分析"课程，教材为《证券分析》（1940 年版）；于 1951 年春季修读了本杰明·格雷厄姆教授的价值投资小班课，以讨论现实的投资案例为主要授课内容，尽管巴菲特是 20 人班级里年纪最小的学生，但他是 20 多年来唯一在格雷厄姆的课上获得 A+ 成绩的学生。——译者注

边际"（margin of safety）；在理想情况下，这个差距应该达到基本经济价值的二分之一，至少不低于三分之一。就好比花 50 美分买下 1 美元，这笔投资最终的收益不小，更重要的是很安全。

从这三个假设开始，价值投资的核心流程简单得令人吃惊。价值投资者首先估计金融证券的基本价值，再将该价值与市场先生当前提供的价格进行比较。如果价格低于价值，且提供了足够的安全边际，价值投资者就会买入该证券。我们可以把这个公式看作格雷厄姆和多德式价值投资的主要"配方"。至于他们的嫡传后辈投资者，虽然各自可能加入自己独特的配料，但是整体投资流程的步骤大体如下：

- 选择要进行估值的证券；
- 估算它们的基本价值；
- 计算每种证券所需的适当安全边际；
- 决定购买每种证券的数量，还包括构建投资组合以及选择分散化的程度；
- 决定何时卖出证券。

这些都不是微不足道的决策。寻找价格低于内在价值的证券是一回事，但最后能否找到则是另一回事。正是由于格雷厄姆和多德的后辈们为这些投资步骤设计了各种方法，因此在格雷厄姆和多德首次出版《证券分析》之后的 80 多年里，价值投资在各种市场条件下都是一门重要学科。

什么不是价值投资

关于价值投资，有一个常见而简短的总结：价值投资者只寻找和购买"便宜货"，即以低于其真实价值或内在价值的价格出售的证券。这个简单的定义存在问题——没有任何理性的投资者会去寻找交易价格高于其内在价值的证券，每个人都希望低买高卖。① 我们需要对真正的价值投资者和所有其他在证券市场交易的参与者做明确的区分（见图 1-1）。

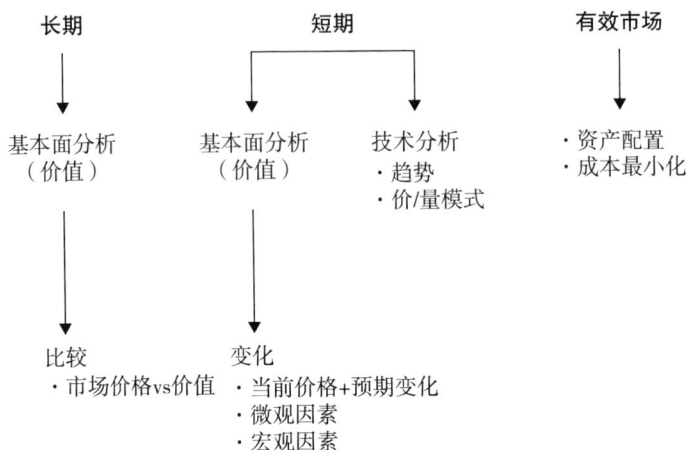

图 1-1　各类投资方法

有一大类投资者显然不属于价值投资者，他们是技术分析师或技术投资者。技术投资者避免任何形式的基本面分析。他们不关心公司的业务类型与范围、资产负债表或利润表、产品市场的性质如何，或者任何其他有可能让基本面投资者担心的事情。他们压根儿不在乎经济价值。反之，他们专注于交易数据，即证券的价格走势和交易量数据。他们认为，历史走势反映了证券随时间推移的供给与需求状况，凭借分析其中的形态，可以推导出未来证券价格的走势。他们通过绘制图表来展示这些信息，并仔细研究图表中蕴含的征兆，预测后续价格走势，从而让他们能够进行有利可图的交易。例如，趋势投资者根据目前的价格趋势推估未来，买入价格正在上涨并且预期还会继续上涨的证券。有时他们会将证券当天的价格与过去 30 日、90 日、200 日或其他天数的价格移动平均线组成的趋势线进行比较。向上或向下穿过该趋

① 在本书中，我们将讨论限定在证券投资中"做多"这一方面，而忽略做空或卖空的操作，即卖出自己并不拥有的证券，认为其市场价格高于基本面价值。在格雷厄姆整个投资生涯的某些阶段，他曾利用卖空来对冲他所持有其他头寸的风险。当今也有真正的价值投资者积极地运用卖空操作。我们将在本书后面的章节中讨论卖空作为风险管理方法的利弊。然而，总的来说，价值投资被认为是发掘基本面价值并以便宜的价格买入证券。

势线则意味着趋势方向发生变化。他们当然想实现低买高卖，但这里的低和高是指证券在先前和未来的价格，与其基本面价值完全无关。对于技术投资者来说，市场先生是唯一的主导力量，适合于短线买卖的交易。鲜有交易者会忽略技术和交易信息。现在的市场分析师使用精密的计算机算法来发掘潜在的赚钱模式，在不同证券价格里寻找这些模式，而不是只关注单一证券的价格历史。但与大多数技术分析师一样，他们充其量只是对证券背后基本面经济价值的皮毛略感兴趣。

即使我们回头检视那些合理地将自己视为基本面投资者的人们，他们关心自己买入证券所属公司的实际经济状况，格雷厄姆和多德式的价值投资者与他们依然是泾渭分明的。

我们可以把基本面投资者分为两大类：专注于宏观经济问题的投资者和专注于特定证券之个体经济状况的投资者。宏观基本面投资者关注影响整个证券市场的广泛经济因素，或者至少在大范围内有影响力的因素：通货膨胀率、利率、汇率、失业率，以及国家甚至国际层面的经济增长率。他们密切关注美联储等政策制定者的动作以及整体上投资者与消费者的情绪。他们运用这些信息来预测整体经济发展趋势，然后根据预测来判断哪类证券（或者个别证券）受到变化的影响最大。这种分析方法通常被称为"自上而下"——从整体经济着手，再向下到特定行业和具体证券。正如所有其他投资者一样，宏观基本面投资者希望能够出色预测，先于整个市场意识到正在发生的事情并采取行动，从而实现低买高卖。他们通常不会直接计算单个证券或特定类别证券的价值，尽管这种计算并不违背他们所遵从的宏观基本面投资方法。虽然有一些成功的宏观价值投资者，但格雷厄姆和多德式的价值投资者基本上都是微观基本面投资者。

然而，即使在微观基本面投资者（他们分析公司的经济基本面，并逐一研究证券）的群体里，格雷厄姆和多德式的价值投资者仍然是少数。多数微观基本面投资者采取的方法，是把股票或其他证券的当前价格作为出发点。然后，他们研究相关证券的发展历史，关注证券价格与相关经济因素之间的关系，这些有影响力的经济因素包括：盈利情况、行业状况、新产品推出、生产技术改进、管理层变动、需求增长、财务杠杆变化、新工厂与设备投资、收购其他公司和剥离业务线等。这方面有太多值得研究的影响因素。然后，他们利用公司与行业资源以及自己的专业知识背景，试图预测上述关键变量可能会如何变化。

上述这类投资人的预测大多集中在公司的盈利情况上。证券价格反映市场对公司未来盈利的总体预测。如果这些投资者发现他们对于未来盈利和其他重要变量的预测好于市场预期，那么他们就会买入证券。他们假设，当有关盈利情况和其他事项的新信息披露时，他们的预测将得到验证，市场就会驱动证券价格走高。他们基于对未来的出色预测而实现低价买入，并打算高价卖出。

尽管这种方法与价值投资之间存在一些共性，都强调经济基本面和针对特定证券的研究，但两者存在重大差异。一是，这种方法聚焦于先前和预期的价格变动，而不是相对于公司基本面价值的价格水平。这种分析方法可以很好地应用于以10倍、20倍或50倍市盈率交易的股票，但价值投资者却不会认为这几种情况可以同样处理。二是，这种方法并不包含可识别的安全边际，无法保护投资免受市场先生的反复无常带来的影响，毕竟众所周知市场先生的反复无常有时表现为股价因利好消息而下跌。因此，虽然格雷厄姆和多德式价值投资属于微观基本面投资方法的一种，但并非所有（甚至也不能说大多数）微观基本面投资者都是价值投资者。

这些有别于价值投资的各种方法，实际上都可能创造出成功的投资业绩，前提是要谨慎而勤奋地去实践。越来越多的统计研究表明，证券价格和交易量确实可以找到一致且可识别的模式；在短期内存在正的序列相关性，而在长期内则均值回归。成功的技术投资者是有的。宏观经济变量可以在一定程度上被准确预测，并将以系统和可识别的方式影响证券市场。当然也有成功的宏观基本面投资者。对于积极从公司和行业资源中获取信息、提前发现趋势的分析师而言，他们在理论上，有时在实践中也可以获得高于平均水平的投资回报。

另一种在价值投资之外的投资方法否定了所有可能性。这种投资方法源于现代投资组合理论（modern portfolio theory）以及相关的有效市场假说，这些理论是 20 世纪 60 年代在金融学术界发展起来的。该理论的基本前提是，由所有市场参与者的共同认知决定的当前证券价格，精确反映了所有能够合法得到的、与证券未来价格和价值有关的信息。错误认知和非理性决策被假定为本质上是随机的。例如，一些投资者的过度乐观会被其他投资者的过度悲观所抵消。与此同时，许多精力充沛和聪明的投资者所共有的正确认知将决定市场价格。于是，这样的市场价格将是考虑了影响公司价值的未来发展因素的最佳预测。因此，未来的价格走势将取决于随机的投资者行为或者无法预测的新信息。鉴于这些假设，未来的价格变化将是不可预测的，当前价格已是未来平均价格的最佳预测。基于当前价格构建的投资组合的回报已是最优，想要超越只是徒劳，因为所有的变化都是随机的。

如果这么看待证券市场，那明智的投资者应该专注于最大限度地降低交易成本，并好好管理风险。风险管理的首要任务是充分分散个别投资的非系统性风险，这就像风险厌恶型的石油勘探者，他们起初会钻很多洞，但是之后只选择少数几个最有希望的洞深挖成井，以最小化打到底却发现没有油的风险。对于证券投资而言，这种方法意味着投资于市场组合，即市场中所有风险资产的组合，每种风险资产在该组合中的权重是这种风险资产的市值占所有风险资产市值的比重，这样一来，投资的回报就是市场回报。

排在首要任务之后的便是余下的风险——系统性风险，因为它是整个市场的风险，无法通过分散来解决。可以通过将市场组合与无风险资产（通常是短期政府债务）相结合来管理系统性风险。通过调整分配给无风险资产占全部投资的比例，从 100% 投资于无风险资产到 100% 投资于市场组合，投资者可以得到适合其风险偏好的敞口。如果某些投资机会能够提供比市场组合更高的风险报酬，那么消息灵通的投资者将会抓住这些投资机会涌入市场。这些涌入的投资者推高了资产价格，因而未来回报会降低，这一行为将使得所有价格回到有效市场假说设想为正常情况下的风险报酬水平。最后，对于相信有效市场的投资者而言，投资过程主要是关于资产配置的决策——无风险资产和市场组合的合适比例，以及通过指数型共同基金和交易所交易基金（ETF）最大限度地降低交易成本。

大量的实证研究证据基本否定了强有效市场假说（the strong form of the efficient market hypothesis）。一些个人投资者和投资公司能够在很长一段时间内实现优于市场组合的业绩。此外，仅通过简单的统计规则构建的投资组合，例如账面市值比最高的股票组成的投资组合，能够实现明显优于市场组合的业绩，并且追溯到美国 20 世纪 20 年代进行回测，在每个长约 15 年的子期间内都没有承担明显的额外风险。除了少数例外，在有足够股票市场回报数据的时期内，同样的结果在海外[①]市场也成立。

然而，毫无疑问，关于"市场是有效的"这一点具有重要的意义。在任何资产类别中，所有投资者获得的平均回报（按拥有的资产加权平均），必须等于构成该类别的资产的平均回报。例如，美国股票投资者在任何特定时期获得的总回报必须等于该时期美国股票提供的总回报。所有这些股票都归某个人所拥有，并且任何相关的衍生品都相互抵消（例如，对于每个不拥有相关股票的卖空者，这些不存在的股票都有相应的买家）。由于任何时候股票的总价值也必然等于投资者所持股票的总价值，因此投资者在美国股票中获得的平均回报率必须等于整个美国股市产生的平均回报率——市场回报。这意味着，如果一些投资者的业绩表现优于市场，那么其他投资者的表现必须相同程度地比市场差。如果不考虑交易成本，那么证券交易是一场零和游戏；如果加上交易成本，那它会变成负和游戏。

思考这个约束的方法之一是，应该把注意力集中在它的影响上，即认识到每当你因为期待高于平均水平的投资回报而买入某只证券时，某个人会因为认为该证券的投资回报将低于平均水平而把它卖给你。你们中至少有一个人总是错的；如果证券价格不变，那你们都会承担交易成本，其中一个人还会损失无风险资产的回报。因此，当我们将花费的精力和基金的费用考虑在内时，80%~90% 的主动型基金经理的业绩不如有效市场策略的低费率指数

---

① 指美国以外的市场。——译者注

投资工具的业绩，也就不会让人感到惊讶了。[①]

这个无法回避的现实是主动投资最重要的特征，是一名主动投资者永远不应该忘记的。一名主动投资者必须能够找出令人信服的理由，来解释为什么他或她会在交易中经常处于正确的一方，即为什么他或她会获得高于平均水平的回报。如果他或她不能证明这一点，那么投资适当的指数基金就是有意义的。我们可以承认指数基金（所谓被动投资）的有效性，它们之所以被称为被动投资正是因为它们只寻求复制市场，而不是击败市场，并且除了投资或不投资之外不做任何投资决策。但是，我们既不认同市场先生为证券提供的价格总是对其基本面价值的最佳衡量，也不认同没有任何投资方法的投资业绩能够超过被动投资。

价值投资有效吗

价值投资必须面对我们之前所讨论的零和博弈这一限制。这个问题有理论和实践两个层面。在本书中，我们将借由详细探讨现代价值投资的流程来构建相关的理论。根据实证研究，历史记录证实了价值投资是有效的；长期而言，价值投资创造的投资业绩优于其他的主要投资方法，而且也好于整体市场。

在投资实践中，关于价值投资的优越性，我们可以观察到三个不同来源的证据。

第一个证据来自一系列机械式选股的测试。研究人员根据衡量价值的标准，比如市净率或市盈率，对所有股票进行排序。他们将排序后的股票分组（经常是十组），从根据上述指标衡量的估值最便宜的股票（价值股）到估值

---

① 标准普尔开发了一个计分卡，对比和评估主动管理型基金的基金经理的业绩与他们相应的特定市场指数（基准指数）。这一计分卡被称为 SPIVA 美国计分卡，每六个月更新一次。在截至 2018 年 6 月 30 日的过去 15 年里，只有不到 10% 的主动管理型基金的基金经理击败了他们相应的标准普尔基准指数，无论是大盘指数、中盘指数还是小盘指数。详见：https://www.spglobal.com/spdji/en/documents/spiva/spiva-us-mid-year-2023.pdf。

最贵的股票（魅力股）依次分组。他们会记录每组股票在一定时期内的总回报，通常是一年。然后他们在若干年内会重复这一过程。最后得到较长时期的回报数据，有些研究的数据可以追溯到 90 年前，由此我们可以检视仅是机械地运用价值策略，相对于魅力股和整个市场的表现。

第二个证据是许多相关研究运用了上述方法的不同形式[①]。结果几乎无一例外地表明：价值股组合在几乎所有时期和所有类型的市场上都能创造比平均水平更好的回报，这里的平均水平是指整个市场的回报。从 1927 年到 2018 年，使用肯尼斯·弗伦奇（Kenneth French）的账面市值比数据，对于一个由做多最便宜的前 30% 的股票和做空最贵的前 30% 的股票所组成的投资组合，其复合年回报率为 3.35%。如果不考虑交易费用，那么这个投资组合不需要净投资，即零成本投资组合。自这篇论文发表以来，上述策略所能提供的超额回报逐渐降低。此外，低市盈率股票的投资组合也取得了类似的成功，而以市盈率和市净率衡量的高估值股票所组成的投资组合则表现不佳。它们的估值水平较高，主要是因为这些公司最近经历了销售和盈利的高速增长，因此被贴上了"魅力股"的标签。不幸的是，在构建投资组合时，所有过往成功和未来预期都已经被反映在股票价格里了。

这些机械式选股所得到的投资组合，看起来非常像勤奋的价值投资者逐一分析股票所构建的投资组合，特别是在价值投资的早期实践中。但是这种机械式的选股方法（使用计算机程序根据统计指标来挑选便宜的股票）跟价值投资并不是一回事。相较于简单财务比率所揭示的信息，内在价值的计算

[①] 一些最重要的论文是由尤金·法玛和他的合著者肯尼斯·弗伦奇撰写的，尤金·法玛是有效市场假说早期的主要支持者，他因此获得了诺贝尔经济学奖。原文请参考 Fama, Eugene F. and French, Kenneth R.（1992）.The Cross-section of Expected Stock Returns, *Journal of Finance* 47：427–465。此后，他们发表了许多论文。弗伦奇教授目前任教于达特茅斯学院，他在个人网页分享了相关论文和各种方法的原始数据，在保持数据更新的同时也追溯到最早可获得数据的历史时期，详见以下网址：http://mba.tuck.dartmouth.edu/pages/faculty/ken.french/data_library.html。所有投资者都因此受益良多，无论是主动投资者还是被动投资者。还可参考法玛的学生克利福德·阿斯内斯（Clifford Asness）在其公司网站上发布的论文和研究报告，网址是：https://www.aqr.com/Insights/Research/White-Papers，以及法玛的另一个学生韦斯利·格雷（Wesley Gray）在其网站上发表的研究报告，网址是：https://alphaarchitect.com/alpha-architect-white-papers/。阿斯内斯和格雷都在经营投资公司，试图利用市场的低效率获得投资回报。互联网使研究更容易获得和传播，这也意味着持续变化。到目前为止，价值作为一个因子经受住了所有的考验，尽管它自 2009 年开始的复苏期表现不佳。

通常更缜密和复杂，需要深入理解公司与行业的经济状况。

尽管如此，这些通过机械式选股得到的价值投资组合取得的惊人成功还是在提醒我们，主动价值投资策略必须达到什么样的高标准。根据标准普尔的数据，在截至 2018 年 6 月的 5 年、10 年或 15 年期间，超过 80% 的主动型基金经理的业绩不如其业绩比较基准。在同样的 15 年期间，标准普尔 500 指数平均每年的回报率为 9.3%，而按市盈率排序最便宜的五分之一的股票的回报率为 11.8%。[①] 因此，令人欣慰的是，对于采用格雷厄姆和多德式系统性价值投资策略的投资管理机构，其回报记录超过了整体市场的表现。[②] 这些机构的业绩表现是我们支持价值投资能够产生卓越回报这一论点的第二个证据。机械式选股的方法主要是基于一定的选股规则对历史数据进行回测，而与机械式选股不同的是，上述机构为真实的客户创造了真正的回报。价值投资在真实世界和实验室里都是有效的。[③]

第三个也是最后一个证据，在那些长期获得远高于市场指数回报的著名投资者中，很大一部分是深受格雷厄姆和多德投资哲学影响的价值投资者，其中最著名的是沃伦·巴菲特。这份名单里还包括本书中介绍的许多投资者，巴菲特在其 1984 年的文章《格雷厄姆 – 多德式的超级投资者》[④] 中指出的那些投资者，以及其他一些追求价值投资策略但不一定公开提及格雷厄姆和多德的投资者。

价值投资的理论依据始于投资的零和性质。一个持续优越的投资方法一

---

① 数据来自肯尼斯·弗伦奇的网站。

② 例如，1993 年成立的 Tweedy Browne 价值基金和 1970 年成立的红杉基金（The Sequoia Fund）自成立以来跑赢了标准普尔 500 指数，尽管在 2009 年复苏之后的期间一度跑输。除此之外，道奇 – 考克（Dodge & Cox）股票基金的业绩表现也跑赢了指数，甚至在过去 20 年里也是如此。

③ 有一点我们应该明确说明：就像 21 点中的算牌一样，价值投资并不是时刻有效的。如果它从来没有跑输过市场，那么每个人都会成为价值投资者，用金融术语来说，这一优势会被套利行为蚕食殆尽。统计学上的价值投资组合通常在 10 年中有 3~4 年表现弱于市场。但在 10 年或更长的时间里，价值投资组合几乎无一例外地跑赢了市场。这同样适用于个人价值投资者和机构价值投资者。他们可能会在不短的时间里表现不佳，如 20 世纪 90 年代后期和 2009 年 3 月至本书写作期间，但从更长的时间窗口来看，例如 10 年或更长期间，他们的业绩表现几乎总是优于整体市场。

④ 文章的英文标题为 The Superinvestors of Graham-and-Doddsville。最初发表于哥伦比亚大学商学院的杂志《赫耳墨斯》（Hermes），之后被收录在本杰明·格雷厄姆的《聪明的投资者》一书第 4 版及之后的版本里。

定是以牺牲那些业绩比整体市场差的投资者为代价来获得成功。在主动投资
流程的每个步骤都拥有优势，是获得成功的基础，无论是否以价值为导向。
投资流程包括四个基本步骤（见图 1–2）。

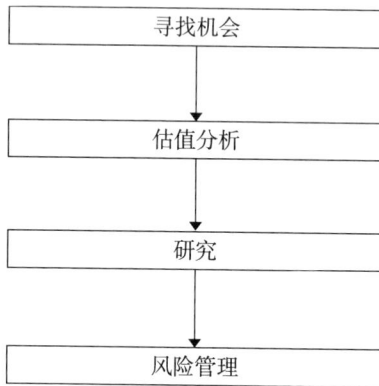

```
┌─────────────────────────┐
│         寻找机会         │
└─────────────────────────┘
             │
             ▼
┌─────────────────────────┐
│         估值分析         │
└─────────────────────────┘
             │
             ▼
┌─────────────────────────┐
│          研究           │
└─────────────────────────┘
             │
             ▼
┌─────────────────────────┐
│         风险管理         │
└─────────────────────────┘
```

图 1–2　投资流程的基本步骤

　　第一步是精心设计一个寻找投资机会的策略。没有任何一个投资者能够
仔细研究当今世界上成千上万的投资机会。他们必须从中明智地选择一个子
集来寻找机会。理想情况下，这个子集应该包含大量使投资者在交易中处于
正确一方的投资机会。有些搜寻策略是由投资机构的性质决定的。例如，对
于一家只投资于美国上市可转换债券的投资机构，其投资授权已经明确阐明
了需要寻找什么样的投资机会。如果一个投资者想寻找具有诱人成长前景的
公司，即无论是运用特定指标进行筛选，还是阅读相关文献和参加会议论
坛，抑或与志同道合的同行交流，都可以说是一种寻找投资机会的策略。一
个好的搜索策略至少应该回答以下问题：你为什么要关注某个投资机会，以
及假如搜寻策略确定了一些潜在的投资机会，为什么你可能在相关交易中处
于正确的一方。

　　通过寻找投资机会的策略找到需要进一步详细研究的证券之后，投资流
程的第二步是评估该证券的实际价值。这个步骤就是估值分析。无论是明确
地还是隐含地进行估值，举例来说，选择那些预期价值上升的股票的背后，
任何投资决策都必须基于这样的判断：证券的未来价值超过今天购买所支付

的价格。各种估值方法，就像寻找投资机会的不同方法一样，定义了投资者的根本方法。基于技术分析的投资者根据先前的价格走势和交易模式来评估未来的价值。短期基本面投资者根据他们对近期宏观经济或者个别证券层面的发展变化的估计，来调整现在的价格。基于有效市场假说的投资者，默认现在的市场价格就是对证券价值的最佳估计。这里的核心点是，每一个投资者都有自己的估值方法，但他们并不会同样成功。检验估值分析方法的法则是，投资者成为那些估值方法产生不够准确估计的人的对手方，通过与对手方交易而获得回报。

大多数有效的估值方法能够识别出与所研究证券的价值相关的重要不确定性因素。专业投资者会采用系统的主动研究来探究这些不确定因素。精心构思的研究工作的第一个特点是，它专注于那些影响估值因素中最重要的不确定变量。研究工作要达到这个标准，前提是要有一个可靠的估值方法来识别这些关键的不确定因素。如果研究工作只是机械地将时间精力专注在一个预先确定的影响因素清单上，而没有从相关的特定投资机会出发，那么这样的研究成果不会像那些由优秀的估值方法所驱动的研究工作那样有成效。其次，总是有重要的间接信息可以确认或挑战最初的估值。例如，首席财务官最近是否出售了他或她所持有的公司股份？其他消息灵通且遵守投资纪律的投资者是否在购买或抛售这只股票？股票的当前价格隐含了什么样的共识？以及你为什么相信自己的估值结果比市场共识更可靠？另外，还要了解你自己。你过去在类似情况下是如何行事的？你是否做过类似的决策以及它们的结果如何？换句话说，你是否容易被某类故事所欺骗？有效的研究工作得收集和分析这些相关的间接证据，其覆盖程度至少要跟交易对手方所搜集和分析的间接证据一样全面和有效，当然一切都得在法律许可范围内。

最后，在寻找、评估、研究获得的其他证据之后，投资者得以确信或调整最初的估值并做出投资决策，而每个投资者都需要一个流程来管理该投资给整个投资组合带来的风险，评估投资组合的整体风险是增加还是减少了。在投资组合中，该项投资的适当规模是多少？该项投资的股价是否大概率与组合持有的其他股票同向波动？或者与其他股票股价变动的相关性较低甚至是负相关关系？这项投资是否会像黄金、现金和衍生品那样在危机中提供一定程度的避险作用？与证券交易不同，风险管理不是一个零和游戏，特别是当不同的投资者面临不同的风险时。但即使在工作的这个阶段，从竞争的角度思考也是有益的：你对风险的定义和你用来管理它的流程，至少和市场上广泛采用的其他风险管理方法一样有效吗？

我们的观点是，格雷厄姆、多德和他们的天才继承者们所开创和不断迭代的方法，在投资流程的每个步骤都优于那些价值投资之外的投资者所采用的惯常方法。我们希望能够说服读者，不仅历史证据（统计研究结果、机构投资业绩和个人成功案例）支持价值投资的优越性，而且在其他人发展出至少与格雷厄姆和多德式价值投资一样有效的替代方法之前，价值投资都将继续在未来占上风。

本书章节安排

本书正文主要分为四个部分。第一部分是总体介绍（第1章）以及讨论如何寻找投资机会（第2章）。第二部分深入讨论了估值问题（第3章），包括资产价值（第4章）、盈利能力价值（第5章）和成长价值（第6章）等章节，并结合了两个详细的案例分析：作为资产价值案例的哈德逊通用（Hudson General）以及作为盈利能力价值案例的麦格纳国际（Magna International）[①]。第三部分着重于拥有经济特许权的企业（第7章）以及对这类公司的成长进行估值的新方法（第8章）。这部分提供了两个拥有经济特许权的企业的详细案例分析——WD-40和英特尔。第四部分讨论了研究的策略（第9章）和风险管理（第10章）。在这四个部分之后，为了让读者更全面地理解价值投资的实践，我们介绍了12位价值投资者。

除了书里的内容之外，我们还在网上提供了哥伦比亚大学商学院价值投资课程中多年来的部分演讲视频。格林沃尔德教授这门课程长达四分之一个

---

① 正文中有时简称麦格纳。——译者注

世纪，现在由塔诺·桑托斯继续讲授。这些杰出的价值投资者在百忙之中仍然投入时间和精力来为同学们传道授业解惑，其中有些几乎每年都来造访我们的课程。我们发自肺腑地感谢他们的分享与支持，对他们为不断发展的价值投资学科所做的贡献感激不尽！

附录：超额回报是对承担额外风险的回报吗

关于支持价值投资优越性的事实证据，最后还有一个问题必须解决。前述三个证据，包括机械式选股组合、价值投资机构的业绩和格雷厄姆和多德式投资者，之所以创造出更高的回报水平，大有可能是因为相关投资组合承担的风险高于整个市场。如果情况真是如此，那么他们的卓越回报只不过是对承担额外风险的适当回报。金融学术界的许多专家一直强调，更高的回报是对承担更高风险的回报，而且除了承担额外的风险之外，也没有能够超越市场平均回报的办法。承担更高风险的最好方法是利用杠杆买入市场投资组合，因为他们认为无法通过选股实现超越市场的投资业绩。

这个观点并不正确，如果采用学术界衡量风险的方式（不论是年收益波动率，还是现代金融理论里定义的 β 系数），价值投资组合所承担的风险通常都不高于整体市场的风险。另外，即使采用其他的风险衡量方式，价值投资组合承担的风险依然小于整个市场，比如企业的负面信息导致其股价下跌的程度，或熊市中股价下跌的幅度，抑或股价遭遇的最大亏损程度。这些衡量标准更接近我们对风险的常识性理解，也更适合价值投资者，因为他们会把股价波动视为买入或卖出的机会，而不是对证券内在价值的准确估计。

前述机械式选股的价值投资组合，总体而言应该算是受到了最严格的统计检验，其回报水平不论是在 1 年期、3 年期还是 5 年期都更高，在经济衰退期的回报依然出众，在整体市场表现最差的那几个月，其回报水平远超押注"魅力股"的投资组合。价值投资，即使是应用于机械式选股，也是投资者可以患难与共的朋友。从历史上的最大损失（回撤）来看，自 1989 年至2018 年的 30 年里，标准普尔 500 指数经历了两次大熊市：

- 2000 年 8 月 30 日至 2002 年 9 月 30 日，跌幅 45%；
- 2007 年 10 月 21 日至 2009 年 2 月 28 日，跌幅 51%。

作为比较，用市盈率作为估值水平高低的指标，对肯尼斯·弗伦奇的数据进行排序，得到估值最便宜的五分之一的股票组成的投资组合，历史上损失（回撤）最大的时间段是：

- 2001 年 6 月 30 日至 2002 年 9 月 30 日，跌幅 19%；
- 2007 年 3 月 31 日至 2009 年 2 月 28 日，跌幅 51%。

在互联网泡沫破灭之后，价值投资组合的损失要比标准普尔 500 指数的损失小得多；历经全球金融危机，价值投资组合的损失和标准普尔 500 指数的损失相等。在整个 30 年期间里，标准普尔 500 指数的年复合回报率为 9.2%，而估值最便宜的五分之一的股票所组成的投资组合实现了 12.9% 的年复合回报率。用回撤作为衡量标准，我们不能说价值投资组合是因为承担了更多的风险而业绩出色。

关于另一种应对风险的方法，让我们看看沃伦·巴菲特买下华盛顿邮报公司（The Washington Post Company）大部分股权的案例。当时是 1973 年底，美国的经济、股票市场和国民情绪都很糟糕，不过对于价值投资者而言却是一个绝好的时刻。华盛顿邮报公司的市值已跌至 8000 万美元，但是如果把华盛顿邮报公司整体出售，能够以至少 4 亿美元的价格卖给 10 位买家中的任何一位。显然，市场先生的心情很糟糕。于是，巴菲特问，如果股价延续跌势，公司市值从 8000 万美元下降到 4000 万美元，这是否会使购买公司股票的风险更大？根据现代投资理论，答案是"是的"，因为这会加大股票价格的波动性。但是巴菲特却认为"完全不会"，继续下跌恰恰会加大已经很充足的安全边际，降低买入时存在的风险，尽管他认为本来就没有风险。就衡量风险而言，安全边际与证券价格的波动性没有任何共同之处。然而，要运用安全边际，你必须知道何为内在价值并笃信它的存在，而且还得拥有估计内在价值的能力。

第 2 章

寻找价值：在交易中处在有利位置

VALUE
INVESTING

投资世界提供的选择众多，以至于任何严肃的投资者都应该选取一个限定的范围，再开始分析。无论是刻意为之还是实践迭代而来，投资者都应该走专业化的道路。专业化是寻找投资机会的高效策略里首要也是最重要的因素，但经常被忽视。举一个极端的例子：一位投资者花了 20 年的时间，只研究和投资南得克萨斯墨西哥湾沿岸的陆上石油租约；另一位投资者从欧洲飞来，向当地的业内人士买入石油租约，只是因为相信在美国这样政治稳定的地方，石油是一项很好的投资。有时这种投资会获得成功。石油价格的上涨可能超过预期，或者产能高于预期。但毫无疑问的是，在与关注全球商品价格的对手方的交易中，本地专家大概率会获利颇丰。尤其是在没有大量其他投资者密切关注的市场里，专业化是提高投资者在交易中处于正确一方的概率显著有效的方法。

在本书中，我们专注于讨论广阔投资领域里的一小部分。我们不会讨论政府债务、外汇和市场层面的投资工具（比如指数型共同基金和交易所交易基金等），也不涉及很多投资者根据宏观经济因素做出决策的大宗商品（比如石油、小麦和铜等）。避开上述投资标的也是大多数格雷厄姆和多德式投资者的实践做法。在本书里，我们还会忽略那些比较简单的投资选择，比如银行定期存款和大额存单，因为专业投资者在这些投资选择上的增值空间有限。最后，我们不讨论诸如收藏品或复杂衍生品这样的领域，这些领域专业化是必不可少的，但所需的知识非常狭窄且具体，不在绝大多数投资者——无论是价值投资者还是其他风格的投资者的兴趣范围之内。我们将专注于公司证券（主要是股票），其中核心价值问题与潜在投资标的的基本面相关。本杰明·格雷厄姆和大卫·多德专注于此，大多数价值投资者都会追随他们的步伐。

专业化

　　格雷厄姆和多德式投资的一个公认原则是保持在自己的能力圈之内。没有投资者有能力理解各个行业的每家公司。沃伦·巴菲特经常说，他对科技公司没有深刻的理解，而他投资苹果公司是因为苹果公司已经成为一家非常成功的消费品公司。对于处在他能力圈之外的公司，如果去投资，那会使他不太可能在交易中处于正确的一方。能力圈划定了一个人的专业化领域。投资者应该始终待在这个圈子里，把能力圈之外视为无利可图的领域。建立专业化和确定能力圈的关键区别在于，专业化是由内而外的，以一个特定的行业或地理范围或其他感兴趣的狭窄领域为起点。一旦掌握了这一领域，投资者就可以继续前进到感兴趣的相邻领域，逐一拿下。能力圈一般是由外向内描述的，以全部投资机会为出发点，然后排除那些超出目前理解范围的投资机会。从形式上看，这两者最终可能是等同的，尤其是对于有经验的投资者而言。但是，特别是对于入门投资者来说，建立专业化的过程可能是定义和发展自己的投资优势领域更有效的方式。因此，在接下来的内容中，我们把寻找投资机会的讨论重点放在专业化而不是更传统的能力圈上。

　　对于高度专业化的强大力量，上面的讨论还强调得不够。亚当·斯密以扣针制造业为例，提出了劳动分工。两个多世纪以来，人们通过劳动分工而实现的高生产率一直是经济繁荣的基石。人们选择职业并进行专业化发展，比如律师、医生、会计师、记者、教师等，而且无一例外地专注于该职业里相对狭窄的细分领域，比如律师执业领域的专利法、劳动法、家庭法和白领犯罪等。再比如，外科医生不会治疗传染病，心脏外科医生不做髋关节置换手术。同样地，职业经理人通常将其职业生涯的大部分时间专注于一个行业。在一项运动中表现出色的职业运动员，哪怕是篮球巨星迈克尔·乔丹，只要去尝试另一项不相关的运动（比如棒球），通常上不了台面。历史上在特定行业或地域取得成功的公司，要比那些业务繁杂的企业集团或在全球范围布局的公司表现得更好。举例来说，当沃尔玛扩展到北美之外时，它无法重现昔日的辉煌。即使在一个定义明确的能力圈内，如果投资者进一步聚焦在一个狭窄的领域，以此为起点向外发展，那通常也能够取得更好的业绩。与其他行业相比，沃伦·巴菲特在保险、银行、传统媒体和非耐用消费品行业的投资更为成功。

投资行业里最常见的专业化形式是按行业来划分工作内容，市场上的买方分析师和卖方分析师几乎都是行业专注的。在日益全球化的大背景下，他们通常覆盖汽车、银行、零售或软件等某一个行业。投资者和分析师都面临一个共同的挑战——可能在很长的一段时间里，在他们所专注的特定行业里没有诱人的投资机会。幸运的是，一个有活力的能力圈可以延伸到某个行业之外。一个有经验的投资者或分析师应该能够掌握几个行业。但是，那些试图成为很多行业的专家的人，很可能最后的结果是一个行业也没有真正弄懂，这使得他们与每个领域内更加专注的投资者分别进行交易时处于不利地位。这种对专业化的看法比传统认识的能力圈有更强的约束。

地域维度上的专业化是另一个有用的约束。专注于投资某一特定地域的公司能够为投资者带来优势，对于投资中小型公司的投资者尤为如此。第一，对于在本地经营的服务性企业，聚焦这个地域的投资者能够对客户、供应商、竞争对手和当地商业社会进行详细研究和追踪，这是那些试图覆盖全球各地的投资者所不能比拟的。第二，身处本地有利于投资者更容易地接触到企业管理层。借助有限的地域专注，投资者可以更频繁地走访企业和追踪业务运营情况。与那些依靠每年一次飞到公司总部开会的投资者相比，专注于本地的投资者更能理解企业目前的运营状况，并能更好地评估其未来发展方向。第三，许多区域经济有明显的行业专长和产业聚集，比如明尼苏达州的医疗设备、新泽西州的制药、硅谷的信息技术、大波士顿地区的生物技术，因此区域和行业专长可能会重叠。对于少有分析师覆盖的小公司来说，这样的专业化优势特别强大。当沃伦·巴菲特在 20 世纪五六十年代经营巴菲特合伙企业时，他很多最成功的投资标的是位于奥马哈及其周边地区的公司（通常是保险或相关领域），否则奥马哈就不会被称为创新或者投资获利的港湾了。

证券选择层面的专业化与投资组合层面的分散化并不冲突。分散化基金的基金经理可以结合分析师团队提供的各种股票推荐来管理投资组合，既受益于行业或地域专注带来的洞见，又享受到了分散化提供的风险管理效果。在更高层次上，机构资产或家庭财富也可以通过横跨多个资产类别来实现更加分散化的效果，但同时也可以由专注于特定能力圈的专业人士所挑选的证券构成。尽管选择适当的投资经理进而实现这一目标并非易事，但这是可以做到的。在第 10 章讨论风险管理时，我们将直接解决这一挑战。大多数投资经理抵触我们在这里所讨论的专业化，尽管专业化是寻找投资机会、让投资者在交易中处于正确一方的核心要素。

价值优势

在第 1 章中，我们提到了一些使用机械式选股方法来测试各种投资风格的研究。这些研究使用一个或几个标准对某一时刻的股票进行排序，然后将排序后的股票分别归到股票数量相同的小组，之后比较这些组（也就是投资组合）在未来时期的投资回报。总的来说，这些研究令人信服地表明：估值水平便宜股票的投资组合（价值股）的业绩优于整个市场，并击败了估值水平昂贵股票的投资组合（魅力股）的回报。

几个值得注意的例子能够说明上述研究的性质。首先，正如我们在第 1 章中所指出的，尤金·法玛和肯尼斯·弗伦奇于 1992 年发表了一篇关于有效市场假说的开创性论文。[①] 他们使用 1963 年至 1990 年的美国普通股数据，以每年年底的账面市值比作为排序标准，从数值最低（魅力股）到最高（价值股）依次将所有股票分为十组。他们还根据以市值衡量的规模对同样的股票进行排序和分组。然后，他们衡量了 1963 年 7 月至 1990 年 12 月期间每组股票的月度回报。十组股票里，账面市值比最高的那一组（价值股）的平均月回报率为 1.63%，而账面市值比最低的那一组股票（魅力股）的平均月回报为 0.64%。在整个期间，账面市值比最高的那一组价值股的回报率比账

---

① 论文为 Fama, Eugene F. and French, Kenneth R.（1992）.The Cross-section of Expected Stock Returns, *Journal of Finance* 47：427–465。

面市值比最低的那一组魅力股的回报率要高，差距大约为每年12%。小市值股票和大市值股票之间也出现了类似的回报率差异，但差距要小一些；市值最小的那组股票的平均月回报率为1.77%，而市值最大的那组股票的平均月回报率为0.95%。将这两个指标结合起来对全部股票进行排序，从市值最大且估值最贵的股票到市值最小且估值最便宜的股票，得到100个等分组，进行计算后得到的结果并没有改变之前的结论——市值最小且估值最便宜的那组股票的平均月回报率为1.92%，而市值最大且估值最贵的那组股票的平均月回报率为0.89%。

他们的研究成果有两个值得注意的发现。一是，很难通过增加额外的变量来进一步改善一个简单的价值策略。账面市值比最高的那一组（价值股）的平均月回报率要比账面市值比最低那一组股票（魅力股）高出0.99%。增加市值规模这一额外的变量之后，市值最小且估值最便宜的那组股票的平均月回报率要比市值最大且估值最贵的那组股票高出1.03%。相比之下，增加市值规模这一变量之后所获得的额外0.04%溢价并不具有经济显著性，而且由于小市值股票的流动性限制，这一额外收益在实践中也难以被捕捉到。二是，价值策略获得的大部分溢价在极端之处获得。我们比较两个边际的回报增加，一个是账面市值比最高的那一组（即估值最便宜的那组）相较于账面市值比第三高的那一组获得的增量回报，另一个是账面市值比第六高的那一组相较于账面市值比第八高的那一组获得的增量回报，前者远远超过后者。在魅力股那一端，我们也能够观察到同样的模式。我们比较两个边际的回报减少，一个是账面市值比最低的那一组股票（即估值最贵的那组）相较于估值第三贵的那组股票的边际回报减少量，另一个是估值第三贵的那组股票相较于估值第五贵的那组股票的边际回报减少量，前者远远大于后者。在寻找价值股、避免魅力股的过程中，你要拥抱的是估值最便宜的股票，避免估值最贵的股票。

第二篇值得注意的论文由约瑟夫·拉科尼绍克（Joseph Lakonishok）、安德烈·施莱弗（Andrei Shleifer）和罗伯特·维什尼（Robert Vishny）于1994

年发表，[1]他们在不同的时间段重复了法玛和弗伦奇的研究。他们三位的研究使用盈利与股价之比以及现金流与股价之比作为衡量价值的替代标准。其研究发现是相似的：在采用不同的价值衡量指标时依然获得了同样的结论，估值最便宜的价值股组合的年回报率要比估值最贵的魅力股组合高出约 9%。

三位作者在研究中进一步加入了第二个维度，在根据现金流与股价之比将所有股票排序分为三组之后，他们又根据过去五年销售额增速这个指标在每组里进行排序分出三个小组。研究发现，价值股里销售额增速最慢的那组股票的平均年回报率为22%[2]，而魅力股里销售额增速最快的那组股票的平均年回报率却只有 11%。

第三篇重要的研究论文[3]由维尔纳·德邦特（Werner De Bondt）和理查德·塞勒（Richard Thaler）于 1989 年发表，他们考察了过去的股票市场表现对未来回报的影响。他们按照过去每年年初开始 12 个月的回报率对全部股票进行排序并分为十组，主要关注两组股票，一个是回报率最低的那组股票（即表现最差的前十分之一），另一个是回报率最高的那组股票（即表现最好的前十分之一）。然后，他们会跟踪这两组股票在随后 30 个月内的回报率差异。在这个期间，两组股票的回报率大致相等，尽管在最初的 12 个月里，之前表现最好的股票继续表现出色（这是一个公认的"动量"效应，下文我们将详细介绍）。然后，他们使用之前 24 个月的回报率重复上述过程，对表现最差和最好的股票进行排序。在接下来的 30 个月里，前两年表现最差的那组股票比前两年表现最好的那组股票的回报率要高出约 12%。最后，他们将之前 36 个月表现最差和表现最好的股票分别组成投资组合。那组长期表现最差的股票在随后的 30 个月里获得的平均回报率要比另一组长期表现最好的股票高出 18%。类似地，越是极端情形，未来的表现就越好。在这个研究

---

① 论文为 Lakonishok, Josef, Shleifer, Andrei, and Vishnu, Robert W.（1994）. 'Contrarian Investment, Extrapolation, and Risk', *Journal of Finance* 49（5）: 1541–1578.

② 本书英文原版此处数据为21%，但译者核实了位于论文原文第1552页的表 II，显示平均回报率为22.1%，故在译文里更改为跟原始论文一致的四舍五入数据22%。——译者注

③ 论文为 Werner, F., De Bondt, M., and Thaler, Richard H.（1989）. Anomalies: A Mean-Reverting Walk Down Wall Street, *Journal of Economic Perspectives* 3（1）: 1898–202.

里的极端情形是最长期间的业绩不佳，即在之前 36 个月里表现最差的股票的投资组合在随后 30 个月里的相对超额回报率最高。

针对长时间段的美国和海外市场股票收益，多项研究证实了普遍性结果：[1] 由遭人厌恶的、令人失望的、不知名的（规模小的）、无聊的（比如低成长）股票所组成的投资组合，其回报率一再高于整个市场；更引人注目的是，这一投资组合的回报率也再三高于由吸引人的、高利润率的、知名的（规模大的）、迷人的（比如高成长）股票所构成投资组合的回报率。低估值水平超额弥补了各种不吸引人的特质。此外，正如这些研究，尤其是像德邦特和塞勒的研究表明的那样，正是那些由极其不招人待见的股票所组成的投资组合（之前长达三年令人失望的回报）产生了最好的结果。对于按市净率排序分组而得到的投资组合，估值水平越低的投资组合，其未来收益率越高。对于估值最便宜的那十等分组里的股票，我们通常发现其中三分之二的公司会破产，但那些幸存下来的公司相较于它们非常便宜的初始投资价格来说，之后的投资回报率非常高，以至于最遭人厌恶的股票所组成的组合在所有的十等分组中业绩表现最好。

除了上面讨论的有关价值股和魅力股的衡量标准外，一些其他的变量也得到了研究，以评估它们对投资组合业绩的影响。这些变量主要分为三个类别：（1）纯粹的基本面指标；（2）纯粹的技术面指标；（3）将市场价格与基本面因素联系起来的指标，比如市净率或市盈率。对于纯粹的基本面指标，它们只衡量公司的经营业绩，不考虑经营业绩与股价之间的关系。各项研究采用权益或总投入资本的回报率、每股收益增速、资产增长率（与销售额增速形成对照）以及各种利润率衡量标准对股票进行分类或分组。在这些变量上获得高分的公司是成功的公司，其股票对于投资者具有天然的吸引力。然而，与我们前面讨论的研究结果一致，往往是那些在这些指标上排名最低的

---

[1] 相关的研究文献十分丰富，而且每个月都有更新的研究成果问世。我们在第 1 章中提到了法玛的两个学生，克利福德·阿斯内斯和韦斯利·格雷，下列网站包含了他们和其他人的工作成果。阿斯内斯的公司网站：https://www.aqr.com。格雷的公司网站：https://alphaarchitect.com。此外，有一篇优秀的论文值得在此推荐阅读：Asness, Clifford, Moskowitz, Tobias, and Pedersen, Lasses. (2013). Value and Momentum Everywhere, *Journal of Finance* 48 (3)。

公司——较低的资本回报率或者微薄的利润率，未来会产生最高的股票市场回报。[1] 这些研究表明，在最坏的情况下，公司股票未来的回报与当前经营业绩之间几乎没有正向关系。米歇尔·克莱曼（Michelle Clayman）有一句话很有说服力："寻找灾难"一直是比"寻找卓越"更好的投资指南。[2] 这种现象的一个支持性例子出现在吉姆·柯林斯的《从优秀到卓越》[3] 一书里，该书被广泛阅读并备受推崇。基于过去 15 年股价表现超越市场的回报水平，柯林斯选择了 11 家从优秀到卓越的公司。他和他的研究人员进一步找出了能够将卓越公司与未能实现"优秀到卓越"跃升的公司区分开来的共同特征。这本书于 2001 年出版。在接下来的几年里，电路城（Circuit City）和房利美（Fannie Mae）作为"卓越"公司"成功地"破产了，房利美还是以一种"壮观的"方式破产的。对这两家公司来说，"优秀到卓越"并不是故事的全部，时间拉长之后实为"优秀到卓越到消失"。[4]

第二类研究在不参考任何公司基本面数据的情况下研究股票市场回报和交易量，寻找像德邦特和塞勒论文里识别出的模式。这是技术面投资，通常的做法是关注价格动量。相对强度是一个经常使用的指标，用于衡量某只股票相对于股票池中所有其他股票的价格表现。如果选择一个由去年表现最好的股票构成的组合，那么就是赌这些赢家会继续表现出色，而情况实际上也经常如此。从 1979 年到 2018 年的 40 年里，如果策略为做多前一年表现最好的前 30% 的股票，同时做空前一年表现最差的前 30% 的股票，那么执行这一策略的投资组合实现的回报率为平均每年 4.2%。在 2009 年复苏以来的这段时间里，大牛市带来的回报让传统的价值选股标准黯然失色，而上述动

---

[1]　在双重排序中，比如按资本回报率和市净率排序，企业生意质量往往只对价值排序里位于中段的股票增加回报。对于极端的低估值水平的股票，也就是真正廉价的股票，生意质量的衡量指标充其量也只是对收益率没有影响。

[2]　出自论文 Clayman, Michelle.（1987）. In Search of Excellence: The Investor's Viewpoint, *Financial Analysts Journal* 43（3）.

[3]　该书英文信息：Collins, Jim.（2001）. *Good to Great: Why Some Companies Make the Leap and Others Don't.* New York: HarperCollins, 2001.

[4]　其余九家公司的股票在截至 2010 年的 10 年里表现不佳，这些公司作为一个整体的回报是负的。参见 https://www.mccormick.northwestern.edu/engineering-management/inside-our-program/stories/2013/not-so-good-to-great-companies.html。

量策略的回报率为平均每年 2.8%。[①]

但是，价格动量很快就会失效。弗伦奇的投资组合每个月都进行再平衡。正如德邦特和塞勒所发现的那样，当根据之前三年而不是去年的价格变化来选择股票时，结果是反转的，之前表现最差的股票在之后反而表现较好。高飞者坠落地面，落后者则回升反弹。我们见证了一个在自然界和文化里的常态现象——均值回归。平均而言，高个子父母的孩子不会在身高上超过父母，否则 NBA 的中锋就不会领取如此高的薪酬了。如果之前的股市赢家持续表现出色，那么它们的市值将冲破天际，远远脱离可能支撑其股价的基本面价值。投资史上不乏狂热行情，但最终都会崩盘。

第三类同时使用财务变量和价格变量，将股票价格与一些公司基本面信息联系起来，比如市盈率、市现率、市净率、市销率、股价/股息比率等。前面讨论到的法玛与弗伦奇的那篇论文就属于这个阵营，以及拉科尼绍克及其合著者的论文也是如此。在所有这些研究中，价值股即用前述这些比率衡量的股价较低的股票，其表现优于魅力股。这些比率从不同的角度来评估同一件事：投资者愿意为公司未来的成功支付多少钱，无论这种成功是以盈利、现金流、销售、净资产还是股息来衡量。投资者想要支付的对价越小，股票未来的前景就越好，但这未必代表企业本身的未来发展。

总的来说，美国和海外市场的统计证据都一致证实：拥抱那些因为令人厌恶、无聊、不知名、令人失望而估值便宜的股票，历来是投资股票的最佳方式，以这样的方式投资，你更可能处于交易中的正确一方。这些是表现优于整个市场的股票。越是令人厌恶、无聊、不知名、让人失望，股票的价格通常越是便宜，投资回报也会越好。无论如何，这是客观现象，对历史事实的研究现在已被广泛认可，这在很大程度上要感谢我们所引用的各项研究以及我们在这里没有引用的更多研究成果。下一个明显的问题是这种最佳投资方式是否能持续下去。

---

① 来自肯尼斯·弗伦奇网站提供的动量因子数据。我们应该注意到，像这样构建的多空投资组合是"零成本"的，这意味着需要投入的资金非常少，所以投资回报像天文数字一样高，当然前提是你在任何一年都不会破产。

支持上述现象能够持续存在的论据是，价值溢价（价值股相对于魅力股的额外回报）随着时间的推移并没有明显减小。价值溢价最初由本杰明·格雷厄姆于 20 世纪 30 年代首次发现，从 20 世纪 70 年代开始被系统性地量化。然而，关键是我们要理解为什么价值选股策略在过去会如此有效，以及背后的驱动因素在未来是否会继续起作用。[①]

价值异象和人类行为特质

长期以来，价值股的卓越投资回报构成了一种异象。一旦投资者发现廉价股票的表现优于昂贵股票，他们就会竞相买入廉价股票，于是其价格会被抬高，这样廉价股票就不再廉价，提供优异回报的可能性会被降低甚至完全消除。然而，价值溢价（value premium）却一直持续存在。至于如何解释前述价值异象[②]（value anomaly），有两种不同角度的说法，第一种是解释这种异象为何存在，第二种则是解释这种异象为什么根本不存在。

为什么价值异象会存在？为什么随着时间推移价值异象一直持续并可能持续到未来？对于这些问题的解释在于人类行为中某些根深蒂固的特点。这些行为导致人们会做出违反理性经济评估的决策。我们经常在一些活动中看到这些显而易见的行为特点。例如，虽然购买彩票的收益期望值为负，但各种彩票广为流行，几乎每个人都知道这个事实，甚至在他们购买彩票的时候。认知心理学识别、调查和研究这些人类行为的特点，最引人注目的是丹尼尔·卡尼曼和阿莫斯·特维斯基的研究。[③] 行为金融学是认知心理学在金融领域的自然延伸。[④]

人类行为的三个特点对于理解价值溢价的存在尤为重要。第一个特点

---

① 自 2009 年本轮牛市开始至 2020 年我们写作本书时，价值溢价基本上已经消失了，特别是自 2016 年以来。之前也有一些时期，价值股落后于魅力股以及整个市场。如果均值回归不再起作用，那么未来的经济世界将与现在的截然不同。

② 价值异象和价值溢价本质上是同一个概念，在本书里会交替使用。——译者注

③ 参考丹尼尔·卡尼曼的著作《思考，快与慢》，该书很好地总结了不少相关研究成果。英文信息：Daniel Kahneman, *Thinking, Fast and Slow*, New York: Farrar, Strauss and Giroux, 2011.

④ 理查德·塞勒是行为金融学领域的先驱，因为其贡献卓著而获得了诺贝尔经济学奖，我们在前面引用过他的研究成果。丹尼尔·卡尼曼也获得了诺贝尔经济学奖，虽然他的学术领域主要是心理学。

是,人类总是容易为迅速致富的梦想付出过高的代价。正如我们所提到的,几乎在有记录的人类历史上的每个时期、每个社会,彩票看起来都是成功的投机。然而,彩票在现在和将来都是令人吃惊的糟糕投资。彩票经营者,无论是政府还是犯罪团伙,在将剩余金额分配给中奖者之前,已经拿走了彩票销售额的30%~70%。购买彩票的人都知道,赔率对他们很不利,但这种认识并没有使彩票滞销。彩票即使在被裁定为非法的情况下,也一直存在。不同社会阶层的人们都会购买彩票,迅速致富的吸引力并不局限于穷人或教育程度较低的人。

在更清醒的股票投资世界里,魅力股就是那些有望获得惊人的高回报的彩票。由于这种吸引力,一些投资者愿意支付相对于其基本面价值而言非理性的高价。至少事后来看,这种模式在20世纪90年代末的技术热潮中成为焦点。诸如英特尔、微软、美国在线和思科这样的老牌公司,再加上一大批不成熟的初创公司,都获得了现在看来极其荒谬的估值水平。但是,即使在不那么繁荣的时期,令人魅惑的估值也是股票市场的一个常规组成部分:有时是一个国家的股票市场,比如20世纪80年代末的日本市场或者21世纪初金砖国家的市场;有时是特定的行业,如电信行业或生物技术行业;有时是特定的公司,"彩票"般的吸引力使其股票的交易价格高企,比如苹果公司或思科公司。对于折服于这种广泛吸引力的投资者而言,作为一个整体,他们的投资业绩将比整个市场要差。鉴于投资的零和性质,在这些交易中站在另一边的价值投资者将获得好于整体市场的业绩。只要彩票及其股市里"替身"的吸引力犹存,这种价值异象的来源就不可能消失。

导致价值异象的第二个人类行为特点与对彩票的偏好相反。在投资里,就像在生活中一样,人类会躲避令人厌恶的和麻烦的事情,避免似乎有很高损失概率(而且缺乏那种诸如跳伞等奇特冒险带来的任性快感)的活动。①在行为金融学领域,投资者的这种行为特点被称为损失厌恶(loss aversion)。对大多数人来说,预期损失造成的痛苦超过了同样数量的收益所带来的快

---

① 前景理论的奠基性论文:Kahneman, Daniel, and Tversky, Amos.(1979).Prospect Theory: An Analysis of Decision under Risk, *Econometrica* 47(2):263–291.

乐。① 因此，人们会接受高风险的选择以避免某些损失，他们绝不会以承受这些损失为条件交换某些收益。因此，若持有一个股票组合，其中三分之二股票的发行人可能会破产，大多数投资者在考虑从能幸存的另外三分之一股票获得潜在巨大收益之前，会惊恐地退缩，而这潜在收益足以使整个投资组合获得高额利润。毫不奇怪，这些投资者首先避开令人厌恶和失望的股票，而对于已经拥有、情况恶化的股票，在没有仔细分析是什么原因导致这些股票变得难堪和令人失望的情况下，他们条件反射式地在市场抛售这些股票。自然而然的后果是，这些股票将长期被市场低估。处于上述行为另一边的投资者应该会有相当大的收获。几千年来，这种损失厌恶（或是避免不堪）都是人类行为的一部分，并且不太可能很快改变。

价值异象背后的第三个心理因素深深扎根于人类行为之中，以至于它主导了话语权，而人们却没有普遍意识到其影响力。人类天生就有过度自信的倾向，我们拥抱确定性，而忽视其他可能性。在讨论一些重大问题，例如 2002 年至 2003 年讨论伊拉克存在大规模杀伤性武器的问题时，很少有人谈到概率问题。讨论是以相互竞争的确定性语言进行的。一方坚持认为这些武器肯定存在，另一方则同样肯定地认为它们并不存在。几乎没有人从概率的角度来讨论这个问题，例如四分之一、三分之一、二分之一或三分之二的概率。把这个问题作为一套可供选择的概率问题来阐述，居然根本不是辩论的一部分。当然，若事后来看，大规模杀伤性武器要么存在，要么不存在。但在这之前，没有人确切地知道大规模杀伤性武器是否存在。理性的观点应该采取这种概率陈述的形式。但是事与愿违，无论是在修辞上还是在辩论双方各自的头脑中，他们都对自己判断的准确性过度自信。这种过度自信是一种系统性的人类倾向。

过度自信以同样的方式支配着投资思维和相关讨论。在谈论具有"伟大"前景的"好"股票时，推荐者从来不提及"好"股票有可能在三分之二

---

① 损失厌恶与风险厌恶在几个方面有所不同。首先，风险厌恶适用于与需求相比的总体财富水平；损失厌恶适用于围绕当前财富水平的变化量。因此，财富的增加应该会降低风险厌恶，但对损失厌恶则没有影响。其次，即使有确定性的情况下，确定的损失也比确定的收益带来的影响更大，即使相对整体财富而言的变化量相对较小。

的时间内超过市场平均回报。一个在任何重要时期都能达到这种准确程度的投资者，将是所有投资者中位列10%的高手。不少投资者以绝对的自信吹捧自认为的"好"股票，而当股票随后跑输市场时，他们会感到非常惊讶。一些投资者在建议避开某些股票时，也有同样的把握。他们把差的投资称为"狗"，而不是至少也有可能获得可观收益的股票。

这种过度自信加剧了对魅力股的高估，因为它使得出现意料之外不利后果的潜在可能性被低估了。同时，过度自信放大了对令人厌恶和失望的股票的低估，因为它们会恢复的可能性同样被最小化或完全忽略了。总的来说，过度自信会放大魅力股和价值股之间的回报扭曲程度。在人类进化选择淘汰过度自信这一特性之前，价值异象应该会持续存在。

这种过度自信还为价值异象增加了一个重要的时间维度。在经济繁荣时期，过度自信往往会导致投资者整体上倾向于无视未来潜在的负面变化，这远比理性计算概率后的预期要乐观很多。投资者还倾向于将目前的有利条件外推到不确定的未来。市场价格反复出现激进的高估就是这种做法的证据，被罗伯特·席勒（Robert Shiller）称为"非理性繁荣"。[1] 在这些时期，隐含在衍生工具价格里对市场波动性的估计，通常会降到不切实际的历史低水平。[2] 在繁荣时期，期权价格告诉我们，投资者通常预期未来一帆风顺，但历史记录显示，平均来看随后的市场走势则完全相反。在价格下跌且经济前景黯淡的糟糕时期，投资者会怀疑好日子能否回来。他们对自己的悲观看法过于自信。那么对期权保护的需求也就相应地提升了，于是期权价格会变贵。事实上，本杰明·格雷厄姆提出的市场先生及其神经质一般的极端行为，就是对过度自信及其力量的真实写照。除非市场先生以某种方式安定下来，无论是通过找到合适的治疗双向情感障碍的药物，还是通过人类行为的改变，跨期（以及横截面）的价值异象将继续存在。

心理学实验表明，要摆脱这种过度自信是极其困难的。在一个著名的实

---

① 参见罗伯特·席勒的著作《非理性繁荣》。该书英文信息：Shiller, Robert, *Irrational Exuberance*, Princeton University Press, 2016。

② 如果投资者觉得证券价格的未来走势只是稍有不确定性，那么能够让投资者确定价格买入或卖出证券的期权成本就会很低，因为通过购买期权而获得大额收益的可能性被认为不高。

验中，被试需要通过小孔观察一个黑暗的房间，并估计自己与一个发光方块的距离。不同大小的方块是随机选择的，并被放置在随机的距离上。由于被试没有被告知方块的大小，他们不可能对这个距离做出准确的估计。然而，被试无一例外地给出了以英尺为单位的精确距离估计，当被要求判断这一估计的可能准确性时，他们给出的误差范围很小（例如，正负 1 英尺 [①]）。面对根本不确定的情况，被试反射性地接受了高度的确定性。事实上，他们对距离的估计与方块的实际位置完全无关，而且他们的实际平均误差远远超过了他们的误差估计。随后，实验者向被试展示了不同大小的方块，并解释说，方块将被随机选择。实验重新进行，被试继续对方块的位置做出精确的估计。他们的误差估计确实增大了（例如，从正负 1 英尺到正负 2 英尺），但仍然远远小于实际误差。过度自信似乎是非常持久的，即使直面相反的证据。似乎这些反面证据因一种被行为科学称为"后见之明偏误"的机制（也就是"我早就知道"的冲动）而大打折扣。在大量的其他实验中，专业人士和非专业人士同时被要求估计现在或未来的某个数量，这两类人都持续高估了他们各自判断的准确性。而且，专业人士相较于非专业人员对自己的高估更严重。[②]

关于过去和未来的价值异象，还有个重要的原因：机构化给投资决策带来的结构化问题。个人投资者继续受到"彩票偏好"、损失厌恶和过度自信的持续影响。然而，现在大多数资金掌握在机构投资者手中，这些机构化组织在理论上应该能够制定合适的内部规则、设立合理的组织结构，以控制脱离常轨或适得其反的个人行为。尽管如此，制定和实施这些规范的还是为组织工作的个人。这些人有自己的利益和动机，其中一些可能与机构的利益不一致。除此之外，他们也会有自己无法控制的心理偏差。

机构或者组织的各种政策始终与个人的本能行为和动机有摩擦，这里的个人包括零售客户、机构客户以及组织自己的雇员。因此，研究组织强制力

[①] 1 英尺 ≈ 0.3048 米。——译者注

[②] 菲利普·泰特洛克的研究成果可供参考，尤其是他的著作《狐狸与刺猬：专家的政治判断》。该书英文信息：Philip Tetlock, *Expert Political Judgment: How Good Is It? How Can We Know?* Princeton, NJ: Princeton University Press, 2005。

（organizational imperatives）和经理人行为是很有意义的。在我们研究之后，就会发现组织有可能放大个人的行为偏差，也有可能减少这种偏差。

对于机构来说，投资偏差通常由自身的投资政策或者市值规模限制导致。就投资政策方面来说，许多投资机构被禁止投资某些类型的股票，不管是因为章程禁止，还是来自投资人的限制，抑或被立法干预。如果股票的发行人从事对社会不负责任的业务，无论是因为环境、健康还是体制相关的原因，都是投资的禁区。如果很多基金的政策都迫使他们避开相同的公司，那么对这些公司股票的正常需求会大幅减弱。除非有足够多的基金执行"对社会不负责任"的投资目标——只买入烟草公司、有缺陷的婴儿汽车座椅制造商或者造成环境污染的公司，否则按照当前盈利或增长前景衡量，这些"肮脏公司"的股票可能会被永久低估。修改投资政策、承担企业社会责任，或者重组公司业务，才可能消除上述"投资禁令"的影响，使得股票得到向上的重新估值。但只要这种"投资禁令"继续存在，相关股票的估值水平就会受到负面影响。

市值规模限制造成的偏差，其影响力往往更重要，同时也更有趣。很多基金不能投资小市值公司，除了因为他们所管理资金的委托人不允许，更多的是因为他们的资产管理规模太大，而小市值公司无法承载足够多的资金，所以不值得规模较大的基金花费时间和精力。举例来说，就像大多数共同基金一样，管理资产规模 100 亿美元的分散化投资公司会持有约 100 家公司的股票，平均每家公司的股票买入 1 亿美元。由于基金不希望而且通常也不被允许持有任何上市公司 10% 以上的股权，这就把投资范围限制在市值 10 亿美元以上的公司。当然，不同基金的资产管理规模、可投资公司的市值范围和持有上市公司股比的限制会有所不同，但公司市值大小的影响始终存在。

总之，许多基金根本就无法投资于小市值公司的股票。出于类似的原因，投资机构的分析师也会集中精力研究大市值公司的投资机会。他们对于一家能够吸纳 20 亿美元投资的 400 亿美元市值公司的洞见，将远远超过对一家只能吸纳 2000 万美元投资的 4 亿美元市值公司的理解。其结果是，在其他条件相同的情况下，对小市值公司股票的覆盖程度和投资需求都低于大市值公司的股票。因此，在所有其他条件相同的情况下，小市值公司股票的估值水平应该比大市值公司更便宜。① 在需要保持相同的"所有其他条件"里，成长前景是最重要的。小市值公司通常有机会比大市值公司成长得更快，因为后者主要在成熟行业的市场里获得一定的控制权。

小市值公司想要获得大基金的青睐，唯一能做的就是成长。随着公司收入和盈利的增长，有很多其他投资者推高公司的股价。于是，在某个时点一家市值原来为 2 亿美元的公司变成一家市值 10 亿美元的中等市值公司。随着业务的成熟，这家公司有资格进入更多基金的可投资范围，其价格的折扣也更少了。其股票可能不再是未来的投资机会，而是过去成功的见证。这个周期循环往复，总是有新的小公司涌现出来，取代逐步衰微的前者。而对于大基金而言市值太小的公司，其股票总是打折出售。

公司分拆是市值规模偏差影响股价表现的一个典型例子。有时候，企业需要剥离一个部门或者不再需要的业务，通常的做法是让这个部门或业务独立成立公司，并直接把新成立公司的股份分配给企业的股东。分拆出来的新公司上市之后，其股票独立交易。在大多数情况下，新公司的市值规模较小，尤其与它曾经的母公司市值相比较而言。母公司的股东现在也持有新公司的股票，比如市值只有 1 亿美元。他们可能对这个新公司知之甚少，但有一点是可以肯定的：新公司的市值太小，以至于他们无法持有新公司的股票，于是也不可能花很多时间去研究。因此，这些股东在市场上抛售新公司的股票，以便落袋为安。对于不受市值大小限制的投资者来说，被分拆出来的新公司是一个绝佳的机会。许多股票被抛售的原因与公司的前景无关，对于大基金来说，小市值股票就意味着麻烦。因此必然会有一些宝石被大基金扔掉，而某些小市值股票可能是潜在的明星。分拆上市加剧了对小市值的偏见：普通的小市值股票直接被大基金忽略了，而分拆出来的小市值股票则被

---

① 小市值公司的股价可能长期被低估，但是较高的盈利收益率应该带来更高的股息率，或者留存收益能够被有效地再投资，带动公司价值更快地成长。即使价格从未完全趋近于价值，小市值公司也能够提供有吸引力的回报。另外，经过多年的盈利增长，小市值公司也会变成较大市值的公司。在得到市场更多的覆盖和研究之后，这些曾经的小市值公司也将摆脱市场曾经施加的小市值折价。

大基金积极抛售。[1] 这只是机构对于小市值股票之投资偏差的极端例证，随着时间的推移，小市值公司已成为价值投资者的沃土。[2]

客户需求是影响机构行为的另一个因素。有些投资机构的客户主要是个人，就必须对个体的非理性偏差做出反应。对于为慈善捐赠基金、养老基金和家族办公室等机构客户管理资金的投资机构而言，他们必须对日常管理这些机构的非投资专业人士负责，这些人也有普遍的个人行为偏差。在向客户推销时，投资经理会花更多时间讨论他们所投的赢家——以 10 美元的价格投资于苹果公司，随后看到它涨到了 700 美元，但是对他们的长期平均回报和不成功的投资则较少提及。由于对精彩成功故事的渴求，机构里的投资经理会像普通个人一样过度地投资于魅力股。当投资机构披露其投资组合的持仓情况时，客户很可能根据自己的损失厌恶进行判断，至少部分受到损失厌恶偏差的影响。如果投资组合里持有令人困惑和失望的股票，那么很难说服潜在客户进行投资。因此，投资机构有"装点门面"的倾向——在信息披露之前买入备受尊敬的高增长、高回报股票。这种行为加强了（而非抵消了）这些股票被高估的势头；而对于有问题、令人失望的股票，这些机构在信息披露之前刻意抛售股票或避免买入的行为，实际上扩大了市场的低估程度。最后，有大量证据表明，机构客户倾向于继续委托他们现有的投资经理来管理资金，除非某些投资经理的业绩明显弱于相关的市场基准。投资机构所谓的

---

① 公司分拆的投资案例：2015 年 10 月，肯德基、必胜客和塔可钟的母公司百胜集团（Yum Brands）表示，计划分拆旗下举足轻重的中国业务，这部分业务正受到食品丑闻以及营销失误的困扰。2016 年 11 月，百胜集团分拆其中国业务成立新公司百胜中国（Yum China）并随后于纽约证券交易所单独上市，上市后的一段时间里，新公司的市值不足 100 亿美元。由于百胜中国不再享有其母公司百胜集团标准普尔 500 指数成分股的身份，加之 2013 年和 2014 年发生的食品丑闻等负面事件的影响，其上市后交易的市场估值水平较低。通过广泛调研和理性分析得知，百胜中国的单店模型盈利能力强、业务发展成长性好、品牌认可度高，而且食品安全问题已得到系统性解决。除此之外，百胜中国的公司治理规范、管理层能力强，且激励机制得以理顺。综合来看，百胜中国的股票估值便宜，下行风险较小，上行收益空间大，是一个不错的投资机会，上市后一年内的投资回报率超过 50%。对于上述投资机会有前瞻性的详细分析与推荐获得了第十届潘兴广场价值投资挑战赛的冠军。——译者注

② 著名的价值投资人乔尔·格林布拉特（Joel Greenblatt）出版了《股市天才：发现股市利润的秘密隐藏之地》（*You Can Be a Stock Market Genius: Uncover the Secret Hiding Places of Stock Market Profits*）一书，分享了这个秘密。自此之后，投资被分拆出去的新上市公司变得更加流行。业内基金都在这个投资策略上投入了更多资源，更有人成立新基金来抓住机会。从投资回报的数据来看，可以说是参差不齐，并没有格林布拉特笔下那般引人注目。鉴于资本主义以适应性强而著称，对于诸如限制市值规模带来的投资偏差的应对调整，一定比改变人性容易很多，因此人性特点带来的投资机会更加长久。

风险最小化路径是买入别人都在买的股票。这种羊群效应的本能加强了市场追捧魅力股和近期走势亮眼的股票的倾向，与此同时，市场唾弃那些令人失望的价值股。

在 20 世纪 60 年代中期，上述这些因素导致机构投资者主要关注"漂亮50"（Nifty Fifty）。这些都是稳定的大盘股——IBM、AT&T、通用汽车、施乐、摩根信用担保公司①，投资经理和客户们都认为它们具有高回报潜力，而且风险很小。然而，从 1965 年到 1974 年底，"漂亮 50"投资组合的跌幅达80% 以上。不过，历史上投资教训的半衰期都很短，投资经理和他们的客户也都是健忘的。2015 年，标准普尔 500 指数几乎所有涨幅都来自四只股票：Facebook（Meta）、亚马逊、奈飞和谷歌。"漂亮 50"已经摇身一变成了"FANG"。②在接下来的几年里，微软和苹果也加入了这一特定群体。任何没有加入这个"大合唱"的投资机构几乎肯定会受到苛责比较。除非发生根本性变化，否则组织强制力在未来不太可能影响价值异象的继续存在。

投资机构里实际做投资决策的个人也会受到羊群效应的影响。基金经理本质上是被雇佣的员工，他们必须遵循公司规定的投资政策来创造业绩。具有原创性的想法，虽然可能带来优异业绩并获得奖励，但是最安全的做法往往还是跟着大家走，与其他遵循相似投资政策的同仁一样行事。负责数据处理及 IT 设备采购的经理们有一个业内的说法：没有人因为从 IBM 采购计算机设备而被解雇。这个说法已经过时了，但背后的逻辑也适用于基金经理——没有人因为业绩普通或持有与其他基金经理相同的股票而失去工作。如果你误入歧途，买了其他人不感兴趣的股票，结果就会走向两极化。如果公司基本面恢复且股价上涨，那你获得的赞美是真实的，但也是短暂的。如果公司业绩不佳，股价下跌，每个人都会记得你选择了那条"落水狗"。情况在业绩报告期截止日之前变得最为极端，正如我们所注意到的，基金经理会"装点"他们的投资组合，抛售价格下跌的股票，而买入过去一年（或上

---

① 摩根信用担保公司（Morgan Guaranty Trust Company）是摩根大通集团（JPMorgan Chase & Co.）的前身。——译者注

② "FANG"是 Facebook（Meta）、亚马逊（Amazon）、奈飞（Netflix）和谷歌（Google）四家公司英文名称首字母的组合。——译者注

个季度）涨势喜人的股票。这种装点门面的做法带来的结果往往是继续推高表现理想的股票，同时进一步打压股价已经跌落的股票。机构里基金经理的压力在很大程度上也反映了机构本身所面临的压力，这些压力加强了（而不是减弱）价值异象。

总的来说，上述讨论的人类心理和组织行为的特点，为实证研究结论提供了合理的解释。实证研究证明了以价值为导向寻找投资机会的优越性：在令人厌恶与失望、无聊乏味、不知名的小公司中寻找投资机会。只要这些人类心理和组织行为的特点未来继续存在，并发挥其历史作用，那么价值投资将继续表现出色，即使关于其卓越表现的证据已被广泛传播。在这个发掘股票当前价格与其真实、内在或最终价值之间的差异会获得巨大回报的世界里，一些价格与价值的差异仍然存在。这些差异勾勒出各类投资机会，而以基本面价值为导向的投资者更可能在交易中处在正确的一边。

价值异象根本不存在吗

前述人类行为和组织行为的特点是解释价值异象存在和持续的核心原因，解释了价值异象为何存在。然而，对于价值异象的另一种解释则是试图说明这种异象根本不存在。这种解释假设：价值股投资组合比整个市场的风险要大，而整个市场的风险又比魅力股投资组合更大。[①] 在一个理性的市场里，较大的风险应该与更高的回报正相关。正是较高的风险解释了价值股投资组合高于市场回报的异象，而较低的风险则解释了魅力股投资组合低于市场的回报。从本质上讲，这种解释是对有效市场假说的一种辩护。但是，如果相对的风险水平可以解释回报水平的不同，那么这个风险应该是可观察和可测量的。否则，投资者怎么会知道哪些股票应该获得更高的回报呢？暂时接受有效市场假说里对风险的定义，这里"风险"指的是波动性。对于有效市场假说而言，不幸的是，历史统计证据表明：价值股投资组合的风险并不比整个市场大，而魅力股投资组合的风险甚至比整个市场的要高。无论我们

---

① 这种假设并不局限于价值异象，也被用于解释所有其他统计数据发现的异象。如果有投资组合的回报率高得令人费解，它们都被认为是因为承担了更高的风险，即使这些所谓的风险并未被观察到。

使用方差作为波动性的衡量标准，还是使用贝塔系数来衡量证券或投资组合相对总体市场的波动性，上述结果依旧正确。再次强调，如果波动性是我们对风险的定义，那么价值股投资组合的风险并不高于整个市场，而魅力股投资组合的风险也并不低于整个市场。[①]一名有纪律的价值投资者，采用合理的价值投资策略进行风险管理，应该毫不犹豫地寻找获得高于平均回报的投资机会，同时承担无法察觉甚至根本不存在的理论上的较高风险。

实践中寻找投资机会的策略

原则上来说，专业化和价值导向的投资机会寻找策略是互补的而非相互替代的关系。在实践中，它们的相对权重取决于投资经理获得的具体授权。拥有宽泛授权的投资经理，比如能够投资全球范围的大盘股、美国固定收益证券，或者负责管理其投资者的大部分财富，必然会采用充分分散、价值导向的策略来寻找投资机会。然而，即使在这些条件下，专业化的好处依然明显。成为某个行业或地域的专家，仍将提高基金经理在特定交易中处于正确一方的概率。对于投资人所授权范围相对有限的投资经理来说，他们持仓数量要少一些，平均每只股票的投资金额较大，专业化将是一个必要的着力点。但无论是在行业还是地域层面，价值投资原则仍然适用。在专业化领域，研究规模小、业务乏味又令人厌恶与失望的公司，将让我们同时具备全部优势。事实上，在研究有问题的公司时，专业化下特定领域较高的认知水平带来的优势更为显著，因为这里最关键且困难的挑战是如何区分病入膏肓的公司和只是暂时受损的公司。

专业知识随着时间的推移而逐步变得深刻。年长、经验丰富的投资者会比新晋投资者更有能力掌握较多的专业化领域。根据成功实现专业化的经

[①] 关于熊市期间价值股投资组合表现的数据，请见第 1 章的附录部分。拉科尼绍克等人的论文对价值股投资组合在下跌市场中的表现进行了有益讨论。论文为 Lakonishok, Josef, Shleifer, Andrei, and Vishnu, Robert W. (1994). Contrarian Investment, Extrapolation, and Risk, *Journal of Finance* 49（5）：1541–1578。

验，一个投资者至少需要 1000 小时以上的持续积累，才能针对一个行业形成像样的深度认知。考虑到投资者或分析师还有其他的任务，这意味着他至少需要一整年的时间才能达到足够的掌握水平。

专业化的知识和经验必须不断扩展和积累，特别是在转型和不确定时期。例如，零售业在历史上一直看重优秀的销售才能，比如创造优秀的门店消费体验以及选择合适商品售卖的能力。成功的零售商一般也都是杰出的商人。沃尔玛的崛起是建立在本地门店高效运营的基础上，特别是在物流效率日益重要的背景下。沃尔玛高密度的门店布局带来了局部较高的市场份额，进而实现了本地仓储管理、分销和广告方面的规模经济效益，成为商品价格比市场更低的基础。局部较高的市场份额变得比有创造力的销售能力重要得多，因为后者更容易被竞争对手复制。网络零售的重要性不断提高，削弱了门店运营的重要性，并将物流配送和订单管理提升为零售业成功的重要因素。理解这些转变的性质和节奏，对于评估企业的竞争地位及优势和零售业经理人的能力至关重要，而在零售业投资获得成功也正是依赖于此。只有不断深化自己在零售行业的专业程度，投资者才能跟上这些发展的步伐。

持续保持行业或地域专注带来的第二个好处是帮助自己建立一个不断提升的行业专家网络。试图自己一个人做所有的事情通常不是投资或者做任何事业的有效方法。行业专注意味着与某个特定行业里实际参与企业运营的专业人士保持密切联系并持续互动，这样我们可以更加深入地理解他们各自的优势与劣势，并更好地判断他们对行业发展的看法。与其他高素质的行业专家保持富有成效的关系也很有价值，尤其是当这些专家所专注的地域与自己的不同时。

价值导向的投资机会寻找策略主要有两类：定量和定性。在极端情形下，定量策略试图重现或改进实验室里的投资组合，这些投资组合的优异表现是价值投资方法论的重要部分之一。这些策略使用估值便宜程度、规模、价格动量和行业/公司层面财务信息等方面的统计指标，用这些指标对股票进行分组而得到价值股组合。通常，这些投资组合会被修改以限制或增加特定行业或地域的集中度，以控制整体投资组合的风险。一些量化基金经理还会调整产生这些投资组合的基础模型，以应对预期的市场环境演变。这些模型调整并不总是成功的。对于一些量化基金经理的投资组合而言，这些搜索策略不仅是投资过程的开始，也是投资过程的结束。这些量化价值投资者可能是成功的，但无处不在的计算机算力和统计专业知识使得其他人能够迅速发现有效的特定策略，他们挤入市场，复制有效策略，其结果是遏制甚至消除了任何超越纯粹价值投资方法的量化优势。

其他的基金经理利用软件和金融数据库来挖掘潜在的理想投资机会，他们从中再选择某些公司进一步详细调查。衡量规模、估值便宜程度和失望程度的指标被用来筛选潜在的投资机会。这种做法有其局限性。一方面，鉴于潜在证券的数量庞大，即使采用三个变量（例如，小市值、低市净率、前两年股票的回报率较低）进行筛选，也会产生一个跨越多行业和地域、高度多样化的公司集。这样的名单可能长得令人生畏。而且，名单本身变化相对较慢，每隔一段时间重复这个筛选过程并不会有太多增量信息。因此，在实践中更有用的筛选方式是关注各个市场的"股价创新低"名单，这样可以快速且方便地查阅，而且以超值价格买入股票的机会通常来自股价下跌。另一方面，可以在限定范围内进行筛选，以得到一个更具可执行性的潜在投资机会名单，例如按行业或大市值股票进行筛选，不过有经验的投资者往往发现他们对筛选得到的大多数公司已经比较熟悉。定量筛选对新手投资者的价值往往大于对资深投资者。

除了专业化之外，大多数价值为导向的投资机会寻找策略通常都是非正式的。从有问题的行业，即那些看起来令人失望、沮丧、低迷的行业开始。这些行业的公司有可能以较低的估值倍数交易。在行业内，类似地，具有上述特征的公司，特别是那些小市值公司，因为大基金不会接触到，所以拿钱工作的证券分析师也就不会去覆盖。多年来业务没有变化、增长缓慢、利润不高的公司，是不会花费资金去争取分析师关注的。相较于聚光灯下的公司，这种公司的命运改变容易被忽视。

不受欢迎还有其他迹象。处于破产状态或者陷入严重财务困境的公司显然是不受待见的，除非有见识的投资者看重公司资产的真实价值以及成功重组之后的业务。处于产能过剩、进口突增、普遍衰退或面临立法或监管打击的行业里的公司也不会受欢迎。当前和潜在的诉讼官司可能会使公司失去吸引力。没有什么事情比公司股价长期跑输大盘更令人沮丧了。我们在这里指的不是某只股票在一周内甚至一天内价格下跌 50%，而是指一只股票在两三年内大幅落后于市场。这些不受欢迎的指标能够帮助我们识别潜在的机会领域，当投资者逃离坏消息或不良业绩时，他们以可能夸大公司困境的价格抛售了股票。当然，并非总是如此。有时事情甚至比最悲观的分析师想象的还要糟糕，而股票目前的低价实际上还是太高。但过度反应是经常发生的，以至于消息灵通且勤奋的投资者会在垃圾堆里找到宝贝。

有一些证券由于机构或投资政策的限制以及其他临时失常的原因而被市场错误定价。例如，专门处置破产信贷机构的美国重组托管公司（Resolution Trust Company）[①]，由于接管失败的储蓄和贷款机构而取得了不少相关资产，该公司于 20 世纪 80 年代末和 90 年代初处置这些资产时，其目的是尽快卖掉资产、回笼资金。因此，如果具备专业知识的投资者能够花功夫对这些被处置的资产进行估值，无论是房地产、垃圾债券还是储蓄机构本身，他们都能够用特价拿下合适的资产。虽然像这样的机会不是每天都有，但它们发生的频率还是足以让价值投资者指望抓住下一个机会。

最后，有些公司拥有一些业绩很差的业务部门，以至于整个公司的业绩都受到了拖累。如果股价反映了整个公司的盈利情况（通常是亏损），那么管理层为扭转局面和提高股价所需要做的唯一一事情就是关闭这个业务部门。这类情况里的大多数都没能逃过华尔街分析师敏锐的眼睛，但总有一些情况新颖或复杂到未能被发现。它们等待着有认知水平和时间精力的价值投资者来分解公司的业绩并发掘出盈利的潜力。同时，还需要一些催化剂来促使公司高管们摆脱沉重负担，让真正的价值显现出来。不过，事情并不总是如人所愿。

---

① 美国重组托管公司是美国政府为解决 20 世纪 80 年代发生的储蓄和贷款机构危机而专门成立的资产处置机构。从 1989 年成立到 1995 年解散，美国重组托管公司重组了 747 家问题储蓄和贷款机构，涉及资产约 3940 亿美元。数据来源：Curry, Timothy, and Shibut, Lynn.（2000）. The Cost of the Savings and Loan Crisis: Truth and Consequences. *FDIC Banking Review* 13（2）：26–35.——译者注

　　我们想强调的是，所有这些工作都只是一个起点。寻找投资机会的目的是将广阔的可投资范围缩小到一个可管理的规模，以便可以开始进行深入的估值分析。估值和投资的实际工作在候选投资机会被选中后开始。但是，一个精心构思的投资机会寻找策略在投资过程中起到了额外的、至关重要的作用。如果经过仔细分析，一项投资似乎能够以其内在价值的较大折扣买入，作为一个精力充沛的聪明投资者，你总是要问为什么。为什么你能遇到这个机会？为什么你更有可能处在交易正确的一方？如果这个机会在你专注的领域，那么你有能力去识别价值。还有一个可能是，你对影响其他投资者的行为与机构偏差免疫了，对你而言它们就是价值投资机会。在这两种情况下，寻找策略对于投资起到了至关重要的作用。

第 3 章

估值的原则与实践

VALUE
INVESTING

资产、盈利能力与可能的成长性

对于格雷厄姆和多德式的投资者来说，估值自然是投资流程的核心。同样的标准同时适用于估值分析的流程和投资机会寻找策略：使用的估值方法是否比交易另一方的更好？对于支付对价而获得的价值几何，如果格雷厄姆和多德式的估值方法比广泛使用的其他方法能够提供更加准确和易于理解的估计，那么估值分析就是价值投资者在投资流程中获得优势的第二个关键步骤。

这种优势部分根植于对证券内在价值由业务基本面决定的认可。在格雷厄姆和多德时代，拥有信息和认知优势的"内部"投资者的交易备受关注，很多市场变化都是由针对这些人的交易行为将如何影响股价未来变化的猜测所驱动的。对公司运营的基本面分析并不常见，主要集中在固定收益证券上。那时候，价值基本上被定义为明天的证券价格，而市场动态（原始的技术分析）被认为是决定价格的主要因素。作为证券分析行业走向专业化的主要推动者[1]，本杰明·格雷厄姆自然认为，他自己对生意基本面的重视会给他带来比交易对手方的投机者更大的优势。

---

[1]　本杰明·格雷厄姆不仅被尊称为"价值投资之父"和"金融分析之父"，作为第一个认识到需要对金融分析师进行专业认证的人，他还被称为"CFA 之父"。"在格雷厄姆为金融分析师开展培训、测试和资格认证计划之前，证券分析仅仅是一份工作而已。格雷厄姆知道这项工作需要特殊的技能，它应该有绩效标准和道德规范，除非这些做到了，否则这份工作永远不会得到充分尊重。他为此目标不知疲倦地工作，虽然很多人反对他。今天，由于格雷厄姆的坚持不懈以及他众多弟子的辛勤奋斗，特许金融分析师（CFA）特许状被投资专业人士充满自豪地展示出来。"（摘自《格雷厄姆精选集：演说、文章及纽约金融学院讲义实录》，参考《本杰明·格雷厄姆：金融分析之父》）——译者注

即使在今天，市场层面的技术策略和宏观策略都不关注具体公司的财务状况，但仍然在估值和证券选择的各种方法中发挥着重要的作用。然而，格雷厄姆的成功意味着对证券背后的生意基本面的关注是常规而非例外。不过，在价值投资传统的基本面分析和大部分其他人所做的基本面分析之间仍然存在着关键区别。一个重要的区别植根于投资者不同的时间视野。短期投资者，无论是几个月、几周，甚至几天，通常都会关注价值的变化，而不是这些价值的水平。大量专业证券分析师专注于预测业务运营变量的变化，如盈利、收入、投资回报率和产品市场份额等运营指标，这些都被认为是决定证券价格变化的因素。因为这些都是短期预测指标，他们通常认为现在的证券价格就是证券目前的价值。如果分析师对这些短期运营指标的预测值比市场共识更乐观，那么他们预计股价将在短期内上涨，他们就会购买有关证券。如果他们对短期运营指标的预测值比市场共识更悲观，他们就会卖出有关证券。

从格雷厄姆和多德的视角来看，上述做法忽视了大量的相关信息，这些信息可以让我们独立于当前市场价格去评估内在价值，尤其是与公司长期前景有关的信息。如果市场先生暂时抬高了一只证券的价格，那么短期的、预测驱动的估值既不会承认这一点，也不会将它整合到自己的分析之中。对于被高估的股票，如果买入的价格太高，即使乐观预测最终是准确的，也可能产生令人失望的回报。对于被低估的股票和悲观的预测，情况则往往相反；即使公司业绩没有改善，较低的买入价格也会产生正回报。忽视有关内在价值水平的重要信息将使短期投资者处于明显的不利地位。

将价值投资作为一门学科的信徒，专注于从长期角度对生意基本面的仔细分析来评估证券的内在价值。他们认为，当一只证券的当前市场价格明显偏离其内在价值时，就会出现有利可图的投资机会。价值投资分析师的基本任务是足够准确地确定内在价值，以利用市场的错误定价，并耐心等待市场发生变化或者某些事件的发生，比如公司被收购将会缩小价格和价值之间的差距。

这种将价格与基本面决定的内在价值进行比较的基本方法，现在已经被投资者广泛使用，比格雷厄姆时代要普及得多，包括许多不把自己归入价值投资阵营的投资者也在使用。买入错误定价的证券的竞争比过去激烈得多。但是有大量的方法来估计资产的真实价值。我们在本章中提出，格雷厄姆和多德的方法，正如多年来由沃伦·巴菲特等价值投资实践者所优化的那样，仍然比常见的其他方法更出色。价值投资方法在历史和未来取得的成功，来源于卓越的估值方法和更好的投资机会寻找策略。

基本面价值的常见估值方法——估值倍数法

确定企业业务的价值，从而确定其证券价值最广泛使用的方法是估值倍数法。使用估值倍数法主要有两个部分：（1）对企业或证券当前能够产生的可分配现金流的某种衡量指标；（2）投资者现在购买前述现金流应支付的价格，即估值倍数（每一美元现金流对应的价值）。估计的前述现金流和估值倍数的乘积，就是对企业或证券当前价值的估计。估值倍数法的核心是选择一个合适的可分配现金流的衡量标准，并确定适用于该现金流的适当估值倍数。

在选择现金流的衡量指标时，对财务会计的准确性有信心的分析师会认为未来的净利润是一个合适的衡量标准。那些关注杠杆和税收的扭曲影响的分析师使用营业利润（operating earnings），即息税前利润（EBIT）。有的分析师认为商誉摊销[①]往往只是会计处理而不是企业当期的实际成本，则将摊销额加回去，得到息税摊销前利润（EBITA）。分析师通常会将相同的逻辑（有时是不恰当的）应用于折旧，即息税折旧摊销前利润（EBITDA）。有

[①] 商誉初始确认计量后如何进行后续会计处理，国际上曾经出现过四种观点（永久保留法、直接冲销法、系统摊销法、减值测试法），准则制定者在某一时期采用某一观点是综合考虑多方因素或妥协的结果。目前的主流会计准则不允许对商誉进行摊销，把这里的"商誉"改为"无形资产"可能更合适。2001 年，美国财务会计准则委员会（FASB）发布了《财务会计准则公告第 141 号》（SFAS 141）和《财务会计准则公告第 142 号》（SFAS 142），取消了商誉摊销会计处理，将减值测试作为商誉后续计量的唯一方法。2004 年，国际会计准则理事会（IASB）颁布《国际财务报告准则第 3 号》（IFRS 3），取消了摊销的计量方法，规定商誉应采用每年一次减值测试的方式进行后续计量。2006 年，我国企业会计准则颁布，《企业会计准则第 20 号》将商誉后续计量从摊销改为减值，也是体现出与国际会计准则的趋同。——译者注

的分析师担心前面加回折旧的做法忽略了资产维护和支持增长所需的投资开支，这部分无法分配给所有者，相比之下他们更喜欢自由现金流，通常被定义为经营活动产生的现金流量（cash flows from operations）减去投资开支。[①]

对于选择的现金流衡量指标，用多大的估值倍数进行估值，一般通过以下方式确定：（1）确定一组可比公司，这些公司的现金流指标与价值的关系，与被评估的目标公司的现金流指标与价值的关系类似且可比；（2）在适当期间内，计算这组可比公司各自的市场价值与相关现金流指标的比值。可比公司的特征永远不会与目标公司的特征完全一致，如果存在任何重大差异，那么通常会调整由可比公司得到的估值倍数（而不是直接使用这个估值倍数）。适当的估值倍数取决于现金流的性质。安全、稳定、可预测的现金流应该比有一定风险、不稳定的现金流更有价值，所以前者应该获得更高的估值倍数。由于高额债务会影响现金流的稳定性和安全性，高杠杆率企业的估值倍数应该比低杠杆率的企业要低。利润率较高的企业应该享有相对较高的估值倍数，因为它们的现金流更安全，而且企业有更好的未来商业前景。一般来说，现金流有望在未来得到改善的企业，其估值倍数应该高于现金流停滞不前甚至衰退的企业。这一原则也适用于那些当前现金流因整个行业或经济大环境而暂时低迷的企业，它们的估值倍数看起来可能很高，但只不过是反映了投资者对现金流将恢复的认知。相反，企业处在周期高峰或接近高峰时，其现金流对应的估值倍数应该比看起来要低。在所有这些情况下，估值倍数的变化方向都是明确的。

其他企业特征对估值倍数的影响可能比较模糊。例如，优秀的管理层应该能够提高每单位现金流的价值（即估值倍数）。他们更谨慎地经营企业，降低运营风险，更有效地分配留存收益，并提高未来回报。尽管如此，未来企业的业绩取决于未来管理层的质量，以及与目前管理层的比较。如果我们仔细地推理，反而会产生反直觉的结论。对于拥有优秀管理层的企业，在管理层领导下，当前的现金流已经反映出了管理层的品质。要想现金流将来变

[①]　有时候，甚至连反映潜在现金流而非当前现金流的衡量指标也会被使用，比如销售额或毛利润也被用于估值倍数法。

得更高，着实不易。相比之下，管理不善的公司则有很大的改进空间。用发展的眼光看问题，管理层差劲的企业反而应该获得更高的估值倍数，无论这在最初看起来有多么愚蠢。

在上述情况下，定性判断适当的估值倍数只是第一步。估算价值必须是定量的，估值倍数也必须以定量的方式来确定。定量方式决定估值倍数有一个关键的部分——选择计算可比公司的市场价值与现金流比值平均数的时间段。特别是当整体市场的估值倍数因过度的乐观情绪而高涨或者因过度的悲观情绪而被压低之时，当前市场情况下的估值倍数可能非常不准确。有一种方法是在较长的历史时期（例如包含两个完整经济周期的时间段）来估计平均估值倍数。但是，如果目标公司处在一个不断变化的商业环境里，那长期平均值可能也不再合适，由此产生的价值估计可能与基于当前市场下的估值倍数得到的结果一样不准确。在实践中，现金流估计和估值倍数的不确定性意味着，看似合理计算的不同估值结果可能相差一倍之多。

当前和未来现金流的净现值

鉴于估值倍数法的缺点，最常见的替代方法是使用净现值 / 现金流折现法。从理论上讲，任何资产的内在价值，无论是办公楼、金矿、在街角或者互联网销售食品杂货的公司、政府债券，还是亚马逊的股票，都是由该资产为其所有者提供的可自由支配现金流的现值决定的。净现值（net present value，NPV）是现在和未来现金流的总和，包括流出和流入的现金流，未来每一块钱的现金流都被适当地折现到现在，以考虑货币的时间价值。现金流折现（discounted cash flow，DCF）这一术语被用来描述上述计算过程（见本章的附录）。

格雷厄姆和多德的追随者接受净现值的概念和计算方法，所有其他基本面投资者也是如此。本科和研究生阶段的相关课程都会教授净现值的概念和计算方法；投资银行和公司财务部的专业人士也在不同情况下使用净现值；政府用净现值来评估潜在的固定资产投资和其他投资的项目回报。财务计算器嵌入编程，提供净现值计算功能，而电子表格的相关公式也可以轻易完成计算。净现值分析是不可避免的。但是，理论正确并不代表在实践中能够提供合适的模型来衡量内在价值。我们可以半开玩笑地说，净现值分析的实用价值应该打折扣。[①]

计算净现值（也就是内在价值）的标准方法是，首先估计当前和未来几年的相关现金流，直到一个合理的日期，也许是未来 10 年。然后估计出与有关资产风险性相匹配的资本成本。资本成本决定了未来每期现金流的价值。将预估的未来每一年现金流分别 × 相应的折现系数，就得到了今天的价值，即这些未来现金流的现值。未来 10 年现金流的现值之和就是我们可预见范围的现金流的现值。

处理遥远未来的现金流的习惯做法是使用所谓的终值（terminal value）。终值的计算方法是：假设在第 10 年之后，或者我们进行年度现金流预测的最后一年之后，现金流都会以恒定的增长率增长。在这个假设下，从第 10 年年底向未来看，之后现金流的价值将是预测的第 11 年现金流 × 一个倍数。在理论上，这个倍数等于 1 除以资本成本率和永续增长率之间的差值。例如，如果我们估计资本成本率为 10%，永续增长率为 5%，那么这个倍数就是 20 倍，即 1/（10%–5%）=20。在实践中，应用上文介绍的估值倍数法所确定的倍数也可以在这里使用，作为计算终值所用倍数的补充或者替代。由于我们是在第 10 年年底这个时点计算终值的，所以还需要将这个终值再折现到现在，然后再与前 10 年现金流的净现值相加，得到当前和所有未来现金流的内在价值。

在此处，代数计算精确性和模型驱动因素不确定性之间存在严重的不一致。我们估计了前 10 年的增长率，然后又估计了从第 10 年底到未来无限期的增长率。这种计算方式太夸张了，甚至可以说是在蛮干。试想在未来两三年内，企业可能会面临更多的竞争、技术挑战和原材料成本激增而无法转嫁给客户的情况，或者遭遇很可能出现的各种限制，甚至是抹掉企业现金流成

---

① 此处"打折扣"和"现金流折现"里的"折现"在英文里都是"discounted"，作者幽默地使用了"双关语"。——译者注

长性的情况。想象一下，即使是像宝洁或者辉瑞这样稳定的企业，我们的预测能准确到什么程度，更不用说像奈飞或者谷歌这样充满活力、拥抱变化的企业了。计算净现值还隐含了一些假设，比如企业将能够以可预测的资本成本持续获得长期融资。然而，对于今天的我们，谁知道五年后贷款人会要求什么，或者潜在的权益投资者愿意为新股支付多少钱？作为现金流估算基础的利润率和所需投资水平，同样难以准确预测遥远的未来。

使问题更复杂的是，即便基本假设只变一点点，估值也会有很大的差异。考虑一下前面讨论过的计算终值所用的现金流倍数。如果未来的永续增长率是 4%，资本成本是 8%，那么计算终值的倍数是 25 倍，即 1/（8%–4%）=25。如果我们对资本成本率和永续增长率的估计只错了 1%，那么计算终值所用的倍数可以在最高的 50 倍（7% 的资本成本率减去 5% 的永续增长率）到最低的 16.7 倍（9% 的资本成本率减去 3% 的永续增长率）这个范围内变化。这是个最高值是最低值 3 倍的范围，而且在许多（可能是大多数）估值实例中，终值的现值在总净现值里的占比很高。

投资者当然意识到了这些问题，也有一些试图处理这些问题的方法。有一种方法省时省力，就是用估值倍数法来简化估值过程。这相当于把终值的计算从遥远的未来挪到了眼前，很难指望这种变化能够增加估值的精确度，而且也有我们前面已讨论的选择适当估值倍数所面临的所有问题。

另一种广泛采用的处理净现值不确定性的方法是进行详尽的敏感性分析。分析师改变决定企业未来现金流的关键运营指标——销售额增长率、利润率、每美元销售额所需的投资、资本成本率等，然后检视企业估值的相应变化。这样做的目的是捕捉估值的全部可能性。问题是，这个范围通常很大。由于关键运营指标之间以较为复杂的方式相互联系，所以不清楚在众多可能的估值中，哪一个更可能成真。敏感性分析的优点是明确了净现值估计的不可靠性，但指出问题并不等同于解决了这个问题。

基于净现值 / 现金流折现法的估值分析也有两个优点。第一，这一方法在理论上是正确的。如果我们能够确信预测的未来现金流准确无误，并且进行贴现的资本成本也没有问题，那么净现值分析将得到靠谱的内在价值。第二，从理论上讲，净现值／现金流折现法优于估值倍数法，因为正如我们在上面指出的，估值倍数法可以被认为是净现值／现金流折现法的简化版（也可以说是捷径）。净现值／现金流折现法存在的实际问题，在估值倍数法里如果不说程度更严重的话，至少也同样存在。在实践中，使用净现值／现金流折现法来计算内在价值有三个基本问题，使得这一方法不能为投资者提供持续优于交易另一方的估值分析。

净现值／现金流折现法进行估值分析的三大问题

第一个也是最明显的问题是，净现值／现金流折现法在很大程度上忽略了一个重要的估值信息来源——当前的资产负债表。对未来现金流的预测基本上是基于对未来利润表和现金流量表的预测，所以会紧密跟踪未来的业务量。但是，很少有人真正注意到，资产负债表上的资产和负债所蕴含的信息同样有价值。有时对于陷入困境的公司，分析师会使用当前资产负债表来计算清算价值，以补充对未来现金流净现值的估计。但对于持续经营的企业来说，这些计算没有什么意义。然而，资产负债表依然是有关任何企业价值的最佳且通常最可靠的信息来源之一。资产负债表项目通常可以在分析时直接检查，而且通常可以收集有用的抵押品信息来计算它们的当前价值。相比之下，未来现金流是一种估计，其准确性只能随着实际业务的发展而形成判断。这种相对的精确性应该是使用当前资产负债表信息的一个主要诱因。

虽然资产负债表不一定对做出好的投资决策有决定性作用，但在相当多的情况下，它是至关重要的。在这些情况下，仔细研究资产负债表的投资分析师将比忽视它的投资者有明显的优势。仅仅依靠净现值分析而忽视资产负债表的投资者，比那些关注资产负债表的投资者更有可能发现自己在交易中处于错误的一方。

净现值／现金流折现法的第二个主要问题是，大多数情况下，终值在总价值之中占据主导地位，从而成为投资决策的核心。正如我们上面所讨论的，对终值的预测有很大的误差。这并不奇怪，因为终值取决于遥远未来的现金流，而这些现金流本身就很难预测。这个问题不是计算终值的公式错了，而是由于未来那么远的现金流根本就不可预测。净现值方法的缺点源于这种随着时间往后推移而大幅增加的不确定性。净现值是所有未来现金流的现值之和。由于贴现的过程考虑了货币的时间价值，于是未来各年的现金流都被赋予了平等的权重。然而，对近期现金流的预测要比对远期现金流的预测准确得多。于是，在净现值计算中，将质量高的信息（近期现金流现值的预测值）跟质量差的信息（远期现金流现值的估计值）混在一起了。正如任何一个工程师都知道的那样，高质量信息在混了低质量信息之后，整体信息质量会大幅下降。[1]低质量信息中的严重估计误差，完全压倒了高质量信息中的轻微估计误差。由于未能将高质量信息与低质量信息区分开，净现值 / 现金流折现法本身的计算方式浪费了高质量信息。于是，这种估值方法很难成为帮助投资者在交易中处在正确一方的有力工具。

那些提倡使用现金流折现法的人认为，这个问题会因为贴现本身的影响而大大减弱。与相对能够准确预测的近期现金流相比，预测准确性较差的远期现金流会因为对应更大的折现系数而明显变小，从而减少了它们对净现值的影响。虽然事实如此，但这种更大折现系数的效果是有限的，原因有两个。第一，远期现金流比起近期现金流笔数更多，可以说是源源不断的——理论上趋近于无限。第二，对于成长中的公司或者其他回报率随时间而增大的资产，远期现金流的规模要比近期现金流的更大，在净现值计算中的权重也更大。这两个因素的实际重要性被以下事实所证实：对于代表远期现金流的终值，其现值通常在净现值评估中占主导地位，在总价值之中的占比很高。

净现值 / 现金流折现法的最后一个根本问题有点微妙。抽象地讲，估值的过程就像分析师将当前的变量和对未来的假设输入一台"机器"，然后转动曲柄开关，机器就会输出对有关资产的价值的预测或是估计范围。这些预测的质量关键取决于输入机器的假设的质量。如果输入的假设本质上就很容易出现重大错误，那么输出的估计值就不太可能不出现重大错误。输入净现值评估机器的假设都是特定的数字变量：未来每一年的预估现金流水平通常

---

[1] 查理·芒格（Charlie Munger）也表达过类似的意思，"如果你把葡萄干和大便搅在一起，你得到的仍然是大便。"（摘自《穷查理宝典》第 3 章）——译者注

是根据收入增速、毛利率、营业利润率、公司或合伙企业盈利的有效税率、支持增长所需的资本投资要求（由固定资本和营运资本密集度的预测指标来驱动），以及决定折现系数的资本成本来进行预测。这些参数中的每一个都很难精确地预测，特别是对于遥远的未来。而且，随着时间的推移，这些参数之间的相关度还在提高，在计算净现值时，假设的误差甚至是错误往往会累积起来，而不是相互抵消。鉴于这些假设固有的低质量，基于它们计算出来的净现值会有很大的误差范围。

当然，如果净现值 / 现金流折现法是投资分析师所能运用的最好方法，那无论多么糟糕，净现值方法不会比其他替代方案更差了。然而，我们对企业未来前景的一些理解远比我们对输入净现值机器里的特定数值更有把握。我们可能不知道福特汽车公司的销售额、利润率、资本密集程度或者 10 年、20 年或 30 年后的资本成本，但我们确实有信心相信，未来全球汽车行业依然存在。在 20 世纪 60 年代末，一家大型咨询公司被要求结合城市公共交通管理局的成立，预测美国和世界交通的长期未来。咨询公司报告的结论是，在 2010—2020 年，交通的主要方式将是在"多用途道路"上行驶着"不同用途"的车辆。换句话说，就是轿车、卡车、客车都会在路上行驶。50 年后，这一预测得到了证实。今天的情况与报告里的预测看起来非常相似，甚至还有自动驾驶汽车、电动汽车和共享汽车。

另外，几乎可以肯定的是，北美汽车制造行业也依然会屹立不倒。离岸制造的优势在于较低的劳动力成本。相抵消的缺点是运输成本较高，而且离最终客户较远。随着汽车制造业乃至所有制造业的生产力得以持续地快速提升，所需的劳动力投入将下降。其净影响可能是巨大的。20 世纪 80 年代初，当通用汽车开始陷入困境时，它在北美有 36 万名工人。如今，通用汽车的产量大约是原来的一半，雇佣的工人数正朝着 2 万迈进。随着制造每辆汽车的劳动力投入减少，离岸制造的廉价劳动力优势变得不那么明显。与此同时，在北美制造的较低运输成本和靠近消费者的优势基本没有变化，或者只是以极低的速度变化。因此，制造业，但不是制造业的就业，正在回归北美，并将继续回归到包括北美在内的经济发达地区。作为北美的汽车制造商，福特在未来也将继续拥有良好的经济效益。

关于福特的未来，似乎可以预测的最后一个方面是它将面临的竞争程度。在过去的 30 多年里，汽车市场一直是全球性的，竞争非常激烈。包括福特在内的所有大型汽车公司，都没有在技术、经营规模或接触客户方面拥有优于其他大型汽车公司的机会。在这个市场上，这些公司的平均投入资本回报率刚达到或者接近资本成本。鉴于这种历史，福特似乎不太可能在未来建立可持续的竞争优势，同样不太可能长期处于经营劣势。[①]

这些是关于行业和公司的生死存亡和竞争地位的战略判断，而且是对长期未来的相对可靠预判。一个有效的估值机器应该能够把这些假设直接且清晰地整合到它的体系里。不幸的是，在净现值框架里，没有简单而明确的方式来完成这一要务。一个更好的替代方法要符合三个标准：（1）整合所有估值相关的重要信息，特别是来自资产负债表的信息；（2）按照预测的可靠性来排列价值的组成部分，最好是从最可靠的部分到最不可靠的部分；（3）明确战略假设对预测的估值水平和价值组成部分的影响。

格雷厄姆和多德的估值方法避免了当前净现值方法的固有问题，检视了所有的会计信息，特别是企业的资产负债表。这个估值方法还将把信息根据可靠性程度进行了区隔，这样一来，高质量信息就不会被低质量信息污染。除此以外，它还把关于竞争地位的战略判断直接整合到了估值流程里。

然而，这并不意味着现金流折现法永远不合适。若一个投资项目有明确的未来回报，并且可能在短时间内实现，那么净现值方法往往是最好的，因为所需预测的变量有限。很多基于事件的投资，比如收购、公司重组、破产等都符合这个标准，适合采用净现值方法进行估值。这里更大的教训是，大家曾经认为现金流折现法是万能的，但其实这种一刀切的想法并不是评估你付出去的钱能够获得多少价值的明智方法。

---

① 可能有人担心电动车和自动驾驶汽车的发展会削弱传统汽车生产商。有两个具有战略意义的因素应该会限制这些变化的影响。第一，电池和"智能"驾驶系统只是典型汽车众多部件中的两个。老牌公司历来都能很好地适应发展，将独立外部供应商的产品整合到他们的最终产品之中。第二，对于一个竞争性行业来说，需求萎缩对利润的影响原则上应该被资本回收所完全抵消。（关于后一点，请见本书第 7 章）

三要素估值方法：资产、盈利能力和获利成长

对于格雷厄姆和多德式的投资者，如果对于净现值方法心存疑虑，但又提不出能够避免其缺点的替代方法，那嘲讽前人在估值方面的系统性努力也只不过是庸人自扰罢了。幸运的是，他们已经开发出一种符合我们前述三个标准的估值方法。这套方法基于对公司业务经营和经济状况的全面把握，更强调关于公司的可靠且明确的信息，而且更加现实地对公司未来的前景进行估值，不像华尔街习以为常的那般乐观。凡是不符合现状或历史根据的预测，不论看起来多么美好，都将被这套方法彻底否决。在 20 世纪 90 年代末，伯克希尔 – 哈撒韦公司的查理·芒格曾经说过，假设他给分析师出个考题，要求他们对一家新成立的互联网公司进行估值，他会给所有回答这个问题的人不及格。有一些互联网公司最后确实实现了极高的估值，但是大多数都湮没在历史尘埃中。如同维特根斯坦所说："对无法言说之物，必须保持沉默。"[1]

那么我们能够说些什么呢？让我们再回头看看福特汽车的例子。预测其 2030 年的现金流是轻率的，但一些事情我们可以有把握地指出。

要素一：资产价值

我们很自然地从所掌握的最可靠的信息入手，即关于企业现在状况的信息。资产负债表就反映了企业目前的状况。按照格雷厄姆和多德的做法，我们首先从资产负债表披露的企业净资产开始，通常我们关注最近一个会计期末的上述数值，但如果业务的季节性明显，那么我们要看最近几个会计期末的数字。我们知道，某些资产的会计账面价值要比其他资产的更准确。因此，当我们从上到下依次审视资产负债表的每个科目时，将根据经验和分析来决定我们是接受还是需要调整某一个科目的账面价值。由于会计原则和税务规定，某些资产甚至都没有出现在资产负债表上，比如产品组合、训练有

---

[1] 出自路德维希·维特根斯坦的《逻辑哲学论》第 7 节。——译者注

素的员工、客户关系或者本地商业特许经营权等。然而，它们是企业资产的重要组成部分，必须对它们进行估值。要对它们进行足够精确的评估，需要具备详细的行业专业知识。掌握了相关能力的分析师能够收集其他分析师所忽略的重要信息，从而提高前者在交易中处于正确一方的概率。

我们对资产负债表的负债端也进行同样的处理，包括对会计科目的适当调整以及对表外负债的估计。完成上述工作之后，我们用调整之后的资产减去负债，得到当前的净资产价值，基本上是经过适当调整之后的权益账面价值。由于这里所用的资产和负债切实存在，我们没有必要去预测未来。资产中有很多是有形的或准有形的，例如经过银行确认过的账户上的现金，这些都可以直接进行估值，而且非常精确。

从上到下依次审视资产负债表还有一个好处。随着从资产端顶部的现金往下逐一检查，从价值明确的现金到各种价值高度不确定的无形资产，我们认识到对不同科目估计价值的可靠性也在降低。格雷厄姆本人更倾向于完全依赖可以在一年内变现的流动资产，其会计账面价值与清算变现后可以获得的实际现金额相差不大。他用流动资产减去所有负债，得到用来对企业进行估值的著名方法——净 – 净营运资本（net-net working capital）。[①]

资产负债评估的结果，取决于对每个资产和负债科目进行分配或调整价值的原则，这里直接涉及非常重要的战略判断。如果整个行业都属于难以存活的夕阳产业，或者某家企业身处这类行业且难以幸存，那么对于资产和负债必须按照清算价值进行估值。每当一个行业或一家企业处于衰退末期时，就会出现这种情况。在这种情况下，普通资产——现金、应收账款、原材料库存、多用途的建筑物和设备，可以或多或少地按财务报表的账面价值估算。专用性更强的资产——成品库存、专业厂房和设备，被处置后只能获得远低于账面价值的现金。在最坏的情况下，它们变现的价值为零。无形资产在清算中通常价值很小或一文不值，除非它们与独立且盈利的运营部门相关联。格雷厄姆和多德受到自己在大萧条时期经历的影响，倾向于将清算价

---

① 为了准确体现"net-net working capital"的含义，这里直译为"净 – 净营运资本"，意为在计算"净营运资本"（即流动资产减流动负债）之后，再减去非流动负债。——译者注

值作为最安全的资产评估方法。在大萧条后的几年里，他们能够找到许多机会，以低于"净－净营运资本"的价格投资于公司，实际上是假设所有非流动资产的清算价值为零。

　　幸运的是，萧条是例外而不是常态。[①] 几乎所有公司都一直处在经济上可以持续运营的状态。在这种条件下，我们对资产价值进行评估所基于的战略假设是未来经济发展是可持续的，这样一来，清算价值在很大程度上可以说无关紧要。例如，正如我们在上文有关福特的讨论所指出的，北美的汽车工业不会消失。如果要持续经营，那么企业必须投资对其业务运营至关重要的资产，形成营运资本、固定资本和无形资本。随着这些资产的消耗、磨损或者过时，它们必须被置换，大概在现有技术条件下以尽可能低的成本进行置换。否则，企业将无法继续运营下去，也无法提供市场所需的商品。我们把为了实现或维持企业运营而必须花费的资金称为资产的再生产成本[②]（reproduction cost）。在一个有生命力的行业中，企业的资产价值应该与这个再生产成本相等。如果资产价值低于再生产成本，那么竞争者能够用比再生产成本更低的价格直接收购企业。竞争者之间对企业的竞价会使企业的资产价值上升到再生产成本的水平。同时，企业的资产价值也不应超过以最有效的方式复制其运营功能的成本，因为没有聪明的投资者会支付这样的价格。

　　估计资产的再生产价值的流程还涉及逐个分析资产负债表的科目，资产端从流动资产到固定资产再到无形资产（包括没有在表内确认的部分），负债端的科目同样也要逐一全面评估。同样，与清算价值的情况一样，现金、应收账款和存货的成本相对容易评估，接近会计账面价值。越往后的科目，可能需要的调整越多。不过，有些评估师就是以评估工厂和设备为生的。相较于预测未来 10 年的盈利增长率，我们目前所面对的仍然是相对更可靠的价值。大多数投资分析师并没有仔细研究资产的再生产价值。在这一方面，行

---

① 在大萧条时期，从 1929 年到 1932 年，实际产出下降了大约三分之一，价格也下降了差不多的比例。这两者结合使得经济活动的绝对金额下降了大约 50%。支持美国三分之一人口的农场净收入下降了 80%。在 2008 年到 2009 年的大衰退中，类似的下降幅度约为 41%~42%。

② 严格来说，再生产成本与重置成本的意思有细微区别。虽然译者认为在本书里作者未做严格区分，但在翻译的时候与原文用词保持一致。——译者注

业层面的认知，以及熟悉现有产能的再生产成本、自然资源储备的重置成本和弥补客户自然流失的获客成本的行业人脉，尤其有价值。具备一定的创造力和精力，从而能够掌握评估再生产价值所需的技术，可能会给我们带来可持续的投资优势。[①]

要素二：盈利能力价值

衡量企业内在价值的第二可靠方法，是格雷厄姆和多德计算的当前盈利的价值，但要经过适当调整。与未来的盈利或现金流相比，当前的盈利可以被更有把握地估计出来。与过去的盈利水平相比，当前的盈利与现在的价值相关性更大，尽管过去的盈利在评估当前盈利的价值时也起到一定的作用。要用当前的盈利来估计企业的内在价值，我们就需要对当前和未来盈利之间的关系以及资本成本做出假设。由于我们需要依赖这些假设来做出估计，所以基于盈利的内在价值估计在本质上不如基于资产的内在价值估计更可靠。

格雷厄姆和多德的传统做法是假设盈利水平和资本成本（即投资者对投资所要求的回报）在未来是不变的，他们还假设企业既不增长也不萎缩。不变的规模意味着没有营运资本或固定资本层面的净投资。这样一来，如果计算盈利所使用的折旧水平等于维护性资本支出[②]，那么我们估计的净利润，即盈利水平，应该等于可分配的现金流。格雷厄姆和多德把当前盈利的平均可持续水平称为盈利能力（earnings power）。盈利能力价值就等于按照未来的平均资本成本对盈利能力进行资本化而得到的价值。盈利能力价值的公式是：

$$盈利能力价值 = 盈利能力 \times 1/R$$

这里 R 是当前估计的未来资本成本，假设是一个不变的量。鉴于上述一系列假设，一家企业的盈利能力价值等于其可分配现金流的净现值。

---

① 我们将在第 4 章中讨论其中的一些方法和涉及的问题。

② 维护性资本支出是指企业保持其有形资产的可用状况和产能所需的投资。我们可以形象地理解为在一个会计期间内，企业为了确保其有形资产的可用状况和产能在会计期末时点与会计期初相比没有折损，所需要投入的资本开支。

盈利能力的估计需要对当前的会计盈利进行较大的调整，主要方面如下。我们将在第 5 章进行更详细的讨论。

1. 纠正会计上的误导，例如与企业正常经营活动无关但经常发生的一次性费用。在进行调整之前，我们找出这些费用与会计盈利之间关系的年度平均比率，然后根据这个比率来调减当前的会计盈利。

2. 比较财务报告口径的折旧与摊销，以及企业将会计期末时点的资产恢复到期初水平所实际需要的再投资（即维护性资本支出）之间的差异，针对会计盈利调增或者调减该差额。

3. 考虑目前所处的经济周期阶段以及其他短期因素对盈利的影响，熨平短时间的波动，调整盈利至平均水平。

4. 考虑第 5 章讨论的其他修正和调整。

这样做的目的是，通过对报表盈利的调整，得出对企业当前可分配现金流的准确估计。需要再次强调的是，我们假设上述现金流具有可持续性，但并不增长。尽管由此得到的盈利能力价值在某种程度上不如以资产为基础的估值可靠性强，但它还是比全面完整的净现值计算更可信，因为净现值计算必须对未来多年之后的增长率和资本成本做出假设。虽然计算盈利能力价值的公式看起来跟我们批评过的估值倍数法有些相似，但是盈利能力价值的优点是完全基于当前可得的信息，没有受到更多对未来不确定性推测的污染。

格雷厄姆和多德对盈利能力定义的部分优点是，通过暂时不考虑成长性的问题，大大简化了对当前盈利能力价值的计算。我们将单独讨论成长价值，因为其具有高度的不确定性，而且关键取决于企业的战略地位。

为了得到最终的盈利能力价值，我们还必须再做一些调整。企业的价值可能不仅包含可持续经营利润的永续价值。很多企业还拥有与主营业务不相关也不是必需的资产，比如多余的现金、证券投资组合、其他不相关企业的部分股权、多余的房地产以及一些其他资产。只要这些不相干的资产能够被处置而不影响利润表所涵盖核心业务的持续运营，那么这些资产就是可持续的盈利价值之外的价值来源，应该被加到最初估算的盈利能力价值里，以得到全面的盈利能力价值。同时，公司通常继承了与业务持续运营无关的负债，例如历史上有资金缺口的养老金负债、"正常"经营过程中产生的环境负债以及其他源自特定事件的负债（比如过去诉讼产生的负债）都属于这一类。与上述不相关资产的处理方法相对应，我们还要从最初估算的盈利能力价值减去这些负债，以得到最终的盈利能力价值。[①]

要素三：成长价值

我们单独来处理成长性问题，主要有两个原因。

第一，第三个也是最后一个价值要素是最难估计的，特别是当我们试图预测未来很长一段时间的成长性时。企业未来成长的不确定性通常是用净现值方法进行估值容易出错的主要原因。通过区隔这个因素，我们可以确保它不会"传染"与资产价值和盈利能力价值相关的更为可靠的信息。

第二，在许多情况下，销售额增长甚至盈利增长对企业的内在价值并没有贡献。这种说法似乎与一些有关企业销售额和利润的常见信条相矛盾——增长是好事。事实上，只有在特定经济环境下，增长才是好事。基于对行业格局的战略评估，对增长有利的环境是能够识别的。

在大多数情况下，战略分析将预先表明成长是否可能创造价值。如果不能创造价值，那么我们可以在估值过程中忽略成长性。格雷厄姆和多德式的投资者当然也认识到，在一些重要的情况下，成长确实创造了价值，并且与资产价值和盈利能力价值一起构成了内在价值的三个要素。格雷厄姆和多德估值方法的独特之处在于分别处理这三个价值的要素，而不是把它们混到一个单一的估值倍数 / 比率或者净现值计算之中。

[①]　与核心业务持续运营无关的资产和负债都被反映在企业的资产负债表上，所以企业的资产净值已经将它们考虑在内。

在格雷厄姆和多德的框架下解决估值的战略维度问题

图 3–1 总结了格雷厄姆和多德估值方法的要素。左侧的柱子代表资产价值。它是价值的三个要素中最可靠的。对于一家能够持续经营的企业来说，资产价值是资产的净再生产价值，也就是复制经营该企业所需的资产而付出的成本。对于一家无法生存的企业，这里的资产价值是清算价值。

中间的柱子代表盈利能力价值，它是价值的三个要素里第二可靠的要素。估算盈利能力价值所用到的数据与计算资产价值所依据的数据完全不同，估算前者用到的数据包括历史盈利和现金流、行业状况以及决定资本成本的金融市场变量等。因此，资产价值和盈利能力价值提供了两种截然不同的价值估计，我们可以通过对比分析来更全面地理解我们正在考虑买入的企业。这里的战略假设是，企业能够可持续经营，盈利也是可持续的，但是不会增长。如果行业本身日薄西山，那么盈利能力也只是暂时的，不太可能为资产的清算价值增加额外的价值。[①] 盈利能力价值可能超过或者低于资产价值。在图 3–1 中，我们描绘的盈利能力价值超过了资产价值，但正如我们看到的，情况并非总是如此。

右侧的柱子代表企业的总价值。由于包含了成长价值，与中间的柱子不一样高。当然，成长可能增加价值（如图 3–1 所示），也可能毁灭价值。到目前为止，我们还没有说明如何得出这个总价值，只是提醒它很难准确估计。值得称道的是，净现值模型尝试估算成长价值。我们也已经指出了这一方法的不足之处。在后面的章节中，我们会解释从实践角度出发为什么格雷厄姆和多德对于成长价值的估计方法可谓卓越超群，更有可能帮助投资者站在交易的正确一方。

---

① 对于一家无法持续经营的企业而言，在走向死亡的几年里，有序的清算可能会带来一系列相对可预测的近期现金流。在这种情况下，净现值估值可能是合适的方法，但是得到的估值结果不太可能与资产的清算价值有很大出入，尤其是在管理层浪费资源试图存活下来的情况下。

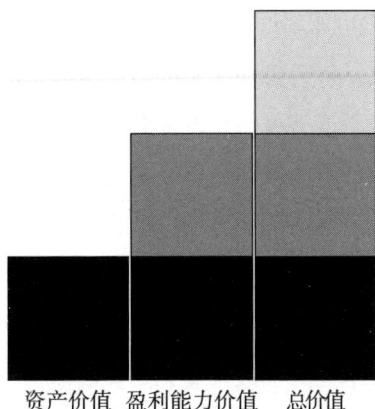

资产价值　盈利能力价值　总价值

图 3-1　价值的三个要素

　　对于价值投资者来说，估值的流程通常从仔细估算企业的资产价值开始，然后估计盈利能力价值（包括与核心业务持续运营无关的资产和负债）。比较这两个相互独立的估值，只有三种可能的结果，分别在图 3-2 中予以说明：（1）情形 A 中资产价值大于盈利能力价值；（2）情形 B 中资产价值大致等于盈利能力价值；（3）情形 C 中资产价值小于盈利能力价值。

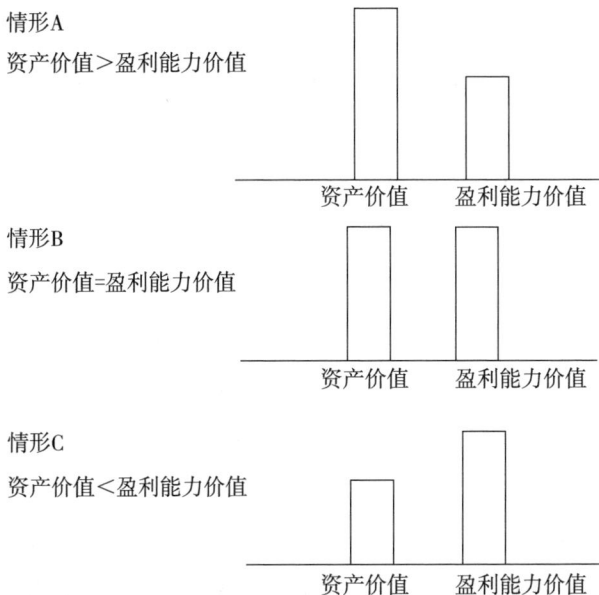

情形A

资产价值＞盈利能力价值

资产价值　　盈利能力价值

情形B

资产价值=盈利能力价值

资产价值　　盈利能力价值

情形C

资产价值＜盈利能力价值

资产价值　　盈利能力价值

图 3-2　比较资产价值和盈利能力价值时的三种可能情形

在情形 A 中，资产价值超过了盈利能力价值。有可能是因为我们使用再生产价值而无意中高估了资产价值，实际上用清算价值进行估算更合适。这是一家企业在经济上是否能够可持续发展的问题，我们应该能够通过研究企业和行业的长期前景来回答，就如我们之前对福特所做的分析一样。如果我们得出公司能够可持续发展下去的结论，那么还有两种可能的解释。第一种解释是，这种情况可能是暂时的，因为我们在估计盈利能力价值时使用了不恰当的短期盈利衡量指标。如果行业内所有企业的可持续盈利能力价值都低于运营资产的再生产成本，那么该行业无法长期存在。例如，假设资产价值为 100 亿美元，盈利能力价值为 50 亿美元（5 亿美元的盈利能力除以 10% 的资本成本率），那么资产的回报率只有 5%（5 亿美元除以 100 亿美元），这无法吸引到资本。在这种情况下，企业很难在经济上可持续发展，因为不会有人愿意投资于企业、支持其未来发展。

遇到这种情况的第一个反应应该是重新审视对可持续盈利能力的估计，或者重新考虑最有效的资产再生产方式。如果上述分析无法解释为什么资产价值超过了盈利能力价值，那么可能的第二种解释是资产由不称职的管理层经营。当遇到情形 A 时，这是常见的情况。我们通过观察管理层历史上的经营业绩和战略表现，可以证实这一点。价值 100 亿美元的资产在有能力的管理层手中运营，其价值应该能够达到再生产价值；如果不是这样，那么目前的管理层就需要改进或者更换。如果不称职的管理层没被换掉，那么企业的盈利能力价值也就值 50 亿美元。更有可能且令人沮丧的情况是，随着当前管理层将盈利大部分继续再投资到企业里，也只得到低于 10% 资本成本的回报，那企业价值将会大幅恶化到低于 50 亿美元。

这种情况是一个典型的"价值陷阱"（value trap）。资产价值是存在的，但除非糟糕的管理层被换掉，投资者永远不会看到盈利能力价值能够达到甚至超过资产价值。此时，投资成功的关键因素是能够成功替换管理层的能力，或者帮助现有管理层回到正轨、聚焦核心运营的能力。在前景不明朗时，考虑投资处在情形 A 的企业的唯一理由是，投资的估值水平不仅低于资产价值，而且相较于盈利能力价值还有大幅折扣。这种清晰的洞察力是格雷厄姆和多德方法的特点，是从净现值法杂乱的敏感性分析中无法得到的。[①]
这种一览众山小的战略视角，以及根据不同的战略判断来衡量估值结果的能力，是格雷厄姆和多德方法的独到之处。相比之下，若用净现值法进行估值，我们很难有任何相似的洞察力。

如果正确计算的资产价值和盈利能力价值大致相等，或者差距在彼此的25%以内，那么这属于情形 B，表明企业的战略处境与我们之前讨论过的情况完全不同。这是在竞争性市场里的企业由称职的管理层运营的情形。用经济学的术语描述，这种情况叫没有进入壁垒；而用价值投资的术语描述，则是没有护城河。为何会得到这样的结论？

假设一家企业的盈利能力为 20 亿美元，资本成本率为 10%，那么其盈利能力价值是 200 亿美元。如果这家企业的资产价值只有 100 亿美元，那么新进入者能够以这个成本再造一家同样的企业。在一个没有结构性进入壁垒的市场，潜在竞争者会兴奋地抓住这样的机会。即使所处行业并非完全竞争，这家企业所面临的竞争也将加剧，盈利水平将不可避免地被拉低。这会逐步分阶段发生。如果第一波新进入者将在位企业的盈利能力拉低到 15 亿美元，那么其盈利能力价值降低到 150 亿美元。但是 150 亿美元仍然超过再造这家企业所需的 100 亿美元投资。只有当盈利能力价值（即机会）和资产价值（即成本）之间的差异被抹平时，新进入者涌入市场的动作才会停止。[②]届时资产价值和盈利能力价值大致相等。

另一方面，如果企业由有能力的管理层运营，每年赚得盈利 5 亿美元，投资者要求 10% 的资本成本率，那么该企业 50 亿美元的盈利能力价值大大低于其 100 亿美元的资产再生产成本。行业里其他称职管理层运营的企业也赚得差不多的利润。然而，运营 100 亿美元的资产仅赚得 5 亿美元的回报，这相当于 5% 的资本回报率，比投资者要求的 10% 的资本成本率要低很多。面对这一现实，行业里的管理者不会认为对消耗的资产进行再投资补足是有

---

① 情形 A 里的上行空间也比较明显。更换之后的优秀管理层通常都能够创造价值，使得盈利能力价值略微高于资产价值。

② 我们将在第 7 章详细讨论这一过程。

利可图的。行业产能下降，一些企业也会退出，最后行业里的竞争程度会减弱。一段时间之后，幸存企业的利润水平会上升。就像进入新市场或者扩张产能的过程一样，这种收缩直到企业的盈利能力等于或超过其资产价值才会结束，虽然可能进程会慢一些。同样，竞争性市场中的经济力量促使资产价值和盈利能力价值相互靠近。

与情形 A 一样，我们可以根据对企业和行业性质的战略判断来审视情形 B。在福特公司的例子中，公司不太可能拥有可持续的竞争优势，这使我们预测情形 B 中所描述的关系，即资产价值和盈利能力价值大致相当。如果盈利能力价值大于资产价值，那么我们不得不重新审视对资产价值和盈利能力价值的估计。如果资产价值的估算是准确的，而且市场是竞争性的——历史上没有明显的进入壁垒，那么我们估计的盈利能力是不可持续的。如果盈利能力价值低于资产价值，而且管理层的能力没有问题，那么盈利能力会上升，直到盈利能力价值接近资产价值。因此，只要市场价格低于资产价值且它们之间还有一定的安全边际，那么此时投资就应该是有利可图的。如果盈利能力价值大于资产价值，那么盈利能力应该不可能持续，谨慎的投资者会希望看到低于资产价值的市场价格。

同样，格雷厄姆和多德的方法带领我们基于当前的资产价值和盈利能力价值以及对市场和行业本质的战略评估，做出清晰的投资决策。相比之下，即使有大量的敏感性分析提供补充，净现值法也不可能为投资者提供同等的决策清晰度。

格雷厄姆和多德的方法的第二个好处是：在情形 B 中，我们对价值的两种估计是基于不同类型的信息。估算资产价值首先是基于资产负债表上的数字，然后才考虑在当前技术情况下的再生产成本。评估企业的盈利能力首先从历史盈利和现金流量表开始，然后从企业的年度经营业绩及其吸引资本可能的成本中寻找证据。如果我们对自己的战略判断有信心，即汽车或任何其他行业将继续存活下去，个别公司几乎不可能享有可持续的竞争优势，那么正如上面指出的，我们有两种独立的价值估计，可以通过对比分析获得最准确的估值。

对于情形 B，对比分析资产价值和盈利能力价值的一种方法是取两者的平均数，我们可以做得更好。有些企业的盈利水平非常不稳定，很难预测。大宗商品生产商和其他强周期性企业就属于这一类。不过，它们的资产再生产价值——产能投入、营运资本和重置消耗性储备的成本，往往是相当稳定的。在这种情况下，资产价值是一个比盈利能力价值更可靠的价值衡量标准。其他一些行业，比如企业服务、品牌消费品行业等，有稳定的盈利，但资产中很多是无形资产，难以衡量。对于这些企业，不考虑成长性的盈利能力价值是更可靠的估值方法。在任何一种情况下，两种不同的估值方法都是相互印证的。当你从盈利能力价值开始时，资产价值仍然可以告诉你这些盈利在多大程度上受到资产要求的保护而远离竞争。当你从资产价值开始时，盈利能力价值仍然揭示出可预见的盈利水平能够支持多少资产价值。在净现值法中，完全没有这样的视角。

最后，在情形 C 里，盈利能力价值大幅超过了资产的净再生产成本。一些企业符合这种情况。可口可乐公司在 2015—2016 年可持续的平均盈利能力价值为 500 亿~600 亿美元（40 亿~50 亿美元的盈利能力，以大约 8% 的资本成本率计算），远大于任何合理的资产再生产成本。可口可乐公司的账面价值为 300 亿美元，即使我们把复制可口可乐秘密配方的成本也包括在内，总额仍远低于 500 亿美元的盈利能力价值。其他知名企业也有类似的情况，比如沃尔玛、微软、谷歌、雀巢和美国运通。情形 C 是情形 A 的反面，后者的情况是，糟糕的管理层运营企业所获得的盈利水平，表明管理层并没有充分利用企业的资产。情形 C 中盈利能力超出资产价值的部分（超额盈利）可能归因于卓越的管理层。但是，像可口可乐这样的企业几十年来都有超额盈利，而管理层的质量在这期间却差别很大。实际上，持续的卓越盈利能力主要归因于行业状况。正如沃伦·巴菲特所指出的，当一个"声誉不佳"的行业遇到"声誉良好"的管理层时，几乎总是该行业的名声得以幸存。反之，拥有"良好声誉"的行业中的企业，即使不幸遇到了差劲的管理层，也能生存下来，至少可以维持一段时间。

从前面的讨论中，我们可以推断出情形 B 存在所必要的行业状况。只要没有结构性障碍阻止竞争者进入一家企业的市场，超出资产再生产成本的那部分盈利能力价值最终会被竞争者拿走。因此，从战略角度来看，可口可乐公司的盈利一定受到重大且可持续的进入壁垒的保护。用沃伦·巴菲特的话来说，可口可乐公司的市场一定受到宽阔护城河的保护。

在商业战略分析中，当且仅当在位企业拥有新进入者无法比拟的竞争优势时，才存在进入壁垒。竞争优势来源于：（1）获得客户的独特资源；（2）专有技术；（3）规模经济效益。[①]这些优势对潜在进入者形成挑战，他们将被迫处于劣势；而在大多数情况下，潜在进入者退避三舍。因此，尽管情形C对于潜在进入者有很强的吸引力——盈利能力价值高于资产成本，但潜在进入者永远无法获得这些好处。在护城河保护下的企业继续获得远超过其资产再生产成本的盈利能力价值，我们称这种超额盈利为"特许权价值"。情形C里的关键战略问题是这个"特许权"的实力和可持续性。净现值评估法很少关注进入壁垒的重要性。在福特公司的案例中，由于在可预见的未来企业没有可持续的竞争优势，我们不会相信可持续盈利能力价值大幅超过资产再生产成本的估值。在第6章中，我们将详细讨论如何做出这样的战略判断。

成长性：简要预览

到目前为止，我们忽略了成长性所创造的价值，在这里我们只预览一下成长性如何整合到格雷厄姆和多德的估值方法中。虽然成长性对于估值水平有积极的影响——每个人都知道逐年增长的盈利比稳定的盈利更有价值，但是成长性对于估值也有消极的后果。并不是所有的成长都能创造价值。成长需要投资支持，而考虑必须投入业务中的现金之后，企业当前可以分配的现金就减少了。因此，不断增长的盈利将伴随着降低的分红率。成长的净价值

---

① 新进入者的竞争优势只会导致无休止的残酷竞争。例如，进入者的网络技术比在位企业的网络技术更新、更先进。在这种情况下，一旦进入者消灭了在位企业并怠于发展其网络技术，下一个拥有下一代新技术的进入者就会消灭已经成为在位企业的最初进入者。所以，超过资产再生产成本的那部分盈利能力无法永远维持下去。（这个脚注是为了说明部分基于技术的"优势"并不是可持续的优势。这里不是对规模经济效益这个词的解释，而是针对整句话的脚注。——译者注）

取决于这两个因素中哪一个影响更大：更快的成长还是较低的起始点。

幸运的是，如果我们从投资的角度来审视这个问题，答案就显而易见了。假设一家企业要投资 1 亿美元来支持成长。再假设这项投资的资本成本率（为吸引投资者自愿投资需支付的成本）[①]是 10%。那么在创造任何价值之前，每年必须从"成长"投资的收益中支付 1000 万美元的成本。如果由于管理不善，投资收益只有 500 万美元（即 5% 的回报率），那么即使盈利水平额外"增长"了 500 万美元，企业所有者在支付给新的投资者要求的资本成本之后，也会有 500 万美元的损失。回报率低于资本成本的成长性投资是破坏价值的。从长远看，在竞争激烈的市场里，成长性投资将获得 10% 的平均回报。即使暂时有更高的回报，也将因为竞争而消失。暂时较低的回报水平会因为缺乏新的投资而被推高。在这种情况下，对于现有股东而言，虽然企业盈利增加了 1000 万美元，但这部分得全部支付给新投资者以弥补其资本成本。在竞争性市场为成长而投资，若只能赚得资本成本，那么既不创造价值也不破坏价值，对企业的估值水平没有任何影响。重复一下，只有回报率高于资本成本率的成长性投资才能提供超过新投资者资本成本的利润。为了使这样的回报率可持续，投资和成长必须受到进入壁垒的保护而免于竞争纷扰。只有拥有经济特许权的企业成长才能创造价值。

这些结果可以参照图 3–2 里的三个情形进行总结。对于情形 A，管理不善的企业保持增长几乎肯定只能赚到低于资本成本的盈利，无疑会破坏价值。在这种情况下，增长是你的敌人。投资于这种增长中的企业要比投资停滞不前或者业务萎缩的企业更糟糕。增长显然没有减轻对管理层变更的需求，反而使其更为迫切也更关键。

对于情形 B，在竞争性市场里，由称职的管理层运营企业，这种情况下增长与企业的估值无关，通常既不创造价值也不破坏价值。忽视增长也不会损害估值的质量。相比之下，如果使用净现值模型进行估值，即使在竞争性市场中，增长通常会提升企业的估值水平。这一事实进一步证明了格雷厄姆

---

① 资本成本也是企业应该为自己的投资者赚取的回报。企业可能本能地选择不分红而把赚得的回报进行再投资以支持将来的增长。

和多德方法的优越性。

只有处在情形 C 之中，拥有经济特许权的企业在其竞争优势领域内保持成长性，这样的成长才会创造巨大的价值。正是在这样的情况下，如果我们要得到准确的估值，就必须考虑成长。做好这项工作需要完全转变估值视角，我们将在第 7 章和第 8 章讨论这个问题。在这里我们注意到，现代的格雷厄姆和多德估值方法从资产价值和盈利能力价值出发，将企业管理水平、行业存亡和竞争优势的战略评估纳入其中，并认识到对于拥有经济特许权的企业的成长性问题（也就是情形 C），估值分析需要一个全新的视角。一旦融入这种新视角和新方法，即使是在必须考虑成长性的情况下，现代的格雷厄姆和多德方法也全面优于净现值法。

如上所述，作为估值方法，净现值法在理论上是正确和精准的，而且通常适用于任何能够为其所有者提供盈利或者现金流的资产。不幸的是，净现值法有三个缺陷：（1）忽略了资产负债表所提供的信息；（2）将基于高质量信息的估计和基于非常不确定假设的估计混为一谈，而把这两者混在一起拉低了估值结果的整体质量；（3）依赖于对遥远未来的企业经营参数的准确估计，却忽略了更可靠且对估值更重要的战略判断。

我们提供的另一种估值办法更强调当前信息和基本面的竞争情况。这种估值方法依赖对特定行业和资产的具体理解，不理会对美好未来一厢情愿的乐观预测，除非有现在就靠得住的数据来证实。这就是格雷厄姆和多德传统的价值投资纪律，适用于那些具有长期未来回报的投资，其回报多少由未来的商业状况决定。这样的投资与有明确回报的短期投资是完全不同的，后者适合采用净现值法进行估值。这里更重要的收获是：估值方法必须与投资的实际情况相匹配。没有万能的估值方法，盲目一刀切式地进行估值只会带来严重的后果。

附录：未来现金流的现值

将未来不同时点收到的货币转换成当前的货币价值，这个过程叫作贴现。贴现这一动作的背后也表明我们更偏好今天手里的一美元，而不是获得在未来某个时点收到一美元的承诺，即使有铁定的保障。如果我们把钱存在银行，那它们会支付利息，其他储蓄性金融机构也会如此操作。按 8% 的单利计算，一年后银行将返回 1.08 美元。按 8% 的单利计算，一年后的 1.08 美元相当于今天的 1 美元；换句话说，1 美元是一年后 1.08 美元的现值，按 8% 来折现计算。这里的代数运算很简单：1 美元 ×（1+0.08）得到 1.08 美元；1.08 美元 ×［1/（1+0.08）］等于 1 美元。表达式［1/（1+0.08）］是贴现因子。我们可以把贴现率看作反向的利率，即将未来的货币折算成现值的比率。与利率一样，贴现的部分目的是补偿投资者承受的通货膨胀，其他目的包括补偿投资者承担的风险和放弃资金的意愿。

按照 8% 的利息，每年复利计算，今天存入的 1 美元在两年后将价值 1 美元 ×（1+0.08）×（1+0.08），即 1.166 美元。相反，对于保证在两年后给我们的 1 美元的现值，用 8% 的贴现率计算，现值为 1 美元 ×［1/（1.08）］×［1/（1.08）］，计算得到现值为 0.857 美元。如果我们等待的时间更长，那么未来现金流的现值会更小。体现这种关系的术语是货币的时间价值。结合代数运算，这个概念帮助我们将一系列的未来价值转化为它们今天的价值。我们需要两个变量：一个是时间，它几乎总是以年为单位，另一个我们称为利率或贴现率。这两个术语都是指人们自愿投入资金购买有关资产所要求的补偿。同样的概念还有其他或多或少等同的术语，比如回报率（是投资者要求的补偿）和资本成本（这是资金使用者不得不支付的成本）。计算未来收到 1 美元的现值的一般公式是：

$$PV = \$1 \times 1/(1+R)^T$$

这个公式里的 R 是每年的资本成本（或回报率），用百分比表示；T 是距离未来支付的年数，现在的时点为 0；PV 代表现值。

我们以债券为例看看现值是如何计算的。

我们投资一只 10 年期政府债券，面值为 1000 美元，为了简单起见，假设每年年底我们将收到 80 美元的利息。在第 10 年年底，债券还会一同偿还本金。对于这样的支付现金流，债券的现值是多少？如果我们的回报率是

8%，那么债券的现值正好等于 1000 美元的面值。计算过程见表 3–1。

$$折现系数 = 1/(1+R)^T, R=8\%$$

表 3–1	回报率是 8% 的 10 年期政府债券每年的现值		单位：美元
年份	偿付金额	折现系数	现值
1	80.00	0.93	74.07
2	80.00	0.86	68.59
3	80.00	0.79	63.51
4	80.00	0.74	58.80
5	80.00	0.68	54.45
6	80.00	0.63	50.41
7	80.00	0.58	46.68
8	80.00	0.54	43.22
9	80.00	0.50	40.02
10	1 080.00	0.46	500.25
		合计	1 000.00

　　一切看起来都很完美，因为债券约定的票面利率为 8%，与我们在其他地方的同等投资所要求的或者可以获得的回报率相同。但是，假设在债券发行后，这种投资的利率上升到 9%。这就成了我们要求的回报率，我们当然不想比别人赚得少。债券的现值会发生什么变化？唯一的变化是 R 现在等于 9%，结果是债券的现值下降了 64 美元。计算过程见表 3–2。

$$折现系数 = 1/(1+R)^T, R=9\%$$

表 3–2	回报率是 9% 的 10 年期政府债券每年的现值		单位：美元
年份	偿付金额	折现系数	现值
1	80.00	0.92	73.39
2	80.00	0.84	67.33
3	80.00	0.77	61.77
4	80.00	0.71	56.67
5	80.00	0.65	51.99

续前表

年份	偿付金额	折现系数	现值
6	80.00	0.60	47.70
7	80.00	0.55	43.76
8	80.00	0.50	40.15
9	80.00	0.46	36.83
10	1 080.00	0.42	456.20
		合计	935.82

现值与几乎相同的净现值之间的唯一区别是：净现值包括初始现金流，这通常是最初投资的资金。在第一个例子中，我们为购买债券而支付了 1000 美元，这是一笔未被折现系数调整的现金流出，因为它发生在今天。考虑购买债券支付的现金流之后，投资债券并持有到期所获得的净现值将是零，这意味着我们未来收到的债券偿付现金流的现值就等于我们当前付出的现值。如果利率上升到 9%，而我们仍然坚持为 80 美元的息票支付 1 000 美元，那么这笔债券投资的净现值就变成了负数，因为我们未来收到的债券偿付现金流的现值仅为 935.82[①] 美元。对于投资而言，最重要的基本原则之一就是不要进行净现值小于零的投资。

---

① 表格中的数字经四舍五入，直接相加与合计数会有细微差距，实际计算以 Excel 里公式运算为准。——译者注

第 4 章

资产价值：从账面价值到再生产成本

VALUE
INVESTING

格雷厄姆和多德估值方法的第一步是计算一家企业的资产价值。对于许多传统的价值投资者来说，这甚至算是唯一的步骤。正如我们在第 3 章所指出的，哪种做法更适当，取决于企业的战略前景。如果企业的经营不可持续，例如所在行业已日薄西山，那么该企业的资产价值应该基于清算时能回收的价值进行计算。如果企业的经营可持续，这意味着资产需要在损耗的同时进行再投资予以弥补。在这种情况下，企业的资产应该按再生产成本进行估值。

从上到下依次审视资产负债表，对每个科目进行估计的可靠性逐步降低。本杰明·格雷厄姆有一个极端保守的应对方法，在资产端他只考虑流动资产——现金、应收账款、存货以及企业根据自身业务特点认定是流动资产的资产。因为流动资产理论上可以在一年之内变现，所以它们的价值可以基于清算价值或者再生产成本进行估计，最多只有微小误差。然后，他用流动资产减去企业所有负债的账面价值，得到"净–净营运资本"。据此，格雷厄姆会寻求买入市值低于"净–净营运资本"数值三分之二的股票。在格雷厄姆职业生涯早期，他能够以合理的频率找到符合这一严格标准的投资机会。如今，这样的机会基本上已经消失。因此，当代价值投资者不得不在资产负债表中进一步考虑固定资产甚至无形资产，如产品组合、客户关系、品牌形象和训练有素的员工等。然而，对这些资产科目进行估值所产生误差的范围更大，而评估这些资产，特别是无形资产，需要技巧、智慧和行业知识。[①]

密切关注资产负债表的分析师会比那些不关注的分析师更具优势。若能

---

① 对于可持续发展的企业而言，这些努力是值得的。但对于以清算价值评估的企业而言，无形资产几乎没有价值。

仔细研究所有资产，甚至那些难以估值的资产，那就可以扩大这种优势。在这个过程中专业化很重要。随着经验积累，我们能够加深对于评估再生产成本或者清算价值的理解。行业知识在评估的过程中也至关重要。在判断企业的质量方面，有一个例子可以说明资产价值的有用性超出其在估值方面的意义。以现金流为导向的价值投资者非常强调企业的质量，特别是竞争优势。他们通常基于资产负债表上报告的账面资本或权益来计算回报率，进而判断企业质量。账面权益回报率稳定在25%或以上被认为是企业拥有竞争优势的证据，也是企业能够为其股东创造价值的特征。但账面权益往往忽略了重要的无形资产，后者也是企业的真实投资。如果这些无形资产被包括在权益中，那么总权益的实际回报率可能会低得多，甚至变得平淡无奇。进行这些调整的唯一系统方法是通过全面的资产估值。资产价值总是值得评估的，既然如此重要，那就值得花功夫仔细研究。

清算价值

如表4-1所示，"赤字"公司[①] 应该不是任何人心目中的好公司。比较2017年底和2018年底的数字，该公司的留存收益减少了近40亿美元，致使其净资产由正转负。这也许只是一个暂时的挫折，该公司能够说服贷款人向其提供更多的信贷支持以履行付息义务。我们无法从这些零碎信息中得出结论，而且我们也不用在乎。[②] 如果该公司要被清算，我们想要做的就是估算其资产价值。

表4-1	"赤字"公司的资产负债表	单位：百万美元
"赤字"公司	2017 年	2018 年
资产		
流动资产		

[①] 这是一家作者用来举例的虚拟企业，根据所模拟的糟糕情况，取名为"赤字"。——译者注

[②] 企业如何落到这番境地，这是一个关于盈利能力和盈利能力价值而非资产本身的问题。

续前表

"赤字"公司	2017 年	2018 年
现金	195	150
有价证券	100	25
应收账款	1 595	1 667
存货	2 250	2 328
流动资产小计	4 140	4 170
固定资产净值	7 750	7 500
商誉	2 400	2 250
递延所得税资产	155	150
总资产	14 445	14 070
负债和所有者权益		
流动负债		
应付票据	–	2 200
应付账款	850	1 300
应计费用	725	1 275
一年内到期的长期负债	500	520
流动负债小计	2 075	5 295
长期负债	9 250	9 500
递延所得税负债	150	125
优先股	350	350
实收资本	850	850
留存收益	1 770	−2 050
负债和所有者权益合计	14 445	14 070

对于现金和有价证券，只要证券是短期的或者按市值计量，就不应该在公司账面的金额上打折扣。应收账款可能无法全部收回，它是企业在经营过程中因销售商品和产品、提供劳务等业务，对购买单位享有的一种经营性债权，有很多行家知道如何收回款项。我们估计在提取坏账准备之后，应收账款账面价值的 85% 可以在清算中收回。至于存货在清算中能回收多少现金，取决于具体是什么存货。对于一家制造业企业来说，存货越像大路货，出售存货的折扣就越少。举例来说，前阵子的时装在清算中折价不少，而棉纱打

折的程度就比较有限。如果存货是一箱箱上一季滞销的玩具，那么可能就需要花钱请人把它们运走。在这种情况下，我们估计只能收回存货50%的账面价值；如果存货只有高度专业化的用途，那么对于存货的估值就要大打折扣。在这种情况下，如果存货的价值对整体估值至关重要，那我们可以聘请专业评估师提供一个比粗略估计更精确的数字（如表4-2所示）。

表4-2	"赤字"公司的资产和清算价值		单位：百万美元
资产	2018年	实现的百分比	估值
流动资产			
现金	150	100%	150
有价证券	25	100%	25
应收账款	1 667	85%	1 417
存货	2 328	50%	1 164
流动资产小计	4 170		2 756
固定资产净值	7 500	45%	3 375
商誉	2 250	0%	—
递延所得税资产	150	0%	—
总资产	14 070		6 131

对于固定资产也是如此。详细了解房屋、建筑物和设备对于得出准确的估计至关重要。一些原则很有用。相对于其账面价值，办公楼等通用资产的价值远高于化工厂等专用资产。在这个例子中，我们用45%作为简便快速估值的比例；如果某项资产很关键，我们可以聘请专家来做评估。我们没有赋予商誉任何价值，这只代表了公司进行那些可能使其陷入困境的收购时所支付的超出被收购标的账面价值的部分。[1]递延所得税资产是企业在一段时间内有望从税务机关获得的抵扣或者退税金额，也可以与递延所得税负债相抵消。把所有这些细项估值加总，我们得到流动资产的价值为27.56亿美元，

---

[1] 理论上说，商誉代表企业为收购标的之无形资产所支付的成本，比如产品、客户和市场地位，这些都是"真实的"，但在被收购企业的资产负债表上并没有体现。对商誉进行估值的自然方法是确定贴近其商业实质的有形指标，比如产品线、客户数量、训练有素的雇员、回头客的价值、有线电视人口密度等，然后分别对它们进行估值。但是，对于一家身处日落西山的行业里的企业来说，这种高度专业化的资产不太可能有任何重大价值。因此，我们对商誉价值的基本评估是零。

固定资产的价值为 33.75 亿美元，总资产的估值略高于 60 亿美元。[①]

谁会想投资这家公司的股票？当然不是传统的股票投资者，无论以怎样的价值为导向。但是对于投资不良债权的专家而言，这里有获得回报的空间。如果公司被清算，看来相当确定的是，将没有足够的钱来支付给普通股或优先股所有者，但是公司可能会有一定的资金偿付其债权人。应付账款和应计费用合计只有 25.75 亿美元。即使这两项拥有比债权人优先的权利，并且获得了全额偿付，仍然还有 35.56 亿美元留给债权人。剩下的资金都可以流向债权人。账面上的债务合计为 122.2 亿美元，[②]但考虑到公司的状况，债券的价格肯定会大大降低。如果折扣足够大，而且固定资产有足够的价值，那么对于不良债权和清算价值评估方面的专家来说，这可能是一个有利可图的机会。

有序清算

这种基于资产负债表的清算价值，是无法可持续发展的企业在极端情况下的价值，适用于那些明显死了比活着更有价值的企业，而且通常越快脱离苦海，回报就越好。格雷厄姆是天生的保守派，考虑到最坏可能性，他选择用这种估值方法来衡量买入价格。更多情况下，处于困境中的企业可能也会偶尔创造正的经营现金流，尽管只是短暂的。价值投资者把这类企业称为"烟屁股"（cigar butt），它只剩下最后几口可以抽，还有剩余外包装的价值。对于这样的企业而言，有秩序地进行清算，比如用 3~5 年时间，可能比立即"埋葬"能够获得更多的价值。

对于上述这类企业，由于评估其价值所涉及的时间较短，使用净现值法是合适的。此时应该制订一个计划，确保企业在这段时间内能够继续运营，但基本上不再进行新的投资。会计利润很可能是负的，但是加回折旧得到的现金流应该是正的。随着销售额的下降，应收账款和存货也会下降，回收的

---

① 我们在此忽略了清算的任何税收优惠。

② 这里的债务包括应付票据、一年内到期的非流动负债和长期负债。——译者注

价值可能接近其账面价值,增加了有序清算期间的现金流。此外,还可以出售具有广泛用途的资产,比如土地和建筑物,在有序清算时的出售价格应该会高于急售。与此同时,现金流虽然是正的,但持续下降。在有序清算期结束时,可以在立即清算的基础上对当时的资产负债表进行评估。然后,预测的期间现金流加上清算回收现金流的净现值可以与立即进行清算的收益进行比较。如果前者的价值更高,那么有序清算是有意义的。而且,由于变现得到现金流的时间较短,净现值的计算应该是足够准确的。不过,进行有序清算的最大风险是:陷入这种情况的管理层会试图延长企业的存活期到最佳"寿命"之外。为了让有序清算发挥作用,必须抵制这种诱惑。

持续经营企业的资产价值:入场费有多高

清算价值是估算企业处在最坏情况下其资产价值的保守方法。我们根据企业的资产进行估值,主要目的是判断企业资产的经济价值是否被准确地反映到了企业的股价里。潜在机会存在于价值与价格之间的差距里。前面我们提出:对于一家能够持续经营的企业而言,其资产的经济价值等于再生产成本,即潜在竞争者进入行业并达到这家企业经营规模所必须投入和花费的资源。我们如何对再生产成本进行估计?表4-3是另一家虚构企业的资产负债表。

对于这家虚构企业的资产负债表,我们需要做哪些调整而得到再生产成本呢?请参考表4-3。

表4-3	虚拟企业的资产调整	单位:千美元
资产	**账面金额**	**为得出再生产成本进行的调整**
流动资产		
现金	2 250	无
有价证券	6 750	无
应收账款(净额)	31 250	加回坏账准备;根据收回情况做调整
存货	25 000	加回后进先出法储备(如有);根据存货周转情况调整

续前表

资产	账面金额	为得出再生产成本进行的调整
预付费用	5 900	无
递延税项	4 250	调整为折现值
流动资产小计	75 400	
固定资产（净值）	54 000	基于原始成本做相应的调整
商誉	26 250	与产品组合和研发相关
总资产	159 900	

现金就是现金，不需要做任何调整。对于有价证券，我们需要找到当前的市场价格。对于流动性较差的有价证券而言，这可能有些困难；不过一般来说，被划归到这个科目的有价证券都有活跃的交易。原则上，这些证券的账面价值就应该等于其实际或潜在的市场价值。真正需要花功夫处理的科目，是从应收账款开始，从这里往下科目的账面价值往往需要增减调整，以得到更符合现实的再生产成本。企业财务报表里的应收账款一般都包含了对那些永远无法收回的款项的坏账准备。刚起步的企业更可能遇到这样的情况，客户由于这样或那样的原因而拒绝付账，因此想要"复制"现有企业，在应收账款上投入的成本可能比现有企业的账面金额要高。大多数财务报表会提供得到应收账款（净额）所需的坏账准备金额。我们加回坏账准备，或者用类似公司的平均情况来调增。

对存货的估值和调整比较复杂。账面金额可能显著较高或较低。我们要留意存货积压的情况，比如存货金额相当于 150 天的当期销售成本，而之前的存货水平只是 100 天的当期销售成本。这额外 50 天所对应的存货，很可能代表永远无法出售或者只能根据出清价格处理掉的部分。在这种情况下，我们应该调减存货的账面金额而得到再生产成本。相反，如果企业使用后进先出法（last in first out，LIFO）来进行存货核算，并且存货价格趋于上涨，那么存货的再生产成本就比账面金额要高。这个差额就是后进先出法储备（LIFO reserve），即存货当前价格超出其旧有成本（账面金额）的差额。新进入者不可能按去年的价格取得今年的存货，也就是说，新进入者不得不支付更高的价格来购置存货以达到正常运营状态。

诸如租金或保费之类的预付费用，金额通常不大，也不复杂。如果会计师合理地计量了它们的价值，那么预付费用通常不需要被调整。

资产端的递延税项代表企业未来从政府获得的减税或退税的价值。由于我们现在是要估算资产的目前价值，所以我们应该获得未来减税或退税相应的时间点，并计算其现值。在我们这个例子里，递延税项被归入流动资产，也就是说，这家企业预计能在一年内实现，所以折现相关的调整应该很小。但是这些未来的减税或退税也可能被归入非流动资产，这样一来，现值分析的影响就更为显著。

我们最终对流动资产之账面金额所做的调整，在大多数情况下不会太大。这些资产毕竟是"流动的"，我们通常预计它们能在一年之内变现，所以账面金额与再生产成本之间的差异并没有多长时间可以积累放大。然而，对于非流动资产或者固定资产，情况并非如此。比如，一家企业在1985年购置了一块500英亩①的土地，价格是每英亩2000美元，主要原因是价格便宜、地块广阔而且接近劳动力市场。尽管当时这个地块离像样的餐馆有点远，但是现在距离作为公私合营项目的孵化器只有200码②。假设上个月类似的土地以每英亩10 000美元的价格出售。那么对于这家企业而言，要么由于自有土地的区位优势对自己有同样的价值而继续拥有和使用，要么把这块土地卖掉，搬到其他地方，赚取这些年的土地增值。无论这家企业选择上述哪种方案，这块土地的账面金额与再生产成本或出售净收益之间的差距都足以引起我们的注意。

相较于对流动资产账面金额的调整，估算固定资产的再生产成本更复杂，而且也没那么精确，还需要更多的专业知识。举例来说，我们估算一家日产油量60 000桶的炼油厂的再生产成本。假设根据管理炼油厂建设的工程咨询公司的估计，建设同样产能的新炼油厂的建造成本是平均每桶10 000美元，再生产成本也就是6亿美元。这个计算很简单，但是有三个重大的问题。

第一，新炼油厂的运营成本几乎肯定比现有炼油厂的运营成本更低。我

---

① 1英亩≈4046.856平方米。——译者注

② 1码≈0.9144米。——译者注

们应该计算新炼油厂相较于现有炼油厂所能够节省的各期运营成本的现值。运营成本节省的期限明确，通常不会快速增长，而且定义清晰，应该可以合理准确地估算其现值。在估算炼油厂的再生产成本时，我们要扣除这部分。

第二，新炼油厂的使用年限将比现有炼油厂的使用年限要长。新炼油厂剩余价值与现有炼油厂残值之间差值的现值也必须从 6 亿美元里减掉。

第三，也是最重要的一点，建造一家新炼油厂并不是复制现有炼油厂产能最有效率的方式。在最近几十年里，在产能稳步增长的情况下，美国并没有建造新的炼油厂。增加的产能来自对现有"棕地"炼油厂的逐步改进，而不是新建"绿地"炼油厂。在针对前述两点进行调整之后，增加现有"棕地"炼油厂产能的成本是每桶 2000 美元，远低于新建"绿地"炼油厂的每桶 6000 美元成本。我们的初衷是增加炼油的产能规模而不是一定要建设炼油厂。所以，复制 60 000 桶产能最有效的方式是扩建现有炼油厂，总成本为 1.2 亿美元。这是计算炼油厂再生产成本的正确方法。[①] 在竞争性市场，企业比较新建炼油厂、扩建"棕地"炼油厂和二级市场购买产能的成本，会发现这些价格应该大致相当。尽管如此，进行相关估算还是有帮助的，还要参考两个不同来源的信息来做交叉验证。

上述直接评估厂房价值是估算再生产成本的方法之一。另一种方法是从企业资产负债表提供的财务信息着手，也包括对相关附注的研究。我们通常可以得到土地、厂房、建筑物、在建工程、设备、家具与附着物等各自的购置成本信息，[②] 然后减掉会计上的累计折旧，得到账面价值。固定资产这种扣除折旧之后的账面净值通常与再生产成本有很大差别。土地不仅不折旧，还可能由于通货膨胀和经济增长而大幅升值。厂房与建筑物（如工厂、炼油厂、办公楼、汽车旅馆、商店、餐馆）以及诸如连接国内或海外大城市的长寿命光缆等设施的情况也是如此。账面价值和再生产成本之间可能存在巨大的差距，主要有两个原因。

---

① 这里其实也假设炼油行业是可持续的，不存在供给过剩，以至于未来要被迫去产能。如果目前的产能确实过剩，那么要预测这些复制的产能在未来什么时候能够被利用，并相应折算调整。

② 有些企业把软件包括在固定资产里，但我们会在无形资产评估的部分涉及软件。

第一，尽管厂房和建筑物与土地不同，它们确实会磨损，但往往比会计准则所假设的折旧速度更缓慢。例如，光缆磨损得极其缓慢，甚至难以察觉。但会计折旧年限只有 20 年左右。第二，通货膨胀和经济成长通常对于厂房和建筑物的价值有积极影响，就如同土地一样。对于土地、厂房和建筑物，我们查阅可比的公开交易价格来估算经济增长和通货膨胀的影响。这样，我们就有了一个向上调整原始成本的基础。然后，我们可以根据这些资产的实际状况来估计其老旧程度，进而向下调整。综合考虑这两方面的调整之后，我们得出基于资产负债表的再生产价值。最后，再拿这个结果跟前面直接估算的再生产价值进行比较。[①]

在建工程的估值比较容易。这些是目前正处于再生产过程的建筑物，所以账面价值应该等于再生产成本，除非相关资产的成本过高或者有不合理的地方。

相较于建筑或固定设施，设备、家具和附着物的老旧速度更快。折旧在决定这类资产的价值方面起着更大的作用，必须谨慎考虑。然而，对于一家既不增长也不萎缩、规模稳定的企业而言，其设备、家具和附着物的使用年限大致过半。如果一家企业的年增速为 5%，那么其设备等固定资产的平均剩余使用年限应该比规模稳定的企业要长一些，也就是说，其固定资产要新一些，不过差别仅有 10%。所以，就初步估计来说，我们可以假设设备、家具和附着物的使用年限已经过半。然后，这个初步估计可以参考设备的价格趋势进行调整，通常是根据质量来调整。美国商务部跟踪这些价格，数据显示价格下降的速度较快。举例来说，假设一家企业的设备平均使用年限是 8 年，现有设备的平均使用时间已有 4 年。如果历史数据显示，设备价格以每年接近 4% 的速度下降，那么重置这些已经使用 4 年的设备所花费的成本将是其原始成本的 85% 左右。在考虑使用年限已过半之后，这些现有设备的再生产成本是原始成本的一半再 ×85%。再把这个数字与我们估算的土地、建筑物和在建工程的再生产成本加总，得到一个快捷的估算数字，然后与账面

---

① 我们在案例一会详细讨论和比较固定资产的会计折旧和恢复到其期初价值所需的经济成本。

净值相比较。[①]

我们再来讨论商誉和其他无形资产。企业资产负债表上的商誉通常来自过去收购的剩余影响。当企业 A 收购企业 B 时，前者支付的价格超出企业 B 可辨认净资产公允价值的溢价部分，被确认为商誉记录在企业 A 的资产负债表上。随着时间的推移，之前收购时支付的溢价，包括未在资产负债表上体现的无形资产（比如产品组合和客户关系等），被逐年摊销以体现价值流逝。在任何时候，商誉的价值都是企业支付的收购溢价在摊销之后的当前水平。

近年来，企业开始将一些成本进行资本化处理，比如研发费用、软件创造成本和客户取得成本等，因为它们会在未来为企业带来经济效益。传统上的处理方法是将这些成本费用化，即企业在核算利润时，从当期收入扣除这些成本的全部金额。资本化的会计处理不在当期收入中扣除；相反，这些成本被确认为资产负债表上的"无形资产"，然后逐年摊销，在各期收入中扣减。[②]

无形资产和商誉都是由会计惯例和过往的会计处理决定的，可能并不反映有关资产的再生产价值。某家企业为了收购另一家企业而支付了过高的价格，或许是因为该企业感受到了竞争威胁，或许是因为某个未能实现的宏伟计划，也可能就是因为某个纯粹的错误决策。这种收购溢价被确认为商誉，但可能并不会给企业带来任何经济价值。市场的新进入者并不需要"再造"这种商誉来参与竞争。这部分商誉代表之前的失误，我们有理由在资产估值中完全忽略它。商誉的价值取决于其来源，而要确定这一点，我们需要信息和行业知识。考虑到所有这些不确定性，我们认为最好的办法是先将无形资产和商誉的账面金额归零，从第一性原理出发，直接估算可辨认无形资产的再生产价值，包括归入商誉的部分。

我们首先列出了相关的无形资产。这并不限于资产负债表上的"无形资

---

① 我们先计算原始成本的一半，再 × 85%，这里的"一半"考虑了原始成本相应的后续折旧。其他地方不再考虑折旧，否则就是重复计算。

② 对于计算利润而言，这显然是一种不太保守的方式，也更容易被操纵。我们在后文讨论盈利能力价值的计算时，将涉及资本化对当期现金流的影响。此处我们聚焦在计算资产价值以及相关科目的处理。

产"科目。对于大多数企业来说，这会包括具有开发价值和 / 或品牌价值的产品组合、现有客户群，以及有效率的组织架构里训练有素的劳动力队伍。对于每一个项目，我们都可以设想几种不同的再生产方式，以得到对其再生产价值的综合估计。对于难以估值的无形资产，采用多种方法尤其有用。

我们从企业的产品组合开始。它是企业研发活动的成果，而研发活动的目的是发明、设计和生产可供销售的产品和服务。很多企业在研发活动上并没有很多花费，其产品组合的再生产成本较低或者可以忽略不计；还有一些企业在研发上面的花费有限，以至于这些费用不值得在利润表中单独列示，但可以在注释中具体说明。然而，还是有许多企业的研发费用开支非常可观。一般来说，技术含量越高，企业产品中蕴含的研发费用就越多，其产品组合的资产价值就越大。表 4-4 列出了一些领先的非金融行业企业的研发支出占收入的百分比。（标示为"NA"的企业没有在其财务报表中披露具体的研发支出金额。）

表 4-4　　　　美国主要企业的研发支出占收入的百分比

	2017 年	2018 年
苹果	5%	5%
微软	13%	13%
亚马逊	13%	12%
Facebook（Meta）	19%	18%
字母表公司 [①]	15%	16%
强生	15%	13%
埃克森美孚	5%	4%
沃尔玛	NA	NA
宝洁	NA	0%
英特尔	21%	19%
思科	13%	13%
威讯通信	22%	18%

---

① 字母表公司于 2015 年 10 月成立，由谷歌重组而来，继承了谷歌的上市地位及股票代码。重组之后，谷歌成为字母表公司最大的子公司。——译者注

续前表

	2017 年	2018 年
AT&T[①]	NA	NA
辉瑞	15%	15%
可口可乐	NA	NA
波音	3%	3%
福特	5%	5%

把研发支出转换为企业产品组合的估值，最简单的方法是将年度支出 × 企业的产品线中所蕴含的研发活动年限。如果目前的大多数产品都是在过去六年里开发的，那么用 6× 目前的研发支出，就是对企业产品组合的最初估计值。一家新进入市场的企业如果想生产可比的产品系列，研发费用也要支出大概同等的规模。如果研发活动的成果产出在时间维度上并不是相对均匀地分布，而且每一个产出都很重要，那么我们需要了解其中的更多细节。对于像波音这样的企业来说，在某些年份，平均研发费用占销售额的比例可能相对较低。然而，研发和销售是由新产品周期驱动的。一种新的机型，比如787 梦想客机，预计需要 100 亿~200 亿美元的开发成本，而未来的销售额还有不确定性，因为它仍处于生产周期的早期。竞争使得同业对手不得不开发各方面可比的飞机，尽管可能避免技术上的失误而实现比 787 更低的成本水平。竞争对手不得不提供波音全系列成熟机型（即 737、747、757 和 777）的替代机型，由于通货膨胀、更高的性能标准和经验相对不足，其当前成本几乎肯定会超过波音的历史成本。在这种情况下，我们有必要参考行业专家的意见，他们可以更为准确地估算当前开发与波音可比的系列机型所需的成本。如果只是把波音公司的平均研发支出 × "平均"产品寿命（在 15 至 40 年之间），这个估值恐怕不够精确。

对于制药等以研发为中心的行业来说，情况更为复杂。已通过试验并满足国际监管标准的在售药品并不是当前研发支出的重点。作为相对成熟的

---

① AT&T 公司名原为 American Telephone & Telegraph 的缩写，也是中文译名美国电话电报公司的由来，但目前公司已不用全名。——译者注

产品，它们相关的收入和生产成本通常是高度可预测的，并且在很大程度上与历史研发支出无关。对这些在售药品进行估值的最好方法是计算未来盈利的净现值，要注意未来盈利的持续时间往往相对有限，原因是药品的专利权有时限。这些在售药品的再生产成本可以说是无关紧要，因为在专利保护期之后，它们通常被利润率较低的仿制药或者经改进的替代品所取代。药品的研发支出驱动未来系列药品的价值，而不是现有产品。由于产品线跨越许多年，大部分未来的药品现在是可预见的，但是其价值可能是高度不确定的。对于制药行业的产品组合，各类疾病领域的产品线都有相应的专家进行评估，如肿瘤学、心脏病学和胃肠病学等。如果你不是制药领域的专家，那么你处于明显的劣势。总的来说，当诸如产品组合这样的无形资产对于企业估值尤其重要时，行业知识和洞见就十分重要。

第二种重要的无形资产蕴含于企业的业务之中，是创造收入的基础，即客户关系。发展和积累客户关系需要花钱经营，因此应该被视为企业的一项重要的无形资产。同样，估计这项资产的再生产成本，最好的方法是审视企业获得特定收入水平的过程。举例来说，企业经常推出新品牌或新产品。通常对每个新品牌或新产品的推出，企业都会有相应的营销预算和收入目标。在初始阶段，成本超过收入，现金流为负。随后，一旦达到目标销售水平，在未来应该一直都能产生正现金流。新品牌或新产品推出计划的成本部分通常都能被合理预计。也就是说，推出新品牌或新产品的预算是确定的，预算超支就会带来管理方面的问题。我们将未来的现金流折现到现在，用新品牌或新产品推出阶段的总支出除以成熟期的目标销售额，就能得到每 1 美元销售的生产成本。然而，只有三分之一到二分之一的新品牌或新产品最后能取得成功，所以上述理论中的再生产成本还得 × 一个 2~3 的系数，以得到打造能成为公司长期收入来源的新品牌或新产品所需的再生产成本。这方面的成本和成功率数据通常可以从行业专家那里获得，他们通常是拥有多年新品牌或新产品管理经验的退休高级管理人员。在 20 世纪 90 年代末，一个典型成年女性服装品牌的开发成本，大概在每 1 美元成熟销售额中占 0.2 至 0.3 美元。考虑三分之一到二分之一的成功率，成功品牌每 1 美元销售的平均成本在 0.4 美元（0.2 美元 ×2）到 0.9 美元（0.3 美元 ×3）之间，也可以用大概的平均数 0.65 美元表示。

另一种销售方式是将上述流程外包。在许多行业里，有一些独立销售机构负责销售产品，佣金通常是第一年销售额的某一个百分比。具体佣金的比例因行业和产品类型而异。对于工业品而言，佣金比例在 5%~15% 不等。这类佣金比例的信息相对容易获得，因为报价在一定范围内是公开的，为从业者所熟知。此外，对于企业商业计划中估计的内部预算成本的合理性，市场上独立销售机构收取的佣金比例也提供了有益的参照。

凭借外包方式获得收入的另一种方式是直接从竞争对手那里收购某一项业务。主流女装企业总是通过收购品牌或者并购其他较小企业的方式来扩充自己的产品线。他们在收购中所支付的金额，在扣除所取得的其他抵押资产的价值之后，用余额除以所取得的未来平均收入，就可以得到取得每 1 美元收入所需的成本。20 世纪 90 年代末，对于一个成熟的成年女性服装品牌而言，收购之后取得的每 1 美元收入所需的平均成本为 0.6~0.7 美元，与我们上面讨论到的直接估计相差不大。同样，这种方式的外包成本也可以作为内部进行成本预算的交叉验证对象。熟悉相关行业通过收购方式获得收入的成本数据，是估计无形资产的重要工作之一。

第三种无形资产是训练有素的员工。关于这类员工的取得成本，可以根据过去的经验来估计，也可以参考猎头或中介机构对于寻找各类训练有素的员工所收取的费用。

第四种无形资产是创造必要的企业组织结构所需要的相应成本，包括人力资源管理、信息技术和其他枯燥无味却又不可或缺的职能部门的相应成本。这些职能部门可不像雅典娜一样，能够突然从宙斯的头颅里蹦出来[①]，而且一出生就是全副武装。我们估算了企业的产品组合、客户关系和训练有素的员工的再生产成本之后，还需要考虑支持业务起步和顺利运转的因素。在通常情况下，这些成本可以表示为年度行政费用的某个倍数。具体倍数是多少，取决于特定行业里业务起步所需的时间，但通常在 1~3 年。如果行政费

---

① 在希腊神话中，雅典娜被认为是从宙斯的头颅中自己蹦出来的。——译者注

用没有被单独列示出来，而是被包括在利润表的"销售、一般和行政费用"这一科目中，那么我们需要估计行政费用的大致比例。如果我们无法分别估算产品组合、客户关系和训练有素的劳动力的再生产价值，那么我们可以采用年度的销售、一般和行政费用总额的某个倍数，作为企业运营所蕴含的无形资产的估计值，不太精确但仍然值得参考。

估算无形资产价值的另一种方法是，借用前述通过收购其他品牌而拓展业务收入的思路，我们参考在市场上收购整个可比业务的购买成本来估算无形资产价值。这种方法尤其适用于估计高度专业化的无形资产的价值，比如广播电视和有线电视的转播权；公用事业的特许经营权；博彩业的牌照和酒精饮料贩售权（许可证数量有限）；油气探采权；运输设施的本地长期服务合同；可口可乐或百威英博等全球公司的区域分销特许权；以及职业体育的特许经营权等。这些资产可能很难或者不可能以历史成本再去生产。然而，包含这些资产的业务和个别资产经常在市场上交易。这类交易的买卖双方通常都是专业的，结算方式也是以现金为主，而非股票或者其他价值不稳定的对价形式，所以这种非公开市场价格是上述资产当前再生产价值的重要参考指标。准备周全的分析师会追踪这些交易，它们所确定的价格可以作为类似资产的价值的重要参考。

不过，使用这类非公开市场的交易价格信息，务必保持谨慎。首先，交易价格会受到规模的影响。比如，一个拥有 12 万用户和 1.8 亿美元收入的地方有线电视网，与一个只有 6000 个用户和 600 万美元收入的有线电视网是不一样的。我们可以将总价转换为单位价格，比如总价 / 用户数、总价 / 区域人口数、总价 / 收入或者总价 / 营业利润。但不同的衡量方式可能代表不同的含义。在上面的简单例子里，我们假设大有线电视网的规模是小有线电视网的 20 倍，受益于规模经济效益，其收入规模是小有线电视网的 30 倍。我们需要参考行业特性和专家意见，认真考虑选择哪个衡量标准最合适。

其次，交易价格也会受到交易时间这一因素的影响，不同时间点的交易价格往往反映了市场对未来行业盈利能力的看法变化，而不是资产的再生产成本。因此，这些行业的资产价值并不完全独立于盈利能力价值。在有些情况下，有关业务受到进入壁垒的保护，因此，包括成长价值在内的盈利能力价值是适当的衡量标准。对于这类业务相关的交易而言，缺乏与潜在盈利无关的、以交易为基础的资产价值并不是问题，因为资产价值是次要的。对于基于盈利能力进行估值的结果是否合理，非公开市场的交易价格提供了有益的交叉验证。但是，对于竞争激烈的市场而言，比如收购石油储备，我们应该计算一段时间内非公开市场交易价格的平均值，以抹平商品周期里极端乐观和悲观时期的影响。另外，在后一种情况下，不稳定的非公开市场价格也引入了相当大的风险因素。对于重视这类非公开市场交易价格的价值投资者，如果期待这类非公开市场价值在短期内得以实现，那么他们通常会紧跟并购活动等催化剂。

同样的方法也可用于评估企业的子公司。非公开市场里类似可比业务的交易为我们估计某个子公司的价值提供了基础。标准做法是使用现金流指标的倍数，比如 EBITDA 倍数，而不是总价 / 用户数（即为每个用户支付的平均价格）或者其他运营相关的指标。例如，假设一家财产保险公司收购或者自己筹建了一家子公司，其业务是在线向保险理赔人员提供关于汽车零部件的更换价格和供应量信息。所有保险公司都可以通过支付订阅费和使用费以获得这些信息。虽然这个子公司的业务是为保险公司提供信息服务，但实际上是经营完全不同性质的业务。该子公司业务的成败与是否谨慎承保或者把保费明智地投资出去毫无关系，因为它本质上是一家信息服务提供商。在估算保险公司的价值时，我们应该将该子公司的盈利和资产剥离出来单独估值，参考可比信息服务公司在非公开市场上出售的估值水平，这么做才是有意义的。也许这家保险公司会利用互联网行业可比公司的高市盈率作为估值参考，来出售其所拥有的这家保险信息服务提供商子公司，或者分拆出来并保留部分股份。无论保险公司决定做什么，如果它的价值受到其所拥有的此类业务的显著影响，那么这些业务就值得做单独的价值评估。

负债与净资产价值

到目前为止，我们只讨论了企业资产负债表的资产端。投资者买入企业股票，实际上是拥有了一定比例的企业资产，同时也承担了同样比例的企业负债。投资者理应关注他们所拥有企业的净资产价值。为了得出净资产价值，我们从企业的资产价值中减去企业的负债。

一家企业的负债包括长期债务、短期债务、短期非债务负债和长期非债务负债。我们将分别讨论这些负债。

短期非债务负债是指一年内到期支付的负债。它们主要包括应付供应商账款、应付职工薪酬和应交税费。与应收账款等流动资产的处理方式不同，这些短期非债务负债项目没有针对企业不付款的准备金。如果企业不能履行清偿债务的义务，将导致违约判决甚至破产。因此，这些负债的账面价值就是企业实际必须支付的金额，即它们的内在价值，对于资产端而言是扣减项。我们可以直接使用这些短期非债务负债的账面价值。

长期非债务负债是企业在正常经营过程中产生的、在未来一年以上到期支付的款项，或者是在历史经营过程中产生的长期未来债务。企业正常经营产生的长期非债务负债，其对象通常与前述短期非债务负债的对象相同，包括提供营销和支持服务的供应商、雇员和政府等。如果一家企业要持续经营下去，与流动负债一样，长期非债务负债最终必须被偿付。由于在一年之后才会被偿付，这些负债的账面价值可以通过资本成本来折现，从而得出其当前的内在成本。但是，除非通货膨胀严重或者资本成本高企，折现的影响应该是很小的，账面价值应该足够接近实际价值。在资本成本高企的环境里，应该对支付前的平均时间进行估算，并对账面价值进行相应的折现。

继承的长期债务主要包括累计的法律和环境成本、有资金缺口的未来养老金与福利给付义务，以及递延高管薪酬。理论上说，企业的审计师应该充分且准确地估计这些债务的现值。因此，这些负债的账面价值应该就是合理的估算。然而，如果某项长期债务的金额很大，而且有关企业在历史上有会计操纵的恶名，那么就必须对该项负债进行独立评估。必要的信息通常可以在企业资产负债表的附注中找到。附注通常包含详细的计算，以及计算有资金缺口的未来养老金与福利给付义务和递延高管薪酬（包括股票期权）所用到的详细假设。重大的潜在法律和环境成本也会在企业资产负债表的附注或者年度报告的单独章节里被详细说明。我们可以利用这些信息，换个方式来估计企业的长期非债务负债。[①]

债务负债以面值出现在企业的资产负债表上。在债务发行时，票面利率通常被设定为使企业未来现金流出（相关利息和本金支付）的现值等于或者接近债务面值。如果利率随后上升，那么这些未来偿本付息的现值将下降到面值以下。如果利率下降，未来偿本付息的现值将上升到面值以上。对于短期债务而言，除了在极端通货膨胀的环境下，上述讨论的因素影响很小，账面价值是衡量债务成本的适当指标。

长期债务差异可能很大。但是，我们可以根据公开市场上的久期和风险程度可比的债务的交易情况，计算其平均价格，再换算成债务面值的百分比，用以估计现在每一美元债务的真正成本。将上述估计得到的调整因子运用于企业未偿长期债务的账面价值，就能够有效衡量该债务的真正成本。

实际的债务成本会偏离账面价值的第二种情况是企业陷入财务困境，甚至大概率面临破产。但在这种情况下，企业的股权价值归零。现有的资产价值将按照破产程序确定的优先顺序在债权人之间进行分配。对于能够持续经营的企业，其债务应该按照账面价值衡量，然后根据利率变化的影响进行必要的调整。[②]

---

① 针对每种类型的负债，我们都有单独但相对复杂的计算方法。法务会计学方面有几本好书可供参考，详细说明了这方面的计算方法，比如《法务会计精要》，图书的具体信息：Cain, Michael, Hopwood, William, Pacini, Carl, and Young, George.（2016）. *Essentials of Forensic Accounting*, Hoboken：John Wiley and Sons。

② 我们上面描述的负债处理方式，实际上将净资产价值作为潜在竞争对手进入市场所必需投资的衡量标准。对于资产，我们已经详细阐述了。为了与现有公司平等竞争，新进入者需要复制现有公司之资产相应的资源。完成这种复制所花费的成本就是我们定义的再生产价值。一部分负债是企业的融资来源，部分抵消了资产的再生产成本，这部分新进入者跟现有公司保持一致。如果新进入者也能获得与现有公司相同的非付息资金来源（例如应付账款），那么新进入者的这类负债与现有公司之同类负债的规模相同。这样一来，现有公司的净资产价值应等于新进入者所需的净投资。这个结论显然适用于付息债务以及短期和长期的运营负债，不过遗留负债是另一回事。

总结

传统上，价值投资有三种方法来估算企业的净资产价值。第一种，也是要求最低的一种，是相信会计师，使用权益的账面价值，即资产减去负债。第二种是格雷厄姆的"净－净营运资本"方法，"净－净营运资本"为流动资产减去所有负债，是一种非常保守的方法。第三种对企业进行了分类，对于能够持续经营的企业，估算其再生产价值；对于无法存续的企业，计算其清算价值。表 4-5 概述了上述三种方法的特点。与直接使用账面价值或者计算"净－净营运资本"相比，估算企业资产与负债的再生产成本需要做更多的工作，要求拥有更深的行业知识。可是，如果投资者想在任何投资机会中都身处正确的一方，估计再生产成本是胜算最大的方法。当然，在实践中以"净－净营运资本"的三分之二甚至更便宜的价格进行投资、构建投资组合，其业绩表现一般都优于大多数股票市场指数。低市净率投资策略也能带来同样的业绩。事实上，只有极少数投资者能够实现持续优于这些机械式选股投资组合的业绩。投资人如果想通过深入详细分析再生产价值来投资，就必须做得非常好，才能让努力得到回报。

表 4-5	资产价值各种评估方法的特点		
	格雷厄姆和多德	**账面价值**	**再生产成本**
机会多寡	没有	有限	较多
是否有实务价值	有	有	有
对行业知识的要求	没有	没有	有深入要求
稳定性与可靠性	高	低	中等
对商誉的处理	0	账面价值	再生产成本
对债务的处理	账面价值（债务少）	账面价值	市场价值

案例一：哈德逊通用

在讨论估值的过程中，我们注意到资产价值和盈利能力价值通常可以相互佐证，但也存在二者产生分歧的情况——有时资产价值会更有用，其他时候盈利能力价值则更有信息含量。选择哪种方法取决于生意的本质、管理的影响以及其他未来发展。在进行细致的数据分析前，搞清楚上述每一个生意要素很有必要，尤其当企业是一个由不同业务组成的复杂结合体时，内在价值的高低及其决定因素可能会因此不那么显而易见。[①] 为了说明这方面初步分析的必要性，我们将回到本书第 1 版中所分析过的案例——1998 年夏天的哈德逊通用。[②]

看一眼这家公司 1996—1998 年的利润表，不难发现，在此期间有些不寻常的事情发生了（见表 4-6）。表内收入减少了 96%，但净利润只减少了一半。同时，利润表呈现出公司奇怪的业务组成结构：有一家为主要机场提供地面、燃油及其他服务的公司哈德逊通用有限责任公司（Hudson General LLC，HLLC），还有一家在夏威夷的科哈拉做房地产开发的合营企业（见表 4-6）。哈德逊通用的资产负债表显示，母公司持有的大量现金、证券和其他资产不属于上述两家公司中的任何一家。为了清楚理解哈德逊通用的价值，我们首先需要检验 HLLC、科哈拉合营企业以及母公司资产与负债的价值，之后才能思考它们如何构建了哈德逊通用的股权价值（见表 4-7）。

---

① 这种特定的复杂性往往使得这些企业拥有某种隐藏价值，以此为目标进行细致的分析会卓有成效。

② 马里奥·加贝利认为哈德逊通用是一家值得分析的公司，将其推荐给布鲁斯·C. 格林沃尔德于哥伦比亚大学商学院讲授的价值投资课程，作为案例分析材料。

表 4–6	哈德逊通用利润表		单位：千美元
	1996 年	1997 年	1998 年
收入	157 100	5 064	5 783
营业利润	19 436	–3 755	–2 724
HLLC 的投资收益	855	11 955	9 426
科哈拉合营企业的投资损失	–3 021	–11 292	–2 822
利息收入	379	3 985	4 156
税前利润	14 949	866	8 036
预提税款	7 183	391	2 780
净利润	10 466	475	5 256

数据来源：美国证券交易委员会 10-K 披露文件，公司年度报告。

第一个准备步骤，需判断哈德逊通用对训练有素的价值投资者而言是否算合适的标的，即以适当的价值导向搜寻策略的视角来看，这是否可被看作一个好的投资机会。1998 年 1 月 31 日股价为 48 美元／股的哈德逊通用，还是具备一些让人觉得有前途的特征的。这家公司规模小且不显眼：公司市值仅仅 8500 万美元，没有任何卖方分析师覆盖，总共只有 182 位股东。尽管不算便宜，但以 20 世纪 90 年代末的标准来看也绝对不算贵——按照约 3 美元的每股平均收益计算，其市盈率约为 16 倍，低于市场平均的 20 倍。除了近期的一次股价上涨，其股价表现多年来一直落后于市场。另一方面，股息率仅有 2%（1 美元的每股股息除以 48 美元的股价），市净率为 1.25 倍。把上述所有方面考虑进来，这家公司是值得一看的，不过，如果进一步的细致分析表明这笔投资没什么吸引力，我们也不会感到意外。

表 4–7	哈德逊通用资产的再生产成本	单位：千美元
	1998 年账面值	再生产成本
资产		
现金	19 001	19 001
有价证券	19 002	19 002
应收账款	563	563
预付 HLLC 款项	2 057	2 057
预提费用	56	56

续前表

	1998 年账面值	再生产成本
流动资产合计	40 679	40 679
固定资产净值	2 389	2 389
对 HLLC 的投资权益	22 306	
对科哈拉的投资权益	4 962	
应收 HLLC 票据	3 130	3 130
资产总计	73 466	46 198
负债		
应付账款	200	200
其他流动负债	2 628	2 628
流动负债合计	2 828	2 828
递延所得税负债	2 197	净现值（NPV）≈2 000
负债总计	5 025	5 000
（权益）净值		41 000

数据来源：美国证券交易委员会 10-K 披露文件，公司年度报告。

哈德逊通用母公司

表 4–7 中的资产负债表包含持有的 HLLC 之 74% 的股权、科哈拉房地产开发企业之 50% 股权以及母公司层面的一些资产和负债，其中最重要的是 3800 万美元的现金和有价证券。前述哈德逊通用 1996—1997 年的收入骤降谜团，在这些科目中就能找到答案——在这段时期内，哈德逊通用将 HLLC 的 26% 的股权以及后续购买 HLLC 之 23% 股权的期权，转让给了汉莎航空的一家分公司，由此获得了 2300 万美元对价。交易结束后，哈德逊通用不再将 HLLC 的经营业务纳入合并报表范围，HLLC 的收入也从合并利润表中剔除。

母公司其余的业务非常有限。它向 HLLC 提供的支持服务分别在 1997 和 1998 年获得了 510 万美元和 580 万美元的收入。母公司还在用多余的现金做投资，同时管着科哈拉合营企业。一个显而易见的问题是，此时母公司的经营是否还能创造任何价值。如果 HLLC 被类似汉莎这样的买家全资收购，买家几乎可以不付出什么额外成本，仅凭已有的基础设施便能履行此前母公司的职能。[①] 从科哈拉合营企业的历史业绩来看，哈德逊通用的房地产开发实力可以说微不足道，因此这项业务可有可无。如果母公司的剩余资产被清算，并以股息或者股票回购的方式分配给股东的话，那时也就没必要再经营科哈拉合营企业了，还能避免约 300 万美元的亏损。关掉哈德逊通用要比维持其经营更划算。清算价值是评估这家无关紧要的母公司资产价值的最佳方式，母公司的盈利能力以及盈利能力价值低于零。

母公司清算价值的计算方法非常简单直接。账面值为 3800 万美元的现金和证券就值 3800 万美元。无论是谁收购了 HLLC，HLLC 欠母公司的 56.3 万美元的应收账款、205.7 万美元的预付款项以及 313 万美元的应收票据，都应该在收购完成时还清——与现金及有价证券一样，这三项合计 575 万美元的账面值也是其清算价值。这笔钱首先应该被用来解决掉约 283 万美元的流动负债，进而得到约 290 万美元的资产净值。追偿预提费用和处置固定资产所得将会低于其账面值，假定能收回 50%，它们的清算价值约为 120 万美元。这部分不及账面值的损失可以抵掉一部分的递延所得税负债，将后者的清算价值由 220 万美元的账面值减少至最多 200 万美元。总体来看，母公司非现金与有价证券资产的总价值约为 210 万美元（290 万美元加 120 万美元减 200 万美元）。上述调整总计为哈德逊通用母公司带来约 4000 万美元（3800 万现金及证券加上 200 万美元的其他净资产）的清算价值。

HLLC

哈德逊通用母公司持有的 HLLC 之 74% 的股权，其性质显然不同于该公司持有的大部分资产（现金与有价证券）。HLLC 是一家在商业层面能够可

[①] 由于 HLLC 的业务分散在各地机场，位于总部的母公司能够提供的附加值非常有限，因此类似汉莎这样的业内大型企业很容易运用其既有总部职能提供各类支持。

持续经营的企业，哈德逊通用还为其披露了单独的利润表（表 4–8）与资产负债表（表 4–9）。

表 4–8	HLLC 利润表		单位：千美元
截至 6 月 30 日	**1996 年**	**1997 年**	**1998 年**
收入	168 811	167 729	168 947
营业费用	130 696	136 259	139 880
间接费用 [1]	13 052	13 625	14 459
营业利润	25 063	17 845	14 608
税前利润	NA [2]	2 085	1 748
净利润	NA [2]	15 939	12 738

[1] 包含支付给哈德逊通用的服务费。
[2] 1996 年 HLLC 的经营被纳入哈德逊通用的合并利润表中，未单独披露。
数据来源：美国证券交易委员会 10-K 披露文件，公司年度报告。

表 4–9	HLLC 资产负债表	单位：千美元
		1999 年 6 月 30 日
现金		3 393
应收账款及票据		16 886
其他流动资产		6 391
流动资产合计		26 670
固定资产净值		45 639
其他资产		643
资产总计		72 952
应付账款		17 336
应计费用及其他负债		19 045
预收哈德逊通用款项		2 057
流动负债合计		38 428
递延所得税		339
对哈德逊通用的应付票据		3 130
所有者权益		31 055
负债及所有者权益		72 952

数据来源：美国证券交易委员会 10-K 披露文件，公司年度报告。

哈德逊通用拥有的 HLLC 这部分价值应该以完整的资产价值或盈利能力价值的方法来评估。这部分的价值估算可以按下列两种方法中的任一一种进行。第一种直接用 74%× 哈德逊通用的企业价值。然而，汉莎已经宣布将会行权，以 2960 万美元的价格进一步收购 HLLC 23% 的股权。交易完成后，哈德逊通用将会获得 2960 万美元的现金对价，其持有 HLLC 的股比降至 51%。第二种更精确的计算方法是，在前面估算的 4000 万美元母公司价值的基础上，加上 2960 万美元的现金，以及 HLLC 估计价值的 51%。

盈利能力价值是评估 HLLC 价值的最佳方法。HLLC 是一家业务相对稳定的服务业公司，拥有大量的无形资产：与机场的长期合约与人脉关系，训练有素的当地劳动力，以及已经建立起来的本地管理团队。评估这些无形资产的价值，要比预测和评估可持续的未来盈利更难，也更不准确。HLLC 在 1996—1998 年的年收入稳定在 1.68 亿元左右的水平。然而，营业利润由 1996 年的约 2500 万美元，稳步下滑至 1998 年的约 1460 万美元。哈德逊通用将该下滑归结于"在航空服务定价方面的竞争压力增大"，其原因为"主要商用航空公司之间的结盟合作"。但公司在 1998 年间发觉这种趋势已趋于稳定，其他机场服务公司也注意到了这一变化。因此，1998 年报告的 1460 万美元营业利润，应该是估算其盈利能力价值的合适起点。[①] 在此基础上，我们还需要将 HLLC 给哈德逊通用母公司的、那笔本不必支付的 570 万美元的服务费加回来，从而使得对 HLLC 的税前可持续盈利能力的估计达到 2040 万美元。HLLC 若作为一个独立实体，表 4–8 中 HLLC 报告的 12% 的税率水平显然就不现实了，如此低的税率是其作为哈德逊通用和汉莎这两个纳税母公司的子公司——这一特殊地位所获得的。考虑到美国的联邦、州和地方税负以及加拿大的税负，合理的税率应该在 37% 左右。这意味着 HLLC 在营业利润基础上的所得税为 750 万美元（2040 万美元 ×37%），税后利润为 1290 万美元。对 HLLC 而言，重置资本支出（replacement CapEx）与会计上的折旧摊销水平大体相当，因而不必再对盈利能力进行其他重大调整。

---

① 经过包含至少一次衰退的更长历史期间的筛选，会得到更合适的结果。在本案例中，经过这样的历史期间筛选后，会得到接近于正文所述 1460 万美元的数字。

1998 年之前经历了一段长时间的牛市，因而人们对于未来股票市场的预期回报很高。由于 HLLC 几乎没有负债，对于这样一家相对稳定的企业，10% 的权益资本成本似乎也是比较合适的。因此，我们以 1290 万美元的盈利能力估计，可以估算出 1.29 亿美元的价值（1290 万美元除以 10%）。这里我们需要减去 HLLC 200 万美元的净债务（欠哈德逊通用的 520 万美元减去 340 万美元现金），进而得到最终的股权盈利能力价值为 1.27 亿美元。

由于 HLLC 固定资产（不动产、厂房与设备）的再生产价值与账面值非常接近，且净营运资本的调整也很小，估算 HLLC 资产价值的起点很自然地可以使用其 3100 万美元的所有者权益账面值[①]。这里我们必须加上 HLLC 无形资产的再生产价值，这一点非常重要。公司的长期合约期间在 5~10 年不等，每年仅有 10%~15% 会做调整。训练当地劳动力与建设基础设施可能需要更长的时间。因此，购置足以支持 HLLC 生意的无形资产可能需要至少 7 年的间接费用与销售费用，也就是 1 亿美元（HLLC 年度间接费用 1400 万美元 ×7）。但这个估计可能会有很大的潜在误差。

幸运的是，在这个案例中，我们拥有一个对业内情况了如指掌的买家愿意出价，可以因此获取 HLLC 在非公开市场中的估值。这个买家就是汉莎的地面服务子公司。1996 年，汉莎支付 2300 万美元购买了 HLLC 26% 的股权，与之对应的 HLLC 的净资产估值约为 8850 万美元（2300 万美元除以 26%）。1998 年，汉莎愿意支付 2960 万美元进一步收购 HLLC 23% 的股权，对应估值约为 1.287 亿美元（2960 万美元除以 23%）。这个估值非常接近于我们估算的 1.27 亿美元的盈利能力价值，汉莎的出价绝不可能不合理地高估。并且汉莎并没有将控制权收入囊中，假若获得控制权，汉莎能够提升 HLLC 的经营效率（比如砍掉对哈德逊通用母公司本不必支付的费用），HLLC 的价值还能进一步提升。

上述计算表明，HLLC 整体的估值至少是 1.28 亿美元。对哈德逊通用母公司来说，HLLC 为其带来了 2960 万美元的现金，剩下持有的 51% 的股权

---

① 这个结论是在其重置资本支出与折旧摊销数额大致相等的分析之上得到的。

价值 6500 万美元。加上母公司 4000 万美元的清算价值（主要是现金），总共是约 7000 万美元的现金和价值 6500 万美元的 HLLC 股权。相比之下，哈德逊通用的市值约为 8500 万美元（每股 48 美元的股价 × 摊薄后的流通股数 177 万股）[①]。

科哈拉的开发业务

哈德逊通用的最后一块资产是位于夏威夷科哈拉岛上一家房地产开发企业的 50% 股权。科哈拉的资产负债表见表 4–10。它的利润表（本书没有展示）是一个连续亏损的悲惨故事：继 1997 年亏损 2260 万美元（其中包含 1700 万美元的资产减值损失）后，1998 年再度亏损 560 万美元。该公司的业务一度因环保诉讼而被迫暂停，好在近期的法庭裁决结果是个利好，允许恢复住宅建设用地出售。但长期以来的现实是，哈德逊通用实际投入科哈拉合营企业 2900 万美元，却只能收回很小的一部分。哈德逊通用[②]在夏威夷的房地产开发经历是失败的。因此，科哈拉合营企业应该被清算掉，就像哈德逊通用母公司一样，对科哈拉合营企业的估值应该基于清算价值。

表 4–10	科哈拉合营企业的资产负债表	单位：千美元
		1998 年 6 月 30 日
现金		355
土地		9 210
抵押账款和票据		2 137
止赎房产		2 186

---

① 这个数字是发行在外的股份和期权（行权后的股数）数量，减去期权所有者的行权成本之后，再 × 48 美元得到的。

② 表 4–10 中科哈拉合营企业之 50% 股权的价值，和哈德逊通用资产负债表中科哈拉合营企业价值的区别，在于股东对科哈拉提供垫款的应计利息的处理方式不同。科哈拉合营企业将应计利息视为哈德逊通用和另一个合营企业股东对公司的垫款，但由于公司尚未支付利息，因而作为未来负债处理。然而，哈德逊通用并未把应计利息视为对科哈拉合营企业的投资，自然也不作为其资产处理。由于这部分数额还会被两个股东均分，这个小差异对于清算价值的分析并不重要。

续前表

	1998 年 6 月 30 日
其他流动资产	1 549
资产总计	15 437
应付账款	860
净资产	14 577
负债与股东权益	15 437

数据来源：美国证券交易委员会 10-K 披露文件，公司年度报告。

我们对 620 万美元的非土地资产的清偿比例如下：现金 100% 收回，抵押账款和票据能收回 80%，止赎房产和其他资产能收回 50%。这部分资产合计是 390 万美元。这笔钱必须首先偿还约 90 万美元的应付账款，剩余 300 万美元的净资产，其中哈德逊通用持有一半股权对应 150 万美元。这是根据经验进行的大致推算，可能跟依照科哈拉合营企业披露口径有些微差距，但既然相关数额比较小，也不必进行更为细致的分析。

除了上述讨论的非土地资产，科哈拉合营企业的剩余资产，是 1820 英亩的部分开发以及完全未曾开发的土地。在最初收购的 4000 英亩土地中，2100 英亩在环境诉讼前的第一期和第二期开发中已经销售完毕，另外有 80 英亩作为第三期开发的一部分出售。哈德逊通用在剩余部分中拥有的权益是 910 英亩。房地产资产估值的标准方法是依赖当地的评估人员。[①] 在这个案例中，评估的结果是，每英亩土地价值 1.5 万 ~2 万美元，1820 英亩土地总值 2700 万 ~3600 万美元。这个数字远超 920 万美元的账面值，但远不及合伙人投入的 5500 万美元（投入的 5800 万美元减去 300 万美元非土地净资产）。如果我们采用估值区间的下限，哈德逊通用持有权益对应的土地价值为 1350 万美元，扣除约 6% 的交易成本后，科哈拉总的清算价值大约为 1400 万美元（1350 万美元 ×94%，加上非土地资产的 150 万美元价值）。

将不同业务的价值加总，哈德逊通用的总估值应为 1.5 亿美元：

---

① 这项工作通常只需花费几百美金。

- 7000 万美元：母公司清算得到的现金；
- 6500 万美元：持有的 HLLC 之 51% 股权；
- 1419 万美元：科哈拉合营企业的清算价值。

与 8500 万美元的市值相比，这个加总估值包含 6500 万美元的安全边际，占估值的 43%。[①]

哈德逊通用整体

不幸的是，1.5 亿美元的估值只是"潜在"价值，只有哈德逊通用的管理层做出正确的选择——解散公司，解雇自己——投资者才能实现这个价值。在现任管理层的手中，哈德逊通用这家企业持续经营的价值要低很多。截至 1998 年 6 月 30 日的财年中，哈德逊通用创造了约 530 万美元的利润（见表 4-8），支付了约 180 万美元的股息。在 1997 年财年，公司的确回购了约 900 万美元的股票，但转年就发行了更多股票。类似投资科哈拉这样的资本配置，并没有很好地使用 4000 万美元的现金储备来创造价值。

如果哈德逊通用的管理层将 530 万美元的全部利润分配给股东，这家公司即便没有成长也可能值 6600 万美元。如此，股息回报率约为 8%，这是稳定派息的公用事业公司的典型水平。如果只"浪费"50% 的现金储备，哈德逊通用的价值约为 8600 万美元（6600 万美元加 2000 万美元），刚好与其当前的市值水平相当。哈德逊通用正是我们在第 3 章末所划分的情形 A 那类公司，1.5 亿美元的潜在资产价值远超其当前 8600 万美元的盈利能力价值。这里的关键问题是管理层的行事方式，如果这一点不改变的话，哈德逊通用可能仍是一笔不符合要求的投资。即便管理层不再"摧毁"价值，在不出售资产的情况下，投资者所能获得的最佳回报也只是现金分配，远不能兑现公司未充分发掘的资产价值。

---

① 我们这里没有考虑未来的成长前景。这不仅是因为哈德逊通用近年来并没有成长（至少盈利在萎缩），更是因为哈德逊通用的生意并不受进入壁垒所保护，对这样的生意而言，成长并不能创造价值，这一点我们会在第 6 到第 8 章中讨论。

这种情形需要一个换掉现任管理层的"催化剂"。哈德逊通用是一个典型的"价值陷阱"，其资产价值超过了市值，但如果不换掉管理层，全部资产价值将永远不会兑现。

由于需要管理层出售资产或提高回报，1998 年夏天的哈德逊通用可能并不是一个前景不错的投资标的。董事会八位成员中的四位是公司高管——董事长、副董事长、总裁、执行副总裁，另一位是从汉莎的交易中获利颇丰的投资银行家。如果没有管理层要变动的清晰迹象，投资像哈德逊通用这样的公司是非常危险的。不过，在这个案例中，这个变动事实上即将到来。一位有介入打算的著名价值投资者持有了近半数的公司股票，对变更管理层有明确意向。这种情况下，管理层显然不需要别的刺激了。1998 年 11 月，该投资人发出了 1 亿美元的收购要约。对公司股东来说，幸运的是，管理层此时的仅有动作是发起了竞标。此后，管理层曾提出过 1.06 亿美元的更高要价，其他航空服务业的公司也曾提出几份报价，直到 1999 年 2 月，汉莎旗下持有 HLLC 之 49% 股权的实体"环球地勤"（Globeground）以 1.33 亿美元中标。市场的关注避免了管理层以牺牲股东利益为代价为自己谋利，当然谁也不知道在这个过程中管理层拿到了多少好处。环球地勤支付的是最高价吗？从我们前面的分析中可以知道，夏威夷的土地和 HLLC 的控制权几乎是白送给他们的。不过既然他们是逻辑严谨的战略投资者，有别人能够出价更高也不太合理。对于一个数月前市值 8600 万美元的公司，1.33 亿美元的售价几乎在瞬间带来了超过 50% 的回报。这份丰厚回报属于那些在哈德逊通用的"泥潭"中坚定前行的、有能力也有耐心的人们。

第 5 章

盈利能力价值

VALUE
INVESTING

格雷厄姆和多德传统估值方法的第二步是计算公司的盈利能力价值，这个价值基于可持续的当前盈利能力。当前盈利能力相关信息的可靠性仅次于评估资产价值所需的信息，而资产价值是对企业进行估值最可靠的基础。这里的当前盈利能力是指企业当前可分配盈利的平均水平，而且这个盈利能力在未来始终保持不变。我们用当前的盈利能力水平除以资本成本，得到盈利能力价值。这里的资本成本是企业为了吸引有意愿的投资者而必须提供的预期年回报。举例来说，如果一家企业必须提供 8% 的预期回报以吸引投资者，未来的盈利能力恒定为 1000 万美元，那么投资者对该企业的估值为 1.25 亿美元（即 1000 万美元除以 8%）。

由于我们假设未来的盈利能力保持不变，这一假设使得盈利能力价值比资产价值更容易存在误差。但是我们仅专注于企业当前的可持续盈利能力，对未来盈利能力的估计也是建立在对企业、其管理层和所在行业的历史分析。换句话说，我们估算盈利能力价值时，并不试图预测企业未来经营的变化。每当有证券分析师在其预测中考虑企业未来新产品带来的业绩增长，从事后的统计结果来看，由于受到随机和系统误差的影响，他们预测的准确性很差。通过把盈利能力价值与推测性质的未来预测区分开来，格雷厄姆和多德把企业价值的来源按照可靠性的程度分拆出来，背后有严谨的原则和逻辑支持。他们并没有忽视企业的发展对其价值的潜在影响，而是在估算完更基本、更可靠的企业价值来源之后，再进行详细考虑。我们会在讨论成长价值的估值时，详细探讨对企业未来发展的处理。

盈利能力

在盈利能力的定义中，可持续的可分配盈利是指，在业务继续经营且不发生变化的情况下，企业在未来能够创造的平均盈利水平。我们在这个定义中加入"平均"这个概念，是为了抹平经济周期和其他短期的起伏。无论暂时的波动是正向还是负向的，企业的短期盈利都会受到影响。盈利能力的定义里也包括"可持续"的概念，指的是我们需考虑到企业会进行必要的投资支出，以确保其年底的运营状况能够保持在年初的水平。这里涉及纠正非现金成本的会计错误计量，比如折旧的处理。定义里的"可分配"概念旨在处理另一个会计问题。很多成长中的企业在研发、广告、营销以及雇用和培训新员工方面的支出规模，超过了维持企业目前业务规模和经济地位所需的水平。为了得到合理的可持续盈利，我们要剔除这些与增长相关的"超额"支出，然后才能计算经过调整的会计盈余。相反地，对于业务规模萎缩的企业而言，上述支出可能过少（例如，将研发费用削减到低于维持当前盈利所需的水平，或者提高价格以增加目前的收入，但牺牲企业未来的市场地位）。对于这样的企业，我们必须在调整后的会计盈利中再减去估计的支出缺口金额，以得到可持续的盈利能力。

企业的财务报表经常包含非经常性损益项目，对盈利带来积极或消极的影响。通常与出售业务所获得的利得或者先前投资失败带来的损失有关。从理论上讲，由于它们与公司的持续经营无关，在计算可持续的盈利能力时应该被忽略。但对一些企业来说，这类所谓的孤立事件经常发生，甚至每年都会发生，其实是被用来掩盖实际上应该从可持续盈利中扣除的经常性成本。在这种情况下，为了准确估算可持续盈利能力，我们计算一次性损失的平均水平，然后取其某个比率作为经常性的运营成本。即使这些有规律的损失确实与企业的正常运营无关，它们仍然代表着可分配盈利能力的减少。如果这些有规律的损失被纳入了管理层的绩效指标，那么在计算盈利能力的时候应该扣除其平均水平。

受到经济周期的影响，企业的收入往往比利润率稳定得多，而且受随机波动的影响较小。因此，除非是对于经济周期高度敏感的行业，比如自然资源行业的收入确实波动很大，我们估算其他行业里的企业可持续盈利能力的习惯方法是以当年的收入水平为出发点，然后 × 平均的利润率，计算平均水平的时段最好包括至少两个经济周期。利润率的计算可以从简单算术平均数着手。但是，在实践中平均利润率的计算可能更加复杂。通常情况下，利润率呈现出长期的上升或下降趋势，这方面的因素应该考虑在内。常见的错误是根据目前的趋势来线性外推未来的走势，当利润率处于下降趋势时，采用远低于目前利润率的水平作为可持续利润率；反之，当利润率处于上升趋势时，采用远高于目前利润率的水平作为可持续利润率。

我们应该避免前述的常见错误。格雷厄姆和多德深知预测的危险性。预测未来，特别是反射性地根据目前趋势外推式地预测未来，不应该与基本的价值评估混在一起。本着格雷厄姆和多德的精神，我们有两种方法来处理长期的利润率趋势。一种是直接忽略这种长期趋势，使用历史的算术平均值。当没有可观察到的经济或战略因素可以解释利润率趋势时，这可能是最好的方法。另外，如果有明显的原因导致利润率改变，例如对企业不利的持续技术发展加剧了竞争，损害了行业利润率，或者随着收入增长而改善了经营杠杆（operating leverage），那么使用近期的利润率是合适的，当然还要在必要时进行调整以考虑其他周期性因素。未来利润率的进一步变动，无论是改善还是恶化，都应该被视为成长价值的一部分来处理。

还有一个问题是采用哪个利润率。毛利率、营业利润率、税前利润率和净利润率等，这些都是潜在的选择对象。① 采用毛利率的理由是，它是最难被操纵的。毛利率与营业利润率之间的差异是间接费用，包括研发、营销、一般费用和行政费用，管理层能够操控这些费用的增减，使得当前的营业利润率看起来比实际情况要好。例如，通过削减研究和开发支出，管理层可以在提高当前营业利润的同时，几乎不影响当期的销售。然而，企业可能丧失

---

① 有基本会计知识的人都知道，利润率是用百分比表示的，比如计算毛利率的分子是毛利（收入减去直接生产成本），分母是收入。营业利润率是营业利润（毛利减去销售、一般和行政费用之后，再扣除其他经营费用）除以收入。为了保持行文的流畅性，我们假设读者理解这些利润率的定义，即使我们没有完整介绍计算公式。

很多未来的机会，从而付出很大的代价。不过，毛利率也不是完全无法被操纵。会计师在直接生产成本和间接费用之间的分配上有很大的自由裁量权。此外，这方面操纵通常只需要账面处理，不会影响企业运营，因此操纵毛利率的经济成本要比操纵营业利润率的成本低，诱惑也因此更大。请注意，间接费用是实际发生的。忽视它们会导致对可分配盈利的错误估计。我们倾向于使用营业利润，但是需要对管理层的盈余操纵进行调整，包括研发、营销和其他间接费用的不能被合理解释的变动。

营业利润与税前利润之间存在重大的差异，前者通常被称为息税前利润（EBIT），后者经常被称为税前利润（EBT）。第一个差异是净利息，通常也是比较重要的差异。净利息指的是企业从现金和其他金融资产取得的利息收入与债务利息支出的差额。净利息的金额一般取决于企业对债务融资的依赖程度。有两种方法可以解决企业之间因杠杆大小不同而造成的可比性问题。

第一种方法基于利润表。我们可以简单地将盈利能力的估计建立在支付利息之后的税前利润之上。这种方法假设杠杆带来的负担在不确定的未来是不变的。然而，债务规模尤其是债务规模的增长，是企业的财务管理问题，可能在管理层的决策之下快速变化。另外，利率也是波动的。当利率异常低的时候，当前的税前利润在利率上升时就变得不可持续。同理，当利率处于异常高位的时候，当前的税前利润同样不会永远持续下去。利率未来可能会下降，那么税前利润率就会提升。相比之下，企业的业务通常比较稳定，而且随着时间的推移只发生缓慢变化。如果某家企业的基本面不具备上述特征，那么我们也很难对该企业进行估值。因此，即使利息费用是一项不小的开支，营业利润仍是我们分析可持续盈利能力的最佳着眼点（见表5-1）。

表 5-1 各种利润率示例

	2019 年（千美元）	利润率（百分比）
收入	1 000 000	
营业成本（直接生产成本）	600 000	——
毛利	400 000	
毛利率		40.0%

续前表

	2019 年（千美元）	利润率（百分比）
营销费用	100 000	
研发费用	60 000	
一般和行政费用	70 000	——
销售、一般和行政费用	230 000	
息税前利润（EBIT）	170 000	
息税前利润率		17.0%
净利息费用	75 000	
税前利润（EBT）	95 000	
税前利润率		9.5%
税金	20 900	
净利润	74 100	
净利润率		7.4%

第二种处理杠杆的方法是着眼于企业的净债务规模，而不是当期的利息费用。我们可以计算企业主营业务的盈利价值，忽略净利息支出，然后减去净债务的估计值，从而得到股权价值。我们可以用债务的最新账面价值减去现金和有价证券，得到净债务的估计值。如果有必要，我们还可以查询公司债务的最新市场价值，据此进行相应的调整。我们更偏好使用净债务规模的方法，因为无论是基于账面价值还是市场价格，资产负债表上的债务、现金和有价证券的金额都可以被相当准确地衡量。对于现金和有价证券，企业的报表一般应该已经将这两个科目的账面价值按照市场价值的最佳估算进行计价。

盈利能力价值对应一家企业主营业务的价值。这个价值有一部分属于债权人，剩余部分属于股东。为了计算属于股东的盈利能力价值，理论上我们必须扣除未偿债务的价值。此外，部分现金和金融投资并不需要用来支持企业运营，对于股东而言，它们是基本盈利能力价值之外的股东价值。传统上，所有的现金和金融投资都被认为与经营无关，但实际上企业的正常运营还是需要运用一些这类资产，规模上也许是收入的 0.25%~0.5%。所以，我们应该从整体的现金和金融投资中减去企业正常运营所需的部分之后，再将其加入盈利能力价值。[①] 关于盈利能力价值的计算，我们还没有必要将未来利率预测所固有的误差引入估算之中。[②]

营业利润和税前利润之间的第二个重大差异是合并报表里的未合并子公司、合营企业和少数股东权益。与债务的情况一样，这些项目同时出现在企业的资产负债表和利润表上。如果它们对于企业的主营业务并不是关键的（这种情况也很常见），那么我们有充分的理由将这些项目作为营业利润的调整来处理。这些项目对应的资产和负债很少在公开市场上交易。除非相关细节在企业财务报表的附注里有详细披露，否则通常很难得到其在非公开市场的价值。账面价值是基于初始的股权投资金额，并根据历史上的收益和损失进行调整，而这些收益和损失可能与当前的经济价值关系不大。例如，一家未被母公司合并列报的企业可能已接近其业务初期亏损的尾声，目前来看将具有很强的盈利能力。盈利能力应该更准确地反映当前的实际价值。如果未合并业务基于当前盈利能力的价值与其资产负债表的账面价值之间存在明显差异，那么我们在估算平均可持续的可分配盈利时，就应该将这些项目包含在营业利润里。如果不存在上述明显差异，那么我们可以使用类似对债务的处理方法，在资产负债表做相应调整。无论哪种情况，估计盈利能力的基本出发点都是营业利润率和营业利润。

各项税金支出导致盈利能力不可避免地减少，我们必须对营业利润进行调整以反映税金的影响。此处，营业利润仍然是最佳切入点。适当估算的平均可持续的营业利润反映了公司业务的基本经济状况。对于能够被可靠估值的企业来说，哪怕考虑到平均的周期性波动情况，这个数字也应该相当稳定。税金取决于政府的税收政策，而这些政策可能定期改变。我们计算跨越至少一个、最好是两个经济周期的平均营业利润率，涵盖 7~15 年的时间跨

---

① 其他对于主营业务运营非必要的资产，也应该采取类似的处理方法，比如其资产收益并不纳入企业营业利润的"额外"房地产。还有某些遗留负债，它们的性质相当于债务，但是在会计上并不算作债务（比如有资金缺口的养老金负债），这些本应该被视为债务的一部分。我们将在本章最后详细讨论股权价值和企业价值的区别。

② 由于风险管理的缘故，格雷厄姆和多德通常避免投资于债务规模较高的企业，这一点我们将在本书后面讨论。因此，对于这类他们有兴趣投资的企业，营业利润和税前利润之间的差异通常很小。

度。然而，当前的平均税率可能只在不超过五年的时间段内保持稳定。这两个时间段显然是不匹配的。我们所考虑的是企业目前适用的平均可分配（即考虑税金影响之后的）盈利。所以，如果最近有重大税法变化，那么自该变化以来的平均税率才跟我们的估算相关。

我们通常要区分企业实际支付的税款和根据会计原则计算的税费。对于净现值的计算，实际支付的税款对年度现金流的影响，是衡量税负的适当尺度。然而，估算盈利能力的目的是取得企业无增长假设下的平均税负水平。企业实际支付的税项和根据会计原则计算的税费之间长期存在差异，在很大程度上是由不断增加的税收抵免额度导致。由于我们假设企业无增长，因此应计会计原则下的税费更合理。从长远来看，这些税费总是要支付的。因此，它们应该是对营业利润进行适当调整时所参考的要素。

现在，我们可以列出在进行会计和其他调整之前，基本盈利能力的估算步骤。

1. 计算适当期间的平均营业利润率。
2. 用上述营业利润率 × 目前的销售额或者当前平均可持续销售额的估计值，从而得到营业利润，即息税前利润（EBIT）的估计值。
3. 考虑未合并子公司、合营企业和少数股东权益的影响，做相应调整。
4. 估算合适的平均税率，考虑税费影响：经调整的息税前利润 × （1– 平均税率）。
5. 计算结果即是可持续、可分配的税后净营业利润（NOPAT）估计值。

非现金成本的调整：折旧与摊销

折旧是会计上资本设备随着被使用而逐渐损耗，导致价值减少的计量，通常也是导致非流动资产的会计计量与实际经济价值之间产生重大差异的主要原因。折旧的计算是将资产的历史购置成本与残值之差在估计的使用年限内进行分摊，不同类型资产在计算折旧时用到的参数不同。在估算盈利能力时，折旧实际上是将企业固定资产在期末的状态恢复到期初水平所花费的成本。换言之，这是补充企业的资本存量经过整年运营产生损耗的资本费用，也就是重置资本支出。由于重置这一动作发生在当期，合适的衡量标准是资本设备、厂房和建筑物的当期成本，而不是基于历史成本进行分摊。

会计上的折旧与所需的重置资本支出之间有两个明显的不同。第一，如果资本品的价格呈现出某种趋势，那么其当前的价格可能与历史成本存在较大的差异。以铁路建设为例，通货膨胀带来的成本上涨趋势将使得重置价格高于历史成本，所以会计折旧低估了实际上的折旧。第二，以信息技术行业的设备为例，特别是考虑到机器性能的提升，技术发展驱动了成本下降，这将导致重置成本低于历史成本，会计折旧高估了实际上的折旧。在这两种情况下，我们都应该直接估计重置资本支出来代替会计折旧。

我们估算重置资本支出，可以从总体资本支出着手，然后减去业务增长相关的资本支出。至少有两种方法可以用来估计成长资本支出（growth CapEx）。

关于区分重置资本支出和成长资本支出，有一种方法是去观察目标公司或者同行业可比公司在过去没有成长或者几乎没有成长的时期。在这段时间里，公司现金流量表上的总资本支出应该几乎完全是重置资本支出，因为与成长相关的资本支出应该可以忽略不计。总资本支出和会计折旧之间的差异应该反映出需要对实际盈利进行的必要调整。还有另一种方法，我们首先估计企业的资本密集度，即基于最近某个适当的历史期间来计算"固定资本/收入"比率，然后用资本密集度 × 收入的增长规模。例如，如果每 1 美元的收入需要 0.30 美元的资本投资，那么年收入增长 8000 万美元应该需要大约 2400 万美元的成长资本支出。总资本支出扣除前述成长资本支出之后，就可以得到单纯让固定资产恢复到年初状态所需的重置资本支出估计值。这个估计值可以代替会计折旧，更加精确地估计实际的资本重置成本。

一些公司会直接提供它们自己对重置资本成本的估计值，如铁路公司。其他公司会披露其资本支出的细节，我们可以粗略地将其划分为成长资本支出和重置资本支出。分析师如果能够掌握详细的行业知识，即使只有总投资和设施的增长规模数据，仍然可以相当准确地进行必要调整。对于那些花功夫调整会计折旧来计算盈利能力的分析师，他们比那些仅仅依靠官方财务报表的分析师更有优势。

有条捷径绝对应该避免。在衡量企业的基本盈利能力时，有的分析师会使用息税折旧摊销前利润（EBITDA）。但使用 EBITDA 有一个隐含假设是，有形资产和无形资产相应的重置成本是零，因为相应的折旧和摊销都加回来了。这种情况几乎不存在。建筑物和其他构筑物在会计上的使用寿命往往比其实际的经济寿命短得多。它们的重置成本实际上可能随着时间的推移而增加，而不是减少。我们必须对这些资产的会计折旧进行调整。然而，建筑物最终也会磨损，和设备一样，它们必须被重置。对于这种情况，假设零折旧也是不合适的。摊销的情况也是如此。产品组合、客户基础和训练有素的劳动力也会随着时间的推移而失去价值，需要补充、加强。然而，对于无形资产，必要的重置成本事实上可能已经被包括在整体运营成本里。在这种情况下，将摊销作为一项成本是一种重复计算，那么在息税前利润（EBIT）的基础上加回摊销是合适的。总的来说，依靠 EBITDA 总是存在危险，那就是高估盈利水平，导致价值高估，进而对证券支付过高的价格。[1] 适当调整折旧、费用化和其他会计处理带来的失真，谨慎仔细地计算盈利能力，如此衡量的可持续、可分配盈利更妥当。

盈利能力价值与资本成本估计

计算一家公司盈利能力价值的最后一步，是用估计的盈利能力除以资本成本，后者也是一项需要估计的参数。这个步骤将未来逐年盈利能力的流量转换为现在的价值存量。归根结底，我们希望基于对可识别的未来盈利进行

---

[1] 除了使用 EBITDA 之外，还有另一种方法。从现金流量表上的经营活动现金流量净额出发，减去同样是现金流量表上的投资活动现金流出。由此得出的数字通常被称为自由现金流，一般认为是对可分配盈利水平的直接衡量。但这种方法有两个不足之处。一是，一些实际发生的成本，包括股权激励、递延税款和应计的退休福利等，没有被包括在经营活动现金流量净额的计算里，因为它们与当期的现金支出没有关系。二是，对于成长中的公司来说，在这种计算里包含的大量营运资本和固定资本的支出是着眼于未来的投资，而不是当期成本，所以不应该在可分配的未来盈利中扣减。

可靠估计,进而衡量公司的价值几何,然后和我们所面对的市场价格进行比较。何为价值? 它是一位信息灵通的聪明投资者基于一家公司的可持续盈利水平而愿意支付的投资对价。假设某家公司在未来可以创造平均每年 2500 万美元的可分配税后盈利。对于这家公司,投资者愿意支付的对价取决于他自愿将资金配置到这项投资所要求的回报水平。如果要求回报率为 10%,那么投资者愿意支付的对价为 2.5 亿美元;也就是说,对于他投资的 2.5 亿美元,每年 10% 的回报率,他每年可以获得 2500 万美元的回报。如果投资者要求的回报率为 12.5%,那么其愿意支付的对价仅为 2 亿美元;换言之,对于他投资的 2 亿美元,每年 12.5% 的回报率,他每年可以获得 2500 万美元的回报。如果投资要求 8% 的回报率,这家公司的价值将是 3.125 亿美元,因为 2500 万美元是 3.125 亿美元的 8%。在上述每种情况下,投资人愿意支付的对价等于盈利能力除以投资者要求的回报率。所以,计算盈利能力价值的公式为:

盈利能力价值(EPV) = 盈利能力 / 要求回报率

公式里的要求回报率也就是公司的资本成本,即公司为吸引投资而自愿支付的对价。要求回报率越低,公司的价值就越高。

对资本成本的估计意味着我们需要理解投资者如何确定他们所要求的回报率,以及这些不同主体所要求的回报率如何转换为整体针对公司的要求回报率。如果我们研究的是劳动力平均小时工资,估算方法显然没有什么神秘之处。我们首先确定需要雇用员工的不同种类,从拥有高度熟练技能的专业人士到没有特定技能要求的工人。然后估计每一类员工的占比,以及为吸引每一类雇员所需的工资水平。在竞争激烈的劳动力市场上,我们还要研究其他公司对类似岗位提供的工资水平。最后,我们把各类员工所要求的小时工资分别 × 各自在整体雇员中的占比,再把前述计算结果相加得到整体劳动力的平均小时工资。

我们用类似的方式来估计加权平均资本成本。从大类来说,企业的资本来源主要有两类:债务和股权。第一步是,考虑支持企业运营的资本结构,确定适当的债务和股权比例。起步的最佳方式是研究企业的历史财务结构,就像上一段的例子——我们参考历史上雇用各类员工的比例来估计现在的各类员工组合和占比。然而，当我们估计资本成本时，跟上一段的例子有个重要区别。对于债务融资，企业作为债务人在债务存续期间有还本付息的义务，其中利息是固定支出；相比之下，股权融资没有这样的约束。假设某家公司的资本结构包含大比例的债务融资。通常情况下，每一美元债务融资的税后利息成本要低于股权融资成本，因为债务融资的利息支出可以在税前抵扣。根据这个特点，静态来看，一家高杠杆的公司（债务融资占比较高）的平均资本成本会更低。但是，如此举债也带来了隐性成本。在经济环境不好的情况下，伴随高杠杆融资的固定付息义务可能会严重影响公司的运营效率；情况如果严重的话，甚至会导致公司破产。虽然这些财务困境成本很难量化，但在估计资本成本的时候仍然需要考虑。由于没有施加固定支付的约束，股权融资不涉及这个问题。如果仅对观察到的债务融资成本和股权融资成本进行加权平均，那么这样计算出来的资本成本可能会严重低估高杠杆企业的真实资本成本。

解决上述问题的一个方法是，根据企业历史上的债务和股权比例来计算加权平均资本成本，但要设定一个保守的债务比例，即只要企业债务的权重低于这个保守比例就不太可能影响公司的运营。举例来说，假设一家公司最近的债务融资占资本的 70%，但"安全"的债务比例上限是 30% 左右。债务占比一旦超过 30% 就有很大可能影响企业正常运营。在这种情况下，我们使用 30% 作为债务融资占比来计算加权资本成本，而不是 70%。针对这个问题，格雷厄姆和多德选择不投资高杠杆的公司，但我们希望分析得更加精确一些，也能打开更多的潜在机会。

估计债务成本的方法类似于估计劳动力成本：参考与目标公司债务具有类似风险特征的公开交易债务的收益率。如果可比债务在市场上交易的收益率为 5%，那么目标公司不得不支付 5% 的回报率来进行债务融资。这就是债务的税前成本。如果在支付企业所得税之前从利润中减去债务利息，那么债务的税后净成本将因为税负节省而下降。如果企业所得税率平均为 30%，那么公司的税后债务成本不是 5%，而是 3.5%，这归功于债务融资带来的 1.5%

（即5%的30%）企业所得税节省。[①] 这就是为什么我们在计算税后净营业利润时，要考虑企业所得税的影响。

股权融资的成本比债务成本更难估计。债务融资工具有明确的未来回报，在没有违约的情况下，其收益率很容易计算。股权的投资回报既有股息，又包含资本利得。前者可能受到商业环境的影响而并不固定，最终由企业管理层决定派息多少；后者不仅取决于公司业绩，还受到金融市场的影响。对于股权投资，我们不能简单地去找风险可比的股票，再参考投资这些股票的既定收益。尽管有这些障碍，我们还是有可能对股权融资的成本做出合理的估计。

首先，由于债务契约的规定，债权人会收到预先承诺支付的一系列固定付款，并且对企业的资产和盈利享有优先受偿权，因此债务投资在本质上比股权投资所面临的风险要小。所以，如果违约概率很低的投资级债券（信用评级至少BAA或以上）提供5%的回报率，那么对于吸引风险更高的股权融资的成本，其合理的下限将是6%。在承担风险程度的另一端，风险资本被广泛认为是风险最大的股权投资形式：为有发展前景的公司提供股权融资，虽然这些公司既没有稳固的经济地位，也没有可参考的经营历史。这些投资中有很大一部分将会血本无归。进行这类投资的风投公司一般会提供两个有关投资回报的信息，以吸引潜在的投资人。一个是他们过去基金的回报情况，以及他们对于行业调查所做出的回应，调查会询问他们在最新一期基金的营销与募资活动中所提供的基金预期回报水平。毫不奇怪，这些数据往往比较集中。从历史上看，风险资本融资的成本高达18%~20%。最近，整体投资回报率随着利率的下降而下降，风险资本的成本下降到13%~14%。杠杆不高的成熟企业需要支付的股权融资成本，应该低于风险资本的成本，为13%或者更低。因此，考虑到2020年的市场环境，股权融资的成本可能在6%~13%。

如果我们能对不同公司的投资风险做出定性判断，就可以使我们的估

[①] 在我们写这本书时（2020年），企业所得税率是21%。不过，我们考虑的是长期税率，所以在此处采用30%，因为我们认为税率可能会再次调整，平均水平更可能是30%。

算更精确。我们可以将公司股权投资的风险划分为低风险（比如公用事业公司和稳定的非耐用消费品公司，如可口可乐）、中风险（比如常见的非金融服务行业，如 UPS）和高风险（比如周期性的工业和大宗商品行业，如费利浦·麦克莫兰铜金公司）。低风险股权融资的资本成本通常为 6%~8%，或大约 7%；中风险股权融资要求 8%~10% 的回报率，或大约 9%；而高风险股权融资将面临 11%~13% 的成本，平均约为 12%。[1] 通过将特定公司的风险水平进行风险高低的定性划分，我们将 6%~13% 的股权融资成本范围进一步缩小，以确定某一家公司的股权融资成本。

举例来说，有一家中等风险等级的公司，资本来源是 20% 债务和 80% 股权。债务的税前成本为 4.5%，换算成税后为 3%。股权融资的成本为 9%。把这两者放在一起，我们计算出的资本成本为 7.8%（如表 5-2 所示）。在实务里，对总体资本成本的估计，不太可能估计得如此精确。我们用 8% 来计算盈利能力价值。除非我们严重误判了公司的风险等级，否则如此估算的资本成本应该不会出现上下一个百分点的偏差，就投资的角度而言，已经足够精确了。

表 5-2 　　　　　　　　　　　　　加权平均资本成本

资本来源	占比	税后成本	加权成本
债务	20.0%	3.0%	0.6%
股权	80.0%	9.0%	7.2%
总加权平均成本			7.8%

估计股权融资成本的另一种方法是应用现代投资组合理论。根据这个理论的主张，任何证券的相关风险衡量，是该证券加入一个完全分散投资组合（也就是整体市场）所带来的增量波动性，也定义为贝塔（β）。某只股票加入市场组合之后带来的增量波动性越大，投资该股票的风险就越大，至少在这里是如此定义"风险"的。根据定义，市场组合本身的 β 系数为 1，也就是当整体市场变动 1% 时，由整体市场构成的投资组合自然也变动 1%。如果

---

[1] 高杠杆公司的股权融资成本往往会超出这个范围，但个人投资者仍然可以思考（或者询问他人意见），进行股权投资的预期回报要达到什么水平，才能让他们愿意持有这类投资。

当市场组合每变动 1% 时，某只股票的股价只上涨或下降 0.5%，那么把更多该股票加入市场组合，将降低投资组合的整体波动性。上述特征股票的 β 值为 0.5，代表低风险投资。相反，如果当市场投资组合每变动 1% 时，第二只股票的股价会上涨或下降 1.5%，那么把更多该股票加入市场组合将提升投资组合的整体波动性。第二只股票的 β 值为 1.5，是一种高风险投资，β 值越高，股票的风险就越大。

根据现代投资组合理论，投资者应该对 β 值较高的股票要求较高的回报率，因为根据定义，这类股票的风险较大。所要求的回报率取决于市场投资组合（其 β 值为 1）与无风险资产回报率之间的平均历史回报率差额，这里无风险资产通常假定为稳定的政府短期债务，比如期限为三个月的美国政府国库券。根据估计，每单位的额外回报率（即市场风险溢价）介于 3%~7%，这取决于所使用的具体估算期间。这样一来，企业整体股权融资成本的另一种估计方法是：无风险回报率加上每单位 β 值对应的市场风险溢价与 β 估算值之乘积。

$$股权融资成本 = 无风险回报率 + \beta 值 \times （市场风险溢价）$$

如果在直角坐标系绘制某只股票的历史回报率与其相应的市场回报率，以日、周或月为单位计算回报率，β 值就是拟合出直线的斜率。股票的平均 β 值为 1，β 估算值的误差在正负 0.5 范围内。因此，当无风险回报率约为 1% 时，中等风险股票的资本成本可能在 2.5%（无风险回报率 1% + β 值 0.5 × 市场风险溢价 3%）~11.5%（无风险回报率 1% + β 值 1.5 × 市场风险溢价 7%）。虽然理论很完美，但是在实践中，这个资本成本的估计值范围太宽了，没有实际用途。前面讨论的定性分析通常效果更好。

盈利能力价值、股权价值与企业价值

在对会计折旧等其他项目做完适当调整之后，我们估算出盈利能力，然后估计资本成本，进而计算出盈利能力价值。这是参照财务报表信息，对企业基本运营进行基于盈利的估值。但是，如果要将盈利能力价值与企业的资产价值和市值相比较，我们还需要再做一系列调整。其中一些调整与盈利相关。正如前文指出的，企业可能有一些外围未合并的业务，它们的业绩没有包含在营业利润之中。还有一些调整与资产负债表相关。在资产方面，企业可能拥有一些有价值的非经营性资产，这些资产可以在不影响企业运营的情况下被处置，比如多余的现金、有价证券和非核心业务的不动产。在负债方面，企业所承担的某些义务与正常经营无关，也不涉及明确的利息支付。这种过去遗留的负债包括：有资金缺口的养老金负债、有资金缺口的退休人员医疗福利、未决诉讼费用、环境补偿责任等类似项目。

在我们学习中，有些重要概念必须做出明确区分：盈利能力价值与资产价值；企业（整体的）价值与股权（部分的）价值；内在价值与市场价格。除此之外，还有一点要格外注意，也是价值投资的核心：企业价值（Enterprise Value）这个术语可能代表内在价值或市场价格。

我们将从股权价值与企业价值视角的不同来开始讲解这个问题。表 5-3 总结了这两个概念之间的主要不同点，后文还会详细讨论。

表 5-3	股权价值与企业价值的区别	
	股权价值	**企业价值** [①]
你买什么以及支付的价格	以市场价格买入企业所有股权	所有股权按照市场价格计算，加上按照账面价值或市场价格计算的所有债务；清偿有资金缺口的义务
你卖了什么	无	企业运营不必要的资产，包括超额现金、不动产、非核心业务，抵减买入成本
你拥有什么	全部	全部（扣除处置的不必要资产），拥有企业核心业务
你欠什么	债务和类债务义务（不包括自发性负债）	无（不包括自发性负债）
你收获什么回报	支付利息和企业所得税之后的净利润，包括非核心业务的利润	核心业务的税后净营业利润

---

① 在相对复杂的情况里，企业价值的计算还要考虑少数股东权益和优先股。——译者注

盈利能力价值，即盈利能力除以资本成本，代表企业持续经营的核心业务价值。这个概念与股权价值有两方面的重要差异。第一，企业往往会拥有一些有价值的资产，但这些资产并不是持续经营所必需的。这些不相干资产的价值必须加到核心业务对应的企业价值上，才能得出企业的股权价值。正如企业的盈利一样，无论这些资产是否为核心业务之必需，它们都属于股东。第二，在股东从企业获得任何价值之前，企业的业务和资产首先要用于履行某些清偿义务。尚未偿还的债务是这方面最明显的例子；但还有其他类债务的负债，虽然并不是企业运营的固有部分，却必须得到清偿，包括养老金义务和其他遗留负债，比如环境费用和其他诉讼和解金。这些义务可以简单统称为债务，必须从核心盈利能力价值里扣除，再加上运营不必要的资产，才能得出股东在企业里的股权价值。诸如应付账款和应计税款等自发性负债是在企业正常经营过程中产生的，只要企业保持当前业务量，平均而言就不需要偿还。而且这类负债通常不需要明确的利息支付。因此，在由企业价值计算股权价值的过程中，不需要扣减自发性负债。

总之，核心盈利能力价值（盈利能力／资本成本）本质上是企业价值。从一家公司的企业价值出发计算其股权价值：企业价值加上非必要资产，再减去债务和类债务义务（但不包括自发性负债）。相比之下，本书第4章探讨的资产价值是通过调整公司股权的账面价值得到的，本质就是股权价值，非必要资产已经包括在内，会计师对债务的估计也被扣除。

由于我们在本书中主要研究的是股权投资，因此我们所考虑的安全边际，指的是公司股权价值的估计值（借由盈利能力价值和资产价值估计）与市值之间的差额，而后者是我们以当前市场价格买入公司流通股票的成本。

不过，我们也可以从另一个角度来评估安全边际，即收购一家公司持续运营业务的口径，即企业价值的口径。企业价值可以直接由盈利能力价值来衡量（可持续的盈利能力除以资本成本），还可以用资产价值来衡量，不过我们必须对后者进行相关调整之后才能使用。首先，我们必须减去非必要资产的价值，因为它们跟企业核心业务运营无关。其次，我们必须把负债的价值加回来，因为此处计算的是公司的全部企业价值，而不仅是属于股东的部分。跟之前把企业价值调整到股权估值一样，此处我们也不加回自发性负债，因为它们是企业正常经营所固有的，不需要用企业的盈利去偿付。通过上述调整，我们把股权口径的资产价值调整为企业价值口径的资产价值，得到了内在企业价值。

买下企业核心业务的安全边际，是其内在价值与我们在金融市场进行收购所需支付的成本之间的差额，加上债务，但要减掉出售核心业务以外资产所获得的收益。我们从公司的市值出发，减去非必要资产的价值，加上未偿债务的价值，得到公司的企业价值。我们拿这个数字跟前面估计的内在企业价值相比较，可以得出是否存在安全边际，以及如果存在的话，以市场价格买下企业的安全边际是多少。

我们可以把投资的视角设定为买入股权或者买下整家企业，只要我们进行同一口径的比较：内在股权价值与股权市值相比较，或者内在企业价值与基于股权市值调整而得到的企业价值相比较，后者是股权市值扣除非必要资产之后，再加上债务。尽管最简单、自然的方法是以买下股权的视角来评估股权价值，但采取买下整家企业的企业视角至少有两个优点。

当我们谈到增长问题时，我们强调增长率通常适用于公司的核心经营业务。非核心资产、债务和遗留负债都取决于不同的驱动因素，对于这些因素而言，核心业务的成长性影响有限。在评估成长性对价值的贡献时，我们把重点放在企业价值上，这样更容易厘清问题。

此外，对于一家高杠杆企业而言，其股权看起来估值便宜诱人很可能是个危险的误会。假设我们估计一家公司的盈利能力价值为 8 亿美元。假设这家公司有 5000 万美元的现金与证券，以及 7 亿美元债务，即 6.5 亿美元净债务。那么，该公司的总股权价值是 8 亿美元减去 6.5 亿美元，等于 1.5 亿美元。如果该公司普通股市值是 7500 万美元，那么看起来很便宜，而且有不错的安全边际——以股权价值打五折的价格买下。然而，如果我们估计企业价值的误差是正负 15%（这实际上是一个精确度很高的估计），那么企业价值可能只有 6.8 亿美元（8 亿美元减 1.2 亿美元）。这样一来，股权的价值只有 3000 万美元（6.8 亿美元减去 6.5 亿美元净债务），远低于 7500 万美元市值。用企业的视角来看，我们支付 7.25 亿美元买下了价值 8 亿美元的生意。我们支付的 7.25 亿美元对价包括 7500 万股权价格，7 亿美元债务，再扣除收购之后获得的 5000 万美元现金和证券。这样看来，安全边际不足 10%。由于计算误差通常与企业价值的规模和不确定性相关，相较于股权的视角，把企业视角的安全边际作为评估投资决策的基础更为合适。

最后还有一点需要强调。无论从股权视角，还是企业视角，我们都可以进行明确的估值。资产价值本来就是以股权视角为基础计算的，但可以很容易地转换为企业视角的资产价值：加上债务和遗留负债，减去现金、证券和非核心资产。反之，盈利能力价值本来就是从企业的角度计算的，但可以很容易地转换为股权视角的盈利能力价值。无论哪种情况，价值和价格都必须在同一口径下进行比较。股权视角的资产价值只能跟同样视角下的盈利能力价值以及买下公司股权的成本相比较。盈利能力价值只能跟企业视角的资产价值以及买下整个企业的成本相比较。[1] 这一告诫是显而易见的，但即使是经验丰富的投资者也容易混淆，甚至完全忽视。

---

[1]　金融企业的企业价值不容易计算，主要原因是债务的定义不明确。例如，银行存款是债务，但它们是银行业务的有机组成部分，而不是外围业务。对于这类公司，用股权价值更有意义，但这些行业的股权估值方法往往经过特殊改良。通常也是专注于该行业的专才来研究与投资这些行业的公司。

案例二：麦格纳国际

"别人贪婪我恐惧，别人恐惧我贪婪"，沃伦·巴菲特的这个经典建议在2009年3月得到了特别应用。在雷曼兄弟于2008年9月15日破产后，全球股市崩盘了。人们担心第二次大萧条要到来，标准普尔500指数从2008年5月的1400点跌至2009年6月的683点。尽管事后来看683点就是底部了，但当时似乎根本见不到底。从历史上看，恐慌蔓延的环境向来都是获取绝佳回报的机遇，因为可以用非常便宜的价格买入标的公司。想要最大程度地把握这一机遇，意味着要在股市受损最严重的板块中，寻找那些不会破产、经营不会遭受重创的公司。

在2009年3月初，那些通常借由政府救助而存活下来的金融机构，代表了股市中最令人畏惧的板块，它们的安全性和存活可能性实在难以评估。除此之外，市场中第二可怕的板块是汽车行业。克莱斯勒于1月公布了与意大利品牌菲亚特的合并方案，意在自救。但若没有政府的大力支持，这一交易无法获准执行，克莱斯勒就得被迫宣告破产。2009年2月26日，通用汽车宣布其2008年的亏损额为309亿美元，现金储备已降至140亿美元，若没有政府的实质性援助则不得不破产。这些威胁不是空穴来风。4月30日，克莱斯勒宣告破产；6月，通用汽车紧随其后。

主要汽车制造商的独立零部件供应商的处境更糟。1999年从通用汽车分拆出来的零部件龙头厂商德尔福，在2005年就已经宣告破产。在2008年5月，它曾试图制订一个基于《破产法》第11章[①]的重组计划，但以失败告终。

---

① 美国《破产法》第11章规定，无力偿债的债务人若成功申请破产保护，将可保住企业的财产及经营的控制权。这种安排给予债务人和债权人相当大的弹性以合作重组公司，以期公司能起死回生。——译者注

2000年从福特汽车分拆出来的伟世通，在其股价由7美分跌至2美分后，于2009年3月从纽交所摘牌退市。伟世通的英国子公司随后于2009年3月21日申请破产，伟世通自己也在5月28日申请破产。1917年成立的汽车内饰与电气系统制造商李尔公司，于2009年分拆了亏损的内饰系统部门以期自救。李尔公司不得不掏钱请买家收购它，但仍于2009年3月濒临破产。最终，它在7月按《破产法》第11章申请了破产保护。克莱斯勒、通用汽车甚至福特汽车，这样的重要客户濒临破产，给本就脆弱的零部件供应商以致命一击——它们不得不计提坏账损失，眼看着未来的生意从眼前蒸发。更危险的是，许多供应商是在大额举债经营，这更加剧了其脆弱性。

麦格纳国际作为一家不受债务困扰的零部件供应商，也有其他的问题。这家加拿大公司由备受争议的创始人弗兰克·斯特罗纳克（Frank Stronach）通过双重股权结构所控制。斯特罗纳克持有绝大多数的B股，每张B股拥有500票投票权，而每张A股只有1票。因而尽管只拥有麦格纳20%的经济权益，斯特罗纳克却拥有对董事会选举甚至整家公司的绝对控制权。他毫无节制地行使着这种控制权。2008年时，他本人只从公司领取较低的薪水，但他本人作为唯一员工的一家咨询公司，却和麦格纳签订了长期合同提供管理服务。通过这一安排，1996—2008年间，斯特罗纳克累计获得了超过3.5亿美元，每年约3000万美元。

上述交易并不是斯特罗纳克滥用对麦格纳的控制权来谋取私利的唯一方式，他还利用公司资源支持个人嗜好。他非常热衷于纯种马赛马比赛，他是北美最主要的赛马拥有者之一。就在1998年，麦格纳作为一家汽车零部件供应商，开始大举投资赛马场和附属的赛马博彩公司。这些投资都被装进了一家单独的子公司——麦格纳娱乐公司（Magna Entertainment Corporation，MEC）。1999年，MEC被分拆出来成为单独实体，并于美国和加拿大的股票交易所上市，但其90%的股份仍然由麦格纳持有。

作为一个独立实体，MEC的业务范围涵盖赛马设施、一个赛狗场、两个高尔夫球场以及一些其他的房地产设施，以确保其正常经营。截至1999年12月31日，麦格纳已经在MEC投资了5.5亿美元，但利润微薄。2000

和 2001 年，MEC 的税前利润分别为 540 万美元和 240 万美元。2002 年 4 月，MEC 增发了 2300 万股股份，募集了 1.42 亿美元的额外资本金。2002 年，尽管公司用股权收购了额外的一些赛马场，但税前亏损仍旧达到 2520 万美元。此刻，麦格纳决定将其持有 MEC 的 59% 权益，加上剩下的一些房地产组合（几乎全部都回租给了麦格纳），一起投入一家新实体——MI 开发公司（MI Development，MID），并于 2003 年 9 月 2 日将其从母公司分拆出来。MID 的股权结构和分级完全仿照麦格纳，因而斯特罗纳克得以继续拥有对该公司的绝对控制权。

MID 后来同 MEC 一样命运多舛。子公司 MEC 后来持续亏损，在 2003—2007 年，累计亏损额达到 4.12 亿美元。巨亏之下，MEC 必须得有巨额的融资方才能维持经营。2004—2008 年，MID 为其输血 3.41 亿美元。尽管获得了额外的现金支持，MEC 还是在 2009 年 3 月 5 日申请破产。MID 的股东对这一系列操作非常不满，这些股东非常积极地进行诉讼干预。最终，为了挽救受损的声誉，MID 更名为花岗岩地产（Granite Properties）。总体来看，斯特罗纳克在赛马上的热情可能花掉了麦格纳股东多达 10 亿美元的资金。

斯特罗纳克在麦格纳的经营方面惹的第二个麻烦，是在 2001 年 2 月将女儿比琳达任命为首席执行官（CEO）。比琳达·斯特罗纳克曾读过一年大学，之后便到麦格纳开始工作。1988 年，年仅 22 岁的她成了公司董事。到 1997 年，她已经是公司副总裁兼迪维希亚事业部负责人。1998 年，她被提拔为执行副总裁，仅三年后便出任首席执行官。2004 年 1 月，她离任并投身于加拿大政坛，开始了短暂但引人瞩目的一段职业经历。她同两位经验丰富的政治家竞选保守党领袖，由于拒绝参加公开辩论，选举结果以悬殊差距位居第三。后来，她获选保守党议员，但随后转而支持自由党，并在议会不信任投票中，送上了令自由党胜出的关键一票。她凭自由党身份担任助理部长，但因为和某位自由党资深部长闹出绯闻，成了自由党倒台的因素之一。由于这一原因加上健康问题，比琳达·斯塔罗纳克离开了政坛。2007 年，她回到麦格纳担任高级主管，负责一些特别项目，并因此在 2008 年获得了 380 万美元的报酬。

在 2009 年 3 月，麦格纳还有一个情况值得注意。2007 年，斯特罗纳克与更具争议的俄罗斯寡头奥列格·德里帕斯卡成立了一家合资公司，在俄罗斯生产汽车。作为对合资公司投入的一部分，德里帕斯卡以略低于市价的价格买入麦格纳的股票。在随后的金融危机中，包含铝在内的商品价格暴跌。德里帕斯卡的财富建立在他对俄罗斯铝业龙头的控制之上，由于名下核心资产承压，德里帕斯卡不得不卖出近期才买入的麦格纳的股票。在这种积累的抛压之下，麦格纳的股价从 2007 年 10 月每股 97 美元的高点，跌至 2009 年 3 月初的每股 20 美元之下。

麦格纳的处境看起来令人沮丧：它所处的行业面临着两大客户即将破产的长期经济压力；公司的实控人有着将公司作为自己钱袋子的一言难尽的历史记录；外部金融环境充斥着恐惧和不确定性；股价已经跌了约八成。按照常规标准，此时的麦格纳很便宜：每股 20 美元的股价对应 22.4 亿美元的市值，这仅仅是麦格纳权益账面值的 30%；股息率达到 6.3%；虽然市盈率有 31.5 倍之多，但那是由于一次性的大额临时税费，以及不景气的 2008 年盈利；如果用更常规的 33% 税率以及仍不算景气的 2007 年利润水平计算，市盈率仅为 3.5 倍。2009 年 3 月初的麦格纳是一个非常有吸引力的潜在投资机会。然而，该公司还存在前述的诸多问题，当然也正是这些问题造就了这样的投资机会，但投资者仍然需要在投入真金白银之前，下功夫仔细分析。

第一步是要分析麦格纳面临的破产风险有多大，这对权益资本来说是永久损失风险。表 5–4 展示了麦格纳 2008 年 12 月 31 日的资产负债表。表中包括 27.57 亿美元现金，1.94 亿美元的长期金融资产（违约风险很低的拍卖利率证券，因为拍卖利率市场的销售机制暂时受损，这部分资产必须被重分类为长期投资），以及 12.09 亿美元债务。大多数汽车零部件供应商都负债累累，麦格纳在 2008 年底时却有 17.42 亿美元的净现金。经营现金流减去投资之后为 3.15 亿美元（10.54 亿美元减去 7.39 亿美元投资）。在此前的衰退年份，由于投资数额减至低于折旧摊销，且营运资本的减少抵销掉了净亏损，经营现金流只是轻微转负。除非汽车行业情况的极端恶化还要持续非常长的时间，否则麦格纳是不会破产的。

表 5–4	格纳资产负债表	单位：百万美元
		2008 年 12 月 31 日
现金等价物		2 757
应收账款		2 821
存货		1 647
其他流动资产		126
流动资产合计		7 351
固定资产净值		3 701
商誉		1 160
投资（长期金融资产）		194
其他资产 [①]		783
资产总计		13 189
流动负债		1 066
应付账款		2 744
应计负债		1 283
流动负债合计		5 093
长期债务		143
递延所得税		136
其他负债 [②]		454
负债总计		5 826
股东权益		7 363
总计		13 189

数据来源：麦格纳 2008 年年度报告。

下一个问题是关于北美和欧洲汽车行业（麦格纳约一半的生意在欧洲）以及类似麦格纳这样的独立零部件供应商的长期前景。长期来看，汽车行业

[①] 其他资产包含递延所得税资产 1.82 亿美元、长期应收款 6700 万美元、专利与授权 5400 万美元、预付工装费 2.3 亿美元、工资买断 5200 万美元，以及其他的 1.98 亿美元。

[②] 其他负债包含养老及退休医疗保险金 1.46 亿美元、对冲负债工具 8900 万美元、解雇赔偿金 8800 万美元（净现值）以及递延收益 3100 万美元。

或者独立零部件供应商消失，是几乎不可能的事情。1967 年，麦肯锡曾经为新成立的美国城市公共交通管理局 [1] 提供过一份关于美国交通未来前景的报告。麦肯锡预测，未来会是"被独立引导的车辆"行驶在有"共享使用权"的道路上，使用非咨询用语，就是乘用车、卡车和客车都会在道路上行驶。截至 2009 年，麦肯锡的预测都是正确的。随后这段时间里，我们看不出有任何运输科技发展，将导致"被独立引导的车辆"和"共享使用权"会消失。

北美和欧洲的汽车生产还受到另一个重要的长期趋势所保护。生产自动化正在快速降低汽车生产中的人工投入，这反过来减少了北美和欧洲以外市场低人工成本的优势。运输成本的降低则远没有这么剧烈。海运所用人工已经非常少，且靠近终端市场的好处正在增加。结果就是，在 2005 年前后，类似汽车这样的高端制造业已经在向发达经济体回流，尽管这并未带来雇佣增加。这个趋势很有可能会持续下去。

最后，欧洲和北美汽车制造商持续的工会化和／或高工资水平，意味着如麦格纳这样的独立零部件制造商的成本优势不会被削弱。麦格纳的即刻破产风险很低，长期的经济前景也并未面临严重威胁，在对这一点有信心后，投资者应该准备好将精力投入对麦格纳的细致估值之中。

开启估值的方式是聚焦麦格纳 2009 年初的资产价值以及盈利能力价值。成长价值很可能是很小的。麦格纳的客户都是类似通用汽车、福特汽车、戴姆勒－奔驰、宝马这样的大型汽车制造商，它们都有庞大的专业采购部门，不会让自己受制于任何特定的零部件供应商。规模经济可能也是相对不重要的。类似麦格纳这样的公司有很多，每家都有大量制造设备和设施。在任何汽车零部件市场中，拥有行业主导地位的竞争者都极少出现。在没有进入壁垒的情况下，对于麦格纳或者任何没有可持续竞争优势的公司来说，成长价值可能都是很小的。历史上的净资产收益率（见表 5–7）也证实了这是一个完全竞争市场的现实。

---

[1]　现为联邦运输管理局。——译者注

资产价值

在第 4 章中，我们采用在资产负债表中资产一侧自上而下逐条审视的方式，计算了几家虚构公司的资产再生产价值。我们也用同样的方法对负债进行了估算。在那些尽量构造得有代表性的案例中，许多资产与负债的再生产价值与其账面值差异很小。这一规律对大多负债和流动资产科目都适用。因此在实践中，在净资产账面值基础上，仅对那些再生产价值和账面值相差较大的科目的差异值进行增减调整，通常效率更高。对麦格纳而言，重要的差异在于：（1）商誉的账面值，与产生商誉的那些无形资产的再生产价值之间的差额；（2）固定资产的账面值与再生产成本的差额。

2008 年末，麦格纳的权益账面值为 73.36 亿美元（见表 5–4）。固定资产的不同细分类目如表 5–5 所示。就像我们在哈德逊通用的案例中所做的那样，对土地和建筑物，我们致电麦格纳不动产所在地的当地评估师。他们估计，平均而言，这些不动产自收购（收购日从历史年报中大致可得）后至少涨价了 25%。将这 25% 的溢价加回到原始成本上，估算土地和建筑物的再生产价值分别为 2.65 亿元和 10.7 亿元。在建工程代表的是正在"再生产"的资产，因而原始成本和再生产成本应该相等。麦格纳的机器设备有 8 年的平均估计寿命。对于一家既无成长也未萎缩、稳定经营的公司，机器设备的平均剩余寿命大约还有一半。对成长期的公司而言，机器设备的平均剩余寿命应该剩下不到一半；而对萎缩期的公司而言，机器设备的平均剩余寿命应该超过一半。麦格纳之前处于稳定增长的状态，但我们仍将保守地假定，机器设备的剩余寿命是全部寿命的一半，其价值也是原始成本的一半。接着，我们了解到，购置新的汽车制造设备的成本一直以每年 4.7% 的速度下降。[①] 使用期达 4 年的设备，平均而言，其再生产价值应该比其原始成本大约低 20%（以4.7% 的年复合贬值率连降 4 年）。用 77 亿美元首先除以 2，接着再除以 1.2，可以得到约 32.08 亿美元的机器设备再生产价值。于是麦格纳全部固定资产的再生产价值为 48.56 亿美元（土地、建筑物和在建工程 16.48 亿美元，机

---

① 数据来自美国商务部。

器设备 32.08 亿美元）。这个数字比麦格纳年末的固定资产账面值 37.01 亿美元高 11.55 亿美元。在表 5-6 中计算麦格纳净资产的整体再生产价值时，我们首先将这 11.55 亿美元加到 73.63 亿美元的权益账面值上。

表 5-5	麦格纳固定资产价值	单位：百万美元
	原始成本	再生产价值（估算）
资产		
土地	212	265
建筑物	856	1 070
在建工程	313	313
	1 381	1 648
机器设备	7 700	3 208
	9 081	4 856
折旧	5 380	0
账面值	3 701	4 856

数据来源：麦格纳 2008 年年度报告。

2008 年末，麦格纳资产负债表中无形资产的账面值，是 11.6 亿美元的商誉（表 5-4）。但这个数字是按照会计准则计量麦格纳过去诸多收购的结果，并不是细致考量麦格纳各项无形资产的真实状况后所得出的。为了更清晰地展示，我们将在麦格纳的账面值中直接扣除这个表面数字，代之以一份对麦格纳真实无形资产的细致评估。麦格纳的三类无形资产有重要的价值——客户合约、产品组合以及受训员工。对其他公司而言，这里还应包含所建立起的一套组织架构。但麦格纳的组织结构非常分散，都是在日常运营中有机派生出来的，再生产这类组织的花费并不大。

在麦格纳的客户合约中，已有客户所带来的可持续收入规模约为 240 亿美元。2007 年 260 亿美元的收入是一个周期高点，随后降至 2008 年的 237 亿美元，开始走向周期性低谷。每一美元收入的再生产价值的衡量指标，是用尽可能最高效的方式获取客户的成本。一种方式是雇佣独立的销售代理人。这种方式通常需要拿出首年销售额的 5%~10% 作为佣金，以获取规模相当于麦格纳所拥有的这些客户的销售合约。如果我们采用 7.5% 这样一个中间值来估计获取每 1 美元销售额所需的费用，那么能为麦格纳创造 240 亿美元销售额的客户名录，其再生产成本约为 18 亿美元（240 亿美元的 7.5%）。

表 5-6 　　　　　　　　　　麦格纳资产再生产价值　　　　　　　单位：百万美元

2008 年 12 月 31 日	价值
权益账面值	7 363
固定资产再生产价值的超额调整	1 155
扣除会计商誉	（1 160）
产品组合的再生产价值（450×5）	2 250
客户合约的再生产价值（24 000×0.075）	1 800
受训员工的再生产价值（75×10）	750
净资产（股权）再生产总价值	12 158
减：净现金	（1 742）
净资产（企业）再生产净价值	10 416

数据来源：麦格纳 2008 年年度报告。

在 2009 年初，麦格纳的 7.5 万名员工群体由多类人组成。大约四分之一是工会成员。考虑到他们的工资水平，这类员工对麦格纳而言的净资产价值几乎为零。还有约四分之一的员工是技艺娴熟的技术人员、工程师和管理人员，平均年薪约 6 万美元。猎头公司成功推荐这类员工后，会获得员工年薪的三分之一作为报酬。在这个比率下，每位员工的再生产成本约为 2 万美元（6 万美元的三分之一）。剩下一半的受训员工的获取成本 / 价值，约为上述工会员工和技艺娴熟专业人士的中间值，也就是每人 1 万美元左右。麦格纳整体的员工再生产成本 / 价值为 7.5 万人 × 平均每人获取成本 1 万美元，也就是 7.5 亿美元。

麦格纳的产品组合包含提供给主要汽车公司的 4000~6000 个制造单品。制造这些单品的一部分研发和置办成本会由大型汽车制造商给予专项报销。2008 年，当年度的新产品报销额为 9200 万美元，占到了全部产品设计、制造、开发和模具成本的五分之一。对于研发生产为期至多 5 年的产品组合，这意味着麦格纳需要投入约 22.5 亿美元（4.5 亿美元 ×5）。麦格纳有大约

5000 个产品类目，不含装配操作的话，每个产品的成本约 50 万美元，并不是一个不合理的夸张数字。

麦格纳的无形资产总价值约 48 亿美元（18 亿美元加 7.5 亿美元加 22.5 亿美元），高出账面值约 37 亿美元。上述计算过程在表 5-6 中列出。这 37 亿美元与收购无关的无形资产价值，差不多对应着麦格纳三年的销售与管理费用总额，每年约 12 亿美元。考虑到该公司经营的规模和复杂性，这差不多是一个新入局者意图再生产上述无形资产所必须支付的合理水平。

在 2009 年初，麦格纳在股权口径的净资产价值约为 122 亿美元，其中 104 亿美元为可持续经营的资产价值，17 亿美元为净现金。

盈利能力价值

表 5-7 展示了麦格纳的 10 年汽车生意经营史。这期间包含了行业的两个周期低谷年份，2001 和 2008 年。总体来看，1999—2008 年这段时间对汽车制造商，尤其是北美汽车制造商而言，是段艰难的时期，自 2003 年开启的油价上涨减少了相对高毛利的 SUV 和轻卡的销量。

麦格纳 2008 年时的平均可持续收入水平大概介于 2007 年的 260 亿美元和 2008 年的 237 亿美元之间。我们在前文使用 240 亿美元来计算麦格纳客户合约的价值，这可以消除每八年左右一次的衰退的影响。可持续的营业利润率更难估计，因为如下两个原因。第一，从 2000 年的 7.8% 到 2007 年的 4.1%，再到衰退年份 2008 年的 1.0%，该数字一直呈现稳定的下降趋势。第二，2003 年后的整个时期都是麦格纳需求情况最糟糕的时期之一，并且整个汽车行业对油价上涨的适应节奏非常缓慢。由于行业进入需求下行阶段，简单地采用 10 年平均的营业利润率 5.4%，可能会低估未来的利润率。若利润率低于 4%，资本回报率是否能够吸引充足的投资额，以支持我们先前认定的经济上可行的生意运转，就成了不确定的事情。在这个时期，由于营业利润率低于 4%，麦格纳的净资产收益率持续低于 10%。在我们看来，对 2009年初汽车和汽车零部件这样的周期行业来说，10% 是一个合适的资本成本。

表5-7

麦格纳经营历史

单位：百万美元

	1999年	2000年	2001年	2002年	2003年	2004年	2005年	2006年	2007年	2008年
收入	9 260	10 513	11 026	12 971	15 345	20 653	22 811	24 180	26 067	23 707
营业利润	666	810	856	888	1 011	1 137	940	765	1 079	247
营业利润率	7.2%	7.7%	7.8%	6.8%	6.6%	5.5%	4.1%	3.2%	4.1%	1.0%
税率					36.1%	34.4%	31.0%	33.3%	33.0%	78.4%
净利润	438	622	627	611	661	738	650	528	663	71
净利润率	4.7%	5.9%	5.7%	4.7%	4.3%	3.6%	2.8%	2.2%	2.5%	0.3%
股息	90	103	108	133	163	164	167	163	131	140
回购①	-275	-4	—	-225	-58	-51	-21	-28	-226	247
折旧与摊销	332	372	399	428	505	598	711	790	872	873
资本开支	859	653	525	898	801	859	848	793	741	739
股东权益	3 933	4 202	4 482	5 421	4 930	5 335	6 565	7 157	8 642	7 363
净资产收益率	11.1%	14.8%	14.0%	11.3%	13.4%	13.8%	9.9%	7.4%	7.7%	1.0%
股数（百万）	78.6	78.6	83.3	95.6	96.4	96.9	109.3	109.9	116.1	112.6

数据来源：麦格纳2008年年度报告。

① 负数代表卖出股份。

我们将采用 5% 作为初始的可持续营业利润率，来看看据此估算出的盈利能力价值的合理性。

240 亿美元收入，5% 的可持续营业利润率，可以得到 12 亿美元的可持续营业利润，这个数字接近 2007 年的营业利润水平。33% 的平均税率，介于 39% 的同时包含州与地方税的美国税率、低一些的欧洲（麦格纳近一半业务所在地）税率，以及加拿大税率之间。在扣除 4 亿美元的可持续税费除后，得到 8 亿美元的税后营业利润，这也是我们对麦格纳的经营盈利能力的估计。

对于这个估值，我们要做的主要调整是折旧。正如我们在计算麦格纳资产价值时所指出的，有两个原因使报表上的折旧金额超过了实际折旧。第一，会计准则的要求是建筑物价值要随着时间的推移而折旧，通常按原始成本的 2%~3% 逐年折旧。实际上，只要维护得当，这些建筑物就是增值的。因此，对于麦格纳的这部分固定资产，会计折旧会高估，超过了经济折旧。第二，2000 年—2008 年汽车生产线成本下降较快，这些生产线的经济折旧应该是重置和维持它们处在未损耗状态的成本。生产设备降价使得重置成本要低于会计折旧所依据的设备原始成本，这也导致报表上的折旧金额高于经济折旧。

折旧和摊销的高估数额可以大致参考 2007 和 2008 年。在这段时间，麦格纳的收入微降，因而用以支持成长的资本开支比重会非常小。如果我们假定这两年全部的资本开支都是维持性资本开支，那么"真"折旧平均为 7.4 亿美元（2008 年为 7.39 亿美元，2007 年为 7.41 亿美元，见表 5–7）。平均的会计折旧与摊销大约为 8.73 亿美元（2008 年为 8.73 亿美元，2007 年为 8.72 亿美元）。1.33 亿美元的差额是对会计折旧高估数额的有效估计，需要被加回到会计利润中以计算真实利润。[①] 在 2008 年，这高估的 1.33 亿美元盈利是被

---

① 另一种测算资本开支和折旧摊销差额的方式，是估算 1999—2008 这 10 年间二者差异的平均值，然后在这一平均值的基础上推算一个 2008 年的调整数字。1999—2008 年，折旧摊销总额为 58.7 亿美元，资本开支总额为 77 亿美元。收入总计增长 173 亿美元，固定资产占收入的比重约 16%，如果每一美元的收入增长需要 0.16 美元的资本投入，那么 173 亿美元的收入增长，则需要约 27.6 亿美元的成长性资本开支（0.16 美元 × 173 亿美元）。将这个成长性投入的估计值从 77 亿美元的投入总额中扣除，得到维持性资本开支为 49.5 亿美元。这个真实折旧数字与 59 亿美元会计折旧之间的差额为 9.2 亿美元，年均 9200 万美元。但到了 2008 年，麦格纳要比它在 1999—2008 年的平均规模大 50%。将这 50% 的成长加到 9200 万美元的平均超额折旧上，得到 2008 年的高估的折旧为 1.38 亿美元（9200 万美元 ×1.5）。这个数据与仅用 2007 和 2008 年数据估算得到的 1.33 亿美元非常接近。

折旧税盾所保护的——它没有在税前利润中体现出来。然而，减少的维持性资本开支会带来减少的后续折旧，这个税盾效应会逐渐消失。一旦税盾不存在了，高估的折旧对应的利润部分就会被按照 33% 的税率征税。平均来看，这部分利润会被以 10% 的税率征税（就现值而言）。那么平均税后折旧的高估数额约为 1.2 亿美元（1.33 亿美元减去 1300 万的平均税费）。这项调整使得在 2009 年初，麦格纳核心业务的盈利能力达到每年 9.2 亿美元（8 亿美元加折旧被高估的 1.2 亿美元）。

2009 年初，麦格纳信用评级为 B 级的公司债约以 7% 的收益率交易。同一时期，足以吸引投资者投资风投基金的回报率约为 14%。因此，麦格纳可能适用的资本成本为 7%~14%。类似麦格纳这样有一定风险但手握超额现金的企业，应该拥有与普通企业相近的权益资本成本。在 7%~14% 的区间内，低风险企业会拥有 8% 的权益成本，平均风险企业拥有 10% 的成本，高风险的企业拥有 12%~13% 的成本。因此，对于 2009 年初的麦格纳而言，继续经营的合理资本成本应为 10% 左右。彼时麦格纳核心业务的盈利能力为 9.2 亿美元（8 亿美元加上折旧被高估的 1.2 亿美元）。将 9.2 亿美元在上述比率（1除以 10%，或乘 10 倍）下资本化，得到麦格纳的核心企业盈利能力价值为 92 亿美元。麦格纳的股权盈利能力价值，为 92 亿美元加上 17 亿美元的净现金，约为 109 亿美元。

最终估值

表 5-8 汇总了 2009 年 3 月时麦格纳的盈利能力价值、资产价值和市值。关于这些数字第一点要说明的是，资产价值和盈利能力价值的估算结果基本相等，差距在 12% 以内。就资产价值与盈利能力价值对比而言，这是一个情形 B（见第 3 章）的情况：一个没有显著竞争优势但有着能干的管理层的企业。麦格纳缺乏明显的竞争优势这一点，通过表 5-7 中的净资产收益率水平也能看出。10.4% 的 10 年平均净资产收益率，几乎与我们对麦格纳资本成本 10% 的估计值刚好相等。定性的分析进一步佐证了可持续的竞争优势并不存

在。第一，如前所述，它的客户都是有着专业采购部门的大型汽车公司。它们不会长期受制于任何一个单独的供应商。第二，麦格纳所采用的是众所周知的成熟技术。专有技术和专利对其经营而言并不重要。第三，由于大量的制造、销售和其他运营设施都高度分散，显著的规模经济不大可能存在。在缺少这些与可持续竞争优势相关的进入壁垒的情况下，麦格纳的成长将不会创造价值（见第7章）。因此，从估值的目标出发，我们不太需要考虑未来的需求增长率和/或行业层面的降本技术变革。

表5-8	麦格纳估值	单位：百万美元
2009年3月	股权价值	企业价值
资产价值	12 158	10 416
盈利能力价值	10 940	9 200
市值	2 240	500

数据来源：麦格纳2009年年度报告。

考虑到公司管理层历史上的所作所为，盈利能力价值与资产价值如此接近让我们稍感意外。但这可以很大程度上打消两方面的顾虑。第一，长期来看，122亿美元的资产价值，确保了利润率的恶化很难持续下去。明显低于122亿美元的盈利能力价值，无法提供足够的资产回报，以吸引北美汽车和汽车零部件行业持续经营所需的投资。既然我们在最初对麦格纳的分析中所考虑的定性经济因素，有力地证明了其经营的持续性，那么未来的营业利润率，必须达到或接近我们在盈利能力价值计算中所假定的5%的水平。资产价值和盈利能力价值之间的相互关系增强了我们对上述盈利假设的信心，这对于在2009年3月公司于困境之中时，做出投资麦格纳的决策十分必要。

第二，尽管1999—2008年间麦格纳面对着艰难的行业形势，公司管理层还是实现了盈利，并且只要你相信会计数字，资产回报率还是达到了资本成本的水平。况且，这还是在滥用资金投资赛马场以及管理层任人唯亲之下达成的。这里将其与哈德逊通用进行对比很有启发意义。哈德逊通用的管理层严重破坏了其价值，从资产价值与可持续盈利能力价值的巨大差距便能看出。但在麦格纳身上，这一差距并没那么明显。

综上所述，表 5-7 中归纳的估值分析所呈现的安全边际，是让投资者比较舒服的。就股权而言，2009 年 3 月的麦格纳仅仅在以其 116 亿美元内在价值的 20% 挂牌出售。就企业价值而言，在从麦格纳 22.4 亿美元市值中扣除了 17.4 亿美元的净现金后，麦格纳的主营业务以 99 亿美元内在价值的 5% 挂牌出售。除非我们忽略了一些重要的负面因素，否则在当时的经济与市场环境下，麦格纳无疑是一个极具吸引力的投资标的。

潜在问题

我们投资分析要考虑的最后一步，是类似于哈德逊通用的管理层对公司价值破坏的持续性，这可能会损害我们在 2009 年 3 月投资麦格纳的收益。有三个问题值得仔细检验，即：（1）汽车行业甚至连同全球经济的其他行业，会最终走向崩溃的可能性；（2）不当管理的代价没有被充分考虑的潜在可能性；（3）我们进行估值所使用的会计数字存在造假的可能性。我们将会逐个考虑这些可能性。

我们在起初的分析中，就重点关注了北美汽车行业衰退的问题。除非全球经济崩溃，否则这不大可能发生。值得回顾的是，全球大部分地区在第二次世界大战开始前，就已经开启了大萧条后的复苏进程。而且当第二次世界大战结束后，与彼时大多数经济学家的观点不同，萧条并未再临。现代工业经济已经证明了其承受能力。第二次世界大战结束以来，政府在困境期对私营经济活动的积极支持力度大幅增加，进一步降低了本就很小的经济全面崩溃的可能性。经济的全面崩溃，以及汽车行业的全面崩溃，看起来都不是麦格纳在 2009 年初所面对的实际经济前景。

管理层自私自利的行为带来的潜在损害看起来也是有限的。很重要的一点是要记住，我们分析所依赖的经营和资产负债表的数字，都是在公司遭到管理层侵占之后的记录。因此，只是当管理层滥用职权的程度在 2009 年 3 月之后愈加严重时，我们计算出的估值结果才是过于乐观的。而且，近期趋势是朝向相反方向的，管理层不当行为带来的成本正在降低。2003 年，随着 MID 的分拆，赛马场的愚蠢行为在很大程度上得到了解决。近期与 MEC 更多的交易涉及高尔夫而非赛马，成本要低得多。2006 年，麦格纳向 MEC 购买了位于加拿大安大略省以及奥地利的两座高尔夫球场，总计花费 8400 万美元，其中包含 2100 万美元的债务。2007 年，麦格纳花费 2900 万美元向 MEC 购买了另一处奥地利的土地。最终，在 2009 年一季度，麦格纳花费 570 万美元向 MEC 购买了又一处奥地利的土地。麦格纳同 MEC 的交易，金额很明显是在下降的。

至于在比琳达·斯特罗纳克治下公司重大经营业务可能面临的危险程度，其实在麦格纳去中心化的部门管理结构下本就不高，到 2008 年基本上就没有问题了。支付给斯特罗纳克家族的薪资和咨询费看起来也正在减少。最后，德里帕斯卡合资公司可能带来的任何潜在威胁程度，也都随着此前其陷入财务困境而大幅减弱。总体而言，家族控制带来的成本正在下降。

另一方面，如果麦格纳的会计报表确实造假了，那我们的投资就真的危险了。然而在这个问题上，我们反倒是会被弗兰克·斯特罗纳克的糟糕名声所保护。麦格纳 2008 年的报表是由四大会计师事务所之一的安永审计的。在 2002—2003 年安然和世通的丑闻导致安达信倒闭后，大型会计师事务所不大可能对类似斯特罗纳克这样的人睁一只眼闭一只眼。世通和安然能够成功逃脱详细审查的原因之一，是他们被视为由具有远见卓识的管理层所经营的尖端创新企业。当发生审计纠纷时，管理层只要有一点可疑的历史经历，就不大能够操控信誉良好的审计师。面对像亚马逊、特斯拉、阿里巴巴、谷歌或 Facebook（Meta）这样的企业，投资者才更容易面临管理层虚假会计报告的危险，而非面对像麦格纳这样的企业。

不过，麦格纳利润数字的可信度还是值得仔细审视的。一种方式是，在五年或更长的时间周期内检验其财务报表。短期的会计操纵要比长期容易得多。2004—2008 年间，麦格纳报告的累计净利润为 26.5 亿美元（见表 5–7），2008 年收入规模较 2003 年增加了 83.62 亿美元。利润数字看起来可能有点虚高，但篡改收入增长的数字是比较难的。麦格纳的客户是为其提供收入的交易对手方，都是美国和欧洲的大型汽车制造商。在审计麦格纳时，审计师会联络它们以核实销售情况，它们不大可能支持麦格纳管理层的任何重大收入虚报。

在报告利润的 26.5 亿美元中，6.86 亿美元为分配给股东的股息以及净股票回购额。这些支付数额都有着清晰的纸质记录，几乎没有什么模棱两可之处。6.86 亿美元的净分配额几乎不可能造假。此外，从 2003 年 12 月 31 日到 2008 年 12 月 31 日，麦格纳经审计的资产负债表显示，其净现金从 12.3 亿美元增至 17.42 亿美元，增长额达 5.12 亿美元。在帕尔马拉特丑闻（该公司声称将 50 亿美元投给了根本不存在的对冲基金）爆发之前，在意大利以外的地区，现金余额和债务基本上是不可能被篡改的。相关交易都留有清晰的纸质记录，审计师也会向基金管理机构发函确认。因此，在五年间总计 26.5 亿美元的报告利润中，合计 11.98 亿美元的净现金积累和支付给股东的净分配额是可以确信的。剩余的 14.52 亿美元利润需要再投资以支持 83.59 亿美元的收入增长，相当于每一美元的销售额增长需要 0.17 美元的投入。

这是一个非常低的净投资水平，尤其是与麦格纳的长期水平以及 5% 的行业营业利润率水平相比。如果麦格纳虚增了 10% 的利润，那么真实利润将会比报告的 26.5 亿美元的五年利润总和要低 2.65 亿美元，因而真实投资额也将仅有 11.87 亿美元（14.52 亿美元减 2.65 亿美元）。这意味着麦格纳为每 1 美元的销售额增长仅投入了 0.14 美元，这是一个非常高效的资本利用率水平，而实际的 10 年数据为 0.16 美元。对 2002 年的安然进行类似计算，会发现每 1 美元的收入增长需要超过 3 美元的投资。对世通而言，这个数字趋近于无限大，因为世通报告的隐含投资数额巨大，然而收入却在下降。考虑到麦格纳的数据中所隐含的资本配置效率，麦格纳报告的长期利润不太可能被夸大。很显然的是，即使斯特罗纳克有一系列可疑操作，麦格纳的资本配置和经营效率也是十分高效的。这一点也可以从麦格纳长期的稳健增长，以及令苛刻的汽车制造商客户满意的能力当中得到验证。麦格纳报告的经营成果存在严重虚报的可能性非常小。

总之，在 2009 年 3 月 1 日，以每股 20 美元的价格投资麦格纳的股权看起来是个有吸引力的机会。相比之下，如果根据麦格纳持续下降的利润，采用现金流折现评估价值，则无法认识到资产提供的保障程度，也就会排除潜在的投资机会。因此，未能以格雷厄姆和多德的视角分析麦格纳的投资者，大多会错过这个机会。在 10 年后的 2019 年 2 月，经过 4 比 1 分拆，麦格纳的每股价格为 52 美元，期间的年化回报率为 26%。[①] 回头看，考虑到资产提供的保护和足够大的安全边际，投资麦格纳似乎是显而易见的。但这只是事后诸葛亮。做到"别人恐惧我贪婪"是需要勇气的，而勇气的来源之一就是相信自己已经掌握了适合这项工作的分析工具。

---

① 汽车股整体也经历了类似的增长，但几乎其他所有的汽车股负债率都非常高，因而风险较大。

第 6 章

成长

VALUE
INVESTING

资产价值和盈利能力价值是价值三要素里的前两个。现在我们要讨论第三个要素——成长。原则上，价值投资更加重视有形资产和当前盈利能力，不鼓励投资于高科技公司和其他成长股。从某种程度来说，这是有一定道理的，尤其是对于传统的格雷厄姆和多德式投资者而言。但是，我们不能忽略现代价值投资者在估值领域的重大创新。沃伦·巴菲特和其他一些著名价值投资者偏好投资于"好"公司的股票，比如像可口可乐这样价值稳健增长的公司，而不是那些只是"便宜"的公司。在这种情况下，"好"公司有时候也被拔高为"伟大"的公司——它们产生的现金不仅支持业务发展，还可以分配给投资人。巴菲特称这样的公司为"拥有经济特许权"的企业（"franchise" business）①，它们在证券市场的市值占比很高，而且还在不断提升。与此同时，以有形资产为根基的企业正变得不那么重要。

微软、谷歌和苹果等公司的盈利能力很强，市值也达到万亿美元级别，市场青睐这些拥有经济特许权企业的趋势比较明显。沃尔玛、麦当劳等传统连锁企业，市值不过几千亿美元，但某种程度上也体现了上述趋势。目前在证券市场日益重要的医疗保健行业，过去几乎完全是由大型制药公司独占。现在，重要的医疗保健行业投资机会包括：健康保险、处方药物流配送、连

---

① franchise business，我们在本书意译为"拥有经济特许权的企业／公司／生意"，在其他书籍材料中较多被直译为"拥有特许经营权的企业／公司／生意"。我们认为中文里的"特许经营权" 在投资领域的语境里词不达意，跟巴菲特的意思有较大差别，且容易给初学者造成困扰。当巴菲特将一家企业称为"拥有经济特许权的生意"时，意味着该企业的生意拥有难以被竞争对手复制的可持续竞争优势，比如规模经济效益、客户锁定、网络效应、强大品牌等因素，以至于消费者或客户的黏性强（企业有一定程度定价权）的同时，成本结构还有优势，企业能够长期获得高于资本成本的回报。长期而言，任何行业和企业都很难长期获得高于社会平均水平的资本回报率，因为过高的资本回报率很容易引来数量众多的竞争对手进入。于是，前述这样稀有的企业在经济上拥有其他企业所不具备的赚钱能力，仿佛拥有经济上的特许权，所以意译为"经济特许权"。——译者注

锁医院、专业治疗服务以及各种高科技医疗设备和生物技术等。所有这些制药领域以外的医疗保健生意都拥有经济特许权。与此同时，历史上拥有经济特许权、占据主导地位的企业——通用电气、IBM 和通用汽车等企业，以及某些行业（比如报纸媒体）已经整体走向衰败，市值随之蒸发。识别经济特许权并准确评估成长性的能力是现代格雷厄姆和多德式投资者所必需的基本技能，但同时也颇具挑战性。

整体来说，价值投资者传统上之所以避免这些"成长型"公司，主要原因是这些公司的股票价格很少让他们觉得自己有利可图。这些公司的股票有点像彩票，往往被希望"快速致富"的人所追捧，很多投资者一再为之付出过高的价格。本书第 1 章引用的证据表明，在几乎所有国家，成长股组合的长期表现都比整体市场要差。这些股票的价格在人们预期心理的驱使之下，持续上涨数年到完全脱离基本价值，不过市场总会修正。一些生动的案例包括 20 世纪 80 年代的日本股票、20 世纪 90 年代的互联网泡沫以及近年来中国和其他新兴市场的股票。价格一旦下跌，估值重新落地，那些热衷追捧的投资人将付出巨大代价，他们不切实际的热望也蒸发在空气中。不论哪种风格的价值投资者，都应该密切留意这种市场演变模式。回顾历史，价值投资者之所以能够取得成功，很大的原因是价值投资者有能力避免卷入狂潮。成长股如果经过谨慎挑选，并非价值投资者绝对不可尝试的禁果，巴菲特等人已经证明了这一点，但这方面的投资必须特别谨慎且使用适当的估值方法。

格雷厄姆和多德对于成长股的传统方法

对于拥有经济特许权的企业，格雷厄姆和多德认为，其价值根植于盈利能力而不是资产。由于不愿意为成长性付出额外对价，他们的股票投资决策取决于安全边际，即企业的盈利能力价值（不考虑成长性）与市值之间的差额。这样一来，成长性被视为一个定性因素，或许可以让他们认为某个投资机会虽然安全边际小一点但也是合理的，不过这一因素的影响从未被纳入定量估值之中。在一个投资者总是对成长股支付过高价格的世界里，这种谨慎的方法有很多值得推荐的地方。大多数对企业收入、盈利以及价值的未来增长率预测都存在系统性高估。

第一，成长性预测存在重大系统性偏差。在预测实务中，常见的做法是将短期趋势外推到更长期间。如果企业最近呈现较快的增长率，那么预测未来的增速也很快；反之，如果企业最近呈现较低的甚至是负的增长率，那么预测未来的增速也是如此。但是，实际发生的情况往往与前述外推法的预测大不相同，先前的高成长企业随后实现的增速通常令人失望，而那些原本增长缓慢的企业却在之后超出预期。这些预测偏差已经在学术和专业文献中被广泛提及。[1]虽然如此，大多数投资分析师依然坚持将企业近期的业绩外推到未来做预测。格雷厄姆和多德的传统方法不依赖定量的增长预测，因此避开了这类陷阱。

第二，如果成长股的估值基础是难以识别的竞争优势，或者所谓竞争优势实在短命，那么这样的估值水平过高。在这种情况下，成长的诱惑往往掩盖了事实：只有拥有经济特许权的企业增长才能创造可持续的价值。例如，新兴市场的许多公司展现出快速的盈利增长，但其中大多数公司并没有受益于可持续的竞争优势。在新兴经济体中，消费者的口味变化很快，这种不稳定的偏好破坏了客户锁定，[2]尤其是亚洲新兴市场国家的人口密度很高。因此，即使是服务当地区域的行业，比如零售业，新进入者取得的市场份额即便很有限，也足以维持生存。如果市场份额的优势脆弱，客户锁定程度较低，那么企业的护城河较窄，竞争优势也变得微不足道。另一方面，发达国家通常有一大批实力强劲的公司，渴望攫取新兴市场提供的成长机会。新兴市场以出口为导向的企业也会迅速扩张，但它们必然是在竞争激烈的全球大市场中搏杀。新兴市场的公司将快速增长转化为价值创造的能力，可能远远

---

[1]　这类偏差发生的普遍程度已有文献记录，还附加了应有的讽刺。请参考《行为投资学手册》，作者詹姆斯·蒙蒂尔，中国青年出版社2017年版。英文原版书名：*The Little Book of Behavioral Investing: How Not to Be Your Own Worst Enemy*，由John Wiley & Sons于2010年出版。——译者注

[2]　这里原文术语为"customer captivity"，其中"captivity"的原意为"束缚、困住"，我们翻译成"锁定"，以体现由于企业的生意特性，客户或消费者很难离开，在某种程度上是"被迫"的。"客户忠诚"体现出一定程度客户或消费者的主动性，在某些案例里"客户锁定"和"客户忠诚"表达的意思相似，但其本质的含义并非完全一样。——译者注

低于通常的预测。

令人兴奋的新产品和新服务市场也受到类似现实状况的影响：各种新鲜产品与服务层出不穷，让消费者眼花缭乱。经常受到吹捧的"先发优势"，即在市场早期快速增长阶段就进入，通常不会带来可持续的长期竞争优势和高利润率。快速变化的技术是实现客户锁定的敌人。早期吃螃蟹的人会不断关注更新、更好的替代品。后续使用者会搜寻和比较各种已有产品。他们不会特别依恋任何一种产品，实际上是独立而未被俘获的顾客。在早期快速增长期，大多数潜在用户还不是真正的顾客。他们的规模比现有用户要大很多，在获得规模经济效益的竞争中，市场的后来者并未处于实质性的不利地位。快速的技术变革往往会削弱专有技术的优势，甚至使之变得微不足道。最终主导市场的企业，通常是在技术趋于稳定的时刻入场，并且此时市场的用户规模占最终市场规模的比例已经高到可以创造可持续性的规模优势。这方面最经典的例子，莫过于搜索引擎市场的谷歌。至于这一时机是否已经到来，以及最终价值如何，即使是行业专家也很难判断，因此几乎可以肯定，这超出了大多数普通投资者的能力。

第三，估值也会困扰成长股投资。成长股的估值水平通常是当前盈利或现金流的很多倍。例如，1999 年底微软股票的估值水平是合理估计的当时可持续盈利水平的 70 倍，而且那时候微软还没有支付股息。有别于潜在的资本利得，任何可以直接分配给投资者的现金回报都被推迟到了遥远的未来。微软的盈利以每年超过 25% 的速度增长，这是一个有吸引力的增速，但显然不会无限期地持续下去。为了估计投资者取得的现金回报价值，假设微软开始分配一半的账面盈利给股东，并且这样的资本分配方案也不会影响业务增速。进一步假设，在可预见的未来盈利增速平均保持在 25% 的水平，而且能够持续 10 年，投资者用 10% 的资本成本对未来现金流进行折现。对于当时像微软这样的高风险科技股来说，10% 是一个相对较低的折现率。在这些假设下，在 2000 年到 2009 年的 10 年间，投资者收到的现金股息价值大约是微软当时盈利水平的 10 倍。股息贴现金额占到微软当时股价的大约 15%，而股价对应的市盈率倍数高达 70 倍。买入微软所付出对价的另外 85% 则取决于 2009 年之后的股息支付和资本利得。

时间回到 1999 年,那时候的微软面临着快速变化的经济和技术环境,在那个时候准确预测微软在 2009 年及以后的情况十分困难,甚至根本不可能。用本杰明·格雷厄姆的话说,在 1999 年买入微软这样的成长股是投机,而不是投资。毫不奇怪,1999 年买入之后的结局不太好。在 2000 年互联网泡沫破灭之后,微软的股票花了 16 年时间才回到其 1999 年的价格,尽管这一路上公司还分配了股息。类似的估值昂贵的成长股通常都是糟糕的投资,这意味着它们的回报率低于市场的整体水平。鉴于对增长率的预测总是偏向于高估,许多竞争优势的持续时间有限,以及成长股市值相对于当前盈利或现金流水平的估值倍数很高,我们很难不同意格雷厄姆和多德等传统价值投资人的观点:不要为成长支付对价。

尽管存在种种困难,沃伦·巴菲特、查理·芒格和其他一些现代价值投资者通过投资于有成长性的拥有经济特许权的企业,还是获得了持续高于市场的回报。他们已经证明:用一套严谨有纪律的价值投资框架来应对成长性投资机会,是可以获得成功的。传统的价值投资者会在公司股票的市场价格达到或超过其价值时出售。如果公司价值是静态的,那么当股票价格从暂时的暴跌或挫折中恢复过来时,投资者就会卖出股票。这种投资方式为赚取不错的回报定义了一个相对固定的时间线。但如果公司价值持续增长,那么可能要等很多年之后,公司股票的价格才会跟公司价值趋近。较长的持有期意味着较低的交易频率、较低的交易成本,以及推迟缴纳多年的资本利得税。因此,虽然明智地投资于成长股是困难的,但它是传统格雷厄姆和多德投资框架的必要且值得的延伸。

投资于企业的成长性,必须满足两个要求。第一个要求是成长必须创造价值,而这绝非理所当然。对于大多数公司来说,更确切地说,对于大多数公司的股东来说,增长充其量只是没有毁灭价值。正如我们在第 4 章中简要指出的那样,这一令人警醒的道理适用于各行各业:通过销售更多设计精良的工具或者美观大方的智能设备来扩张业务的高科技公司;增加销售品类的在线零售商;以及通过开设更多门店来做大生意的餐饮行业特许经营商等。

只有当增长所需投资的回报率超过资本成本时，增长才能创造价值。我们在第 3 章的图 3–2 里做了比较，只有在情形 C 下（盈利能力价值明显超过资产价值），增长才能创造可分配给投资人的净现金。

第二个要求是安全边际。并不是所有的成长，即使是有价值的成长，都能以足够精度进行评估，从而获得准确的估值。由于价值投资者要求有安全边际，他们只会基于对成长的估值、以打折的价格为成长支付对价，这个折扣还得大到足以弥补对成长进行估值的较大不确定性。关于成长的理想价格，最好当然是零：所支付的对价与盈利能力价值或资产价值相当，免费获得未来的成长性。

尽管提出上述告诫，但在某些情况下，即使是严谨的价值投资者也可能为成长付出一些代价，并获得了回报，前提是他们严格遵守两条规则：（1）成长确实会创造价值；（2）为成长性支付的价格中包含有可衡量的安全边际。尽管第一条规则并不复杂，但大多数投资者对其理解不深。第二条规则要求我们对格雷厄姆和多德的估值方法进行重大调整。我们将逐一讨论这两条规则。本章将探讨成长得以真正创造价值的情况，以区别于成长毫无贡献的情形（投资决策中可以忽略）以及成长实际上破坏价值的情形（投资决策中应该完全避免）。在第 8 章中，我们将讨论计算成长股之安全边际的适当方法。

增长什么时候创造价值

相较于债券（也叫固定收益证券），股票被认为具有的优势之一是它们对未来潜在不断成长的盈利的要求权。对于股票投资，成长型公司具有引人入胜的未来前景。相较于收入或盈利不会增长的公司，"成长型"公司的股票价格相对于当前盈利水平通常会有更高的倍数，也就是更高的市盈率。这个道理是显而易见的。如果成长型公司今年能创造每股 1 美元的盈利，明年为每股 1.20 美元，而后年达到每股 1.44 美元，并在未来一段时间内继续保持这一增速，那么该成长型公司的股票就比永远只创造每股 1 美元盈利的公司股票更具吸引力。

但这种观点忽略了成长性的一个关键因素：实现增长是有代价的。几乎在各种情况下，想要实现增长，企业都需要进行额外的投资，而这一投资需要得到回报。在上面的例子中，盈利以每年 20% 的速度增长，让我们假设这种增长每年需要额外投资（折合每股 0.50 美元）用于增加产能和营运资本。[1] 我们进一步假设，额外投资的资金来源是公司的留存收益。这意味着公司每年可以向股东分配的股息要比不需要进行再投资的情况少每股 0.5 美元。所以，第一年的盈利为每股 1 美元，股东得到每股 0.5 美元的股息分配；另外的每股 0.5 美元被运用于再投资（详见表 6–1）。再投资每年都在继续，减少了可以分配的盈利。

表 6–1		实现成长所需的再投资		单位：美元 / 股
年份	第 1 年	第 2 年	第 3 年	第 4 年
盈利	1.00	1.20	1.44	1.73
再投资	0.50	0.50	0.50	0.50
可分配盈利	0.50	0.70	0.96	1.23

相比之下，一家每年盈利每股 1 美元的非"成长型"公司不需要新的投资，可以将全部盈利分配给股东。而在表 6–1 的例子里，在第 4 年之前，成长型公司投资者获得的股息都比非成长型公司的投资者要少。

想要确定增长对于公司的净价值，关键问题是比较实现增长所需的额外投资和增长所能创造的额外可分配盈利及其时点。有些情况通过直觉就能做出判断，如果增长速度太慢，额外投资的规模太高，那么当前投入很难被未来的增量盈利所弥补，增长的净价值将为零甚至为负。对于所需的额外投资，确定一个足以为投资者创造价值的盈亏平衡增长率，乍一看似乎是一个复杂的问题，需要进行烦琐的计算。然而，如果我们能够正确地提出这个问题，答案就会立即显现出来。增长率并非关键所在。研究净价值是否为正，最明晰的方法是把精力集中在实现增长所需的现金投资。把时间花费在引人

---

[1] 为了保持例子的简洁性，我们忽略了这样一个事实：随着公司成长，所需的再投资规模也将增长。

注目的增长率及其可能创造的高额未来盈利，需要进行复杂的分析，而大多数成长股投资者却十分短视。痴迷于迅速致富是投资者倾向于为增长支付过高对价的主要原因之一。

一个简单但有普适性的例子有助于说明问题。假设一家公司决定花费1亿美元来支持其增长计划。这项投资可能包括新工厂、新产品、分销渠道和销售办事处，所有这些都是为了创造额外收入和增加盈利规模，目的很明确。这1亿美元也可以用于收购新的业务或者市场里的竞争对手。还有一种可能是，用这笔钱来补充营运资本（应收账款加上库存，减去应付账款），以支持现有产品线满足市场里不断增长的需求。不管是什么用途，创造增长都需要新的投资，没有额外投资就意味着没有增长。不需要额外投资就能实现增长的生意是极其罕见的。

提供1亿美元的投资者需要为其资金被使用而得到补偿。当资金从外部投资者那里筹集时，这一点更加明显。如果资金以增加债务的方式筹集，债权人将获得利息，并最终收回本金。如果资金来自增资扩股，那么新的股权投资者将得到企业盈利中的相应份额作为回报。但是，即使资金完全来自留存收益，这仍然是一种额外的投资。本质上，现有股东是接受管理层的决定而提供资金，以资金支持预期的增长。胜任的企业高管在评估投资机会时会考虑到这个客观因素，要求利用留存收益进行额外投资的回报至少不低于股东在自愿投资时所要求的回报水平。不管资本来源如何，企业层面的资本成本是一样的。[①]

在每种情况下，为吸引资金而提供的回报是与1亿美元增长投资有关的资本成本。至少在理论上，这个成本取决于投资中固有的风险水平。在我们这个简化的例子中，我们假设所需的回报率为10%，并暂时忽略债务和股权融资之间的差异。因此，从投资者那里吸引1亿美元的成本是每年1000万美元。这个成本是增长的下行风险，如果成本太高，它可以让有利可图的增长机会转盈为亏。

---

① 这里的讨论忽略了分配利润相关的税务问题，但不会改变结论。

上行收益是这 1 亿美元投资创造的未来现金流。同样，为了简洁起见，我们假设未来现金流对应的投资回报率是稳定且可持续的。我们还假设不同公司的投资回报率是不同的，跟现实生活中的所有投资一样，有些投资的回报率会比其他要高。由于资本成本率是 10%，那么 1 亿美元投资的年度资本成本是 1000 万美元（详见表 6-2）。

表 6-2 投资回报率和价值创造

	1 亿美元	1 亿美元	1 亿美元
投资回报率	5%	10%	20%
投资回报金额	500 万美元	1 000 万美元	2 000 万美元
资本成本	1 000 万美元	1 000 万美元	1 000 万美元
创造的净利润	−500 万美元	0	1 000 万美元
创造的净价值	−5 000 万美元	0	1 亿美元

第一种情况，对于一项回报率为 5% 的投资，每年创造 500 万美元的额外盈利，但是投资人对于提供的 1 亿美元资本所要求的回报是 1000 万美元，500 万美元仅仅覆盖了资本成本的一半。以这种投资回报率做大业务，每年会损失 500 万美元，破坏了现有股东原本拥有的价值。如果用 10% 来计算每年 500 万美元损失的现值，那么造成的总价值损失为 5000 万美元，侵蚀了一半的 1 亿美元初始投资。虽然投资回报率如此糟糕，但是公司的销售额、资产和营业利润都会增长。如果这 1 亿美元投资来自留存收益，那么净利润和每股收益也会增加。然而，5% 的投资回报率毫无疑问破坏了价值。[①]

第二种情况，这 1 亿美元可以赚取 10% 的年回报率，从而创造了额外的 1000 万美元可分配现金流。不过这些钱都必须支付给提供 1 亿美元的投资者，对于公司现有股东来说，没有获得额外的回报。尽管公司报表上的净利润增

---

① 我们观察到有些公司沉迷于这种破坏价值的投资，它们通常用所谓"低成本"的债务融资作为资金来源。如果 1 亿美元债务的利率只有 4%，那么这项投资似乎每年能产生 1%（100 万美元）的净回报。这种计算纯属假象。债务成本要考虑财务杠杆偏高，在未来遭遇不利经营环境时，业务运营受到不良影响的预期成本。对于拥有健全债务融资策略的公司而言，提升债务融资规模的终点是债务成本升高到刚好达到了股权融资成本的水平。就边际成本来说，债务和股权融资的成本应该相同。如果一家公司没有充分利用债务融资，以至于债务融资的成本低于股权成本，那么增加额外的债务融资可能是合理的。不过，额外债务融资所得应该分配给公司股东，而不是挥霍在破坏价值的"增长"项目上。

加了，但没有创造价值，也没有破坏价值。第一种情况下的增长是破坏性的，相比之下第二种情况下的增长是中性的——新增回报恰好等于资本成本，因此也无关紧要。不过第二种情况代表了破坏价值的增长和创造价值的增长之间的界限，帮助我们把应该放弃的投资和值得评估的投资区分开来。

第三种情况，同样的1亿美元所投资的项目可以带来销售额和利润率的更大提升。这个项目的投资回报率高达20%，也就是每年有2000万美元的额外盈利，[①]支付1000万美元的资本成本之后，仍有1000万美元留给公司的现有股东。这个项目带来的增长将为现有股东和其他利益相关者创造显著的总价值。即使给新投资者支付了1000万美元之后，每年仍有1000万美元的额外现金流。如果以10%的资本成本来计算，这个项目为其1亿美元投资创造了1亿美元的额外价值，也就是1亿美元的附加价值。如果每年投资1亿美元都能取得同样的效益，那么增长的价值将是惊人且持久的，因为这些投资可以在支付1亿美元的资本成本之后，还可以额外创造1000万美元。这里的关键是投入资本回报率。高回报率可以创造价值，而低回报率（比如第一种情况下的5%）或者负回报率会破坏价值。

对现有股东而言，增长究竟是好事还是坏事？这个问题的答案完全取决于增长投资的回报率，究竟是低于、等于还是高于资本成本。上述三个简单的例子提供了这三种可能性的示例。至于投资规模多大，或者具体资本成本多少，这些并不是问题的关键。不论是投资1000美元还是投资10亿美元，考虑的因素是相同的，无论资本成本率是4%、10%还是15%，也是同样的思考方式——比较资本成本与投资回报率。[②]

增长的种类

我们如何提前判断某项投资的回报率会等于、超过，甚至低于资本成

---

① 此处交替使用可分配现金流和盈利，如果衡量得当，这两者应该相等。

② 可以通过数学证明，同样的结论也适用于不同的回报模式，不仅仅是我们在例子中使用的永续年金模式。

本？假设有一家公司在其业务领域没有竞争优势，也没有进入壁垒，却试图扩张市场或者扩展产品线。该公司可能预测投资回报率将超过资本成本，比如资本成本率为10%，投资回报率为15%。但其他公司也在寻找发展机会，也会发现这个机会，特别是当第一个吃螃蟹的公司获得了明确的高盈利后。在没有进入壁垒保护的情况下，这些追随者会加入进来，结果是把第一家公司最初的高回报率拉下来。回报水平将继续下降，直到有吸引力的异常盈利机会消失为止。迟早有一天，而且通常是在很短时间内，所有的竞争者顶多只能赚取与资本成本相当的投资回报。到那时，所有增长的好处都消失殆尽，短期的较高回报对公司价值的增加微乎其微。更具破坏性的是，这个短期的高回报还不足以弥补蜂拥而至的同业竞争者所带来的产能过剩，结果是很长一段时间的投资回报低于资本成本。教训很清楚：如果不存在竞争优势以及进入壁垒来保护最初的高回报，这种情况下的增长很难创造价值。

如果企业想进入一个高投资回报的市场寻求增长，而在这个市场里，在位企业相对于潜在的进入者享有可持续的竞争优势，那么这些新进入企业所面临的结果可能更糟糕。高回报是一种诱惑，如果在位企业蓬勃发展、赚得盆满钵满，为什么其他企业不进入市场来享受同样的高回报？但是，回报率之所以能够这么高，正是因为竞争优势和进入壁垒保护了在位企业不受潜在进入者的影响。试图打入这类市场的企业很可能只能赚取低于平均水平的回报，或者根本无法生存下来。如果新进入者的规模很小，而且风格激进，那么强大的在位企业可能会容忍其存在，但是业务规模将受到限制。由于可持续的竞争优势最终依赖于规模经济，因此很难看到规模过小的企业如何能够蓬勃发展。可能的结果是，进入者获得的回报低于其资本成本。无论是在竞争中处于劣势的企业，还是管理层水平较差的企业，它们的任何增长都可能会破坏价值。

只有创造的回报高于资本成本的增长，才能够创造价值，这个前提是企业在享有真正竞争优势的市场里，或者在有潜力获得竞争优势、未来可以支配的市场里实现增长。可持续的竞争优势确保企业获得当前的高回报，进入壁垒保护企业的高回报在未来免受其他潜在进入者蚕食。表6-3展示了增长对应的三种回报水平：小于、等于和大于资本成本，分别对应企业在竞争优势方面的三种情况：竞争劣势、公平竞争和竞争优势。这些对应着我们在第3章介绍过的情形 A、情形 B 和情形 C，即企业的盈利能力价值低于、等于或超过其资产价值。

表 6–3 　　　　　　　　　　　　投资回报与竞争优势

	投资回报	谁有竞争优势	盈利能力价值
情形 A	小于资本成本	其他企业有竞争优势	小于资产再生产价值
情形 B	等于资本成本	公平竞争	等于资产再生产价值
情形 C	大于资本成本	受益于竞争优势	大于资产再生产价值

因此，在格雷厄姆和多德的估值框架里，如果投资者能够透彻掌握竞争优势，就可以在分析中将现有业务拓展到未来的增长，并对"增长什么时候可以创造价值"这一问题提供直接而全面的答案。

研究决定增长是否创造价值的竞争环境，可以帮助我们深入理解一系列与增长相关的问题：

1. 有机增长由市场需求增加驱动，其价值有别于企业主动追求的增长；

2. 其他有利于发展的因素，比如新技术虽然没有直接带来需求增加，但可以降低成本、引领盈利增长；

3. 增长选择权的价值，即公司在有必要时可以追求的主要业务延伸出来的机会，如果吸引力不足，则可以避免；

4. 市场萎缩（而不是扩张）的后果；

5. 在核心市场取得增长与在新市场获得增长之间的差异。

我们将逐一研究这些问题。

有机增长

对任何企业来说，最理想的增长是来自市场自然产生的有机收入增长，而不是积极投资计划创造的成长。有机增长所涉及的投资规模通常很有限，需要补充资本的主要是净营运资本，大部分用于增加库存和应收账款，还有同步增加的应付账款和应计负债所带来的抵消效果。相对于产能的平均成本，边际增加产能的固定投资规模往往很小。以沃尔玛为例，由于当地人口增长、人均可支配收入提高、人均消费提升等原因，其销售额得以增长，这类增长带来的边际回报通常高于新开门店带来的回报水平。如果需求旺盛导致价格上涨，那么这种情况下增长创造的边际回报就更为理想。无论是商业战略方面的书籍，还是有经验的咨询顾问，无一例外都强调在高增长市场经营业务的重要性，但是他们都忽略了停滞或者增长缓慢的市场。

无论多么理想和有利可图，有机增长的好处以及由此相伴的价值创造都取决于进入壁垒的存在和可持续性，即在位企业的竞争优势。如果没有进入壁垒，有机增长带来的较高初始回报将鼓励在位企业扩张，并吸引新的竞争者进入市场。竞争的加剧将使所有企业的投入资本回报率下降。进入市场和业务扩张会继续下去，直到回报不再高于该市场的资本成本。如果最初引发过度热烈的反应，情况甚至可能更糟。最终的结果不是为公司创造价值，而是市场里充斥着过多的玩家和资本。尽管在位企业最初从市场有机增长中获得了短暂的高回报，但由于资本总是有成本的，从长远来看，这样的增长不会创造价值。只有当企业所处的市场受到进入壁垒保护，有机增长才能持续创造价值。

有利发展的因素

除了有机增长之外，还有其他有利的经济发展因素也会提高回报水平。举例来说，技术进步有助于降低成本，营销与分销的创新可提升运营效率，这两种较为常见。个人电脑、平板电脑和智能手机都受益于快速提升的性能和不断下降的成本。这些发展在多大程度上为制造这些产品的企业创造价值，还是仅仅让消费者受益，同样取决于支配有机增长之价值的因素：进入壁垒，也就是可持续的竞争优势。如果没有进入壁垒，由低成本、产品改进和更高效分销带来的更高回报率，只会吸引新的进入者和更多产能，这两者都会加剧竞争并拉低利润率。正如有机增长的情况一样，只有当回报率下降到与该市场的资本成本相当时，新进入者才会放慢脚步。除非存在有效的进入壁垒可以限制新进入者引发的竞争，否则这些有利因素都不会带来在位企业可持续的价值创造。

增长选择权 [1]

有很多金融领域的评论强调，如果企业能够抓住意外的市场潜在机会，就能创造价值。这些报道的基本论点是，发现机会的企业可以积极利用这些机会来提高回报。反之，它们可以通过防御性的反应，将不利发展的影响降到最低。同样，我们现在应该不难理解，在没有进入壁垒保护的市场里，这类增长选择权的价值会受到显著限制，因为其他企业会追随成功的创新者进入市场，导致竞争程度加剧。举例来说，一位智能手机产品经理注意到，某些功能的组合在特定消费者群体能够创造非常大的需求，比如下载和播放音乐的功能对青少年有很强的吸引力。这位经理所在的公司在产品上增加了这一功能，提高了手机价格且幅度超过边际成本的增加；与此同时，产品在目标消费群体中的销量大涨，公司的利润额也随之增长。如果该公司最初没有预料到这种市场反应，那么意外获得的额外利润代表了一种典型的增长选择权。

接下来会如何呢？我们都知道答案。在没有进入壁垒的保护下，竞争者会复制进行创新的企业，也为他们的产品增加这种功能，也许还有一些增量创新，并向目标消费群体积极推销他们的新产品。竞争总是会拉低利润率，新进入者不断涌现，直到回报率降至资本成本以下。这种增长选择权并不能带来可持续的较高回报水平。如果前述新产品功能的相关创新最后失败了，那么创新者不得不自食其果，而竞争对手自然避免了犯同样的错误。在这种情况下，增长选择权也没有长期的价值。另外，一个具有诱人赚钱潜力和相当多增长选择权的市场，除非没有被发现，否则一定会吸引更多的竞争者进入这个市场，这绝非提供较高投资回报的理想环境。如果没有进入壁垒保护，这方面的负面效应平均来说应该抵消了潜在增长选择权的益处。像其他表面上看起来有利可图的市场因素一样，增长选择权只有在受到进入壁垒保护的市场里才能创造显著的经济价值。

---

[1] 此处原文为"Growth Options"。考虑到此处上下文与衍生品市场无关，翻译为"增长选择权"而非"增长期权"。——译者注

市场萎缩

市场会成长，也会萎缩。破坏性创新不仅影响特定市场，也会对企业造成影响。潮流和技术的变化促使消费者把钱花到5年或10年前还不存在的商品上。20世纪60年代伟大的电唱机制造商现在何处？[①] 而Betamax录像带格式被效能更差的VHS标准取代。不仅这些格式的磁带现在已是收藏品，而且取代它们的小型录像带格式标准也是如此。市场确实会萎缩，甚至消失。消费者的可支配收入有限，相关花费只能随着市场发展而迁移。数字化发展使得很多产品消失了，这些产品的生产商自然也是凶多吉少。

当市场处于萎缩状态，企业的处境跟市场成长情况下恰恰相反。在有进入壁垒保护的市场里，具有竞争优势的公司受到的伤害最大，价值被破坏的程度最严重。相比之下，在自由进出的竞争性市场中，企业受需求下降的影响较小。假设企业是理性的，愿意有尊严地收缩或退出，未来较低的盈利往往能被资本回收所抵销。厂房和设备可以听任耗损，或出售给其他还能善加利用的行业。库存也可以降下来。如果回收的资本在此之前的回报与其成本接近，那么从处置和缩减资产中所实现的金额应该大致等于这些投资原本可以继续创造的盈利价值。例如，一家公司在资产处置中回收了2000万美元，同时也损失了这些资产原本可以创造的200万美元净利润，这其中隐含着10%的回报率，与回收之前的资本回报率相当。

拥有竞争优势的企业，将因为市场萎缩而受到更严重的冲击，原因有二。第一，由于这些企业在投资上的回报超过了资本成本，因此，由于需求减少而收回资本之后，就失去了弥补资本成本之外的超额回报。例如，回收的2000万美元资本在之前每年能赚400万美元，但它回收之后大概率就赚不到这个回报了。第二，可持续的竞争优势通常与规模经济效益有关。市场萎缩会导致营业利润率下降，而这并不能通过减少资本投入来弥补。固定成本维持不变，变动成本的降幅有限。对于享有局部规模经济效益的垄断企业，比如区域性报社，市场萎缩带来价值破坏的程度远大于完全竞争市场里没有

[①] 黑胶唱片及其播放设备最近又出现了，但这基本是发烧友的利基市场。

受到进入壁垒保护的企业，比如地区性餐饮业和其他服务业。另外，相较于报社的印刷设备，餐饮企业的设备和租约比较容易转手，前者可能要被当成废品贱卖。

拓展新市场

企业在其核心市场拥有竞争优势，可能受到诱惑而试图扩张到非核心市场。然而，非核心市场的地理环境可能不同，产品本身对于企业而言可能是全新的，甚至可能完全跨行业。出于某种原因，管理层认为企业在核心市场享有的竞争优势能够复制到新市场。这种决定最后几乎都被证明是错误的。在新市场里，企业必须取得竞争优势，才能创造价值。不管企业在其核心市场上的竞争地位有多强，如果在拓展的新市场上没有竞争优势，新市场获得的增长就不会创造任何价值。IBM 和柯达都是在 20 世纪 70 年代进军复印机市场的。这两家公司都自认为掌握了必要的技术，可以让它们在与当时复印机市场领导者施乐公司的搏杀中取胜。结果，现实差强人意，实际发展并不如预期。至少在当时，施乐公司拥有竞争优势，即使这两家科技巨头也无法撼动。

当沃尔玛在其核心市场增加门店时，不需要增加广告支出，也不需要重新建立物流配送网络和管理体系。新开门店享受了既有的局部规模经济效益，受益于进入壁垒的保护。因此，如果门店的选址合理，那么所赚取的回报应该高于门店开业和经营所需额外资本的成本。沃尔玛可以把这些优势与高盈利能力拓展到邻近市场，只要还位于现有广告、物流和管理体系的可控半径之内。可是，如果沃尔玛把新店开在了遥远的市场，以至于无法依靠现有的基础设施和已经"俘获"的消费者时，情况就大不相同了。对于这种遥远的市场，往往是成熟的当地企业享有竞争优势。对于沃尔玛而言，在这样的市场取得增长，几乎一定是破坏价值的，这还没有考虑执行困难与文化差异带来的负面因素。沃尔玛确实进行了全球扩张，从结果来看，除了墨西哥和加拿大这两个邻近美国的市场之外，沃尔玛其余的全球扩张都验证了前述原则。

企业想在新市场的增长中创造价值，就必须在这些市场拥有竞争优势。

至于企业在其现有核心市场拥有的优势，根本是无关紧要的，甚至是有害的，助长了企业的过度自信，以至于认为进入新市场所需要的资本相对便宜。在这种错误的逻辑里，因为核心市场业务的投资回报率较高，所以利用核心市场业务创造的留存收益来支持开发新市场的成本较低。正如前文强调，这是一种假象。

创造价值的增长机会

我们在前文讨论了有关增长创造价值的几个问题，多数案例对于我们而言颇具警示意义。具有价值创造能力的增长很难实现，部分原因是这样的机会本身对于其他企业就是强有力的信号，让潜在竞争者知道有企业赚到了高于资本成本的回报，于是他们会想：为什么不是我？于是竞争程度加剧消灭了理想的回报水平。因此，真正能创造正向价值的投资机会，都集中在企业的核心市场或临近市场，在这些市场里，企业既有的竞争优势能够保护业务免受潜在竞争的冲击，并继续获得高于资本成本的回报。就地理的维度来说，要么企业在已经主导的核心区域里填补空白，要么在这些区域的边缘扩张，此所谓临近市场。这就是沃尔玛和其他成功零售商的战略，也是美国盈利最持久的航空公司——西南航空的成长轨迹。西南航空最初以达拉斯的爱田机场为基地，专注于得克萨斯州内的航班，然后才将业务范围扩展到邻近的州和能够获得主导地位的次要机场。

从地理维度转到产品维度，微软既给我们展示了正面案例，也提供了颇具警示意义的例子。微软的核心市场是操作系统，在其"临近市场"推出必要的办公软件 Excel、Word 和 PowerPoint，就类似沃尔玛在其已经主导的核心区域的边缘进行扩张。结果自然是微软的利润和价值得以长期稳定提升。当微软跳进毫不相关的市场，比如游戏机市场，结果就不那么成功了。这就好比沃尔玛在欧洲和亚洲的冒险，业绩当然远不如从大本营阿肯色州延伸出来的扩张。

第二个有正面意义的增长机会，是来自缺少既有主导者的潜在市场，在位企业既不拥有规模经济效益，也没有被"俘获"的客户。外部的企业如果制定明确的战略，而且能够高效执行，很可能主导这样的市场，就像沃尔玛早年主导阿肯色州和美国中南部一样。我们也可以参考微软主导个人电脑操作系统市场的案例，当然，IBM 采用其产品也有所帮助。这些公司成为具有竞争优势的公司，受到进入壁垒的保护，获得了高于资本成本的回报，因此创造了价值。事后回顾，一切都显得理所当然，但我们不要忘记当时市场上还有其他公司，它们拥有的机会都不亚于沃尔玛和微软，至少刚开始是如此。想要主导这些处女地，企业必须极端自律，任何时候只专注一个市场，然后完美执行。

除了上述这两种情况之外，通过增长来增加价值的前景是有限的，而且往往甚至是负面的。如果新市场目前没有进入壁垒，而且鉴于其规模、结构和其他特点，没有企业能够为自己创造竞争优势，那么企业至少有机会在竞争环境中通过优异的管理水平取得好成绩。但是，如果进入壁垒确实存在，而且在位企业已经受益于此，那么在任何情况下，企业都不应该试图进入这类市场。这个告诫看起来显而易见，似乎根本不需要说出来。然而，历史已经反复证明，进入新市场的诱惑十分强大，抵制这种诱惑比想象的难很多。这类市场的主导企业都实现了较高的投入资本回报率，于是很多经理人跃跃欲试，心想他们为什么不能加入，为什么不能分一杯羹。但是，如果没有显著的进入壁垒，这种高回报是不可持续的，所以新进入者从一开始就处于重大不利地位。如果新进入者以某种方式成功突破壁垒，加入高回报企业的小圈子，这意味着进入壁垒已经有漏洞，其他企业也将跟随，提升竞争烈度，使得利润率和投资回报水平受到负面影响。从某种意义上说，成功进入某个新市场并不值得庆祝，反而应该思考这个问题："如果我们能做到，为什么其他企业不能？"存在坚固进入壁垒的市场，就像格劳乔·马克斯[①]对于他梦寐以求想加入的俱乐部的描述——永远不会接受他成为会员的俱乐部。

---

① 格劳乔·马克斯（Groucho Marx）是美国喜剧演员与电影明星，以机智问答及比喻闻名。——译者注

为成长支付对价的最后告诫

总是有投资者为成长股给出较高的市盈率或市净率估值倍数，期望未来的增长能够创造足够多的价值以合理化他们付出的过高对价。任何投资者都应该记住行为金融学关于这类投资行为的警告。第一，这类股票就像彩票一样，提供快速致富的梦想，但中奖率很低。因此，作为一个整体，这类股票被系统地高估了。第二，当投资者或证券分析师预测增长率时，他们倾向于将当前的业绩外推到未来。正如我们前面指出的，以这种方式进行预测，大概率结果会让人失望。第三，对于增长所创造的价值进行估算，结果对于增长率这个参数极为敏感。增长率如果很高，价值就会很大，但如果增长率较预期稍有下降，价值就会大打折扣。因此，即使确认了市场受到进入壁垒保护，企业确实能够因此受益，预期的增长将会创造价值，价值投资者也应该在投资时谨慎行事。因此，即使在验证了预期的增长实际上会创造价值——市场受到实际或潜在的进入壁垒的保护，这家公司将从中受益——价值投资者在投资这些公司时也必须谨慎行事。价值或许确实会增长，但其最终规模难以确定。正如我们在本章开头指出的，对拥有经济特许权的"成长型"企业进行投资，已经成为价值投资不可避免的一部分，但是在实践中必须非常谨慎。

第 7 章

"好" 生意

VALUE
INVESTING

关于成长对估值的影响，我们之前的讨论可以用三条规律概括。第一，资产价值高于盈利能力价值的公司往往管理水平很糟糕或者在经营中存在竞争劣势，对其而言成长是有毁灭性的——成长会侵蚀价值，因而也是亟需更换现任管理层的另一个原因。第二，在竞争性市场中拥有能干的管理层的公司，其资产价值大致同盈利能力价值相当，对其而言成长充其量与公司价值无关，最坏的情况下还会构成干扰——成长既不创造价值也不毁灭价值，对于这类公司我们根本不用在估值时考虑成长。第三，只有对于在竞争中有着可持续竞争优势保护的公司，也就是对成长的投资回报高于资本成本的公司，成长才会创造价值。即使对于这样的"好"（下文中我们将省去双引号）生意而言，成长也只有在有竞争优势保护的市场之内或与之相邻的情况下才有可能创造价值。所以在评估成长时必须强调的首要问题是，公司是否符合下列标准：盈利能力价值高于资产价值；在拥有竞争优势的市场中经营；当前的回报率高于资本成本；能通过投资于业务增长而在当前或相邻市场拓展其竞争优势。

沿用沃伦·巴菲特的说法，价值投资者描述这类生意的术语是"拥有经济特许权的企业"。因为当前的盈利能力价值显著超过资产价值，资产价值对其估值来说并不关键。盈利的重要性提高了，评估成长的价值也有必要，这意味着我们必须对拥有经济特许权的企业采用一种专门的估值方式。我们不能再仅仅依靠资产价值和盈利能力价值相互验证，并且作为是否拥有经济特许权的检验标准。本章将讲述识别经济特许权的过程。认识到拥有经济特许权的企业与其他企业的不同，必须采用其专有的、与一刀切的现金流折现法不同的估值方法，是现代格雷厄姆和多德式投资的关键洞见。

投资者会采用一些指标来识别好生意。他们强调较高的利润率，即使业务增长迅速，也能为所有者带来大量现金。这里的高利润率可以是以收入为基础的指标——毛利率、营业利润率，也可能是净利润率，尤其是与同行业内的竞争对手相比。不过最终，好生意是在投入资本的基础上赚得高回报。投入资本回报率有不同的衡量方式：（1）净资产收益率（ROE，净利润除以净资产账面值）；（2）资本回报率（营业利润除以净债务与净资产之和）；（3）税后资本回报率（净利润与利息净支出之和除以净债务与净资产之和）。按照这几种衡量方式，好生意应该能稳定创造 15%~20% 的投入资本回报率，远高于通常 10% 的资本成本。随着时间的推移，这些回报是不断增长而非减少，好生意也会做大。按照创造一单位产品销售额所需要的投资水平来衡量，成长的公司既可以是高投入的（重资产），也可以是低投入的（轻资产）。重资产的公司可以令人满意，是因为其可以以高水平的回报率配置大量资本。轻资产公司具备创造相当高水平回报率的原因，是其用以支撑成长的资本需求极少，因而可以将大部分的利润分配给股东。在上述两种情况下，获得这些可持续的高回报的关键，以及成长的价值，都在于拥有经济特许权的企业的经济特征，即那些能够保护其回报免受竞争侵蚀的定性因素。

好生意是什么样的

市场经济环境中的好企业，能够持续享有其他企业所不具备的竞争优势，这一点是共识。若是在位企业享有可持续的竞争优势，则会构筑起进入壁垒。进入壁垒就是沃伦·巴菲特和其他价值投资者所说的"护城河"。拥有经济特许权的生意，在价值投资的话语体系里，就是可以在其宽广而持久的护城河的保护之下免受竞争的生意。因此，可持续的在位竞争优势、进入壁垒、护城河和经济特许权指的都是商业环境中的同一基本特征。

在这些或多或少是同义词的表达当中，唯一有疑问的术语是在位者这一角色是否具备相应的竞争优势。在特定的情形中，在位者是在竞争劣势中经营。例如，在技术迅速变化的环境中，新进入者借助新设备以更低的成本经营，可能会具备超越在位者的能力。这样的局面天然地不稳定，对除了消费者之外的哪家企业都没好处，毕竟今天的新进入者就是明天的在位者。如果技术持续升级，新进入者的设备总是会更先进，在位者的竞争优势就会被削弱。结果就是，没有公司能够建立可抵御无休止竞争的可持续的进入壁垒。在不断变化的竞争性环境中，是不存在好生意的。

竞争优势、进入壁垒、护城河和经济特许权是定义好生意时的重要经济因素，这一点或许已是共识。但关于竞争优势到底是什么，大家的看法不太一致。有一种普遍的观点是，好生意就是强大的品牌形象。如果消费者认为某一品牌优于竞品，那么该品牌就能享有溢价，这样的溢价能使其具有好生意的高利润率特征。不过仔细审视历史上实际存在的企业，就会发现事情没那么简单。在表 7–1 中，左侧列出了历史上获得高利润的企业，右侧则列出了一些同业可比的知名品牌——尽管这些品牌都顶着光环，它们却没有那么高的利润水平。

表 7–1 利润与品牌

高利润率的企业	高美誉度的品牌
可口可乐	劳斯莱斯
高露洁牙膏	梅赛德斯 – 奔驰
普瑞纳狗粮	索尼、胡佛
布法罗晚报（曾用名）	《纽约时报》《华尔街日报》
威瑞森	美国电话电报公司（AT & T）
富达国民金融	露华浓
沃尔玛	布鲁明戴尔百货、梅西百货

个人消费者当然不会觉得高露洁牙膏、汰渍洗衣粉、普瑞纳狗粮、布法罗晚报或者沃尔玛的衬衫有什么品牌光环，然而至少一部分人会认为开着梅赛德斯 – 奔驰、劳斯莱斯或者凯迪拉克可以引起关注并提升车主的身份地位。这些都是标志性的品牌，隐含着品质和阶层的意味。它们甚至成了具有象征意义的代名词：炉灶中的"劳斯莱斯"、割草机中的"凯迪拉克"，但没有人会管什么东西叫手提包中的"可口可乐"，哪怕是在酒饮品类中也不会有伏

特加中的"可口可乐"这样的称谓。索尼的产品质量是公认的。胡佛也广为人知，甚至在全球许多地方已经成为了吸尘器的代名词，或许可以称作吸尘器中的"舒洁"。尽管具有标志性的品牌吸引力，这些品牌及其背后的生产企业却未曾收获极高的利润水平，尤其是跟左侧没那么有光环的品牌相比。劳斯莱斯以及通用汽车（凯迪拉克的制造商）都曾经历破产。在美国手机市场中，最终胜出的也不是曾经的垄断者、品牌全球闻名的美国电话电报公司（AT&T），而是它分拆出来的地方公司、之后成为其竞争者的威瑞森和西南贝尔[①]——西南贝尔最终收购了美国电话电报公司（AT&T），并使用了这个名字。从历史上看，类似甘尼特集团旗下的那些地方性报纸，一直要比《纽约时报》《华尔街日报》这样受推崇的全国品牌更赚钱，即便后者主导着新闻记者领域的奖项评比和表彰。像化妆品这样广告及品牌知名度高的行业，通常远不如企业名气不大的产权保险行业赚钱，如产权保险龙头富达国民金融（FNF）。单靠品牌并不能完整地解释什么构成了可持续的竞争优势，以及什么是一个好生意。

先发优势是常常被提及的第二个"竞争优势"，但事实上仅靠先发优势所能获得的利润水平还不如品牌优势。表 7–2 列出了不同行业的先行者，以及最终成为行业主导者并获取更高利润水平的企业。在很多行业中，先行者一家独大的优势在激烈的市场竞争中消磨殆尽，最终没有任何一家企业能够达到我们对于好生意的回报预期，例如航空（泛美航空与环球航空）、汽车（福特）以及个人计算机（雅达利、苹果）行业。在其他一些行业中，先行者最终被后来居上的当前主导者所取代，如个人计算机操作系统、互联网服务提供商、互联网搜索引擎以及电视网行业。只有在以线上拍卖亿贝（eBay）为代表的少数行业中，先行者最终成了市场的主导者。我们预期中的好生意应具有可持续的竞争优势以及理想的利润水平，但在这一点上先行者也并不比拥有备受推崇、令人尊敬的品牌的企业好到哪里去。

---

① 在收购美国电话电报公司之前，西南贝尔（Southwestern Bell）已经收购了太平洋贝尔及许多其他电信公司（其中一些原来是美国电话电报公司的分支机构），并更名为西南贝尔公司（Southwestern Bell Corporation，SBC）。

表 7–2 先发优势

	先行者	主导者
个人计算机操作系统	微机控制程序（CP/M）	微软
搜索引擎	阿尔塔维斯塔（Alta Vista）、雅虎、因特通（Inktomi）	谷歌
个人计算机	雅达利、苹果	无
互联网服务提供商（ISPs）	美国在线、地球连线（Earthlink）	本地有线电视公司
汽车	福特	无
航空公司	泛美航空、环球航空	
线上拍卖	亿贝	亿贝
广播电视网	美国全国广播公司（NBC）	无

其他方法更多植根于企业战略而非投资领域，一般基于识别好企业和适当企业战略的一长串潜在竞争优势等诸多因素。这种方法当中最出名的或许是迈克尔·波特的五力分析，它的关注点不仅有进入壁垒，还包括行业里的竞争程度、供应商的议价能力、购买者的议价能力以及替代品的威胁。[1] 这种分析方法的问题是难以驾驭且不够实用，经常导致模棱两可的结论，对各种竞争优势孰轻孰重判断不一致的人们，都可以拿这样的结论来佐证自己的判断。于是，当这种方法的首创者试图确定通用的企业战略时，五力模型自然没有在其分析中起到作用。[2] 由于理解拥有经济特许权的企业所具备的独有特征对现代格雷厄姆和多德式的估值方法至关重要，我们希望能够寻得一套简单、清晰且精确的方法来识别竞争优势，进而将好的、拥有经济特许权的企业与其他企业区分开来。我们将从一个例子开始，尝试对竞争机制以及能保障公司免受竞争影响的最终因素进行归类。

---

[1] 迈克尔·波特，《竞争战略》，中信出版社 2014 年 8 月出版。该书英文信息：Porter, Michael. (1980). *Competitive Strategy*, Free Press.——译者注

[2] 在《竞争战略》第 2 章，作者认为好的通用战略是针对细分市场或低成本，没有引用第 1 章中所列举的五力。

被烤焦的盈利

设想有一家名为"顶级烤面包机"的烤面包机制造商，一直以来都非常成功，近五年的年均盈利约 2000 万美元。为简单起见，我们假定账面净利润与可分配给股东的盈利没有显著差异。公司的投资者愿意在该投资中接受 10% 的年回报率。采用我们在第 5 章中推演的盈利能力价值的计算公式，这家烤面包机公司的盈利能力价值为盈利 / 资本成本（2000 万美元 /10%），即 2 亿美元。假定公司的资产价值为 8000 万美元，其中包含全部的有形资产（现金、应收账款、存货、固定资产，各项均在账面值基础上调整为竞争者意图再生产该公司所需投入的实际资金数额），以及同样需要耗资再生产的无形资产（包含消费者认可度和美誉度、产品设计、生产技术工艺、员工培训、分销渠道网络建设）。盈利能力价值与资产价值之间存在 1.2 亿美元的差额，当然若股票市场给予该公司的估值达到 3 亿美元，这一价值同资产价值之间的差额会更大。

不幸的是，对顶级烤面包机公司来说，2 亿美元的盈利能力价值以及 3 亿美元的市值，仿佛是在招徕潜在竞争者。类似小家电行业中头脑聪明的企业家，或者拥有拓展零售网点的资本与经验的另一家烤面包机公司的高管，会意识到他们也可以通过区区 8000 万美元的投资赚得价值 2 亿美元的现金流。换句话说，他们可以靠一项初始投入 8000 万美元的投资每年赚得 2000 万美元，获得高得离谱的 25% 的收益率。

这位企业家可以通过购入新设备的方式在现有基础上扩张产能，也可以外包来生产烤面包机。他（她）可以想出或购入合意的设计，开发有吸引力的包装，并雇用有经验的销售代理人来推销其产品。暂时假定烤面包机是"大路货"，不同品牌的产品都差不多、可以相互替换，消费者完全基于价格挑选产品。更激烈的竞争意味着市场上会有更多的烤面包机产品，这也意味着更低的烤面包机价格。随着烤面包机价格下跌，所有烤面包机公司的利润也一同下跌。当顶级烤面包机公司的盈利开始下降，其盈利能力价值也会缩水。在第一波竞争冲击之后，假定公司盈利跌至 1600 万美元。

不幸的是，冲击是一浪接一浪。在 10% 的预期回报率之下，1600 万美元的盈利对应着 1.6 亿美元的价值。复制资产所需的成本仍为 8000 万美元，意味着仍存在 8000 万美元的空间，足以吸引第二位企业家来挤压烤面包机的利润空间。事实上，只有增值空间消除且盈利能力价值降至 8000 万美元时，新进入者（或者扩产的在位企业）才会停止入侵顶级烤面包机公司那诱人的赚钱领地。换句话说，直到有大量的同质化的烤面包机充斥在市场上，其售价和创造的利润跌到任何制造商都只能赚到投资者要求的资本成本的水平时，这一过程才会停止。

对大多数烤面包机公司来说，其生存期会更短暂，面临着更恶劣和残酷的威胁。最终使得入侵动机消散的烤面包机价格水平，仅能让最有效率的烤面包机生产商存活。低效率的在位生产商没法匹配如此低的售价，最终会选择离场。拥有最低成本、最高效率的制造商进入市场即决定价格，而那些低效率的潜在竞争者根本不构成威胁，它们最好敬而远之。在这个竞争过程中，重要的是最强的那些竞争者，而非弱者。

日益激烈的价格战致使利润下滑，是数以千计无法将其产品或服务区别于同行的公司都面临的挑战。所有理智的人都厌恶"大路货"这类"差"生意，这已是共识。避免这种命运的标准建议是使自己的产品或服务区别于同行。对顶级烤面包机公司来说，这意味着要打广告、增加产品特性或改变产品设计。这些都有可能帮助顶级烤面包机公司暂时免受当下的降价压力。

不过，这些动作都无法解决根本问题。竞争者仍在盯着顶级烤面包机公司，试图从其有吸引力的市场中抢到份额。没什么可以阻止他们引入有竞争力的产品设计、增加自己的产品特性以及跟进顶级烤面包机公司的广告开支。它们不可避免地会抢走一部分顶级烤面包机公司的市场份额。即便不降价，顶级烤面包机公司的销量也会下滑，但产品研发、包装设计和广告开支这些固定成本并不会相应减少。面对激烈的市场竞争，这些成本事实上还可能会增加。与此同时，顶级烤面包机公司并不具备提价能力，并且其变动成本也不会降低——在对上游资源争夺激烈的情况下，变动成本还可能增加。此时顶级烤面包机公司会发现自己陷入了双重冲击之中。烤面包机销量下滑，由于固定成本被分摊在了更少的烤面包机数量上，单位产品的利润收缩了。在一个"大路货"市场里，只有到了盈利能力价值降到资产价值的水平时，整体利润下滑才会停止。[①] 烤面包机的产品差异化，顶多只有短期效果。

新的企业家会持续涌现，抑或旧的竞争者持续扩张。烤面包机的产量激增，直至无利可图——8000 万美元的资产产生 800 万美元的收益（若投资者的资本成本率仍为 10%）。此时，盈利能力价值和资产的再生产成本彼此相等，无论是新入局还是扩张烤面包机业务，都不是容易赚钱的机会。

若顶级烤面包机公司拥有定价权，那无论烤面包机是靠低价出售的"大路货"，还是靠功能出售的差异化产品，便无关紧要。但只要顶级烤面包机公司无法同竞争对手拉开差距，新进入者就会涌现，直至盈利能力降低至与资产价值相当——二者相当并非偶然，而是一种基本的经济状态，因为竞争会带来低价、进而侵蚀利润。其他公司有能力为了追逐利润而入局或扩张，就是竞争存在的标志。像顶级烤面包机公司这样拥有差异化产品的公司，其利润受到侵蚀的直接原因与销售"大路货"产品的企业不同，单位成本增加且销量下滑是罪魁祸首，而非价格下跌。但殊途同归，仅有最高效的烤面包机生产商方能幸存，且长期来看，资本回报率会被压低至资本成本的水平。此外，无论是在"大路货"还是差异化产品的竞争之中，短期的高景气都会吸引情绪高涨的新进入者，其所添置的产能会一直存在，进而导致长期的产能过剩。因此，即使长期平均的回报率水平应等于资本成本，但也可能会在该水平上下显著波动。尽管这个过程对全球烤面包机生产商及其投资者而言很难受，但对消费者来说是有好处的。此前正是他们花出去的真金白银使得烤面包机生产商的盈利能力价值得以超过资产价值。

汽车：价值都在牌子上吗

顶级烤面包机公司及其竞争对手都是我们虚构的。不过如果缺少进入壁垒，公司价值长期来看回落至资产价值的水平，也会是相当真实的事件。甚

---

① 对于诸如小麦这样的大宗商品市场（也是"大路货"市场），只有价格是重要的。在顶级烤面包机的市场中，企业有可能实现自己产品与同行产品的差异化，但若无进入壁垒，盈利能力价值仍会缩水，直至盈利能力价值降到资产价值的水平。

至在公司和产品受益于强大品牌形象的情况下，这一过程也会显现。一个近期案例可以佐证这一点。

在全球范围内，几乎没有哪个品牌像梅赛德斯－奔驰一样被广泛认可，优秀的产品、过硬的质量和品牌声望已成为共识。梅赛德斯－奔驰的三叉星徽标志不仅是发动机引擎盖上的装饰，更是公司追求卓越的象征，可以令该品牌汽车瞬间区别于其他产品。各种产品差异化的规则都告诉我们，梅赛德斯－奔驰应该享有被强力保障的市场地位，以及作为相应结果的高利润率。但在 1995—1997 年的三年间，在收购克莱斯勒之前，戴姆勒汽车业务的可辨认资产的税前回报率均值仅有 7.2%。如果经济特许权存在，那么并没有体现在企业创造的回报之中，其回报水平低于汽车行业合理的资本成本。[①]

我们同样可以从价值的角度分析这一情况。假定戴姆勒－奔驰的资本成本率为 10%。1997 年时，汽车部门赚得 35 亿德国马克（税前），基于这一数据推算，其盈利能力价值应为 350 亿德国马克（税前）。其资产的再生产价值至少应该等于这个水平。截至 1997 年底，其资本的账面值接近 300 亿德国马克，其中不包含公司工程技术工艺、品牌形象、经销商网络以及组织经验的再生产成本。按最低价值估计，这些费用加起来约为 100 亿德国马克，差不多为三年的研发开支水平。梅赛德斯－奔驰所在市场内的新进入者几乎不可能获得比这 400 亿德国马克更高的资产价值。

梅赛德斯－奔驰并非个例。美国的汽车市场发展史呈现出同样的特点。通用汽车是产品差异化的大师级公司。基于特定的人群和收入水平，它打造出不同的品牌形象以求把握各个细分市场，其品牌阵营从低端到高端包含雪佛兰、庞蒂克、奥兹莫比尔、别克以及凯迪拉克。在 20 世纪 60 年代，这一战略创造了平均 46% 的年资本回报率，隐含的盈利能力价值大大超过了资产价值。欧洲车企将这一回报水平看作美国车市的利润机会。它们认为通用

---

① 投资银行高盛在关于戴姆勒与克莱斯勒并购案的公允意见中，估计可比公司的资本成本为 10%~12%［参见《戴姆勒－克莱斯勒股份有限公司首次要约收购报价书》（SC 14D1 表格），1998 年 9 月 24 日］。在截至 2018 年的五年之中，戴姆勒的平均净资产收益率约为 15%。考虑到品牌推广开支和其他无形资产，其净资产是被低估的，其资产权益比率（asset-to-equity ratio）也超过了 4。在同一期间，苹果公司在更低的杠杆水平下（资产权益比率约为 2.6），平均净资产收益率超过了 40%。

汽车既没有优异的技术，也没有客户渠道层面的根本优势，更没有在日益全球化的市场趋势下的规模优势。在 20 世纪六七十年代，大众、奔驰、宝马、捷豹、路虎、雪铁龙、雷诺、标致、沃尔沃和萨博都激进地开拓美国市场。通用汽车的平均资本回报率在 20 世纪 70 年代降至 28%。但外敌入侵的步伐并未停止。从 20 世纪 70 年代开始，日本品牌开始大批进入美国市场。到了 20 世纪 80 年代，日本制造商瞄准了豪华车市场。本田携讴歌产品线率先进驻，随后是丰田的雷克萨斯，最后是日产的英菲尼迪。到了 20 世纪 90 年代，通用汽车的资本回报率已经降至 6%~7%，在 2009 年的大衰退期间，公司宣告破产。在竞争性的市场中，它不再是一家高效的制造商。全球化的汽车市场，甚至包含最奢侈和极具品牌辨识度的豪华车市场，都呈现出不可抵御的竞争压力。理论和实践都证明，进入壁垒的缺失意味着仅靠产品差异化不足以支撑建立起一项好生意。

经济特许权的本质

在顶级烤面包机公司的虚构情境以及豪华车市场的真实历史中，新进入者进入市场的过程及其与在位企业竞争的能力都是关键要素。只要新进入者可以在研发和推广新产品方面与在位企业保持相同的步伐节奏（例如具备同样的产品差异化能力），那么所有的产品事实上就都成了类似大宗商品的"大路货"。长期以来利润超过平均水平的公司，受益于现存或者潜在竞争对手的能力不能与之匹敌，通常会享受到市场给予的高估值奖励。以上内容不意味着品牌没有价值。强大的品牌就像其他资产一样，品牌价值等于其再生产成本。然而，若一个品牌的价值完全等于白手起家克隆复制时的总开支，那么品牌本身就不是什么价值的来源。

只有当在位企业拥有新进入者不能匹敌的能力时，价值才会存在。当一个潜在进入者看到顶级烤面包机公司在 8000 万美金的资产基础之上创造出每年 2000 万美金的盈利时，它必须意识到它没有这个能力做到同样好。顶级烤面包机公司必须享有相较于潜在对手的竞争优势。如果发现自己不能在同等条件下与其竞争，新进入者便会敬而远之。顶级烤面包机公司的竞争优势在这里起到了进入壁垒的作用，切断了新进入者有能力与之同台竞技时会发生的利润侵蚀进程。换句话说，顶级烤面包机公司实现高盈利水平的经济特许权持续存在，依赖于它所享有的竞争优势的持续存在，后者起到了进入壁垒的作用进而抵御了竞争者。在现代市场经济的环境中，这是任何企业价值超过其资产再生产成本的主要来源。

竞争优势

和流行的管理学论述相反，竞争优势只有极少数的几种类型。在商业世界里，可持续的竞争优势的例子只是少数例外而非普遍现象。最简单的形式是政府通过授予一些特定企业在特定业务范围内的许可而创造出的排他性经营权。有线电视、广播电视台、电话公司以及电力公用事业都享受这种排他性的本地经营权。潜在竞争者被法律阻挡在外。随着技术变革，以及相关管制和许可办法的变动，一些曾被保护的企业不得不学会面对竞争。不过，政府授予的排他性特许经营权是不可能全部消失的。

然而，当代宪政民主制度下的政府一般并不会致力于让少数企业主发家致富。排他性的政府特许经营权一般会被限制在少数行业内（电力公用事业、有线电视以及本地电话服务），这些行业的成本结构决定了最有效的配置方案就是独家供应商，基础设施的重复建设是天然的浪费。经济学家称这些行业为自然垄断。作为获得排他性特许经营权的代价，政府通常会控制其定价和利润以确保所选公司不会获得超额利润。在政府监管成功的情况下，这些企业只能在过去和未来的投资中赚得同资本成本相当的利润。相应的结果是，这些被管制的垄断企业的资产价值应该和盈利能力价值相等，且不会通过成长创造长期价值。因此从价值的角度出发，相比于政府管制的保护，我们对在此之外的经济特许权更感兴趣。

成本和收入优势

非政府类的竞争优势都遵循各类生意的基本利润等式：收入减去成本等于利润。这里的一个关键要素是成本。顶级烤面包机公司或梅赛德斯－奔驰的潜在竞争者有可能会因为无法将成本降至和他们一样低的水平而被阻挡在外。能够保持这种成本优势的唯一方式是在位企业拥有新进入者无法做到的生产技术或产品。例如，产品本身或生产工序相关的专利，就是一种以成本为基础的竞争优势。技术诀窍和专业知识（know-how）是另一种重要的优势，有时也被描述为向右下方倾斜的学习曲线。即便是积累了一定的经验，跟在位者的高效经营相比，新进入者在所需的专业技能方面仍会处于追赶地位。这里的考验是，新进入者能否获取包含人员操作技巧在内的所需技术，是否具备与在位者同等的基础条件。对顶级烤面包机公司和梅赛德斯－奔驰来说，并没有什么技术或其他知识是他们的潜在竞争者所获取不了的。

另一个可能的成本优势是拥有更便宜的资本和人力资源。这项优势在实践中极少寻得。大多数资源在全球范围内都是充足且流动的，没什么能阻碍新进入者拥有同在位者一样的获取条件。一些受限于工会或其他限制的企业可能被迫在较高的资源成本条件下运营，但此时在位者需要担心的是最高效的竞争者，而非最低效的。在中国等较低工资国家经营的企业，因为拥有获取廉价劳动力的途径，通常被认为具有竞争优势，但这种优势是错觉。这些企业面对的强有力的竞争对手正是来自中国和其他较低工资的国家，它们同样可以获取相近成本的人力资源。

一些公司认为它们的竞争优势是能够获取廉价资本。这个论断有两种含义。大公司通常指的是与"深口袋"相关的优势，即可以凭借其竞争者无法与之相比的低成本来获取大量资本。它们脑中的竞争者通常规模要小很多，是那种在美国传统经济中扮演重要角色的"夫妻老婆店"。但这些小企业只是它们最弱的竞争者，而不是拥有同样深的口袋的最强竞争者。将深口袋作为竞争优势的企业，最终掏空口袋的情形要比他们把口袋填满的情形常见得多。

第二种常见的廉价资本是，企业可以在更有利的市场条件下售出证券，而其竞争者却在融资时面临相对不利的条件。假定一家企业以 2% 的利率发行了长期债券，而今天其竞争者需要融资时，与之可比的长期债券的到期收益率涨至 7%。看起来幸运的那家公司可能觉得自己仅仅付出了 2% 的资本成本，相比于付出 7% 成本的其他公司存在竞争优势。同样地，这种假想的优势也是错觉。如果将此前利率为 2% 的债券募集资金仍旧投资于收益率为 2% 的项目，而不是投资于可赚得 7% 收益率的竞争者发行的债券，是愚蠢的行为，而愚蠢从来都不是一项竞争优势。因此，今天这些资金的真实成本已经不再是原先的 2%，而是 7%。

真正同投入相关的成本优势，往往是基于特有资源的，例如蕴藏极高品位矿产的矿井、占据黄金地段的商店、以优惠价格签下的像碧昂斯一样的特殊人才。但就这些资源优势而言，有三点需要声明。第一，矿井、店面位置、人才通常都是被公司外部人员所控制的，如政府、房地产公司或人才自己。一定时期后相关条款需要重新协定，竞争优势会在重新定价的过程中缩水。特有资源优势通常都是短期的。第二，这样的特有资源是流动的。它们没有理由必须属于一家特定的公司，因而更应被视为特殊资产而非竞争优势。第三点与第二点相关，除非这些特殊资源是不可取代且占据了全部市场，否则就不构成进入壁垒。除非一家高效运营的铜矿企业有能力提供足够多的供应量而不给其他成本较高的企业留下任何空间，否则无法构筑进入壁垒。这一点同样适用于店铺选址。新店要么开在特殊位置的相邻地段，要么开在具备竞争性的区域。这些商店都会有客源，既有店面的地理位置虽然绝佳，但仍然有部分消费者会前往他处购物。类似的，碧昂斯也会一直面临新涌现出的音乐人才的竞争。这使得特殊资源更应被视为资产而非竞争优势，这类资产很少能够创造与成长相关的价值，这是重要的区别。

专有技术是一种更常见的成本优势来源，但也同时受限于适用的行业范围（仅在部分行业中是重要的），以及能构筑进入壁垒的程度。在快速变化的行业中，以专利保护和专有经验为基础的领先优势都是短暂的。技术优势通常都是针对特定的某项技术，当其被更优的技术替代之后，之前的优势便消失殆尽。在高科技行业，这种代际更替时常发生，现有优势必须通过持续性更新来维持。像英特尔一样能够在多代技术中保持领先的能力是无法被保证的。结果就是，高科技板块中的技术优势往往都是短暂的。

在光谱的另一个极端，类似于零售业这样的技术含量低的服务业中，技术变革的步伐非常缓慢。一段时间过后，大部分曾经领先的创新成果都会被全行业共享，从开发者或早期采用者推广至所有能有效运用该成果的企业。专有技术主要是在那些技术变革速度适中的行业中，可以成为一项显著的竞争优势。

用户需求优势

利润公式中的另一个关键要素是收入，它取决于用户需求。如果在位企业拥有这方面的竞争优势，它必须有更优质的触达那些有需求的用户的渠道。这类在位需求优势若想持续，在位企业必须能够在某种程度上锁定客户。在开放和竞争性的经济环境中，只有少量方法能够锁定客户。通常与高复购率有关的习惯，很可能是最强有力的。对于想要和可口可乐竞争的气泡水公司而言，它必须吸引可口可乐的饮用者停止饮用他们最爱的可乐，这不是个容易的任务。消费者研究和历史经验表明，可乐饮用者强烈地依恋着他们的可乐。对比而言，饮用者对另一个领先酒饮品牌百威的依附性就要弱一些。当用餐者进入中餐馆、日料店或者墨西哥餐馆的时候，他们并不抗拒点一瓶该国生产的啤酒，但不太可能要一瓶本地的可乐。

对于非日常购物清单中的特定商品或服务，同样有其他锁定客户的办法。如果对于客户而言，搜寻替代产品或者服务的成本很高，那么新进入者就很难吸引在位者的客户，除非他们对在位者相当不满意。我们可以看一下住宅保险市场的例子。除成本以外，一份保单还有许多层面的因素需要考虑：保障范围、免赔额、服务水平、除外责任、保险公司的信用可靠性等。除非有强烈的动机，否则极少有房主会自找麻烦去更换住宅保险公司。况且，如果换用了不合适的保险公司，一旦灾难发生代价会非常惨重，考虑到这一点之后房主不愿更换保险公司的倾向就会更强。

鉴于这些困难和风险，这个市场的新进入者会发现，即便只是引导那些对现有保险公司满意的消费者考虑一下搜寻替代者，都会很困难。实际来看，新进入者能够抢到客户的唯一办法，就是提供比在位者低得多的承保保费。只要在位者的定价策略不是过于激进，或者对新进入者此举反应迟钝，这招几乎注定会失败。在这种情形下，完全不必等到在位者的高利润水平被侵蚀殆尽，新进入者就会停下步伐。在我们举出的这个例子里，高昂的搜寻成本限制了新进入者的入侵，在位者盈利能力价值和资产价值之间的溢价没有消失。

高转换成本是锁定客户的第三种方式，可能也是最普遍的一种。如果消费者从一家供应商换至另一家需要投入金钱、时间和精力，在位者就会拥有相较于新进入者的优势。例如，当一家公司更换涉及薪资管理、效益管理、内部通讯、转账以及其他重要功能的软件系统时，所需投入的不只是软件成本，还包括对员工开展大范围的再培训。这就足够糟糕了，更何况软件新安装的出错率还在增加。这也就不奇怪为什么企业保留当前系统的倾向总是非常强烈。如果说在薪资管理等功能的软件系统层面存在这种倾向，那么在管理订单录入、采购、生产、存货、运输、账单以及应收账款的软件系统层面，这种倾向将是其 10 倍——也难怪后者这样的功能系统常被贴切地冠以"任务关键级"或"企业关键级"的名头。大量押注于新的、改良的、集成的甚至全功能的系统却最终失败的公司，最终都走向了衰亡。

对于像微软这样的公司，甚至是上一个计算机时代的 IBM，转换成本都是一种强大的竞争优势。在其之后的新进入者并不能站在平等的竞技场上。由于绝大多数用户都已经对微软的系统十分熟悉，换用不熟悉的替代品是有成本的，新进入者若想成功就必须克服这一难题。此外，伴随计算机用户相互间的交流增加，除非其他人都同时换用了同一个新的软件供应商，否则单一用户的转换成本会比原来更高。对每个用户来说，即便是能换用世界上最好用的通讯软件，若没其他人在用的话也没什么好处。相对不那么明显的是，若新供应商需要掌握消费者、客户或者患者的详情细节，也会存在转换成本。这一规律适用于新的律师、银行、物业管理公司（比如需要熟悉现有系统的维修服务商）、健康保险计划、医生（需要了解处方对患者的潜在药效与风险）等。这一规律对谷歌的竞争者也适用，谷歌可以依靠多年积累的用户经验来调整其搜索程序以满足每个用户的需求，其竞争者也必须能够做到像谷歌一样高效地处理用户的搜索请求。

无论是虚构的顶级烤面包机公司的例子，还是现实存在的梅赛德斯 – 奔驰及其对手车企，都不太可能受益于显著的客户锁定能力。其产品的复购率很低，也不太会受到习惯驱使。[①] 对顶级烤面包机公司来说，其产品的搜寻成本很低。而对豪华车而言，搜寻成本甚至可能是负的——参观有吸引力的展厅、被销售人员以礼相迎、试驾新款豪华车型很难说是一种繁重的体验。最后，当决定了要替换烤面包机或者汽车时，无论是选择哪家作为替代，转换成本都基本相同。用营销学的话说，品牌忠诚度才是最关键的，而非品牌形象。顶级烤面包机公司和梅赛德斯 – 奔驰的用户都不太可能有高品牌忠诚度与复购行为。

我们在前文中曾提到，尽管投资分析师们频繁使用"进入壁垒"一词（通常是为了证明某只证券的高价是合理的），在竞争激烈的商业世界中，真正的壁垒只有极少的几种形式。最明显的是政府授权，如经营许可、专利、版权或其他直接将潜在竞争者阻挡在安全距离以外的保护手段。其他所谈及的壁垒源自成本（供给侧）或用户（需求侧）层面的优势，主要包括专有技术或客户锁定。由于这两类优势都以利润公式为基础，我们很自然地会认为它们已经穷尽了有用的竞争优势的全部类型。事实上并没有，尤其是当我们强调竞争优势的持续性时，还存在第三个需要明确并仔细讨论的重要类别。

规模经济效益与可持续的竞争优势

客户锁定和专有技术的不足是其存续期有限。正如前文所述，技术优势天然是短暂的，在高速和缓慢变革的情形中都会消退。客户锁定的存续期一般会长一些，但就像技术一样，用户最终也会离世——有的时候的确如此，但更多时候只是用户在成长过程中口味发生了改变，购买习惯成熟了。儿童

---

① 鼓励用户通过短期租赁的形式用车，是车企尝试提高其产品购买频率的主要方式。不过与气泡水消费者的复购和习惯行为相比，车企这一举措迄今为止收效甚微。

有着强烈的习惯偏好，因而是容易锁定的用户，但他们总会长大。以小孩为目标客群的公司需要不断地重新锁定每一代孩童。对于想要长期受益于进入壁垒的公司而言，它必须能够在捕捉新的技术和一代代用户的过程中持续享有竞争优势。这便是规模优势所能提供的。

规模优势的好处非常简单而直接。当前和潜在的竞争者因无法匹配在位者的运营规模，因而没法实现同等水平的业绩表现。规模优势既能体现在更低的成本上，也能体现在更广的渠道上。为了让优势更持久，公司需能够守住其市场地位。如果竞争者可以轻易偷走其用户，那么规模优势也会消失。最后，更大的规模给予的优势必须达到一定的量级，较小的公司必须在显著的劣势之中经营。如果规模优势仅带来 2%~3% 的市场份额，则很难阻挡潜在的竞争者。

在成本侧，规模经济效益与固定成本在整个成本结构中的占比相关。当固定成本在总成本中占大头时，公司生产的产品数量越多，单位产品的平均成本就越低，因为不变的固定成本被分摊到了更多的产品之中（假定单位产品的变动成本并不会随着规模增大而增加）。在我们那个年代，典型的例子就是卖给成千上万用户的现成的软件产品。组织运营、设计程序、编写代码、调试并寻找上百名用户进行测试是需要投入大量资金的，但此后每多卖出一张软件光盘的成本几乎为零，若通过互联网下载或以云端存储付费订阅的形式售卖则边际成本更低。在这类情况下，能够获取大多数市场份额的竞争者，将会享有比同行更低的单位成本。

在需求侧，规模经济效益以网络效应的形式体现。这一规律所指的情形是，有越多的用户使用某一款产品，对每个用户来说该产品都会更有价值。微软就是这类网络效应的受益者，既因为有 Windows 操作系统，也因为拥有由 Word、Excel、PowerPoint 和 Outlook 组成的办公应用程序套件。如果这些软件是企业白领和其他组织的通用工具，那么学校也会培训其学生使用该类软件，以使其毕业工作后可以快速上手。同样形成闭环的是，这些学生的雇主也会基于最小化培训成本的考虑而选用微软的产品，而弃用哪怕技术含量更高的小众产品。相似地，对于在线个人卖家（专职的电商卖家或挂卖闲置物品的业余卖家）而言，如果其中大多数人都通过亿贝平台销售、使用贝宝（PayPal）作为首选付款方式，亿贝平台将能提供比其他平台更丰富的物品供买家选择，自然也会有更多的买家被吸引到平台上来，且只需要熟悉贝宝这个唯一的付款方式即可。这种一个买家面对一群分布广泛的卖家的反向拍卖形式，简化并改善了买家体验。卖家的情况也是一样的，面对更多的买家资源，同样也只用熟悉一种付款方式。网络效应帮助买卖双方都能在更大的市场范围内提升交易效率。同样的特征更显著地体现在命名贴切的"社交网络"之中。Facebook（Meta）是最显而易见的例子，这甚至不需要电影作品加持。[①] 对于像 Instagram 和 WhatsApp 这样的潜在竞争者，Facebook（Meta）在其起势之前便通过收购的方式巩固了进入壁垒。

这类规模优势的关键特征，是其对当前以及潜在的新技术与新用户都同样奏效。在专有技术的例子中，我们可以考虑英特尔和超威半导体（AMD）在制造下一代个人计算机使用的微处理器方面的竞争。如果英特尔当前主导市场并且期望在未来能持续主导微处理器的市场，它将会拥有 8~10 倍于超威半导体的资源规模。如果两家公司研发开支占收入的比重相同（每单位销售额对应的研发开支相同），英特尔在追逐下一代处理器的进程中将能拥有 8~10 倍于超威半导体的投资额。超威半导体或许有时走运，能够制造出某一款暂时超越英特尔同一时期产品水平的微处理器，但由于投入资金差异巨大，英特尔会迅速拥有超越超威半导体的更新一代的产品。从长期来看，正是由于投入资金的差距，这场新兴科技的竞争赢家终将是英特尔。英特尔还在吸引新客户（个人计算机制造商）方面拥有优势。

英特尔的研发开支占收入比也可以比超威半导体更低，比如总开支仅 5 倍于超威半导体。此时和上述例子中一样，凭借更低的单位成本，英特尔可以给个人计算机制造商开出更低的价码。同时，英特尔还受益于显著的网络

---

① 由著名导演大卫·芬奇（David Fincher）指导的电影《社交网络》（*The Social Network*）于 2010 年上映，该片以 Facebook（Meta）及其创始人为原型，荣获当年度奥斯卡及金球奖评选中的多个奖项与提名。截至 2023 年 5 月 12 日，该片在国际权威电影评分网站 IMDB 上的评分为 7.8（满分 10 分），在国内权威电影评分网站豆瓣上的评分为 8.2（满分 10 分），在全球范围内受到广泛关注与认可。——译者注

效应。由于英特尔／微软标准主导了个人计算机市场，应用程序开发者都倾向于编写能够在该环境中良好运行的程序。这将会使得装有英特尔芯片的个人计算机拥有更多、质量更好的应用程序。这种数量和运营方面的优势使得制造商更青睐英特尔的芯片架构，并愿意静候其新一代处理器，而非转用同期技术更先进的超威半导体的芯片。正因为在客户层面的这个优势，微软／英特尔系统在超过 30 年间主导了 20 多代技术。这是实践中规模经济效益持续性的写照，即便是在一个技术迅速变化的板块之中。[①]

规模经济效益在技术含量较低的市场同样可持续。我们看看经营本地市场的零售商沃尔玛，它在阿肯色州这样的本地市场拥有 60% 的市场份额。本地分销、仓储和向各个门店的货运物流，都受益于局部的规模经济效益。凭借更大的规模，相比于更小的竞争者，沃尔玛的仓库拥有更高的吞吐率和更低的单位成本。对于同样的运量，沃尔玛的货运距离更短，因而单位运输成本更低。本地广告是一项固定成本，相比于阿肯色州的其他竞争者，沃尔玛可以将其分摊到更多的销售额上。相比门店分布更稀疏的竞争者的管理人员，有经验的沃尔玛的经理可以花费更少的时间管理本地门店，从而省出更多的时间用于其他管理工作。在像零售这样的行业中，技术水平较低的人员流动频繁，管理的有效性和参与度对高效运营至关重要。结果就是，沃尔玛相比对手拥有更低的成本，通常也会使消费者获得更好的购物体验。沃尔玛利用这一规模优势打出"天天低价"的战略，当地竞争者无法与之匹敌。长期以来，"天天低价"反过来也给予了沃尔玛在获取新消费者、维持甚至增加主导性市场份额方面显著的优势。同样，在没有网络效应的本例中，规模经济优势给沃尔玛带来了在一代又一代消费者身上长期可持续的优势。

对制造商来说，产品线的开发成本通常是固定费用，使得产品线的市场份额成为决定规模经济效益的重要因素。通用电气是一家巨无霸公司，但

[①]　差不多 20 年前，我们最初在本书第 1 版中进行了这一分析。1998 年，英特尔拥有超过 10 倍于超威半导体（AMD）的收入、4.6 倍于后者的研发开支，但其研发开支占收入比只是后者的 44%。2018 年，英特尔的收入仍是超威半导体的 10 倍，研发开支达到了 9 倍，研发开支占收入比增至后者的 86%。其中绝大多数资金投入到了移动计算芯片和其他非个人计算机市场，在该领域英特尔面临着比超威半导体更有竞争力的其他制造商的竞争。详细讨论参加关于英特尔的案例四。

它仅在特定的产品系列上因为主导相应市场而受益于规模经济效益。基于区域性或者特定产品系列的规模经济效益，是我们在实践中最常见到的竞争优势。极少有公司能够建立全国甚至全球性的优势，即便有也很难将这种优势复用在多个产品系列中。用最明显的例子来说，即便是自己建立了微型计算机的标准，IBM 也未能将其主导地位由大型计算机拓展至台式计算机。这一块的优势被微软占据了，但微软在操作系统和标准的办公程序以外的广阔市场也并不成功。正如我们所知，这个广阔市场是巨大的。

规模经济的第二个重要方面隐含在上述两个例子中。这里我们所说的"规模"指的并不是总体规模，而是像英特尔和沃尔玛一样，在所经营的特定细分市场中的规模。英特尔在个人计算机微型处理器市场中有规模优势，但在智能手机信号处理芯片、游戏机的图形芯片或个人计算机的存储芯片市场，并没有一样强大的规模优势。相关市场的范围是由投入固定成本的方向所定义的。如果英特尔意图进入上述任一市场，其研发总开支需要分散到信号处理、图形或存储芯片之中。由于在这些市场中份额很小，英特尔并无规模优势。网络效用同样也有细分市场针对性。智能手机或游戏机的应用开发商并不会编写在英特尔 / 微软环境中运行的程序，在其中有着其他主导企业，英特尔较之处于竞争劣势。英特尔能在全球范围内占据优势是拜个人计算机市场的全球化特质所赐，但明显在产品维度方面优势仍是局部的。

在沃尔玛的例子中，分销、广告和区域管理都是针对特定地理范围的。沃尔玛总体的规模并不是关键，关键的是在每个区域性市场中的"密度"（即当地市场份额），从而可以使广告宣传覆盖整个区域范围，分销和管理系统也可以在当地高效运转。[①] 向基础设施不能复用的不相邻市场（如墨西哥和加拿大）或在当地没有主导地位的市场进行扩张，沃尔玛始终没有获利。一

---

① 许多分析师声称沃尔玛的绝对规模水平为其议价能力提供了规模经济优势。我们这里的证据对这一论断提出了强烈反对。当沃尔玛发展壮大但分布更为分散之后，其利润率不升反降。沃尔玛在北美洲以外的国际扩张明显不成功。仔细分析公开财务数据就能发现，沃尔玛付给供应商的价格与大型竞争者通常相同。

个典型的例子是健康维护组织（Health Maintenance Organizations，HMOs）[①]等服务类企业。一家覆盖了纽约大都会区域 60% 市场的健康维护组织，可以在更大的客户基数上分摊其广告和管理等本地固定成本。若覆盖 60% 的患者，显然当地所有医院和医生也会认为加入其网络十分必要。伴随医生和医院的大量加入，该组织也能提供比其竞争对手更好的治疗方案以供选择，从而进一步加强对患者的掌控。上述这样的优势和该组织在芝加哥、迈阿密、达拉斯甚至更近的波士顿的市场地位都无关。对服务类企业来说，关键在于地理区域范围内的规模（密度），而非总体规模。

规模经济效益的第三个特征是其不能自我防御。若想受益于规模优势，公司必须能够在竞争中守住这一优势。单靠更大的市场份额并不足以使英特尔的研发开支超过超威半导体或其他潜在竞争者，它有能力支持这一开支是因为预期未来可以保有同样的主导规模。假设超威半导体预期通过一款"更好的"芯片来占据全部市场，此时它会乐见其规模在未来比肩英特尔，因而理论上也会愿意投入同等规模的研发开支。相似地，沃尔玛能从更大的广告、分销和管理设施投入中获得优势，只能是因为它能够在竞争中保住其消费者。如果一个新进入者可以与沃尔玛定价一致，并抢走沃尔玛一半的消费者，届时沃尔玛在仓库基础设施、货运物流和成熟管理层面的优势将不复存在，相应的进入壁垒也将消失。规模优势需要被获得，但同样需要被保护。

这种保护在某种程度上要依靠客户锁定，或者至少是用户惯性。需求优势可以不大，但必须足以避免新竞争者抢到相当的市场份额。假定一家成本结构受益于规模经济效益的在位企业获得了更大的市场份额。如果它可以在对标潜在竞争对手的定价、产品质量和营销预算的情况下守住其消费者，它就能保护自己的主导市场份额。并且，得益于规模优势效益带来的低单位成本，它会享有比对手更高的利润率，从而为持续占据主导地位奠定了基础。只要跟进新进入者采用的任何创新举措，它就一定立于不败之地。网络效应

[①] 健康维护组织是一种通过向会员收取固定年费，而提供医疗卫生服务的医疗保险组织。这种组织用预收费用的方式，与医疗卫生服务提供者（例如医院、医生等）协调，为医疗保险计划、自筹资金医疗保险计划、个人和其他实体提供或者是安排管理式医疗护理。与传统的医疗健康保险计划不同，它强调预防性药物以及通过日常诊断检查的方式进行早期治疗，以降低成本。——译者注

有着天然的客户锁定优势，毕竟若想削弱在位者的优势，需使得用户一起同时转投竞争者。此外，在拥有规模经济效益时，时刻提高警惕保护该优势是十分必要的。管理层优先考虑的是保护市场份额，对标甚至预判竞争对手的产品特征、营销方案或定价举措。这些都非常有必要，因为一旦市场份额被侵蚀，根本的成本和网络优势都将随之缩水。

在英特尔和沃尔玛的例子中，英特尔是受到客户锁定保护的。它的那些领先的个人计算机制造商已经习惯于依靠英特尔来交付大量技术领先、品质过关的芯片。换用其他的新供应商，哪怕是有着类似 IBM 的资源支持，也依然是冒险之举。制造商们有着对英特尔的天然偏好，英特尔也通过对高科技和高品质的持续追求来加强这种绑定，并通过"内置英特尔"（Intel Inside）图标和后续方案来锁定终端消费者。沃尔玛受益于大多数购物者常有的习惯行为，但它仍通过"天天低价"政策来加强其行为惯性，甚至不惜以当期利润为代价。

"好"生意小结

现在，我们可以总结一下，享有可持续竞争优势的"好"生意是什么样的。它必须享有客户锁定（有时也包括专有技术）支持下的规模经济效益。规模经济效益要分市场而论，不在于总体规模，而是在特定市场占有的规模。我们最后一个例子有助于理解这一点。可口可乐是经典的拥有经济特许权的生意。它在一个多世纪的时间里赚得了优异的回报。它是公认的典型的全球品牌，但事实上它的所有利润本质上都是在其所主导的一小部分国内市场中获得的。在本地灌装和分销的基础上，固定资产是针对各个局部市场投入的。对零售卖场的广告和营销开支同样是和各区域绑定的。在这些可口可乐主导的市场中，它将这些固定成本分摊在远超其竞争者的产品数量中。结果便是，它的总成本要显著低于其竞争者。相比于竞争者，它可以给予产品更低的定价，将更多资金投入宣传推广，同时仍享有高利润率。由于消费者对可口可乐的品牌认同感极强，即便它提价也几乎不会丢掉什么市场份额。

在这些高利润的国家或局部市场中，可口可乐强大的竞争优势构筑起坚实的进入壁垒，甚至不需要什么"秘方"的帮助。

我们可以度量一下可口可乐护城河的宽度。首先来看一个新进入者想要赚到资本成本所需获取的市场份额。这取决于可口可乐在每个局部市场的规模优势大小。我们可以将世界的饮料公司利润率以及各自在本地市场的份额列出来，做一个大致的估计。这一利润率会随着各类饮料的特质以及区域性而有所变动。例如，与可口可乐这样的品牌一同售卖的高价精酿啤酒等产品可能需要的市场份额较少，但总体来看，像可口可乐这样在更大范围的市场中售卖的饮料至少需要 20% 以上的本地市场份额才具备存活的经济基础。护城河的第二个要素是客户锁定，这决定了获取目标市场份额的难度。同样，这一点也涉及诸多变量。如果一家在位企业相当强势地捍卫其市场地位，那么相比更随和、更关注自己当期利润的在位企业，抢夺市场份额的目标会更难实现。我们可以看一下咖啡因软饮料长期以来在局部市场的份额稳定性——在任意年份仅有平均不超过 0.2% 的市场份额更替。基于可口可乐饮用者的深度品牌忠诚度，这并不意外。

在每年仅有 0.2% 的市场份额变动的情况下，想要达到 20% 的市场份额需要 100 年的时间。这是一条足够宽的护城河，并且可口可乐通常会十分积极地保护自己的地盘。可口可乐的防卫措施有两种形式。第一，可口可乐可以通过多投广告和改良分销的方式增加其固定成本，当然更重要的是相应逼升竞争对手的成本。稳定市场中的更高的固定成本，意味着新进入者需要提高市场份额目标以达到存活下来的经济基础。第二，它可以调整价格并推进提升品牌忠诚度的活动来增强其客户锁定程度，同时减缓新进入者获取市场份额的速度。

豪华车在全球市场的护城河宽度则是另一个极端。原本只在国内市场销售的车企现在只需要区区 2% 的全球市场份额，就足以在广阔的全球市场中存活。该市场的份额稳定性远低于可乐市场。我们能观察到单年度 0.5%~1% 的份额变动，因而达到 2% 的市场份额只需两年时间。豪华车市场的护城河可以说不仅狭窄，而且还能架桥越过。

这些计算都是基于竞争优势和拥有经济特许权生意的历史证据。这些案例显示，拥有经济特许权的企业基本都是着眼于细分市场的生意。巨大的全球市场不说不可能，至少也很难主导。类似全球汽车市场，如果新进入者拥有不到 3% 的市场份额就可以存活，那么想将任何人拒之门外都很困难。正如个人计算机行业所呈现的，繁荣发展的都是聚焦于细分市场的企业，而非更显眼的、遍布全球的个人计算机制造商。IBM、戴尔、索尼、惠普 / 康柏，甚至是拥有自己的操作系统的苹果最终都获利甚微，甚至退出了该领域。相反，有操作系统和相关办公套件的微软、以数据库为基础拓展至相关商业应用软件的甲骨文、开发搜索引擎的谷歌、主营字体和图像的奥多比（Adobe）以及放弃存储芯片业务而专营微处理器的英特尔，都在其细分市场享有高利润率以及长期的支配地位。像沃尔玛、手机领域的威瑞森以及健康保险领域的联合健康保险（United Healthcare），都主导着特定地理区域，并且在区域扩张方面非常慎重。

可持续的竞争优势建立在规模经济效益（一定比例的固定成本）以及（或者）网络效应的基础之上。在每个局部市场，都是最大的或主导的企业拥有这些优势。事实上，这是拥有经济特许权的生意的主要特征——主导其局部市场。规模优势可以被客户锁定、专有技术、（有时存在的）政府许可或其他准入限制所保护和支持。这些企业可以多年实现高水平的投资回报率，在此期间它们能够维持其市场主导地位。它们的市场份额非常稳定，历史上仅有失败的入侵尝试，甚至根本没有人试图进入。这个论断必须分市场来看。没有主导的竞争者以及（或者）大量公司进出的市场也鲜有可持续的竞争优势。对拥有经济特许权的企业而言，能创造价值的成长出现在公司具备现有竞争优势的市场，通常在其现在主导的市场之内或相毗邻。

在评估竞争优势时，从相对更为定性的维度——市场支配地位、失败的入侵、规模经济效益、客户锁定以及专有技术，去审视会更清楚。只有确认了这些定性的要素，才值得采用更定量的指标——投资回报率、市场份额稳定性以及护城河的持久度，去检验一家企业拥有的经济特许权。从复杂的数字计算开始很难做到直观清楚。

最后有两点值得注意。第一，类似美国的可口可乐和百事可乐、全球飞机制造业的空客和波音，可能存在不止一家竞争者享有市场支配地位。在这种情况下，这些企业之间的竞争动态是决定其利润率和成长价值的关键要素。最好的战略是选择合作。共享的竞争优势介于一家独大和全无进入壁垒的竞争性市场之间。管理好合作关系，只要不触犯反垄断法，就能创造与一家独大的市场相同的行业总利润。成长也是可以创造价值的，只要每个参与方都能控制住把市场吃尽的原始冲动。失败的合作以及雄性激素刺激下的竞争，最终会招致竞争性市场环境，破坏竞争优势可能具备的任何价值，成长也无法创造任何价值。①

第二，正如前文所述，管理层的质量对价值评估至关重要。优秀的管理层无疑是一项优势，只不过在竞争性情形中，没什么能保证优秀的人才能够持续坚守。正如沃伦·巴菲特指出的，当一个声誉糟糕的行业迎来了一位声誉良好的管理者，通常是行业的声誉淹没了管理者的。理解了这句颇具智慧的论断，我们始终聚焦行业或者更精确的——市场层面的声誉。我们将会在后续章节讨论管理层的问题。

公开市场中各类证券的交易代码，并不包含令投资者足以分辨该公司是否拥有真正的经济特许权的标签。公司总部的访客又不是需要翻过"进入壁垒"（如果存在的话）才能与公司高管碰面。在公司声称其旗舰产品所具备的诸多优势之中，鲜有持久的竞争优势存在。发掘经济特许权是一项高难度技能，需要花费时间和精力来掌握。同时，这项技能也并不容易拓展。价值投资者喜欢在其能力圈内活动，他们已经积累了一些领域的知识，比如报业、保险公司、有线电视、破产债权等，以及其他崭新但性质类似的投资类型。当本杰明·格雷厄姆通过检视财务报表来寻找其"净–净"标的时，他的确不必担心对目标公司所在行业所知甚少。他所担心的只是资产价值，以及能够保护自己免遭频繁亏损的足够充分的安全边际。但在当今世界，市场价格

---

① 关于理解市场的竞争状况以及企业基于进入壁垒的竞争策略，本章进行了简要论述。有关的详细讨论和案例分析，请读者参考《竞争优势：透视企业护城河》。——译者注

已然超过了资产价值，使用该指标度量的安全边际已为负值，当代价值投资者最好能够识别和理解公司的经济特许权来源及其竞争优势的本质。若非如此便是赌徒行为，只是在冒险下注而非真的投资。

拥有经济特许权的企业：成长价值评估

VALUE
INVESTING

唯有拥有经济特许权的企业，其增长才能创造显著的长期价值。我们已经讨论过这类公司的特点，并解释了为什么只有它们能从增长中受益。识别这类公司只完成了做出可靠投资决策的一半任务，而剩下的另一半任务是确定为增长支付多少对价合适。历史资料显示，投资者整体而言支付的价格偏高。高成长"魅力股"的估值水平通常偏高，由这类股票所构成的投资组合，回报通常低于市场组合的回报水平。[1] 如果格雷厄姆和多德式投资者打算买入成长股，就必须能够靠谱地区分估值过高的股票和能够提供真实价值的股票。本章介绍对于成长股的价值投资方法，在不违反格雷厄姆和多德的基本原则的前提下，扩展了格雷厄姆和多德价值投资的哲学与方法。

成长股投资者面临一个基本问题——成长型公司的内在价值通常无法准确计算，以至于无法在投资决策中发挥作用。对于保持恒定速度增长的现金流，在资本成本稳定的情况下，计算其价值采用的标准公式，是给现金流的初始规模一个特定的估值倍数。用一个简单的例子加以说明，假设初始现金流为 1 亿美元，这个估值倍数等于 1 除以稳定的资本成本（比如 10%）减去恒定的年增长率（比如 5%）的差额。10% 减去 5% 得到 5%。1 除以 5% 等于 20。1 亿美元 × 20 倍等于 20 亿美元，这样一来，这个初始现金流为 1 亿美元、以 5% 速度恒定增长的永续现金流的价值为 20 亿美元。

虽然上述计算简单明了，但这个公式可靠性不高。即使参数只是稍有变化，计算结果都会产生较大的波动。假设现金流的恒定年增速不是 5%，而是 4%。假设资本成本率不是 10%，而是 11%。那么，1 除以 11% 减 4% 之

---

[1] 详见本书第 2 章。

差 7%，我们计算出来的估值倍数就会变成 14 倍，这样现金流的价值降为 14 亿美元。反之，如果资本成本率是 9%，恒定年增速为 6%，1 除以 3% 等于 33，那么估值倍数将是 33 倍，这一系列现金流的价值上探到 33 亿美元。这些轻微变化就能产生 19 亿美元的误差（33 亿美元减去 14 亿美元）。对于 20 亿美元的平均值[①]而言，19 亿美元的误差几乎就是 100%。

在投资实务中，估计未来长期的增长率和资本成本率时，误差很难保持在 1% 以下。那么基于上述方法对成长股进行估值，通常会有 100% 甚至更大的误差幅度。在这种情况下，确保拥有合适的安全边际是一项颇具挑战性的工作。这个问题既不取决于我们选择的特定假设数字，也不取决于增长率和资本成本的恒定假设。这是复利效应的结果。我们把这家公司的现金流作为增长型永续年金来进行估值，正是这么长的时间（甚至是永远）让复利产生了巨大的影响。就增长率来说，哪怕是增长轨迹的微小变化，通过复利效应放大，最终也会造成在遥远未来的现金流产生巨大差异。在货币的时间价值方面，对于未来现金流折现使用的资本成本，哪怕微小变化，都会带来远期现金流之现值的显著差异。成长股的价值在很大程度上取决于那些遥远的未来现金流，而增长率和资本成本各自的微小变化都会导致估值产生较大变动。

为了避免这个问题，我们需要另一种方法来进行投资决策，避免估计内在价值时容易出现的错误。换一种思路，我们做以下比较：以当前市场价格买入成长股所能获得的估计回报水平对比其他投资机会可获得的回报水平。这种方法有两个优点：（1）未来的回报水平通常可以比未来的价值估计得更准确；（2）未来回报水平的决定因素——增长率、贴现率、经济特许权的稳固程度，与回报本身之间的关系，相较于它们与内在价值相对复杂的非线性关系，前者更加直接和透明。格雷厄姆和多德的价值投资方法有一个重要优点：使用与基本假设明确和直接相关的价值衡量指标。

尽管我们强调内在价值的问题，但是当我们计算未来回报水平的时候，

---

① 这里的平均值指的是增长率和资本成本各自三个假设的平均值，分别是 5% 和 10%，将它们代入公式算出 20 亿美元价值。——译者注

内在价值确实也会对其产生影响。内在价值毕竟是格雷厄姆和多德用来描述企业经济价值的术语，有别于企业在任何时间点的市值。内在价值与市值的比值影响价值创造和增长回报，而不受未来增长率的影响。即使我们无法精确地计算出内在价值，也可以从一个简化的假设开始，即内在价值和市值是相等的。如果内在价值大于市值——传统格雷厄姆和多德风格锁定的标的，那么计算出的基准回报率实际上低估了实际回报率。如果内在价值低于市值——我们支付了过高的价格，那么基准回报率将高于实际回报水平。我们可以通过比较基准回报率和资本成本率来判断究竟是哪种情况。当基准回报率超过资本成本率时，内在价值大于市值，增长所创造的回报率大于增长率。如果基准回报率低于资本成本率，则实际回报率低于基准回报率。然而，把精力聚焦在成长股的回报率也有其代价。专注在回报率，我们放弃了将资产价值与盈利能力价值进行比较，正如我们所了解的，这种比较是对基于盈利进行估值的重要验证。不过，根据第6章的讨论，我们定义的成长股都拥有经济特许权，其盈利被护城河保护，这意味着资产价值只是其价值的次要决定因素。对于像可口可乐这样的公司，计算资产价值对估计其整体内在价值的贡献相对较小。

另一个问题与投资中的卖出决策有关。买入决策基于当前的市场价格，而卖出决策需要确定一个愿意卖出的价格。当成长性对价值没有显著影响时，就像没有经济特许权的企业，内在价值可以被合理准确地估计。在这种情况下，以接近或者超过内在价值的价格来卖出，这一决策是明确且具备可执行性的。对于成长股，也就是拥有经济特许权的公司，我们无法对内在价值做出靠谱的估计，以作为卖出决策的依据。我们可以决定在该股票的未来回报率低于某个预定水平（如市场平均回报率）时卖出。然而，估算的回报率往往对市场价格的变化不敏感。也就是说，市场价格处于相当大的区间范围内，往往都会让未来回报率大致可被接受。基于回报率的方法，虽然可以改善对于拥有经济特许权的企业，也就是成长股的买入决策，但并不能解决卖出决策的问题。因此，对于格雷厄姆和多德风格的成长投资者，即使做得很成功，也一致认为卖出决策——何时以什么价格卖出，是他们面临的最大挑战，这并不令人惊讶。

估计成长股的回报率

尽管可能无法精确地估计成长股的内在价值，但有可能在合理准确度内计算出以任何给定的市场价格购买股票所能获得的回报率。这里介绍一个有效的方法，将回报率分解为三个部分，按照格雷厄姆和多德的传统，每个部分都与企业未来的重要基本假设直接相关。上面提到的三个部分是：（1）来自当前盈利能力的现金回报；（2）来自企业外部的市场发展带来的"有机"盈利增长，以及由此创造的价值增长；（3）扣除留存收益用来支持有机增长所需的部分，管理层配置剩余资本创造"积极"成长所带来的价值。

用公司的盈利能力除以其股票市场价格，得到可持续的盈利回报率。[1]用这个盈利回报率 × 预计该公司在未来通过股息和股票回购方式将盈利分配给股东的百分比估计值，得到估计的现金回报率。现金回报率的未来增长可以从两个方面进行估计：公司在核心市场可能的有机增长，以及留存收益再投资可能创造的未来回报。假设公司的分配政策不变，现金分配和盈利的整体增长率应该可以转化为价值的增长率，并最终体现在股票市场价格的变化上。购买股票的估计总回报，等于估计的现金回报率与价值增长率之和。我们将这个总回报率与投资市场股票组合的平均回报进行比较，后者应该是股票投资者的替代选择。而且，明智的投资决策应该着眼于估计的成长股回报与整体市场回报之间的安全边际是否足够补偿成长股的投资风险，特别是由于经济环境变化导致的经济特许权被侵蚀的风险，我们称之为经济特许权的"衰减"。[2]

---

[1] 更准确地说，如果公司有大量的债务、现金以及其他非经营性资产，我们应该用税后净营业利润除以企业价值（股权市值加上广义债务，减去包括现金在内的非经营性资产）。参见本书第5章关于企业价值与股权价值的讨论。由于增长主要与公司的核心业务相关，企业价值通常更适合用于评估成长股。然而，为了方便讲解，我们在这里关注股权价值。

[2] 这个词出自首鹰投资管理公司（First Eagle Investment Management）的马修·麦克伦南（Matthew McLennan）。

当前盈利能力的现金回报

我们通过一个简化的例子来说明相关流程。假设有一家公司叫"联合通用"，在一个特定的产品市场占据主导地位。这家公司目前的可持续收入为30亿美元，可持续净利润率为8%，那么可持续盈利能力为2.4亿美元。联合通用公司的资本来源都是股权，账面没有额外的现金，也没有非运营资产，目前公司市值为40亿美元。以目前的市值买下联合通用公司的盈利回报率是6%（2.4亿美元除以40亿美元）。管理层决定盈利中分配给股东的比例。未来的股息分配可以根据明确的股息政策或者历史惯例估算出来。在联合通用这个虚构案例里，我们假设管理层已经设定了公开的股息分配目标，即把60%的盈利分配给股东，而且这个目标与历史惯例一致。根据这个股息分配政策，未来股东的现金回报为每年1.44亿美元，即2.4亿美元的60%，对于投资额40亿美元而言，现金回报率为3.6%（6%×60%）。这个3.6%是对应目前盈利能力的现金回报。未分配给股东的9600万美元盈利（对应2.4%回报）将被保留下来，重新投资于公司运营。

有机增长

对于联合通用公司或者其他任何公司而言，能够创造价值的增长，其创造的回报水平一定超过支持增长所需资本的成本。通常情况下，这仅指联合通用享有可持续竞争优势之核心市场内的增长，也就是联合通用护城河保护下的市场。我们所说的有机增长有两个来源。第一个来源是公司核心市场的增长。这包括人口增长（更多的客户）、家庭可支配收入增加（平均每个客户有更多需求）以及稳定的定价权。第二个来源是生产力提升带来的成本降低。这将提高联合通用公司在这些市场的利润率，而进入壁垒阻止了潜在的竞争加剧对定价能力的侵蚀。利润率提升将创造快于收入增长的盈利增长，进而加快价值有机增长的速度。

我们可以用三种方法估算联合通用未来在其核心市场的收入有机增长速度。

第一种方法，我们可以观察衡量有机增长的直接指标，分析这些指标的历史趋势。这些直接指标衡量现有市场的地理分布和产品范围内的需求增长情况，但并不衡量核心地区以外的扩张带来的影响，因为这通常是进行"积极"投资的范畴。在零售企业，对于产品线稳定的成熟门店而言，同店增长（same store sales growth）就是上述直接指标的例子。现有市场中成熟产品线的收入增长是一个更普遍的衡量指标。如果这些指标的历史增长率一直很稳定，那么我们可以合理地假设它们将大致持续下去。如果增长一直在加速，那么估计的有机增长率可能超过历史增长率。如果增长一直在放缓，那么估计未来的有机增长率将低于历史增长率。在任何情况下，我们关注的都是长期指标，而不是最近的变化。对于联合通用而言，我们假设有机增长的历史指标多年来一直稳定在每年大约 3% 的水平。

第二种方法，我们预测人口、收入和客户行为的基本趋势，评估它们对企业未来收入之有机增长的影响。最自然的起点是总体经济活动的增长，通常用 GDP 来衡量。然后，考虑到公司所在市场的特定地理、人口和产品特点，对这一宏观经济增长率加以调整。例如，美国的东南部和西南部地区一直比东北部和中西部地区增长更快，这种趋势可能会继续下去。在美国和全球，富裕家庭的收入增速多年来一直比平均家庭收入的增速要快 2%~3%。不太富裕的家庭的收入增速比整体经济增速要慢 2% 左右。在大多数发达经济体中，住房、医疗、教育、旅游和娱乐等服务支出的增长速度一直快于商品支出。例如，在 1970 年，一个普通的美国家庭将其收入的 23% 用于食品支出，其中 18% 用于购买食材杂货，5% 用于餐厅用餐。相比之下，在 2010 年，餐厅用餐的支出保持在 5%，但只有 9% 的家庭收入用于购买食材杂货，是 1970 年数字的一半。

第三种方法，我们研究与目标公司相似的市场或产品的需求，研究其历史增长率。例如，如果想预测主导欧洲航线的某廉价航空公司的有机增长速度，我们可以看看美国或者亚洲廉价航空公司的历史增速，并根据区域 GDP 增速的不同进行相应调整。

我们假设联合通用公司向以平均水平混比搭配的美国家庭，销售以平均水平混比搭配的产品和服务组合。在这种情况下，有机增长应该大致对应于预期的未来 GDP 增长，大约为 3%（按名义值计算）。我们还假设这个 3% 的数字可以相当精确地反映公司历史上收入增长的稳定趋势。那么，无论根据联合通用公司的发展历史，还是根据经济趋势所做的预测，公司收入的未来年度有机增长预估均为 3%。[1]

由于可持续的进入壁垒最终植根于规模经济效益，核心市场里的有机收入增长应该会带来经营杠杆的增加，从而提高利润率。技术的改进应该也会提高利润率。因此，盈利的有机增长速度应该超过收入的有机增长速度。虽然这方面的影响通常很小，但通过研究联合通用在其核心市场里的历史利润率增长率，我们还是可以发现。我们假设历史上联合通用在核心市场的盈利增速平均比收入增速要快 0.5% 左右。把这部分经营杠杆效应加到预估的 3% 收入增速上，就可以估算出每年盈利的有机增长率，也就是价值的有机增长速度，大约为 3.5%。[2] 所以，用 40 亿美元买下联合通用公司的股权，除了能够获得当前盈利能力的现金回报 3.6%，这部分的价值有机增长是我们获得回报的第二部分。

有机增长确实需要一些投资配合，通常是在净营运资本方面。对于联合通用公司 30 亿美元的收入，3% 的有机增长率意味着第一年有 9000 万美元的新增盈利。我们假设每增加 1 美元的收入需要增加合计 0.15 美元的应收账款和库存，但不需要固定资产投资；新增合计 0.10 美元的应付账款和应计负债部分抵销了前述应收账款和库存的增加额。那么，每增加 1 美元的收入，需要的净投资为 0.05 美元。[3] 由于第一年额外增加的收入为 9000 万美元，因此所需的净投资为 450 万美元。这笔净投资的资金来源是联合通用公司未分

---

[1] 在业务范围没有变化的情况下，如果最近的收入增速明显快于经济增速，那么最好还是采用经济增速的数字。反之，如果最近的收入增速明显慢于经济增速，那么可能存在需要进一步调查的管理问题。糟糕的管理水平可以改善，而违背基本经济趋势则比较困难。

[2] 如果历史数据没有显示出利润率提升的趋势，我们应该忽略理论上经营杠杆提升和技术改进带来的影响，并假设未来的盈利增速等于收入增速。

[3] 从理论上讲，利润率提升所产生的那部分有机增长可能需要一些投资。然而，因规模报酬增加而带来的利润率提升，不需要这种投资。在实践中，持续改进技术流程的投资回报率非常高，达到 50%以上，因此前面这些投资往往可以忽略不计（详见斯隆基金会的研究报告）。

配给股东的 9600 万美元盈利。扣除这 450 万美元之后，剩余的 9150 万美元可用于"积极"投资，在有机增长之外再创造第三部分的回报。

积极投资创造的成长

这部分额外的成长和价值的增加，取决于联合通用的管理层如何有效地配置可用于积极投资的 9150 万美元。如果这些资金被浪费在尝试打入其他企业主导的回报诱人却享受宽阔护城河保护的市场，那么这些尝试的成功概率很低，即使管理层能够从中赚取些许回报，也会远远低于资本成本。如果公司在这些投资上的回报率为 5%，而其资本成本为 10%，那么每 1 美元再投资只能产生价值为 0.5 美元的回报。在这种情况下，9150 万美元的再投资每年只能为公司增加 4575 万美元的内在价值。管理层可以对 9150 万美元的再投资换一种思路，着眼于公司拥有经济特许权的市场，大幅提升运营效率，或者增加设备和扩展产品线，充分享受公司在广告、研发、分销和管理方面的现有规模经济效益。在这种情况下，新投资的回报可能会大大超过公司的资本成本，因为公司的护城河可以保障其投资回报不会受到竞争的侵蚀。如果资本成本为 10%，公司在增量投资上获得 20% 的回报，那么每 1 美元的再投资价值为 2 美元，对于 9150 万美元而言，积极投资驱动的价值增长为 1.83 亿美元（9150 万美元 ×2）。为方便起见，我们把每 1 美元的积极再投资所创造的价值称为与管理层资本分配举措相关的"价值创造因子"。价值创造因子小于 1（例如，在我们最初的例子里为 0.5），表明管理层在破坏价值；而价值创造因子大于 1，意味着管理层在创造价值。

积极再投资所创造的价值就是价值创造因子 × 积极再投资的金额。这个数字可以转化为再投资回报，即用创造的价值除以创造该价值所支付的市值 40 亿美元。在这个例子中，如果资本配置不当，价值创造因子为 0.5，那么 4575 万美元的价值创造仅代表 1.14% 的积极投资回报率（4575 万美元除以 40 亿美元）。如果有不错的资本配置，比如前面讨论到的 1.83 亿美元增值，那么对应的积极投资回报率为 4.58%（1.83 亿美元除以 40 亿美元）。

资本配置的质量对投资成长股未来可以实现的回报水平有很大的影响。

公司管理层花费资金、时间与精力，不懈地想办法提升运营效率，这通常是投资驱动的价值创造里效率最高的，所贡献的额外回报水平通常会显著超过核心市场之外的投资，因为后者无法受益于企业既有的竞争优势。通过对资本配置战略的全面评估来计算价值创造因子，是成长股投资获得成功的关键因素，但也是很难处理的问题。这种分析的复杂程度远远超出了对当前现金回报率和有机增长率的估计。我们将在本章后面的部分详细讨论这个问题。

我们暂时假设联合通用的管理层对 9150 万美元积极投资的资本分配成效还可以，但算不上卓越——每 1 美元积极投资产生 1.6 美元的价值。在这种情况下，积极投资创造了 1.464 亿美元的价值（9150 万美元 × 价值创造因子 1.6），相对于买下公司的对价 40 亿美元，回报率为 3.66%。与任何投资一样，支付对价对回报率有较大影响，买得越便宜，回报率就越高。

我们现在可以计算出投资联合通用的总回报。现金回报是 3.6%。盈利有机增长增添了 3.5% 的回报。留存收益的积极投资又贡献了另外的回报 3.66%（四舍五入为 3.7%，以避免华而不实的精确度）。将这三个部分加总，投资联合通用的总年回报率是 10.8%，或者说在 10.5%~11% 之间。我们在表 8-1 中总结了这些计算结果。

表 8-1　　　　　　　　　　投资联合通用公司的回报计算

联合通用	金额 （百万美元）	占市值或者假设参数的比例	假设
可持续的收入	3 000		基本假设
可持续的盈利	240		可持续盈利回报率 6%
现金回报	144		股息支付率 60%
现金回报率		3.6%	以市值 40 亿美元投资
有机收入增长	90	3.0%	基本假设：可持续的收入 为 3 000 亿美元
有机利润率提升		0.5%	基本假设：可持续的收入 为 3 000 亿美元
有机增长的回报率		3.5%	收入增长加上利润率提升

续前表

联合通用	金额 （百万美元）	占市值或者假 设参数的比例	假设
再投资的留存收益	96		2.4 亿美元减去 1.44 亿美元
有机增长的投资	4.5		有机收入增长 9 000 万所需 的 5% 净营运资本投资
积极投资	91.5		9 600 万美元减去 450 万 美元
价值创造因子	1.6		基本假设
积极投资创造的价值	146.4		9 150 万美元 × 1.6
积极投资创造的回报率		3.7%	以市值 40 亿美元投资
总回报		10.8%	现金回报率、有机增长的 回报以及积极投资创造的 回报之和

增长率与增长的回报率

投资联合通用的总回报为 10.8%，包括 3.6% 的现金回报和 7.2% 的增长回报。增长回报是 3.5% 的有机增长率与积极再投资的回报率 3.7% 之和。对于本例和其他类似的例子，我们隐含假设增长创造的回报与相关增长率相等，即 3.5% 的有机增长率创造了有机增长回报 3.5%。但这个假设通常未必精确，了解背后原因，对于我们理解基于回报评估拥有经济特许权的企业的方法是至关重要的。

为了强调增长率和增长回报之间的区别，我们首先讨论有机增长的影响。我们假设增长率和资本成本均恒定，联合通用公司 3.5% 的盈利有机增长率会带来内在价值 3.5% 的增长，对于这家拥有经济特许权的企业来说，其内在价值基于盈利能力价值。因此，如果联合通用公司的内在价值为 30 亿美元，3.5% 的盈利增长率为 3.5%，等于是让股权价值增加了 1.05 亿美元（3.5%×30 亿美元）。但是，对于股东而言，回报率还取决于当初买入联合通用股票的价格。如果联合通用股票的市值为 40 亿美元，那么 3.5% 的有机盈利增长率给股东带来的回报率仅为 2.63%（1.05 亿美元除以 40 亿美元）。如果联合通用股票的市值是 20 亿美元，那么 3.5% 的有机盈利增长率给股东带来的回报率变成了 5.25%（1.05 亿美元除以 20 亿美元）。[①] 只有当联合通用公司的内在价值与其股票市值相等时，3.5% 的有机盈利增长率才会与有机增长的回报率相等（1.05 亿美元除以 30 亿美元）。

此处涉及一个简单但重要的公式。对于任何企业，我们用 g 来表示有机盈利的增长率，用 r 来表示有机增长的回报率，用 V 来表示内在价值，以及用 M 来表示市值。股权价值的增加额为 $g \times V$（即 gV），那么股东获得的回报率为 gV/M。我们用公式表述：

$$r \equiv 有机增长的回报率 = gV/M = g(V/M) \qquad （公式1）$$

换句话说，有机增长的回报率等于盈利增长率 × 内在价值与市值的比率。如果联合通用的股价比较便宜，即市值低于内在价值，那么有机增长带来的回报率将超过有机增长本身的增长率。如果联合通用的股价过高，即市值高于内在价值，那么有机增长带来的回报率将低于有机增长本身的增长率。当内在价值和市值相等时，我们在例子里默认的有机增长回报率等于有机增长率才成立。我们在图 8-1 中展示这些关系。

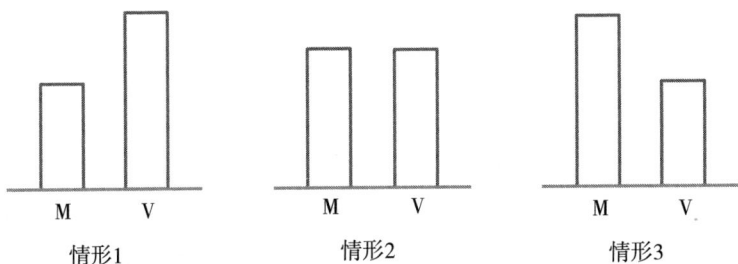

图 8-1

在情形 1 里，股价的低估放大了有机增长率对有机增长带来回报的影响。

① 联合通用公司市值与内在价值的之间差异不至于显著影响公司的业务运营。

在情形 2 里，准确的估值使有机增长率对有机增长带来回报的影响不变。在情形 3 里，股价的高估削弱了有机增长率对有机增长带来回报的影响。

传统的回报计算，比如股息贴现模型，通常都会自动假设市值和内在价值总是相等的，以至于增长率和增长相应的回报也总是相等的。在现实中，特别是在格雷厄姆和多德方法所处理的情况中，市场价格与内在价值的背离是投资流程的核心所在。因此，我们必须明白地考虑内在价值与市值的比率对未来回报率的影响。可是，我们的困难在于，之所以专注于回报率，正是因为我们无法可靠地衡量成长股的内在价值。所以，我们无法计算出内在价值与市值的比率，以此作为将增长率转化为与增长相关的回报率的调整参数。因此，我们目前在简化假设的基础上计算回报率，即内在价值和市值相等，V 与 M 的比率为 1，以后我们将详细讨论放宽这一假设的影响。

公式 1 对于积极投资回报率的计算也有影响。我们是直接计算这部分的增长回报率，用积极投资创造的价值（投资额 × 价值创造因子）除以联合通用的市值。可是，对应这个回报率的盈利增长率，则必须通过公式 1 计算出来。因为增长的回报率 r 等于增长率 g × 内在价值与市值的比率，所以增长率 g 等于增长的回报率 r 除以内在价值与市值的比率。如果联合通用的股票被低估，那么对应于 3.7% 的积极投资回报率的盈利增长率将小于 3.7%（V/M 比率大于 1）。如果联合通用的股票被高估，那么积极投资的盈利增长率将大于 3.7%。同样，只有当联合通用的市值和内在价值相等时，3.7% 的增长回报率和盈利增长率才会相等。由于无法准确地测量内在价值，我们将暂时假设市值等于内在价值。

在这个假设下，3.7% 的积极投资回报率应该对应积极投资相关的盈利增长率 3.7%，也就是整体盈利增长率为 7.2%。这个数字可以与联合通用的历史平均盈利增长率进行比较，作为对我们对有机增长回报和主动投资回报相关假设的重要检查。但我们必须记住，这种简单的比较唯有在公司市值和内在价值相等的情况下才适用。目前，让我们假设在过去 10~20 年里，联合通用公司的盈利增长率平均为 7% 左右。勿忘前面提到的注意事项，基于这个假设，这代表我们估计的增长回报率大致与过去的历史一致。[①]

对于我们估计的 7.2% 增长率究竟是否有效，最后应该检视其增速是否过高，以至于联合通用公司在整体经济所扮演的角色显得不切实际。如果我们预测联合通用公司的长期增长率超过 15%，而名义 GDP 增长率为 3%~4%，那么这家公司最终将成为整体经济中非常耀眼的部分，这对于大多数公司来说不是一个现实的前景。所以，对于 40 亿美元的投资，除了现金回报率 3.6% 之外，加上价值增长率 7.2%，整体回报率为 10.8%，或者说大概为 10%~11%。[②]

比较回报率

10%~11% 的回报率直接说明了联合通用作为投资机会的吸引力。在我们撰写本书时，很多短期的政府债务的利率低于零，长期政府债券的利率在 2%~3% 之间，而相对安全的长期公司债券的利率为 4%。按照这些基准衡量，10%~11% 看起来是非常理想的回报。但是，联合通用的回报应该与可比的风险资产和股票市场的回报进行判断，对于风险程度和联合通用相似的投资机会，回报率大约是 6%~7%。通过与替代投资机会相比，联合通用的回报水平看起来就没有之前那么有优势了。在做出投资决策时，尽可能准确地计算出适当的替代回报显然是很重要的。

对于格雷厄姆和多德风格的投资者来说，还有一个必要的步骤，分析价值与价格之间的安全边际是投资流程的核心。对于内在价值能够可靠衡量的投资，安全边际是获得的价值和支付的价格之间的差额；支付的价格代表放弃的替代机会的价值。对于基于回报率的投资决策，计算出的未来回报率代表收到的价值，而适当的替代回报率代表了放弃的机会。这种比较的两部分

[①] 如果联合通用公司的股票目前被低估了，那么（1）3.5% 的有机增长所创造的回报率将大于 3.5%；（2）与 3.7% 的积极投资回报率相对应的盈利增长率将低于 3.7%。因此，如果未来增长会追随历史上的 7.2% 的增速，那么联合通用公司投资者的回报率将超过 7.2%。对于被低估的股票，历史增长率相较于估计的增长回报率显得保守，从传统的格雷厄姆和多德观点来看，保守是一个值得拥有的品质。

[②] 估计内在价值与回报率永远会涉及某种程度的不确定性。我们应该对极其精确的计算保持警惕，无论是自己的还是别人的。

都必须尽可能准确地估计，以便它们之间的差异能够为做出投资决策提供一个合理的基础。经济特许权的性质使得尽可能精确地衡量与回报率对应的安全边际尤为重要。没有任何经济特许权是永恒的。当经济特许权受损时，拥有经济特许权的企业受损程度，将远远超过竞争性行业里的企业（请参考第7 章）。对于没落的竞争性行业，企业的资本回收应该在很大程度上抵销了损失的利润。但对于拥有经济特许权的企业来说，行业衰败会造成大量的价值破坏。与回报率预测相应的安全边际必须足够大，以涵盖难以避免但又不可预测的经济特许权减值，即我们所说的"衰减"。

有两种方法可以用来估计基准回报率，用以比较和评估联合通用的预期回报率 10%~11%，尽管在大多数情况下，拥有经济特许权且无杠杆的企业能够提供 10%~11% 的回报率已经很有吸引力了。第一种方法是估计联合通用的资本成本。正如我们在第 5 章讨论的那样，由于我们假设联合通用是100% 股权融资，其资本成本就是股权成本。我们将假设在买下这家公司时，股权回报的区间在 12% 的风险资本回报与信用评级 B– 债券的 5% 回报率加上 1%（合计 6%）之间。前者是高风险股权回报率，后者是低风险股权回报率，接近债券的回报水平。这个区间的中点是 9%，也就是对平均股权风险的粗略估计，参见本书第 5 章。鉴于联合通用没有债务，而且拥有稳定的经济特许权，我们进一步假设联合通用的风险正好落在这个区间范围的下半部分，在 6% 和 9% 之间，或者说大约 7.5%。这个数字与我们估计的以 40 亿美元市值买下联合通用的回报率 10%~11% 存在一段安全距离。

第二种方法是计算当前整体股票市场的潜在回报来代表替代回报。假设股票的平均现金回报率为每年 2.5%。对于有代表性的市场指数（比如标普 500 指数），我们计算上一年的所有股息和净回购金额，然后除以现在投资这个指数的成本，就可以得到平均现金回报率。[①] 这个指数所包含整体股票的平均未来价值增长率，取决于未来的平均盈利增长率。企业的盈利增长基于美国或全球总产出和收入的增长，以及企业利润占整体收入之比例的趋势。假设名义 GDP 增长率预计为每年 3.5% 左右，这一水平与 21 世纪初的

---

① 如果上一年的数据太过特殊，那么我们在这里使用可持续的股息和净回购规模。

实际平均增长率大致相当。拆解开来，这一数字是每年约 1.5% 的通货膨胀率、每年 1% 的劳动力增长和每年约 1% 生产力提升的组合。从 20 世纪 80 年代末到 21 世纪初，美国的企业利润在整个国民收入的占比从 8.5% 提升到 13.5%，相当于年增长幅度为 1.5%~2.0%。把这一增加的 GDP 份额与估计的 GDP 增长率相结合，我们预计企业利润的增长率为 5.0%~5.5%。然后把企业利润增长率与 2.5% 的现金回报率相加，得到未来美国股票市场的整体回报率为 7.5%~8.0%。由于联合通用公司的风险水平低于平均水平，其资本成本应该在 7% 左右，这与我们直接估计的资本成本 7.5% 相近。

估算基准股权收益率的另一种方法是以总体市场的盈利收益率为基础。假设标准普尔 500 指数中的股票以 17 倍市盈率交易。这个市盈率倍数的倒数（1 除以 17）为大约 6% 的盈利收益率。平均而言，再投资的回报率应该非常接近进行这些投资的企业自身的资本成本。拥有经济特许权的企业进行积极投资将创造净价值，因为这类企业受到进入壁垒的保护，并不参与公平竞争。然而，这些净价值应该被一些差劲的资本分配部分抵销，总有管理层做出糟糕的决策，即使同样受到进入壁垒的保护。类似的均衡化过程也在并不拥有经济特许权的企业之中发生：称职的管理层做出好的投资，水平低下的管理层做出差劲的投资。同时，拥有经济特许权企业的有机实际增长率将被其他同类企业所经历的经济特许权衰减所抵消。我们还需要关心有机增长是否相对于低水平的通货膨胀而言（高通货膨胀总是伴随经济上的混乱，历史上对企业的利润表现有很大负面影响）。21 世纪初的经济环境是相对温和的 1.5% 通货膨胀率。我们把这个名义回报率加到 6% 的盈利收益率之上，得到未来可能的市场回报率 7.5%。这个数字与其他方法估计的 7%~8% 回报率相当接近。

因为我们假设联合通用是一个低风险的股票，所以其回报率所比较的基准回报率应该比市场回报率稍低一些，约为 7%。这就是我们用于计算基于回报率的安全边际的数字。那么，我们对联合通用公司 40 亿美元投资的预期回报率为 10%~11%，安全边际为 3%~4%。表 8-2 总结了上文讨论的各种计算方法。

表 8–2 联合通用公司：比较不同的回报率

方法	计算方法	股权成本	联合通用公司的资本成本
加权平均资本成本（对于只有股权融资的公司而言，是股权成本）	R=1 × 权益成本	区间：6%~12% 联合通用的风险较低且无杠杆，为 7.5%	7%
相对于市场的回报			
股息收益率 + 盈利增长率	市场股息收益率 + 盈利增长率	市场股息收益率 =2.5% 增长率 =5.0% 总计 =7.5% 联合通用的风险低于市场	7%
盈利收益率 + 通货膨胀率 ①	（1/ 市盈率）+ 通货膨胀率	市场的盈利收益率 =6% 通货膨胀率 =1.5% 总计 =7.5% 联合通用的风险低于市场	7%

经济特许权衰减

对于格雷厄姆和多德风格的投资者来说，至少需要 3%~4% 的安全边际，用来为计算错误和预期之外的事件提供保护。在做投资于拥有经济特许权企业的决策时，还有一点需要考虑：没有任何一个经济特许权是永恒的。某些经济特许权可以维持很长时间，比如可口可乐，但很多经济特许权在相对较短的时间内受到了显著的侵蚀，比如施乐公司、地方报社以及巴菲特早期钟爱的赛马日报。我们对于拥有经济特许权企业的投资，也应该要求一定的安全边际，为这种可能性提供保护。

我们将这些可能性称为经济特许权的"衰减"，并且已经把这种衰减纳入安全边际的讨论之中。由于"衰减"率很难被精确计算，所以最好将其视为影响所需安全边际的定性因素，而不是包含在安全边际计算过程中的定量

---

① 这里理想情况应该是较低水平的通货膨胀率。较高的通货膨胀总是伴随着经济上的混乱，历史上对企业的利润表现有很大的负面影响，也降低了可预测性。——译者注

因素。显然，像可口可乐这样拥有持久经济特许权的公司，我们要求的安全边际要小于知名的成熟科技企业（比如英特尔）或者处于快速变化行业的公司，比如特斯拉（未必被认为拥有经济特许权）。尽管如此，我们仍然可以从定量的角度思考极其重要的衰减率。

关于经济特许权的衰减，最简单但不是最符合实际的处理方法，是假设企业及其价值以每年 2% 的指数速度减少。在这种情况下，衰减是对增长的减项。那么，净增长将是有机增长加上积极投资创造的增长，然后减掉衰减的影响。注意区分这两个概念：企业的增长率和以当前市值买下企业获得增长的回报。对于这个简单的示例，我们可以将联合通用的安全边际直接与它的衰减率进行比较，两者之间的差额就是"净"安全边际。另外，在这种情况下，当我们看一家企业的历史整体增长率时，其中已经包含了衰减率。

处理经济特许权的衰减，一个比较符合实际的方法是运用生存概率这个概念。对于施乐和地方报社这种拥有经济特许权的企业，其经济特许权通常会被社会或技术的发展所破坏，而这些变化是在不连续、相对较短的时间内发生的。假设这种致命变化的发生率在任何一年都大致恒定在 2%。在这种情况下，企业在今年年底还活着的概率是 98%；在明年年底，生存概率是 98%×98%。如果联合通用的价值，只要企业还存在，每年增长 7%，那么考虑到衰减率，企业在年底的预期价值就是年初价值的 107%，再 ×98%，也就是其年初价值的大约 105%。[①] 这种更符合实际的模拟衰减对联合通用价值增长的影响主要是针对其预期价值，但衰减的过程跟上述没那么符合实际的方法完全相同。一般来说，这些偶发性的衰减率可以作为基本增长率估计值的减项来处理，就像我们处理持续性侵蚀所做的那样。[②]

---

① 为简单起见，我们先假设企业在衰减事件后的价值（也称为残值）为 0，尽管将非零值纳入分析也很容易。那么，企业的预期期末价值是 $(1-f)\,V$，其中 f 是衰减率，V 是企业衰减事件前的价值，$1-f$ 是企业在这一个期间的生存概率（即衰减事件没有发生）。假设企业在衰减事件后的价值是 mV 而不是 0，其中 m 是正数且小于 1。那么企业在期末的预期价值是 $(1-f)\,V$（即衰减事件没有发生）加上 fmV（即衰减事件发生）。这个公式可以改写为 $V(1-f+fm)$，或者 $V[1-(1-m)\,f]$。当 $m=0$（即衰减事件后的残值为 0）时，式子里的 $(1-m)\,f$ 等于 f。如果 m 不等于 0，与衰减有关的预期价值贬值率为 $(1-m)\,f$。非零的残值将有效衰减率从 f 降低到 $(1-m)\,f$。

② "死亡事件"之后，企业价值的下降是缓慢的，但是企业的市值可能会立即骤降，因为市场预期情况会恶化，并快速反映到股价上。

这种更符合实际的衰减观有个重要的实证意义。在这种计算方法之下，企业的历史增长率是衰减发生之前的增长率，因为"死亡事件"还没有发生。相应地，历史增长率必须根据衰减率进行调整，以包含对之后衰减可能性的估计。

我们很难精确估计经济特许权的偶发性衰减率。可行的处理方法之一是思考企业的半衰期，即在未来多少年后，其生存概率会下降到 50%。对于像可口可乐这样长久拥有经济特许权的企业，半衰期可能是 80 年甚至更久。对于像苹果或英特尔这样较新的、依赖技术而享有经济特许权的企业，半衰期可能只有 15 或者 20 年。半衰期可以用 72 法则转化为年度衰减概率。80 年的半衰期对应的年衰减率大约为 0.9%（72 除以 80），相当微不足道（相当于价值的有机增长率每年下调 1%）。相比之下，18 年的半衰期相当于每年的衰减率为 4%（72 除以 18），这就严重得多了。一般来说，25 年或以下的半衰期，意味着每年至少衰减 3%，值得我们严肃对待。

我们前面讨论的年度衰减率（或者消亡率）是负的年度回报率，必须由不考虑衰退情况下计算的安全边际来弥补。我们要保持清醒，经济特许权衰减的影响巨大，投资于拥有经济特许权的企业必须要认真考虑这个问题。如果我们相信联合通用在一个高度稳定的经济环境中运营，其经济特许权的半衰期为 50 年，那么衰减率为 1.5%，这可以被我们 3%~4% 的安全边际所弥补。另一方面，如果半衰期只有 20 年，那么衰减率是 3.6%，这就吃掉了整个安全边际。从格雷厄姆和多德的角度来看，这种方法特别有吸引力的一点就是把半衰期转化为年度衰减率，跟要求的安全边际明确连接起来。衰减率应该从估计的回报率中扣除，以计算出整体的预期回报率，因为正如上文所述，衰减率不是历史增长率的一部分。这个整体计算很重要，因为我们的基准回报率（包含衰减）只有在大于资本成本的情况下才是保守的。根据我们的定义，成功的成长股投资就是投资于拥有经济特许权的企业。忽视衰减率会夸大安全边际，增加决策基于过度乐观回报率预测的风险，这是所有成长股投资的主要软肋。

回报率计算公式

我们在上文估计联合通用回报率的思路来自大家熟悉的股息贴现模型。[①]
在该模型中，股权投资者的每股总回报由股息率和资本升值率组成。具体的公式如下：

$$r= 每股回报 = (d/p) +g \qquad （公式 2）$$

其中 d 是当期的每股股息，p 是股票的市场价格，g 是股票价格的预期增长率。在实践中，这种对回报的估计有个隐含的假设，即股票价格的预期增长率是由未来的股息增长率驱动的，而股息增长率本身是由盈利增长率驱动的，并最终由企业收入和利润率的增长驱动。

然而，联合通用的回报计算方法在几个方面与传统的股息贴现模型有所不同。首先，对于投资联合通用，我们着眼于拥有公司整体、作为所有者的回报，而不是 1 股的回报。由于联合通用的资本完全通过股权融资，上述差别显得无关紧要。如果没有股票回购，总股息除以市值，与每股股息除以每股价格是相同的。另外，如果股票数量不变，那么总股息的增长率将与每股股息的增长率完全相同。在这种情况下，公司层面的计算和传统的每股计算的结果是完全等同的。

这里使问题变得复杂的因素是股份回购。在其他条件相同的情况下，回购 2% 的流通股将使每股股息增加 2%，因为股票数量减少了 2%。从公司层面来看，以目前市场价格回购 2% 的流通股，提高了现金回报，金额为市值的 2%。从每股和公司总股本的角度来说，现金回报率都增加了 2%。这两个角度下的总回报变化都是 2% 扣除因为当期以回购形式"分配现金"而失去的未来增长，也是一样的。

我们偏好从公司层面的分析，因为它比每股的角度更适合分析拥有核

---

① 关于股息贴现模型的早期文献，请参考迈伦·戈登于 1959 年发表在《经济学和统计学评论》
（*Review of Economics and Statistics*）的文章《股息、盈利与股票价格》（*Dividends, Earnings and Stock Prices*）。

心业务的回报。对于拥有经济特许权的企业来说，企业价值的估值口径比股权价值的口径更有意义。[①] 这类企业的根本价值，尤其是由增长创造的价值，是由其核心业务创造的。核心业务由于受到进入壁垒的保护，而不受竞争影响。相比之下，非核心资产指的是净现金、证券、房产和在竞争性市场上经营的业务部门。考虑非核心资产回报的增长性是一个错误。在评估拥有经济特许权的企业时，我们应该基于其核心业务的成本来计算创造的回报，即股权加上债务，减去非经济特许权资产的价值。在这个框架里，企业对其资金提供者（也可以称之为投资者）的分配包括股息、净股票回购、净利息支付和净债务回购，这些被分配的现金来自核心业务创造的税后净营业利润。[②] 对于前述这些计算，传统的股息贴现模型很难处理。[③]

假设市值等于内在价值的影响

正如我们上面指出的，当我们从企业基本面出发计算其各种增长率时，这些增长率影响的价值，是企业的内在价值，而不是其市值。真正的总回报公式如下：

$$r \equiv 回报率 = D/M + g(V/M) \qquad （公式3）$$

公式里的 D 代表总现金回报，g 是盈利增长率，V 是企业的内在价值，M 是市值。这个公式也可以运用于股息贴现模型，公式可以被表示为：

---

① 公司层面分析的另一个好处是，它突出了在公司回购时卖出自己股票的股东和未卖出股票股东之间的回报差异。一般来说，如果公司以高于内在价值的价格回购股票，那么卖出自己股票的股东就会获益，以牺牲未卖出股东的利益为代价。如果公司以低于内在价值的价格回购股票，那么结果逆转，那些继续持有股票的股东会获益，以牺牲卖出股票股东的利益为代价。然而，对于公司回购股份，任何股东如果希望避免站在错误的一边，可以根据回购股票占总股本的比例来卖出股票。

② 如果企业有非核心、非经济特许权的业务，那么这些业务的现金分配就不能与核心经济特许权相关业务的税后净营业利润混为一谈。我们在计算买下核心经济特许权业务的价格时，就已经把这些非核心、非经济特许权业务的价值扣掉了。

③ 对于某些企业，特别是金融服务行业的公司，用股权价值是最合适的。由于经营性债务和非经营性债务（例如，应付账款与正式借款）之间的区别并不明显，我们必须从股权的角度来看待核心业务。但即使如此，我们也应该进行公司层面的分析，而不是每股角度的回报分析。

$$r=d/p+g\ (v/p)\qquad\text{（公式4）}$$

公式里的 d 是每股股息，g 是盈利增长率，v 是每股内在价值，p 是每股市场价格。v/p 在标准版的股息贴现模型中被忽略了，它纠正了该模型的一个明显的问题。没有它，无论买入公司股票的价格如何，回报的增长部分都是一样的。即使是一个无限贵的买入价格也不会降低增长的回报率，从而使整体回报率为零。但是，除非我们能够衡量一家公司的内在价值，而我们已经承认我们做不到，否则公式3的回报公式是无法使用的。这就是为什么在计算回报率时，我们以价格和价值相等的假设开始。

但我们并没有就此止步。我们将把在此基础上计算出来的回报率称为基准回报率，为了便于参考，将其命名为 r_b。根据定义：

$$r_b=D/M+g\qquad\text{（公式5）}$$

我们接下来讨论根据基准回报率进行投资决策的效果，就像我们在联合通用的案例中一样，基准回报的计算并不复杂。对于拥有经济特许权且业务增长（即 g 大于0）的企业，实际回报率 r 与基准回报率 r_b 之间的差值为：

$$r-r_b =D/M+g\ (V/M)-(D/M+g)=g\ (V/M-1)\qquad\text{（公式6）}$$

在公式6中，我们把公式3和公式5分别带入 $r-r_b$ 的 r 和 r_b。经过整理公式的右侧，消掉 D/M，简化得到了上面公式6的右侧 $g\ (V/M-1)$。如果盈利增长率 g 是正的，并且 V/M 大于1，那么 $g\ (V/M-1)$ 是正的。这意味着本质上不可观察（只能预测）的回报 r 将大于基准回报 r_b。对于拥有经济特许权且业务增长的企业，[①]如果我们的买入价（市值）低于内在价值，那么实际回报率将超过基准回报率。

在本章附录中，我们提到只要基准回报率超过企业的资本成本率，企业的内在价值就会大于其当前的市场价格。这意味着实际回报率超过了基准回报率，用基准回报率减去资本成本作为安全边际就低估了真正的安全边际。

---

① 对于处在衰减过程中的经济特许权，遥远未来现金流的价值迅速下降，传统的 DCF 计算通常比较精确。

如果基准回报率和资本成本率相等，那么市值和内在价值相等，这反过来意味着实际回报率和基准回报率相等。如果基准回报率低于资本成本，那么企业的市值大于其内在价值，实际回报率低于基准回报率。因此，如果我们买入的公司在基准回报率和资本成本之间存在安全边际，那么实际回报率和资本成本之间的安全边际则更大。因此，使用基准回报率并坚持获得基准安全边际是一种保守的投资策略。

为了运用这种规律，任何经济特许权的"衰减"率都应该被包含在整体增长率 g 里。我们必须使用已考虑了经济特许权被侵蚀的未来预期盈利增长率，来计算基准回报率。如果我们选择在基准回报率的计算中不考虑衰减率，那么保守投资的必要标准是，这个未考虑衰减的回报率应该超过资本成本率，且差值应该比我们估计的衰减率要大。这就是我们在评估联合通用的投资时使用的标准。如果应用得当，那么我们根据基准回报率来评估成长股投资的方法仍然是保守的。[①]

再论积极再投资的回报率

正如本章前文所指出的，计算留存收益之积极再投资的回报率，其过程会涉及实务和理论上的困扰，需要单独详细的讨论。估计当前的现金回报率比较简单明了。对于基准回报率，计算有机增长的回报率也相对简单，在基准情况下它等同于盈利的有机增长率。我们在讨论联合通用的例子时，说明了这个过程。对于积极再投资的回报率，创造的价值是积极再投资的金额 × 相应的价值创造因子，回报率等于创造的价值除以投资成本。这里的数学计

---

① 我们可以通过使用迭代过程来完善我们对安全边际的估计。从估计基准回报率 r_b 开始。本章附录会说明，一家公司的内在价值与市场价值的比率，等于其预期未来回报率与资本成本的比率。我们可以使用基准回报率（考虑经济特许权衰减的影响）代替预期未来回报率，用基准回报率与资本成本的比率来近似替代这个比率。我们之前假设市值和内在价值相等（即 $V/M=1$），通过这样处理，我们就可以用基准回报率与资本成本率的比率替代 V/M。带入公式之后，我们得到第二个更准确的基准回报率 r_{b2}，即 $r_{b2}=(D/M)+g(r_b/r^*)$，r^* 表示资本成本。我们会用 r_{b2} 与资本成本的比率再次进行迭代，如此反复迭代下去。在实务操作中，在进行第一次迭代之后，后续迭代能够贡献的精确度提升越来越少，显示出边际效益递减。

算并不难，难的是界定和确定企业进行积极再投资的金额，然后是界定和认定相关的价值创造因子。以卜我们将分别处埋这两个问题。

计算再投资金额有其复杂性，原因是在标准的财务账目里再投资并没有被直接标示出来。用于研究与开发、新客户获取和提高运营效率的支出通常不被视为会计上的投资。如果这些支出是为了维持企业的产品组合、客户生意和业务运营的状态，确保它们在年底时与年初的水平一致，那么这些不涉及净投资。因为新的投资只是抵销了没有在报表里计量的无形资产折旧，比如产品可能变得陈旧过时，顾客可能离开，运营管控水平恶化。但是，如果这些"隐性"投资创造了业务的净改进，那么这种投资实际上是对无形资产的净投资。如果这类支出被资本化，而不是费用化，那么营业利润率和净利润会变得更高。在这个框架下，这种支出代表积极的再投资。

幸运的是，隐性"净"投资的规模相对于企业规模的关系相当稳定，我们不需要明确解释背后的原因。这部分"净"投资的回报将表现为盈利增长稳定高于可归因为有机增长的部分，能够被明确认定为积极投资的部分。这里讨论的盈利增长经常被包含在盈利有机增长里。如果我们可以识别出企业显著水平的隐性"净"投资，那么应该可以将其解释为运营历史里偏高的研发费用或其他运营费用，伴随着高于平均水平的增长率。假设净"隐性"投资继续保持在过去的水平，我们对于未来价值增长的估计，可以采用较高的历史增长率。[①] 如果历史增长率并没有超过我们传统计算的有机增长率加上积极再投资创造的增长率，那么任何"隐性"投资似乎不太可能做出显著的价值贡献，在这种情况下，其影响应该可以被安全地忽略。[②]

---

① 我们在这里计算的是基准回报率，假定市场价格和内在价值是相等的。在这种情况下，增长率和与增长相关的价值创造百分比也是相等的。

② 暂时增加的隐性投资，比如 GEICO 在广告活动的巨大支出，更加难以合理解释。但是，偏离正常行为的企业通常会归类到"太难懂而无法形成意见"的投资机会。

价值创造因子

不论从实务还是理论角度来说，估计价值创造因子都是一项复杂的工作。因此，牢记某些广泛适用的原则会很有帮助。第一，价值创造因子（回报率与资本成本率的比率）大于 1，只适用于受到可持续现有竞争优势或者护城河保护的投资。无论是通过收购还是直接投资，这类新业务举措如果不在经济特许权范围内，其价值创造因子至多为 1。从历史上看，大多数时候其价值创造因子其实大大低于 1，代表着严重的价值破坏。在竞争性市场上金融投资的价值创造因子为 1，如果被征收双重税，则小于 1。只有专注于运营效率的投资和那些在地理或产品维度扩大现有竞争优势的投资，其价值创造因子才会大于 1。

第二，对于那些将超过四分之三的盈利进行派息的公司来说，没有必要精确地估计其价值创造因子。假设有一家拥有经济特许权的企业，目前市值对应的盈利收益率（可持续盈利除以市值）为 6.5%，也就是可持续市盈率 15 倍，对于拥有经济特许权的企业来说，这属于相当有吸引力的潜在投资机会。如果这家企业将其 75% 的盈利进行股息分配，那么新增的留存收益相当于市值的 1.6%（6.5%×25%）。企业并不需要太多的留存收益来支持有机增长。最多有规模相当于市值 1.5% 的当年新增留存收益用于积极再投资。假设管理层的资本配置水平一般，价值创造因子为 1，那么这部分积极投资为整体的基准回报率增加了 1.5% 的回报。如果资本配置水平较差，比如价值创造因子只有 0.5，那么只能给基准回报率增加 0.75% 的回报。如果资本配置水平良好，比如价值创造因子为 1.5，那么能够给基准回报率增加 2.25% 的回报。当价值创造因子的变动幅度只有 0.25 时，对积极投资创造回报的影响不到 0.4%，这个水平的影响对于一笔可靠的投资而言可谓微不足道。所以，如果企业将超过四分之三的盈利进行派息，那么对其资本分配只进行大体判断就足够了。

第三，如果一家企业通常保留三分之一或更多的盈利，并且营业利润的增长主要由有机增长贡献（即历史上整体的盈利增长率超过有机增长所隐含的部分不足 1%），那么历史上价值创造因子一直接近于 0。如果没有明确证据表明资本配置的水平得到显著改善，则应该假设价值创造因子为 0，或者接近 0。

第四，留存收益通常以现金形式持有，或用于偿还债务，以确保对企业运营没有重大威胁。这些做法的回报率取决于最终对现金或债务能力的处理情况。在最好的情况下，这些资金被分配给股东。在最坏的情况下，它们将被用于破坏价值的投资。对这些糟糕的投资，合适的价值创造因子应该低于二分之一。但即使在最好的情况下，税务也可能造成负面影响：持有现金的利息收入要被征税，偿还债务会降低对税盾的利用程度，这意味着持有现金或者偿还债务的价值创造因子小于 1。在实务里，这类投资的价值创造因子约为 0.8（省去读者花时间详细计算）。

我们必须知道公司管理层如何在以下可能的方向进行积极投资：（1）提高效率；（2）通过新开门店扩大业务足迹、增加产能或拓宽产品线；或者（3）收购新的业务或者投资于其他能够增加收入的项目，比如昂贵的营销活动。对于这些不同类型的投资，我们需要估算相对于相关资本成本的回报率范围。在某些情况下，回报率数据可以从行业数据中收集到。例如，提高效率的投资，历史上的回收期在六个月到两年之间，税前年回报率为 50% 到 200%。对于这类投资来说，给予 5 或者更高的价值创造因子并不过分，不过这类投资通常只占整个资本预算的一小部分。[1] 在某些情况下，行业专家会公开分享详细的回报计算。比如关于沃尔玛的资料就挺多的，从新开沃尔玛超级中心店的回报计算，到将现有沃尔玛超市转换为超级中心店的投资回报计算。收购的回报通常可以基于收购之后的财务报告进行估算（详见后面英特尔的案例）。对这些各类别回报计算加权平均回报率，可以得到整个公司的价值创造因子。

估算价值创造因子还有一个理论问题，任何积极投资的最终价值都取决

---

[1] 参考斯隆基金会行业研究。请注意，千万不要重复计算这部分的回报率。提升效率的投资经常被包含在自然成本节省的趋势里。若是如此，如果有被纳入积极投资的回报率里，那么就被重复计算了。

于该投资所产生回报的用途。关于这一点，我们默认的假设是这些回报将全部分配给股东。在这种情况下，每1美元的回报正好是1美元，我们不需要担心进一步进行积极再投资的回报会是多少。但是，如果全部或部分初始回报被积极地再投资于其他项目，每1美元初始回报的价值就取决于与这些二次投资相关的价值创造因子。但这些二次投资的价值反过来又取决于对其回报的处理，以此类推，将产生理论上无限的序列。我们无法计算出价值创造因子，除非我们能计算出积极投资赚得回报的再投资回报，但对于再投资回报的价值创造因子，我们到目前为止还不知道。要解决这个难题，最简单的办法就是假设积极投资获得的全部回报将被分配给投资人。到那时，即使我们接受这个假设，最好还是能知道当大部分积极投资所获回报都被继续再投资时，对我们计算的价值创造因子会有怎样的影响。

我们会在本章的附录中解决这个问题。在此，我们简单陈述两个极端情况的结果。第一种情况下，二次再投资既不创造也不破坏价值。假设所有创造价值的投资机会都主要由留存收益提供全部资金，而对留存收益规模的考虑主要是为了满足这一目标。这种情况相当于之前默认的假设，即积极投资的回报完全分配给投资者，因为在这两种情况下，价值创造因子都是1。在价值创造因子为1的情况下，对回报的处理是分配还是全部再投资没有区别。因此，每1美元积极再投资的增量回报——价值创造因子，等于增量盈利加上增量盈利的有机增长率。

在第二种情况下，初始积极再投资及其所获回报的再投资拥有相同的价值创造因子。这其实是假设初始积极再投资的机会不会耗尽甚至减少价值创造的机会。换句话说，第一轮资本配置的回报在第二轮（以及随后几轮）中获得了同等的价值创造因子，即以同样效率复利下去。如果初始资本配置创造了价值，价值创造因子大于1，那么根据本章前文对情形1的假设，实际的价值创造因子大于情形1的价值创造因子。因此，使用情形1的价值创造因子是保守的。相反，如果根据情形1的假设，初始资本分配破坏了价值，那么情形2的实际情况会更糟糕。除非当前的现金回报率是可持续的，且超过企业资本成本，否则我们应该极力避免初始资本配置和第二轮资本配置水平较差的管理层。[①]

回顾总结

在本章开始，我们首先强调对于拥有经济特许权且具有成长性的企业的投资决策，我们需要找到某种不需要依赖当期内在价值的方法。这类企业的价值对增长率和资本成本的变化极为敏感。因此，估值达不到为投资决策提供合理基础所需的精确程度。另一种方法是计算以当前市场价格买下企业的未来预期回报率，并将该回报率与适当的资本成本进行比较。本章详细讨论了运用这一方法的实际操作，应该可以缓解估值对于增长率和资本成本极其敏感的问题，寻找更适合对于拥有经济特许权且具有成长性的企业的投资，尤其能够帮助那些过去避免投资成长股的价值投资者。

计算回报率的方法还有其他几个优点。第一个也是最重要的优点，回报率视角安全边际的关键影响因素之间保持直接的线性关系。估计的回报率是增长率和当前现金回报率的简单求和。盈利预测增长率每增加 1%，预期回报率就增加 1%。[②] 这种线性关系对于当前所有的盈利水平、资本成本都是成立的。有机增长率增加 1%，整体的增长率也增加 1%，与积极投资的规模无关。资本成本变化 1%，安全边际就变化 1%。分析投资决策对于这些基本因素变化的敏感性是简单而直接的。上述方法的简洁衬托出内在价值的衡量与这些因素之间存在的复杂、相依关系。对于内在价值来说，增长率变化 1% 的影响取决于资本成本的水平、现金回报率的水平，以及经济特许权的衰减率（如果能够被识别和估计）。

盈利能力估计值的变化确实会造成更复杂的影响，但即使在这种情况下，敏感性分析也远比直接计算内在价值的方法更直接。在其他条件相同的情况下，盈利能力 1% 的变化会导致现金分配 1% 的变化。如果现金分配的

---

① 本章附录显示，如果 V_1 代表某家企业情形 1 的价值创造因子，V_2 代表同一家企业情形 2 的价值创造因子，那么 $V_2 = bV_1 / [1-(1-b)V_1]$，这里 b 代表盈利分配给投资人的比例。

② 更准确地说，应该是 1% 扣除支持有机增长所需要增加投资的微小影响。

回报率是 3%，那么这 1% 的变化会给预期回报率增加 3 个基点。考虑到留存收益和积极再投资也会增加，这里还有额外的复杂性。但如果我们对与积极再投资的价值创造因子能有一个靠谱的估计，那么我们只需将留存收益的增加额 × 价值创造因子，然后除以公司市值，就能得到回报率的变化。

计算回报率方法的第二个好处，是它能够区隔影响投资于拥有经济特许权企业的各个因素，这样我们可以将研究工作有效地集中在那些最重要的因素上。当前的盈利能力、现金分配与再投资政策、有机增长率、积极投资的效果、经济特许权衰减率和适当的资本成本，这些因素都可以个别研究。在传统的内在价值分析里，这些因素中有许多因素往往被忽视。有机增长和积极投资（属于资本分配决策）创造的两种回报的区别通常会被忽略。分配政策对有机增长的影响有限，但会显著影响可供再投资的金额。经济特许权的强度和稳定性之前的差别也往往被忽视，前者关乎利润率、盈利能力，而后者受到衰减率的影响。使用回报率框架，这些差异就都被清楚地认识到了，而且各个因素的影响也相对容易追踪。计算回报率的方法强调了经济特许权衰减的重要性，而传统的内在价值方法很少对其进行有效分析，甚至完全忽视。

最后，从本质上讲，回报率方法关注的是很长期的未来。我们假设增长率为常数，该增长率代表未来期间的平均增长率，对决定企业目前的价值有显著的影响。这个未来期间可以是 40 年甚至更长的时间。衰减率的假设也是如此。40 年的半衰期相当于每年 1.8% 的衰减率。对于投资拥有经济特许权的企业而言，聚焦在长期持有是非常必要的，还能受益于较低的税务成本和交易成本。

基于计算内在价值的决策，特别是基于 DCF 模型的决策，通常只考虑 7 到 10 年范围内发生的事件。在这个预测期末，用一个终值估值倍数 × 当时的盈利水平。这个估值倍数的选择通常很保守，但如果不考虑衰减率和盈利增长率的长期下降，我们就不清楚真正保守的估值倍数应该是多少。我们用铁路运输行业举个例子。在过去 20 年里，由于监管松弛、运营效率提升和燃油成本上升，铁路运输相对于陆路运输更具竞争力。受益于上述这些因素，铁路运输企业的净利润率稳定提高。但是，展望未来，更长期的趋势看起来并不乐观。消费形态经历趋势性的结构转变——从工业基地集中制造的商品转到本地化的各种服务，这种趋势的发展势必会降低对于铁路运输服务的需求。与此同时，3D 打印等技术发展将使制造业分散化，对整个运输业产生不利影响。智能卡车可以在没有司机的情况下组成车队、实现自动运输，能够充分利用高速公路系统，而且可以更精确、更直接地运达目的地。这些发展方向都不可能在未来 7~10 年内产生重大影响，但从长远来说则很重要。回报率模型会考虑这些因素，而内在价值模型则局限于未来 7~10 年。[①]

基于回报率的估值也有局限性。第一，对于特定市场价格，我们可以计算回报率，并且可以做出明智的买入决策。可是，卖出决策必须取决于其他投资者决定的价格。通常，根据格雷厄姆和多德的传统，这通过比较内在价值和市值来完成。但对于拥有经济特许权且具备成长性的企业来说，我们没有可用的内在价值估计值。我们可以计算某个价格水平对应的回报率，如果市场价格上涨，期望回报率就会下降。不幸的是，这种方法只提供了一个非常不精确的原则。我们计算出来的基准回报率，就像在联合通用案例中一样，通常对市场价格的变化非常不敏感。如果大部分回报来自增长，而且主要是有机增长，那么即使市场价格翻倍，可能也只会使计算出的基准回报率降低 10%。

回报率方法改善了对于拥有经济特许权企业的投资决策。鉴于计算拥有经济特许权企业的内在价值存在根本困难，针对这些股票的卖出决策仍然是一个棘手的问题。[②] 因此，以价值为导向的成长股投资者采用基于规则但有些武断的卖出方案并不令人惊讶。例如，沃伦·巴菲特通常秉持永远不卖的原则。其他价值投资者经常针对可持续盈利设定某个市盈率的倍数（比如 25 倍），一旦超过，他们就不再继续持有这些拥有经济特许权的公司。

---

① 如果一家企业的年增长率为 4%，资本成本为 8%，那么大约三分之一的价值来自 10 年的现金流。

② 现在，值得考虑的是，回报率方法是否也应该应用于并不拥有经济特许权的企业。若是如此，我们就不能再比较盈利能力价值和资产价值了。对于拥有经济特许权的企业而言，盈利并不会明显受到资产影响，所以这方面的牺牲很小。对于并不拥有经济特许权的企业来说，这意味着放弃了格雷厄姆和多德方法的主要优势之一。

第二,基于回报率进行估值并不适用于所有拥有经济特许权且有成长性的企业。想要预测未来的回报率(包括资本利得),则未来必须在合理范围内有稳定性和可预测性。否则,对增长率估计的精度就会缺乏实际意义。如果拥有经济特许权的企业以每年 15% 或更快的速度增长,那么不可能永远保持这种增长速度。较高的增长率迟早会下降到更合乎现实的水平,最多比长期经济成长率高出几个百分点。否则,正如我们所指出的,拥有经济特许权的企业将占据整个经济的大部分。我们很难准确预测这种快速增长什么时候会不可避免地转换可持续的增长率。另外,我们也很难预测某些短期发展对回报率的影响,比如更好的管理团队、经济波动、潜在的主要并购和有创新性的竞争行为。在这些不稳定的环境里,至少有某些竞争优势可能发生难以预测的改变。因此,用格雷厄姆和多德的语言来说,试图估计这些公司的回报率将是一种猜测,而不是一种投资判断。这类公司通常被归类到"太难懂而无法形成意见"的投资机会。对于拥有经济特许权企业的投资,就像更普遍的价值投资一样,关键是识别哪些是可以被我们精确认知的,并在做投资决策时专注这些因素,这也是格雷厄姆和多德的传统。

附录:拥有经济特许权企业的回报率计算

第 8 章对拥有经济特许权企业的投资回报率的计算过程,建立在一系列关于该类企业的假设之上。理解这些假设与真实情况的区别,以及与其他备选估值方法(比如估值倍数 / 比率或现金流折现法)的假设之间的区别很重要。这部分附录内容会详细地界定这些假设,揭示其含义并将它们联系起来。

第一条假设是,未来会以一种恒定的方式推演。未来收入与利润的有机增长率被假定为恒定值,股息支付率以及每 1 美元有机增长所需投入的资本也都是恒定的。每 1 美元积极投资所创造的价值也是恒定的,这意味着投资机会的质量以及管理层的投资效率是稳定的,或者其波动可以相互抵消。从等式的另一端来看,我们假定与之匹配的资本成本也是恒定的。综上,这些假设意味着价值的增长率是恒定的。最后，尽管并未直接在回报率计算中使用，经济特许权衰减的概率也被假定为恒定的，以评估计算的回报率与资本成本之间的安全边际是否充分。

事实上，历史表明，这些变量其实并不稳定，而且是以无法预测的方式波动的。严格来说，恒定未来的假设并不准确。如果我们将预测解释为未来波动的期望值，那么只要它正确捕捉了未来的平均趋势，也就不会显著扭曲估值结果。倍数 / 比率估值法或现金流折现法包含了相同的恒定假设。终值之前的中间变动假设，仅对现金流折现的估值有微小影响。因此，恒定的增长率以及营运指标假设，在各种对于拥有经济特许权的企业的估值方法中被普遍采用。[①]

我们对回报率的估计以股利贴现模型为基础，该模型通常在每股层面计算回报率。我们采用的模型则在企业整体层面展开计算，于我们而言

$$R = D/M + G \qquad （公式 1）$$

R 是买入整个企业的回报率，D 是包含股份净回购和债务支付在内的当期分配给投资者的现金总额，M 是买入包含股权与债务在内的整个企业所支付的市场价格，G 是企业价值的增长率（在恒定增长率假设下与利润增长率相等）。正如我们在第 8 章中所阐述的，对于没有负债仅有股权的企业来说，这种公司层面的计算与传统每股层面的计算是完全等价的。

对于有负债的企业来说，公式 1 中的当期现金流 D 还包含债务的净现金流，即发售和赎回相抵的净额，买入价格 M 则包含净债务的流通价值。G 所代表的盈利增长率，此时特指的是核心业务的税后营业利润。对拥有经济特许权的企业来说，企业整体视角很关键，核心业务的经济特许权是其当期价值和未来增长的源泉。

---

① 这里有一点需要注意。对于快速增长的拥有经济特许权的企业，有些分析师试图依据增速高低将其未来增长划分为不同阶段（新产品推出时常见的 S 曲线）。在实践中，这些分段时点几乎无法预测，这种方法既往的预测结果也很不准确。这类企业通常尚未完全确立其经济特许权地位，却估值高昂。退一步讲，就算它们成功地建立起进入壁垒，所处的新兴市场的增长率也并不稳定，因而难以预测。对这类企业的投资不可避免地会落入难以判断的类别。

市场价格与内在价值相等的假设

正如我们在第 7 章中所讨论的，公式 1 的适当形式为

$$R = D/M + G(V/M) \qquad （公式 2）$$

因为利润增长带来的是内在价值 V 的增长，而非市场价格的增长。跟传统的股利贴现模型一样，公式 1 包含了 V 与 M 相等的假设，即 V/M 等于 1。我们估算回报率的过程，也从这一假设开始。但格雷厄姆和多德式的投资就是从 V 和 M 的差异中获利的，因而理解在 V 和 M 不相等时回报率会如何变化很关键。

假如有一家保持恒定增长率的企业，当期的税后营业利润为 E。利润中的固定比例数额 C 会被分配给投资者，剩余部分被再投资回企业之中以实现恒定的增长率 G。R^* 代表该企业适用的资本成本。该企业的内在价值将为全部未来利润分配额的现值，在恒定增长的情况下即

$$V = CE/(R^*-G) \qquad （公式 3）$$

由于 C、R^* 和 G 都假定为常数，内在价值的增长率与利润增长率 G 相同。因此，$G \times V$ 代表一年中内在价值的增长，CE 代表当期现金回报。持有该企业的总回报 R_T，是上述两项回报之和，即

$$R_T = CE + GV \qquad （公式 4）$$

用 R_T 除以市场价格 M 即为公式 2。

在公式 3 两端同时 $\times (R^*-G)/V$ 得到

$$(R^*-G) = CE/V \qquad （公式 5）$$

在公式 2 中，用 CE 替换 D，右端两项同时提取因子 (V/M) 可以得到

$$R = (V/M)(CE/V + G) \qquad （公式 6）$$

将公式 5 代入等式 6，替换 CE/V 后可以得到

$$R = (V/M)(R^*-G+G) = (V/M)R^* \qquad （公式 7）$$

在公式 7 两端同时除以 R^*，可以得到一个有用的结果

$$R/R^* = V/M \qquad （公式 8）$$

企业的内在价值与市场价格之比，等于投资该企业的回报率与其资本成本之比。回报率超过资本成本，意味着内在价值高于市场价格。回报率低于资本成本，则意味着内在价值低于买入价格。

由于 V 无法精确估计，我们没法使用公式 2 或 5 计算 R。替代方案是，我们用基准回报率 R_B 来估算回报率。这一基准回报率是在 M 与 V 相等的假设下得出的，即

$$R_B = (CE/M) + G \qquad （公式 9）$$

采用 R_B 作为真实回报率[①]R 的估计值，带来的误差为［其中第二步为抵消（CE/M）后得到］

$$R-R_B = [CE/M + G(V/M)] - (CE/M + G) = G[(V/M) - 1] \qquad （公式 10）$$

由公式 8 可知 V/M 与 R/R^* 相等，将其代入公式 10 得到

$$R-R_B = G(R/R^*-1) = (G/R^*)(R-R^*) \qquad （公式 11）$$

公式 11 中左侧各项减去 R^* 可以得到

$$(R-R^*) - (R_B-R^*) = (G/R^*)(R-R^*) \qquad （公式 12）$$

调整各项次序可得

$$(R-R^*)(1 - G/R^*) = R_B-R^* \qquad （公式 13）$$

（$1-G/R^*$）与（R^*-G）$/R^*$ 相等，公式 13 两边同时除以（R^*-G）$/R^*$ 可得

$$(R-R^*) = [R^*/(R^*-G)]/(R_B-R^*) \qquad （公式 14）$$

---

① 这里英文原文是 true return，翻译为真实回报率。第 8 章也提到 actual return，翻译为实际回报率，译者的理解是这两者没有明显差异。——译者注

此处，我们得到了真实回报率的安全边际，与采用公式 9 中基准回报率的安全边际，这两者之间的关系。$R*/(R*-G)$ 项始终为正，因为 $R*$ 必然大于 G，否则这家拥有经济特许权企业的估值将无穷大。对于成长的拥有经济特许权的企业来说，G 大于零，因而 $R*$ 大于 $(R*-G)$，$R*/(R*-G)$ 大于 1。给定上述条件，对于成长的经济特许权企业而言，只要基准回报率的安全边际为正，那么真实回报率的安全边际就会超过基准回报率的安全边际。因此，在投资成长的拥有经济特许权的成长企业时，坚持将基准回报率的安全边际作为一项条件，是一种谨慎的策略。

最后，我们可能会想根据公式 14 计算一个拥有经济特许权企业的"真实"回报率。然而，在现金流折现法中造成终值计算相当不精确的 $1/(R*-G)$ 一项，同样也出现在了公式 14 的右端。公式 14 在定性解释方面很有用，但在定量方面用处不大。

对于业务萎缩的拥有经济特许权的企业而言，G 小于零，估算的回报率会高于真实回报率。但不断萎缩的经济特许权，并不会像不断增长的经济特许权那样带来估值方面的挑战。假设一个拥有经济特许权的企业将其利润全部分配，每年以 5% 的速率萎缩，资本成本率为 10%。盈利能力价值的乘数为 1 除以 15%（10% 减去负的 5%，即 10% 加 5%），也就是 6.7 倍。如果我们资本成本和增长率的估计有 1% 的误差，这一倍数会介于 6 倍［即 $1/(11\%+6\%)$］与 7.7 倍之间［即 $1/(9\%+4\%)$］，误差仅约 25%。在经济特许权萎缩的情况下，远期现金流的意义不大，传统的格雷厄姆和多德式估值，在对盈利能力的萎缩进行调整后，能为投资决策提供精确参考，甚至是现金流折现法也能做到。

积极投资之价值创造因子的决定因素

对不同种类的积极投资而言，尤其是企业核心经济特许权之外的单独投资，估算每 1 美元留存收益投资所创造的价值，有很多种简单方法。对企业整体的并购，可以采用与其他股权 / 企业投资相近的估值方式。我们可以采用第 3~5 章中的方法，来估算对于没有经济特许权的企业的并购。资产价值与盈利能力价值可用以计算被收购企业的内在价值。用内在价值除以并购成本，可以得到对每1美元投资所获价值的估计值，这也是该笔投资的价值创造因子。类似新店开业这样的独立项目，可以采用与资本预算相同的方式估值。项目所创造的估算价值除以投资成本，可得每1美元投资所创造的价值，这同样也是一个价值创造因子。如果估算的价值创造因子大于1，那么项目创造的回报率超过该项目的资本成本。

对单独投资项目来说，积极投资的价值创造因子大于1的情况仅有两种。第一种情况是卓越的管理层在竞争性市场中进行投资以扩张，这里卓越的管理层指的是，在不受进入壁垒保护的市场中，管理层拥有能够比竞争对手更高效运营企业的长期历史。若该公司继续保持专注并持续表现更优，其投资回报会超过资本成本。第二种情况是已建立竞争优势的公司在其核心经济特许权范围内拓展，或向相邻市场（地理维度或产品维度）扩张但能将竞争优势延展到新领域且仍受进入壁垒保护。在第一种情况下，如果管理层仅仅只是有竞争力，还谈不上卓越的话，无论精确估算的结果如何，都无法实现价值创造因子显著大于1。在第二种情况下，如果公司进入了经济特许权无法延展至的市场，甚至是更糟糕的、在位竞争者享有竞争优势的市场，那么同样无论精确估算的结果如何，价值创造因子都将小于1。

当积极再投资是源于核心经济特许权而创造出新增利润时，价值创造因子的计算会更复杂。估算的回报之中包含需要详细分析的自引用项。跟投资于有成长性的拥有经济特许权的企业一样，积极投资不能用现金流折现或其他内在价值评估方法进行估值。不确定的远期现金流的权重之高，意味着其估值结果都太不精确以致没法使用。我们必须用估算回报率除以企业的资本成本，计算出这些投资的价值创造因子。估算的回报率是下列三项之和：

1. 现金回报率，等于每1美元投入所创造的新增利润 × 分配给投资者的比例；
2. 有机增长创造的新增利润的价值；
3. 新增利润中的留存部分用于积极再投资和"二次"积极投资所创造的价值。

最后一项带来了一些潜在的麻烦。如果初始和"二次"再投资都是在相同条件下做出的，那么它们的回报率应该相等。但如果是这种情况，我们无法在不知道初始再投资回报率的情况下，估算应与其相等的二次再投资回报率。同样，我们无法在不知道二次再投资回报率的情况下，估算初始积极再投资的回报率，前者是后者潜在的重要部分。

这不仅仅是一个学术问题。这类积极投资的盈利分配比例固定，盈利的有机增长率都与核心经济特许权业务的盈利增长率一致。留存并积极再投资的部分，每 1 美元所创造的价值，与核心经济特许权业务所创造的价值相等。这类投资包含成本削减与流程改进举措，聚焦于核心经济特许权，并在地理和产品维度进行拓展。实践中，这类投资占据了留存收益积极再投资的很大一部分。

为了处理计算这类积极投资回报率时的循环问题，我们假定该项目每 1 美元投资可以创造 e 美元的新增利润。因为新增利润和核心经济特许权业务的利润并无差异，假定其有机增长率与核心经济特许权业务的利润有机增速相同。对核心经济特许权业务的利润以及 e 而言，分配比例为 C，而利润的（1–G）会被留存下来。留存收益的回报率，与其他经济特许权业务的利润进行积极再投资的回报率相同。因而，e 的增长率应该与核心经济特许权业务利润的增长率 G 相同。由于它们都是源于核心经济特许权业务的利润增长，新增利润相关的风险应该与核心经济特许权业务利润的相关风险相同。因此，与 e 相关的资本成本应该等于 R^*，即企业核心经济特许权业务的资本成本。每 1 美元新增投资所创造的价值为

$$v = Ce/（R^*–G）\qquad（公式 15）$$

此处的 C、G 和 R^* 分别代表分配比例、增长率以及核心经济特许权业务的资本成本（即沿用附录上一部分的表达方式）。假定新增利润 e 的增长率也是常数，那么每 1 美元再投资所创造的价值 v 的增长率与利润增长率 G 相同。那么每 1 美元新增投资所创造的回报为

$$r = Ce + Gv\qquad（公式 16）$$

此处的 Ce 是 e 的现金回报率，Gv 是新创造的增量价值。

公式 15 和 16 看起来非常像前面的公式 3 和 2，只是将买下 e 的成本定义为 1 美元，因而不用再去除以市值 M。因此，我们可以像公式 3 和 2 那样

来简化公式 15 和 16，得到：

$$v = r/R*$$ （公式 17）

不幸的是，我们无法使用公式 15 来精确估算 v，因为 $1/(R*-G)$ 对 $R*$ 和 G 估算值的微小变动十分敏感。估算不了 v，我们也就无法通过公式 16 估算价值创造因子 r。因此和上文一样，假定 v 等于 1（等同于前文中假设 V/M 等于 1），我们可以定义一个基准回报率 r_b，因此

$$r_b \equiv Ce + G$$ （公式 18）

同样地，公式 15、16、18 看起来几乎和公式 2、3、9 一样，除了 V/M 被替换成了 1。因此，在公式 15、16、18 中，采用和公式 2、3、9 相同的简化计算方法，可以得到

$$(r-R*) = [R*/(R*-G)](r_b-R*)$$ （公式 19）

这一公式揭示了由新增利润 e 产生的真实回报率 r，与基准回报率 r_b 之间的关系。

对公式 19 的解释，与公式 14 大不相同。公式 19 左侧的 $(r-R*)$ 项是对"二次"资本配置质量的度量。如果 $(r-R*)$ 项大于零，那么 r 大于 $R*$，$r/R*$ 大于 1。由公式 17 可知，$r/R*$ 是核心经济特许权业务进行投资的价值创造因子，即每 1 美元该投资可以创造 e 美元的新增利润。当 r 大于 $R*$ 时，v 大于 1，留存收益投资是在增加价值的。如果 r 等于 $R*$（即 $r-R*$ 等于零），那么 v 等于 1，留存收益投资是既未增加也未毁灭价值。如果 r 小于 $R*$，v 小于 1，那么管理层将占利润（1-C）的比例进行再投资是在毁灭价值。公式 19 告诉我们，可度量的基准回报率 r_b，是不可度量的真实回报率 r 的一个不错的定性代理变量。由于 $[R*/(R*-G)]$ 为正，(r_b-R*) 与 $(r-R*)$ 正负同号。只要 (r_b-R*) 大于零，那么 $(r-R*)$ 大于零，且 v 大于 1。对于有成长性的经济特许权业务而言，G 大于零，那么 $[R*/(R*-G)]$ 大于 1。因此，在这种情况下 r 大于 r_b，那么使用 r_b 估算的价值创造因子 $r_b/R*$，是对真实价值创造因子的保守估计。

另一方面，如果基准回报率低于资本成本，那么真实回报率将小于基准回报率。在这种情况下，基准回报率低估了真实的价值破坏程度。创造利润 e 低至令 r_b 显著低于 R^* 的管理层，就是在破坏价值。这种情况下的保守策略，是在积极投资似乎在定性层面被严重误导之时，假定价值创造因子介于 0.5（50% 的价值破坏）和 0 之间。用略有不同的方式归纳一下等式 19 的含义，我们可以定义一个基准价值创造因子，$v_b = r_b/R^*$，如果 R^* 大于 r_b，

$$1 > v_b > v \qquad （公式 20a）$$

如果 r_b 大于 R^*

$$v > v_b > 1 \qquad （公式 20b）$$

截至目前，我们所考虑的拥有经济特许权的企业或业务，直接将利润分配到其核心经济特许权领域、进行积极再投资。第二种可能性是，积极投资所创造的经济特许权利润，与核心经济特许权利润的类别不同。这种情况不如再投资于核心经济特许权业务常见，但也不是完全没有可能。这种投资可能是在地理或产品维度向相邻的市场拓展，部分核心市场竞争优势得以延展，但有机增长的特征和再投资机会与核心市场不同。在这种情况下，相关的资本成本 r^* 不必与 R^* 相等；有机增长率不必与核心市场有机增长率相等，股息支付率 c 也不必与 C 相等。因此，新增利润的整体增长率 g，可能与 G 不同。

在这种情况下，每 1 美元投资产生 e 美元新增利润的积极投资，其价值创造因子为

$$v = ce/（r^*{-}g） \qquad （公式 21）①$$

每 1 美元该投资的回报为

$$r = cd + g \times v \qquad （公式 22）$$

如前所述，我们可以得到

---

① 公式 21 假定用以支持新增利润有机增长的投资为零。如果该投资显著为正，可视为对新增利润再投资的抵减。

$$v = r/r* \qquad （公式 23）$$

V 取决于 v 的自引用问题再度出现。因此，我们必须对二次投资回报做出假设，并考虑两个极端情形来帮助分析。

第一种极端情形（情形 1），我们中性地假定二次再投资既未创造也未毁灭价值。在这种情形下，从估值的角度出发，新增利润是分配还是再投资并无差异。因此，回报率等式如下

$$r = ce + （1-c） e + gv = e + gv \qquad （公式 24）$$

此处，g 是新增利润的有机增长率。接着，如前所述，由于 r 和 v 无法有效地精确衡量，我们定义一个基准回报率

$$rb = e + g \qquad （公式 25）$$

此处，假定 v 等于 1。

在公式 24 所展示的二次投资中性的假设下，公式 21 到 25 的结构与公式 15 到 18 几乎一样。因此

$$（r-r*） = [r*/ （ r*-g ）] （ r_b-r* ） \qquad （公式 26）$$

公式 26 展示了可衡量的 r_b 于相关但不可衡量的 r 之间的关系。

在这种情形下，基准回报率是新增总利润率与该利润有机增长率的简单加总。基准回报率与资本成本之差，与真实回报率与资本成本之差正负号相同。因此，如果资本配置看起来不错，即基准回报率超过资本成本，那么真实资本配置情况会更好，因为真实回报率大于基准回报率。对于能够有机增长的经济特许权业务（即 $g>0$），因子 $r*/ （ r*-g ）$ 大于 1。因此，基准价值创造因子（$r_b/r*$）是对真实价值创造因子（$r/r*$）的保守估计。另一方面，糟糕的资本配置破坏价值的速度，超过基准价值创造因子所显示的程度。在这种情形下，（$r-r*$）为负且绝对值大于（r_b-r*）。

第二种极端情形（情形 2），有关公司在核心经济特许权业务之外的二次再投资，我们假设二次留存收益再投资与初次留存收益再投资的质量相同。在这种情形下，每 1 美元的二次积极再投资的价值 v 大于 1。每 1 美元初次

再投资获得的新增利润，留存下来用于二次再投资的金额为 $(1-c)e$，e 为每 1 美元初次积极投资所创造的新增利润，c 为该利润分配给投资者的比例。这里每 1 美元初次投资的再投资所创造的价值为 $(1-c)ev$。因此，初次投资的回报率为

$$r = ce+gv+(1-c)ev \qquad （公式 27）$$

此处 ce 是现金回报率，gv 是有机增长回报率，$(1-c)ev$ 是二次积极再投资回报率。也可以表达为：

$$r=ce+[g+(1-c)e]v \qquad （公式 28）$$

此处，$g+(1-c)e$ 代表总体的利润增长率，包含 e 的有机增长率，以及 e 进行二次再投资的部分 $(1-c)$。我们将这个总体的增长率定义为 h [即 $g+(1-c)e$]，那么等式 28 可以表达为我们熟悉的形式：

$$r=ce+h \times v \qquad （公式 29）$$

并且我们可以定义一个可以衡量的基准回报率，假定 v 等于 1

$$r_b = ce+h = ce+(1-c)e+g = e+g \qquad （公式 30）$$

此处，等式 30 中的第二步用定义式替换 h [即 $(1-c)e+g$]，最后一步将 ce 与 $(1-c)e$ 相加。令人惊讶的是，这个情形下的基准回报率与前面中性再投资情形下的基准回报率一样。这个原因在于基准回报率的定义。两个基准回报率都是在 v 等于 1 的假设下计算出来的，也就是假定初次再投资既不创造也不破坏价值。对于假定初次和二次回报率相等的情形，二次回报率同样也是中性的，这也正是前述第一种极端情形中的假设。因此，两种情形下基准假设相同，基准回报率相等。

基准和真实回报率的关系同样还是

$$(r-r^*)=[r^*/(r^*-h)](r_b-r^*) \qquad （公式 31）$$

此处，由于 h 大于 g，对于 $[r^*/(r^*-g)]$ 而言，在情形 2 之下大于情形

1。因此，情形 2 之下的基准回报率和真实回报率之差，无论正负，[①] 都大于情形 1 之下的差值。如果基准资本配置不错，相比于情形 1 的假设，在情形 2 的假设之下会增加真实回报率。如果基准资本配置不佳，情形 2 的假设会增加真实的价值破坏规模。

我们可以用相对简单的式子来表示情形 1 和情形 2 的差距。我们定义情形 1 和情形 2 之下在投资的价值创造因子分别为 v_1 和 v_2。从 v_2 的定义式出发，两端同乘（r^*-g），得到：

$$ce \equiv v_2(r^*-h) = v_2(r^*-g) - v_2(1-c)e \qquad （公式 32）$$

从 v_1 的定义式出发，两端同乘（r^*-g）

$$e = v_1(r^*-g) \qquad （公式 33）$$

将公式 33 代入 32 得到

$$cv_1(r^*-g) = v_2(r^*-g) - v_2(1-c)v_1(r^*-g) \qquad （公式 34）$$

公式两端同时除以（r^*-g）得到

$$cv_1 = v_2 - v_2(1-c)v_1 = v_2[1-(1-c)v_1] \qquad （公式 35）$$

等式 35 两端同时除以 $[1-(1-c)v_1]$ 得到

$$cv_1/[1-(1-c)v_1] = v_2 \qquad （公式 36）$$

此处直接将情形 2 的价值创造因子 v_2，表达为情形 1 的价值创造因子 v_1 的函数。

对其进行细微调整可得

$$(v_2-1) = cv_1/[1-(1-c)v_1] - 1 = [cv_1 - 1 + (1-c)v_1]/[1-(1-c)v_1] \qquad （公式 37）$$

或

---

① 即差值的绝对值。——译者注

$$(v_2-1)=(v_1-1)/[1-(1-c)v_1] \qquad \text{（公式38）}$$

v_2 与1之差代表情形2的假设下，每1美元再投资的净收益。v_1 与1之差代表情形1的假设下，每1美元再投资的净收益。为了使再投资价值为有限值，$(1-c)v_1$ 必须小于1，因此 $1-(1-c)v_1$ 一定大于零。因此，如果情形1之下的再投资能够创造价值（即 $v_1>1$），那么情形2之下的再投资也一定能够创造价值（即 $v_2>1$）。如果情形1之下的再投资破坏价值（即 $v_1<1$），那么情形2之下的再投资也会破坏价值（即 $v_2<1$）。$[1-(1-c)v_1]$ 因子必须小于1。$(1-c)$ 与 v_1 都必须大于零（假定 $e>0$），因而其乘积必须大于零。由此，$1/[1-(1-c)v_1]$ 一定大于1，将情形2与情形1的再投资回报相比较的结果是，无论投资是不错（即 $v_1>1$）还是不佳（即 $v_1<1$），(v_1-1) 这一差值都会被放大。

对这个差值进行一个简单说明，假定半数新增利润用于未来再投资，那么上述乘数为 $1/(1-0.5v_1)$。如果 v_1 为1.5，那么 $1-0.5v_1=1-0.75=0.25$。因此 (v_2-1) 会是4倍于 (v_1-1)，即 $4\times(1.5-1)=2$。因此，v_2 等于3，两倍于情形1假设下的1.5。如果 v_1 为0.5（50%的价值被破坏），那么 $1-0.5v_1=1-0.25=0.75$。那么，意味着 (v_2-1) 是1.33（即4/3）倍的 (v_1-1)，即 $(4/3)\times(0.5-1)$，等于 -0.67（即 $-2/3$）。因此，v_2 等于0.33（即1/3），也就是67%的价值破坏。这是很显著的差异。

案例三：WD-40

与大约在 1999—2000 年成稿的本书第 1 版相比，当前版本所述的价值投资方法有所演进，跟踪这一演进的方式之一，是对彼时分析的一些投资机会进行再检验。对于类似哈德逊通用这类资产价值明显超过盈利能力价值的"情形 A"机会来说，投资方法几乎没什么变化。但是对类似 WD-40 这类拥有经济特许权的企业来说，我们对于估值过程的理解有了很大的演进。我们将对不同日期时点的 WD-40 进行再检验，以突出公司本身以及我们分析流程的发展变化。我们先来看 1998 年 9 月末的 WD-40，彼时截至 8 月 31 日的 1998 财年年报已披露。定格在这个时点，主要是回顾一下本书第 1 版的估值流程。此外，我们将会关注 2000 年 9 月的 WD-40，这也是第 1 版中曾涉及的另一个时点。这两个时点的估值差异，是对我们当前估值方法所新增细节的有效度量。最后，我们会聚焦 2018 年 9 月的 WD-40，彼时最近几个财年的财报都已披露，因而可以展示我们在当下进行估值的新方法。

在 1995 年 12 月收购利高曼旗下"三合一"（3-in-One）润滑油品牌之前的 40 多年里，WD-40 一直是一家单一产品公司。WD-40 这个产品是一种润滑剂，用来解冻螺丝、除锈、溶解粘合剂、消除嘎吱声，无论是家庭成员自己动手还是找专业的修理人员，在需要润滑和除锈时都能派上用场。WD-40 这个名字的含义是"经过 40 次排水"，表明开发产品期间的不懈努力和尝试。产品的蓝色罐子在美国、英国以及许多其他地区的家庭、工厂和维修店铺中几乎无处不在。据公司所说，五分之四的美国家庭都会有一罐，大家每周使用 WD-40 的次数甚至超过用牙线。这意味着本土市场待 WD-40 渗透的空间几乎不存在了，虽然这对牙医来说是个好消息。

直到 2000 年，WD-40 都是一家盈利能力极强的公司：持续的高营业利润率(25%~30%)、净利率(15%~18%)以及净资产收益率(35%~42%),这还是在未对超额现金进行调整情况下的数字。但是,在 20 世纪 90 年代中期实现增长要困难得多,年增长率由 10% 降至刚过 5%。净利润这个更容易变动的指标,一直坚挺到 1995 年,之后开始往下掉。

WD–40 自 1995 年起开始了三步走,以重拾增长:收购了"三合一";内部研发了意在投放于商用市场的、功能更强的润滑油 T.A.L.5,但未获成功;还在 1999 年 4 月从布洛克医药公司(Block Drug)收购了洗手皂品牌 Lava。从我们 2000 年的视角来看,判断上述最新努力是否有成效还为时过早,这里的"成效"指的是其是否能够刺激销售额和利润增长,同时维持高水平的利润率。相反地,我们将首先聚焦截至 1998 年 8 月财年的财务数据,从尚未收购 Lava 的这一有利时点开始阐述。

WD–40 将其润滑油的所有制造、包装和运输都外包出去了。1998 财年,公司仅需 167 名员工来支持其 1.44 亿美元的收入。WD–40 本质上是一家销售公司,每年广告和促销费用大约占到了收入的 10%。WD–40 没有任何润滑油和其他产品的秘方,没有任何东西是陶氏化学、杜邦、埃克森、3M、宝洁、联合利华或其他任何在化工行业稍有竞争力的公司所无法复制的。尽管产品不受专利保护,但无论是以销售利润率、资产回报率还是净资产收益率来度量,WD–40 都在多年之中获得了极高的回报率。公司将 WD–40 比喻成"堡垒",其目标之一就是将堡垒推进到美国和英国市场之外。当公司出于环保合规考虑,将气溶胶喷射剂换为二氧化碳(对的,就是二氧化碳,这已经比此前使用的破坏臭氧层的化学品要好了)之时,它能够轻松地将增加的成本传导至下游。WD–40 具有享受经济特许权的所有特征,包括看起来尚未充分发挥的定价权。与哈德逊通用和麦格纳不同,我们需要将 WD–40 看作一个利润生产机器,其成长是创造价值的,资产只在估值中扮演不那么重要的角色。换句话说,WD–40 更可能是一家"情形 C"公司,当前的盈利能力价值显著超过了资产价值。因此,我们更需要关注盈利能力、成长潜力与当前利润率的持续性。我们需要理解 WD–40 所处的战略地位——那些本应进入市场、抢走客户,或迫使 WD–40 降价的竞争对手在哪儿?如果它的润滑剂没有什么神奇之外，是什么让挑战者们止步不前呢？

WD-40：对周密选股策略的奖励

在研究拥有经济特许权的企业时，我们需要聚焦核心业务这一价值创造的关键，意味着我们需要从企业估值而非仅仅是从股权估值开始。首先是看WD-40 股权的总市值。在 1998 年 9 月末，WD-40 的普通股股价为每股 26.5 美元。截至 1998 年 8 月 31 日，经完全稀释后的流通股股数为 1570 万股，总市值为 4.16 亿美元。[①] 在这个数字之上，我们必须减去 WD-40 所拥有的1300 万美元净现金，得到其持续经营企业价值为 4.03 亿美元。这里的企业价值是由当前市值减去其净现金得到的，净现金则是现金扣减债务。在此基础上，我们应该加上遗留负债的成本，例如有资金缺口的养老金负债，对于这类债务我们原则上必须一同偿还，以获得对基础业务的无负担所有权。我们还应减去非核心资产的价值，比如对低收入住房等不相关企业的投资，原则上可将其出售以偿还债务或遗留负债。对于 WD-40，上述调整加总接近于零，因此我们将忽略这些调整。在 1998 年 9 月底，根据当时的市价，我们需要支付 4.03 亿美元来收购 WD-40 的核心业务。

凭借支付的 4.03 亿美元，我们将收购一家 1998 财年息税前利润（EBIT）约为 3400 万美元的企业。在平均税率约为 36% 的情况下，税后利润约为2200 万美元，我们 4.03 亿美元的投资回报率为 5.5%。使用更传统的衡量标准，WD-40 这家企业的估值是息税前利润（EBIT）的 12 倍（4.03 亿美元除以 3400 万美元）或者税后利润的 18 倍（4.03 亿美元除以 2200 万美元）。两个指标都表明，WD-40 与同时期的其他投资标相比都是比较便宜的。1998年 9 月，包含不拥有经济特许权的企业在内，整个股票市场的市盈率为22~23 倍。然而，从长期历史标准来看（平均市盈率为 17~18 倍），WD-40的吸引力较弱。在 1998 年 9 月 30 日之前的一年里，WD-40 的股价在股市普

[①] 原则上，我们还应该在此基础上扣减未行权期权的潜在收益，加上其期权价值。但对 WD-40 来说，这个净值几乎可以忽略不记，因此我们选择忽略以简化计算。

遍上涨的情况下是持平或小幅下跌的。因此，总的来说，WD–40 有点令人失望；而对于一个不断增长的拥有经济特许权的企业来说，这个估值水平有点便宜；与此同时，这只 4.16 亿美元的小市值股票并没有受到金融分析师的密切关注。另一方面，它的产品广为人知且广受赞誉。作为在普涨市场中鲜见的低估值股票，WD–40 现在值得研究，但如果其估值被证明是合理的，我们也不应感到惊讶。与 2009 年 3 月的麦格纳国际不同，WD–40 不是一只明显的廉价股。

WD–40 的经济特许权

评估任何拥有经济特许权的企业的第一步，是评估其竞争优势 / 进入壁垒的性质、规模和可持续性。在竞争优势的三个基本来源中，我们已经讨论了专有技术的问题。WD–40 没有显著的专利、学习曲线优势或专有工艺技术。

WD–40 所享有的是显著的客户锁定。客户忠诚度是在多年的广告宣传和客户满意度中建立起来的，这确保了竞争对手很难说服客户去尝新。缺乏技术变革使 WD–40 受益，即便是 WD–40 自己的"新"润滑剂 T.A.L.5，与现有产品相比也没有足够大的改进以吸引客户。与产品价格相比，搜寻成本则高得惊人。一罐 WD–40 通常售价不到 5 美元，可以使用很多年。尝试每罐可能节省 1 美元的替代产品几乎没有吸引力，因为一罐使用时间太长了。重复购买更好的替代品的好处受到了低更换频率的限制。如果另一种选择令人不满意，那么消费者的损失将是全额 4 美元的购买价。即使成功概率为75%，与预期收益 0.75 美元（75% × 1 美元）相比，预期损失 1 美元（25% × 4美元）使得尝试替代产品是个亏本的提议。除了这个边际收益之外，还要考虑到寻找替代方案所花费的时间和麻烦。

零售商的经济状况可能更糟。为了吸引 WD–40 的客户，最低限度的20% 折扣不可避免地意味着较低的零售利润率，而进入市场的新品牌的批发价格折扣会比 20% 更大。考虑到有竞争力的进入者不太可能在合理的时间内吸引到 WD-40 的大量客户，因此，在零售层面的促销和货架方面的投资几乎是无利可图的。替代品牌缺少零售商支持这一点，加强了 WD-40 的客户锁定。

最后，WD-40 的市场饱和意味着只有相对较少的潜在客户不是 WD-40 的用户。即使他们是新进入者可以免费获得的目标，他们的数量也可能太小，无法支撑新进入者必须支付的固定成本。

潜在竞争对手面临的这些阻碍，自然意味着竞争优势最重要的来源——规模经济效益的存在。为了进入 WD-40 每个单独的地理区域市场，进入者必须在当地建立足以与 WD-40 竞争的销售网络和广告覆盖。WD-40 的广告和推广费用占销售额的 10%，市场份额基本为 100%。这些成本在每个地理区域市场都是固定的，无论销售额的高低。假设佛罗里达南部的市场规模为每年 3000 万美元，那么 10% 的固定营销和销售成本将是 300 万美元。如果进入者以比 WD-40 低 20% 的价格成功占领 25% 的市场份额，其销售额将达到 600 万美元（以比 WD-40 低 20% 的价格获得 2400 万美元市场的四分之一）。300 万美元的固定间接费用将消耗 50% 的销售收入。WD-40 的销售成本，即本地外包商单位产品的生产和分销成本（成本性态为变动成本），至少占销售收入的 40%。如果进入者的成本结构相同，但价格低 20%，那么其销售成本将是其收入的 50%（假设 WD-40 的单位售价为 1，单位销售成本不变，用 40% 除以 WD-40 单位售价的 80%）。这样一来，销售成本和固定的本地销售费用加在一起，将消耗进入者 100% 的收入，没有剩余用于产品管理、行政费用或本地管理监督。这个"机会"对任何拥有计算器或电子表格的潜在进入者来说，都不是一个经济上有吸引力的提议。

从另一个角度来看，假设进入者在 30% 的市场份额上具有经济可行性，并且进入者每年将获得 0.5% 的市场份额，这对于 WD-40 这样价格低、购买频率低、搜索成本高的产品来说是一个乐观的数字。达到 30% 的市场份额需要 60 年。60 年的经济生存之路可能会阻止任何理性的潜在进入者，并使任何非理性的进入者破产。WD-40 的经济实力就是如此矛盾地依赖于其市场规模的"小"。记住，最好的垄断保护是在一个小到不能再开第二家店的小镇上开一家店。WD–40 在 1998 年拥有的市场看起来非常像一个只有一家商店的小镇。

金融历史为这一观点提供了强有力的支持。到 1998 年，也就是我们进行分析的有利时点，WD–40 已经享受了 40 多年没有新进入者挑战的日子，同时从投入资本中获得了超高的回报。1998 年 8 月 31 日，WD–40 的账面价值为 5500 万美元，其中 1300 万美元为净现金，另外 300 万美元投资于低收入住房，这在当时提供了税收优惠。经营业务的股权投资账面价值仅为 4000 万美元左右。税后净营业利润为 2200 万美元，净资产收益率为 55%。从理论上讲，如此高的回报率本应吸引大批竞争对手，而 40 多年来没有人成功进入这一事实表明，的确存在着强大的进入壁垒。

1998 年的 WD–40 估值

WD-40 的盈利能力

对于 WD–40 这样拥有可持续经济特许权的企业来说，资产的再生产成本在决定内在价值这方面只起到次要作用。但盈利能力价值本身也并不能决定其经济特许权的投资吸引力，这也是事实。与处在完全竞争环境的企业相比，拥有经济特许权企业的成长可能会使价值显著增加。然而，估算盈利能力是评估拥有经济特许权企业的适当起点（见第 8 章）。表 8–3 列出了WD–40 从 1990 年到 2002 年的相关历史财务数据。

在此期间，其收入几乎没有过下降。即使在经济衰退的 1991 年，收入也只下降了约 1%，然后在 1992 年迅速恢复。考虑到没有周期性变化，当期的收入应该是可持续的收入。利润率也高度稳定，似乎不随商业周期而变化。1991 年，营业利润率实际上还有所上升。应该计算每年利润率的平均值，以得到可持续的利润率——1990—1998 年，营业利润率平均为 27.0%。

在此期间，利润率则有轻微下降的趋势，1998 年的利润率尤其地低。这

表 8-3　　　　1990—2002 年间 WD-40 的财务业绩

单位：百万美元（每股和百分比数据除外）

	1990 年	1991 年	1992 年	1993 年	1994 年	1995 年	1996 年	1997 年	1998 年	1999 年	2000 年	2001 年	2002 年
收入	91	90	100	109	112	117	131	138	144	146	147	164	217
毛利	51	50	58	65	66	67	73	79	81	82	77	84	109
毛利率	56%	56%	58%	59%	59%	57%	56%	57%	57%	56%	52%	51%	50%
营业利润	25	25	29	32	32	33	33	33	34	34	34	28	42
营业利润率	27.7%	27.9%	29.5%	29.1%	28.5%	27.9%	25.5%	24.2%	23.8%	23.4%	23.3%	17.1%	19.4%
税率	38.5%	39.0%	38.7%	39.1%	38.0%	37.3%	36.2%	35.9%	36.7%	35.4%	34.0%	34.0%	31.0%
净利润	15	15	18	19	13****	20	21	21	22	22	21	16	25
净利润率	17.0%	17.0%	18.1%	17.7%	11.6%	17.5%	16.3%	15.5%	15.2%	15.0%	14.3%	9.8%	11.3%
净债务*	−22	−25	−19	−22	−23	−25	−8	−12	−16	3	8	75	84
净资产*	39	41	45	46	42	45	47	51	55	56	53	55	83
净资产收益率	40%	38%	40%	42%	31%	46%	45%	42%	40%	39%	40%	29%	30%
折旧 / 摊销	0	0	1	1	1	1	1	2	2	2	3	5	2
资本开支	0	1	1	1	1	1	1	1	1	1	2	1	1
股息	15	13	16	18	18	19	19	19	20	20	20	18	16
回购**	0	0	−2	−1	−1	0	−1	−2	−1	1	4	–	−7
总支付金额	15	13	14	17	17	18	19	18	19	21	24	18	9
支付率	98%	85%	79%	88%	132%	89%	87%	82%	86%	95%	114%	113%	37%
流通股***（百万）	15.1	15.1	15.3	15.3	15.4	15.4	15.4	15.6	15.6	15.6	15.5	15.5	15.1
每股盈利	1.03	1.01	1.18	1.26	0.84	1.33	1.38	1.37	1.40	1.41	1.35	1.02	1.54
每股股息	1.01	0.86	1.07	1.15	1.15	1.21	1.24	1.25	1.28	1.29	1.29	1.16	0.99

* 计算中将现金类现金的长期投资算作现金。 ** 负值 = 净售出股份 *** 完全稀释 ****1994 年诉讼致税前 1200 万美元（税后 800 万美元）减少。

数据来源：WD-40 年报。

里我们应该注意，不要带入 1999 年和 2000 年利润率继续下降的情况，因为在 1998 年这个时点还没有这方面的信息。然而，值得注意的是，这种下降似乎与 20 世纪 90 年代初对销售停滞的日益担忧一致，后者导致管理层开发了 T.A.L.5，并收购了"三合一"。为促进销售增长而增加的营销费用反映在间接费用占销售额的比重上，这是利润率下降的很大一部分原因。如果我们相信这种营销支出的增长是永久性的，那么从 1998 年开始的可持续营业利润率将远低于 27% 的历史平均水平。如果我们认为更高的成本是暂时的，那么历史平均水平应该适用。由于我们不确定，我们折中了一下，将可持续利润率估计为 25%，介于 27% 和最近低于 24% 的水平之间。因此，在会计调整之前，我们在 1998 年估计的可持续营业利润为 3600 万美元（可持续收入1.44 亿美元 ×25% 得到）。

这个数字几乎不需要会计上的调整。WD-40 在 1990 年至 1998 年期间只有一笔 1260 万美元的特别费用，是 1994 年诉讼损失的结果，9 年期间平均每年为 140 万美元。相对于这一损失，1990 年至 1998 年期间的折旧费用经常等于或超过总资本开支。折旧似乎超过了任何合理估计下的重置资本支出，幅度达到每年至少 100 万美元。由于前述折旧差额调整大部分受到折旧税盾保护而不需支付所得税，所以几乎正好抵销了诉讼损失摊到每年、平均减记的 90 万（100% 减去 37% 的企业税率之后，再 ×140 万美元的税前损失）。在会计调整前，我们的可持续营业利润为 3600 万美元，略微高于调整后的数字。从 1994 年到 1998 年的五年间，企业所得税的平均税率约为 37%。如果我们假设这是一个可持续的未来税率，[①] 那么 WD‐40 的核心经济特许权业务在 1998 年的税后盈利能力为 2300 万美元（3600 万美元的 63%）。[②] 这意味着，收购核心业务的 4.03 亿美元成本带来了 5.7% 的回报（2300 万美元除以 4.03 亿美元）。

[①] 税率的长期平均值是不合适的，因为只有最近的税率和趋势才可能适用于未来。

[②] 谨记我们关注的是拥有经济特许权的核心业务的盈利能力，因此此处不应考虑利息支付。我们会通过将净债务加到购买拥有经济特许权核心业务的股权成本之上的方式，把净利息考虑进来，如果是净现金状态，则扣减相应金额。

盈利能力价值（2）

在本书第 1 版的这个位置，我们开始计算盈利能力价值，和这一版中对麦格纳国际和哈德逊通用的计算一样。我们简单地将 2300 万美元的盈利能力除以投资 WD–40 核心业务所要求的资本成本。资本成本是资金被自愿吸引以支持企业所要求的成本，是吸引廉价债务融资和昂贵股权融资成本的加权平均。这里的权重应该反映公司未来运营的实际融资结构，过度依赖债务融资的公司除外。对于过度依赖债务融资的企业，其债务成本应适当包含债务负担对企业运营造成负面影响的潜在成本，包括潜在的破产成本。这种成本很难计算，而且经常被忽视。因此，对于严重依赖低成本债务融资的企业，计算出的资本成本将会低得不合理。解决这一问题的标准办法是将债务数额从实际历史水平降低到预计不会严重损害公司经营的水平。在多数情况下，这被认为是最优债务水平（例如 20%，而不是实际债务水平的 80%）与相应的最优权益水平（例如 80%，而不是实际的 20%）的结合。

一些金融从业者建议，在计算负债过少的企业的资本成本时，应使用类似的"理想"资本结构。但在本例中，债务的"真实"成本并没有被忽视，过多的权益也没带来相应的隐性成本。WD–40 通常是全股权融资，经常是负净债务（正净现金）状态。此外，几乎没有迹象表明这种情况在未来会发生改变，除非有重大的主动干预。因此，WD–40 的加权平均资本成本就是股权融资成本。

1998 年的股权融资成本介于当期风险较小（比如 BAA 级）的债务成本与风险投资基金成本之间，后者通常是最昂贵的股权融资来源。1998 年秋，这一区间在 7%~15% 之间。鉴于其高度稳定的经济地位和全股权的财务结构，WD–40 的股权成本应该处在这一区间的底部。因此，我们对 WD–40 的资本成本率的估算大约是 8%，因而其核心业务的盈利能力价值为 2.88 亿美元（2300 万美元除以 8%）。在此基础上，我们必须加上 1600 万美元的净现金价值和其他外部投资，WD–40 股权的最终盈利能力价值为 3.04 亿美元。这一数字相当于每股价值 19.36 美元（3.04 亿美元除以 1570 万股），低于 26.50 美元的市场价格。传统的格雷厄姆和多德式投资者是不会投资 WD–40

的。但对于 WD-40 这样的企业来说，鉴于其强大的经济特许权，成长确实会创造增量价值。对于愿意在投资决策中考虑价值创造型成长的价值投资者来说，这种附加价值可能会使投资更具吸引力。

WD-40 的成长价值

在本书的第 1 版中，我们用了三段简短的段落来讨论盈利增长的可能性，为此我们使用了一个高度简化的 DCF 模型。我们会先注意到 WD-40 在每股 1.40 美元的盈利中支付了 1.28 美元股息。由于净股票回购可以忽略不计，我们假设这一数额包含了未来可持续盈利（大约也是每股 1.40 美元）中可能的可持续现金分配。接下来，在没有详细分析的情况下，我们估计，近期约 3% 的盈利增长率在未来是可持续的，在股息率不变的情况下，股息将随着盈利增长。最后，在 8% 的资本成本和 3% 的增长率的前提下，我们将每股 1.40 美元的股息以 20 倍［即 1/（8%~3%）］进行估值，得到每股价值 25.60 美元，仍略低于 26.50 美元的市场价格。

这种计算的缺点，无论是过去还是现在，都是令人痛苦的不确定性。如果盈利增长率为 4.5%，仅比我们预期的 3% 要高 1.5%，虽然 3% 更接近盈利的长期增长率，那么估值倍数将变成 28.5［即 1/（8%-4.5%）］，每股价值为 36.48 美元，考虑到当前每股 26.50 美元的价格，这一安全边际接近 30%。另一方面，如果 WD-40 的盈利增长率为 1.5%，相当于最近几年的水平，那么市盈率将降到 15 倍［即 1/（8%~1.5%）］，每股价格近 20 美元，此时 WD-40 真的就是一个没有吸引力的投资标的了。正如我们在第 7 章开头所指出的，这种不确定性是成长股评估时所面临的根本性问题。为了做出有用的成长股投资决策，我们应该看回报率而非价值。

WD-40 的回报率

可持续的未来回报率分析从未来现金回报率开始。也就是我们上面计算的可持续盈利回报率 5.7% 之中，实际分配给股东的部分。这个数字本身取

决于 WD–40 管理层的分配政策。在截至 1998 年 8 月底的六年中，WD–40
平均每年以股息的方式（扣除净售出股份）向股东净分配了 1800 万美元（见
表 8–3）。在 1994 年对过度折旧和一次性费用做适当的调整后，每年净利润
平均为 2100 万美元。净现金的规模基本保持不变，因此 86% 的股息支付率
是由盈利提供资金，大概率是可持续的。5.7% 的可持续盈利回报率的 86%，
意味着投资者在 1998 年 9 月 30 日以每股 26.50 美元的价格购买 WD–40 股
票，大约有 5% 的现金回报率。除此之外，我们还必须加上成长带来的回报，
有两个基本来源：（1）WD–40 现有产品线、分销安排和生产率提高带来的
收入与利润的有机增长；（2）积极再投资计划的回报，例如 1995 年 12 月以
1500 万美元的价格收购了"三合一"品牌。我们将依次考虑这些成长价值的
来源。

有机增长回报率

表 8–4 展示了 WD–40 的收入和盈利相较于美国整体通胀率的历史名义
增长率。[①] 在收购"三合一"之前的 1980—1995 年期间，名义收入平均每年
增长 8.4%，实际收入平均每年增长 4.5%，净利润平均每年增长 7.4%。收入
增长完全来自内部因素，包括有机需求的不断增长、利用当期盈利支持向新
市场的扩张，以及经营效率的日常提高。资本投资很少，而一个积极投资计
划，即 T.A.L.5 的开发，是一个失败的举措。我们认为这种成长是有机的，
因为它是在正常经营过程中自然产生的。利润增长略低于收入增长，但主要
是由于 1985 年之前进行的研究开发计划。如果 T.A.L.5 的巨额支出不存在，
利润增长与收入增长应该是同步的。

表 8–4   1980—1995 年间 WD–40 年增长率

时段	1980—1985 年	1986—1990 年	1990—1995 年	1995—1998 年	1980—1995 年
名义收入	10.2%	9.9%	5.2%	7.3%	8.4%

---

① 此处的美国通胀率可以充分反映 WD–40 所处主要海外市场的通货膨胀情况。

续前表

时段	1980—1985 年	1986—1990 年	1990—1995 年	1995—1998 年	1980—1995 年
美国通胀	4.9%	4.2%	2.8%	2.2%	3.9%
实际收入	5.3%	5.7%	3.4%	5.1%	4.5%
净利润	1.1%	11.7%	9.8%	2.2%	7.4%

数据来源：WD–40 年报

　　接下来的问题是，未来的收入增长会是什么样子。要回答这个问题，我们需要关注 WD–40 收入增长的根本决定因素。整个 20 世纪 90 年代末，WD–40 自美国、英国和澳大利亚向新兴经济体的出口急剧增长。这些地区的需求根本没有饱和，这意味着 WD–40 的增长不会受到欧洲和北美发达经济体增长的限制。WD–40 对各个收入阶层的家庭都有吸引力，不会受到收入不平等加剧这一长期变化的大幅影响。另一方面，WD–40 是一种产品而不是一种服务，将受到全球消费从商品转向服务这一趋势的影响。综上所述，这些因素表明，未来对 WD–40 的需求增长将略低于全球 GDP 的增长速度。相较于全球实际 GDP 自 1998 年之后的增长率预计为 5%，WD–40 的实际增长率可能为 4%。前者 5% 的 GDP 增长包含了每年 1.5% 的人口增长和 3.5% 的全球生产力增长。在实际增长率的基础上，全球通货膨胀率可能会维持在 1.5% 左右，延续 20 世纪 80 年代初开始的下降趋势。名义 GDP 每年 6%~6.5% 的增长，对应 WD–40 至多 4.5% 的需求增长。这与 1995 年之前 4.5% 的历史增长率非常相近。如果我们进一步考虑到 1998 年以前利润率小幅下降可能是永久性的，那么 WD–40 净利润每年 4% 的有机增长率将是一个合理的估计。

　　支持这种有机增长所需的投资几乎全部由营运资本构成。WD–40 外包了所有的制造和分销业务。历史上的应收账款和存货约占销售额的 20%，部分被相当于销售额 6% 的应付账款和应计负债抵销。根据这些比率数据，每增加 1 美元的销售额就需要增加 0.14 美元的净营运资本。1998 年的销售额为 1.44 亿美元，增长率为 4.5%，这意味着销售额将增加 650 万美元。所需的额外净营运资本约为 100 万美元（650 万美元 ×14%），相当于 1998 年 2100 万美元可持续利润的 4.5%。如果 86% 的盈利继续分配给股东，并且需要 4.5% 的盈利来支持有机增长，那么将剩下大约 10% 的盈利用于积极再投资。综上所述：除了 5% 的现金回报外，有机增长还应贡献 4% 的年价值增长，总计 9%，同时留下 10% 的盈利通过积极再投资来进一步创造价值。

积极再投资

在将占 2200 万美元 86% 的 1900 万美元分配给股东，并使用 100 万美元支持有机增长之后，管理层每年将剩下 200 万美元的可持续盈利用于积极再投资。就 WD–40 而言，这笔钱最近被用于收购新的产品线。在 1998 年之前，唯一的收购是 1995 年 12 月的"三合一"。包括收购债务在内，WD–40 为品牌价值和其他无形资产以及少量存货支付了 1600 万美元。假设 WD–40 能够像之前的所有者利高曼一样有效地使用这些资产，"三合一"为 WD–40 带来的增量收入和利润应该与出售前相同。1994 年和 1995 年，利高曼"三合一"的平均销售额约为 1250 万美元，摊销后的平均营业利润约为 600 万美元。报告的 650 万美元成本包括销售成本和占销售额 15% 的直接营销成本，不包括其他间接费用。对于一个与 WD–40 非常相似的产品，与 WD–40 在 1995 年之前 27% 的营业利润率相比，"三合一"高达 48% 的隐含营业利润率高得令人难以置信。如果将"三合一"的营业利润率调整到 WD–40 的水平，WD–40 获得的平均营业利润将达到 340 万美元（1250 万美元 ×27%）。在 37% 的税率下，边际增加的税后利润为 210 万美元，那么 WD–40 在这笔 1600 万美元投资的年回报率约为 13%，不含"三合一"未来收入和利润增长带来的价值。

如果"三合一"确实与 WD–40 类似，那么有机增长应该会大大增加收购的回报率。然而，交易前公布的有限历史数据显示，销售和利润率持平或略有下降。在评估"三合一"收购时忽略成长似乎是现实的。13% 的投资回报率，即使没有增长，也远远高于可能的资本成本 8%~9%，与 WD–40 类似。这一回报代表收购的价值创造因子为 1.5（13% 除以 8.5%）。如果这笔交易反映了 WD–40 利用留存收益进行积极再投资的技能，那么每 1 美元的再投资应该为 WD–40 创造 1.5 美元的价值。因此，200 万美元的年盈利可持续再投资将增加 300 万美元的年价值，对于 WD–40 的 4.03 亿美元的购买成本，进一步增加约 0.75% 的回报率。

在这种再投资的情况下，以每股 26.50 美元的价格对 WD–40 进行股权投资的总回报将接近 10%，即 5% 的现金回报，4% 来自有机增长，0.75% 来自积极再投资。积极再投资的回报水平较低是由于将盈利进行积极再投资的规模太小。与 WD–40 的 8% 资本成本率相比，这样的回报水平只有 25% 左右的安全边际。

20 世纪 90 年代末，美国股市的平均回报率在 6% 左右。可持续盈利的市场倍数约为 25 倍，实际盈利回报率为 4%。加上 1.5% 的通货膨胀率，估计的名义回报率约为 5.5%。另一种方式，我们也可以估算股息支付的市场回报率加上整体增长率。美国股票的平均股息收益率为 2%，名义增长率为 4.5%，因而美国股票的总预期名义回报率为 6.5%。上面两种估算方法的平均回报率为 6%。相比之下，WD–40 等低风险资产接近 10% 的回报率似乎很有吸引力。但在 20 世纪 90 年代末这样的牛市中，价值投资者应该警惕进行这种回报比较。短期的当期回报比较是相对价值比较。真正的价值投资者应该将 10% 的回报率与我们估算的 8% 长期资本成本进行比较。即使考虑到了这个警告，从回报的角度仔细计算增长就会发现，比起我们在本书第 1 版中简短的 DCF 分析所揭示的，1998 年底的 WD–40 是一个更有吸引力的机会。

这种回报率计算方法被证明是非常准确的。表 8–5 展示了 1998 年 9 月 30 日购买 WD–40 股票在接下来的 5 年、10 年和 15 年期间的实际回报率。它还包括这一时期的估计回报，这是我们在查看实际数据之前计算出来的（没有偷看）。唯一的实质性差异是 10 年期间是截至 2008 年 9 月 30 日，处在金融危机之中。在整个 15 年里，标准普尔 500 指数的回报率略低于但接近我们估计的 6%，这不是格雷厄姆和多德所认为的令人满意的回报。然而，由于标准普尔回报率异常低，实际上夸大了投资 WD–40 的真正安全边际。它们凸显了相对回报决策的危险，尤其是在估值过高的市场投资时。

上述回报率比较也夸大了 1998 年 WD–40 投资的吸引力。展望未来，不断变化的经济状况削弱 WD–40 经济特许权的可能性很小，但并非为零。正如我们上面所讨论的，进入 WD–40 市场的壁垒似乎非常大。WD–40 销售其产品的零售基础设施看起来非常稳定。而关于互联网零售的影响我们将在下面讨论，那时还没有显现出威胁。技术似乎不太可能削弱 WD–40 产品的效用，到 1998 年，WD–40 产品在市场上的地位已经保持了大约 50 年。如果我们使用经验法则，即经济特许权未来的寿命应该等于已经存在的 50 年，那么我们估计 WD–40 的经济特许权衰减率为 1.4%（我们用 72 除以 50 年来计算经济特许权半衰期对应的年衰减率）。2% 的安全边际略高于这一潜在损失率，但考虑到这一衰减率，WD–40 的投资吸引力将大大降低。

表 8–5　　　　　　　　　WD–40 的估计和实际回报率（年率）

		5 年	10 年	15 年
	估计			实际
1998 年 9 月 30 日买入				
WD–40	9.7%	9.2%	4.9%	10.8%
标准普尔 500	6.0%	1.4%	3.4%	5.3%
超额回报率	3.7%	7.8%	1.5%	5.5%
2000 年 9 月 30 日买入				
WD–40	9.0%	8.9%	9.0%	13.7%
标准普尔 500	5.0%	–2.0%	–0.8%	3.8%
超额回报率	4.0%	10.9%	9.8%	9.9%

数据来源：WD–40 年报

在未来的 1998 年至 2013 年间，WD–40 的经济特许权仍然完好无损。因此，人们倾向于将经济特许权衰减率视为零，并接受表 8–5 中的实际回报率作为原始 WD–40 投资可能获得的回报率的精确度量。事前的概率肯定有利于这一结果。WD–40 的半衰期为 50 年，不太可能在 15 年内被一些事件破坏。然而，这一结果有不可否认的运气成分。今天，随着互联网零售成为 WD–40 的主要营销渠道，WD–40 经济特许权的未来看起来比 1998 年更加具有不确定性。这种演进很可能提前 5 年或 10 年到来。结果不曾如此，那是 WD–40

的运气，但这并非不可避免。因此，表 8-5 中的回报率并没有完全反映经济特许权衰减的成本，在某种程度上夸大了 1998 年投资 WD-40 的回报率。

2000 年 9 月 30 日的 WD-40

WD-40 的股价从 1998 年 9 月 30 日的 26.50 美元，跌至 2000 年 9 月 30 日的 21.88 美元。当时，美国股市的整体表现相当理想，而 WD-40 在这两年的年回报率为 -9%，这一股价下跌部分被股息抵销了。从短期来看，1998 年对 WD-40 的投资可能会令人失望。我们 1998 年估值的一个关键假设从短期来看并不准确。我们假设管理层不会为了追求增长而破坏价值，但在这一点上我们错了，无论是诸如"三合一"这样的收购，还是诸如 T.A.L.5 这样的内部开发，管理层都在追求增长却破坏价值。

1999 年 4 月，WD-40 收购了 LAVA 品牌洗手皂——一种强力洗手剂。一年后，WD-40 收购了 Solvol 洗手剂。2001 年 4 月，管理层以 7290 万美元的价格购买了三种家用产品——2000 Flushes、X-14（一种抽水马桶和硬质表面清洁剂）以及 Carpet Fresh。这些收购是 1998 年至 2000 年期间增长策略无重点的恶果，其成本不仅比"三合一"收购更高，而且与 WD-40 现有产品的相关度也更低。在表 8-3 的经营业绩数据中，其后果是显而易见的。从 1998 财年到 2000 财年，毛利率和营业利润率都明显下降，而收入仅略有增长。税率的下降减缓了净利润的下降，但净利润仍然从 2200 万美元下降到 2100 万美元。至少在 2000 年 4 月收购之前，股息支付率一直很高。但净现金减少了 2400 万美元，从 1600 万美元的净现金状态变为 800 万美元的净债务状态，因此未来的股息支付肯定会受到资产负债表压力的影响。但管理层仍然持续强调对增长的追求。

其实在 1998 年 9 月之前，就有迹象表明这种情况可能发生。正如我们上面提到的，由于追求更快速的收入增长，营销和管理费用占收入的比重增加，营业利润率从 1994 财年和 1995 财年的 28% 下降到 1998 财年的 24%。上述做法令人失望。此前，在经历了 1980—1985 年间失败的增长策略之后，WD-40 的管理层重新关注经营效率，利润率也有所恢复。在我们的估值中，我们假设 1998 年 9 月以后会发生类似的事情。我们在做出这个错误判断之后，自然要重新思考，WD-40 股价在 2000 年 9 月跌到 21.88 美元时，是否仍然是一个好的投资对象。

如果管理层的增长策略继续没有焦点，盈利能力可能会从 2200 万美元下降到 2000 万美元。目前收购 WD-40 核心业务的成本约为 3.4 亿美元（1560 万股 × 每股 21.88 美元加上 800 万美元的净债务）。购买 WD-40 所需资本的下降使得可持续盈利回报率为 5.75%，非常接近 1998 年 9 月的 5.7%。2000 年的股息支付率实际上超过了 100%，这似乎是不可持续的。让我们假设，股息从占盈利能力的 86% 下降到 76%。这将带来 4.5% 的现金回报。有机增长率继续保持为每年 4%，其投资成本大约等于利润的 4%。这将留下 20% 的盈利用于积极再投资（100% 减去 76% 的派息，再减去 4% 的有机增长投资）。从 1995 年到 2000 年，积极投资的质量无疑下降了。在马桶、洗手剂和地毯清洁剂领域的收购，似乎不太可能像"三合一"收购那样为公司增加价值。每投资 1 美元会损失多少价值，这需要对收购项目详细地逐个分析，就像我们对"三合一"所做的那样。但是，让我们简单地假设每 1 美元的投资只产生大约 0.5 美元的价值，[1]400 万美元盈利（2000 万美元的 20%）的积极投资产生了 200 万美元的增量价值（400 万美元的 50%）。反过来，这意味着对于 3.4 亿美元的市场购买价，仅有 0.6% 的回报率（200 万美元除以 3.4 亿美元）。

粗略估计，2000 年投资 WD-40 的总回报率为每年 9%（4.5% 的现金回报，4% 的有机增长和 0.6% 的积极投资回报）。WD-40 的股价跌幅在很大程度上抵消了管理层业绩下滑造成的负面影响。与此同时，美国股价的整体水平有所上升，标准普尔 500 指数回报率的合理估计值从 6% 降到 5% 左右。相对而言，WD-40 在 2000 年 9 月变得更有吸引力（见表 8-5）。但是，在关键的绝对回报方面，考虑到可能的衰减率，WD-40 此时的回报率刚好等于它的资本成本，没有安全边际。

---

[1] 这是对与主业不相关并购的一个总体估计。

结果，WD–40 的表现超过了这些调低的预期。在 5 年期和 10 年期结束时，实际回报率几乎正好是 9%；15 年的回报率超过 13%。长期而言，WD–40 再度掌握了正确方向，回到了自己最擅长的领域，放弃无重点的增长努力。2012 年至 2015 年，WD–40 的年收入增长率仅为 3.3%，接近其有机增长率，后者随着全球 GDP 增速下滑而略有放缓。但是，WD–40 的营业利润率却从 15.1% 上升到 17.3%。到了 2018 年，营业利润率为 19.2%，平均股息支付率超过 100%。支付股息的资金来自净债务水平的上升（见表 8–6）。这一变化说明了投资于拥有经济特许权投资的企业的一个要点。关键在于长期，从长远来看，除非有强有力的相反证据，否则稳定的可能性大于变化。

2018 年的 WD–40

2018 年 9 月 28 日，9 月最后一个交易日，WD–40 以每股 172.10 美元的价格收盘。营业利润率似乎稳定在 19%，收入为 4.09 亿美元。由于近期税率大幅下降，2018 年 WD–40 的企业所得税率仅比 12% 高一些。长期来看，企业所得税率似乎不太可能继续维持在如此低的水平，哪怕只是因为美国联邦税率的下调将被各州企业所得税率的上调部分抵消。由于降低企业所得税税率的趋势是长期的、全球性的，我们假设企业所得税的税率为 20% 的可持续水平。根据这些数据，WD–40 在 2018 年的盈利能力估计为 6200 万美元（4.09 亿美元 ×19%× 税后 80%）。鉴于管理层回归其长期以来将大部分盈利用于派发股息的政策，并将留存收益集中用在改善核心业务经营上，我们将假设除了支持有机增长所需的盈利之外，所有盈利要么分配给股东，要么进行积极再投资，并获得等同于 WD–40 资本成本的回报。就给股东带来的价值而言，这两种选择都是一样的。在过去几年里，由于积极再投资的规模较小，有机增长应该与大环境的增长保持一致。随着全球发达国家和发展中国家的经济增长都在放缓，有机增长率已经从每年 4% 下降到约 3%。以 3% 的有机增长率计算，WD–40 2018 年的销售额增长应为每年 1230 万美元（4.09 亿美元的 3%）。因为每 1 美元的额外收入持续需要约 0.15 美元的净投

单位：百万美元，每股和百分比数据除外

表 8-6　2003—2018 年间 WD-40 财务业绩

	2003年	2004年	2005年	2006年	2007年	2008年	2009年	2010年	2011年	2012年	2013年	2014年	2015年	2016年	2017年	2018年
收入	238	242	263	287	308	317	292	322	336	343	369	383	378	381	381	409
毛利	122	126	129	138	149	148	145	165	168	169	189	199	200	214	214	225
毛利率	51%	52%	49%	48%	48%	47%	50%	51%	50%	49%	51%	52%	53%	56%	56%	55%
营业利润	50	45	47	46	49	43	40	55	54	52	57	64	65	71	76	79
营业利润率	20.9%	18.6%	17.9%	16.0%	15.9%	13.6%	13.7%	17.1%	16.1%	15.2%	15.4%	16.7%	17.2%	18.6%	19.9%	19.3%
税率	34.0%	34.0%	35.2%	34.3%	33.1%	34.3%	31.3%	32.6%	32.0%	30.3%	30.1%	30.5%	29.0%	27.7%	29.1%	13.3%
净利润	29	26	28	28	32	28	26	36	36	36	40	44	45	53	53	65
净利润率	12.0%	10.6%	10.6%	9.8%	10.4%	8.8%	8.9%	11.2%	10.7%	10.5%	10.8%	11.5%	11.9%	13.9%	13.9%	15.9%
净债务 *	53	56	27	30	−8	1	−14	−55	−47	−26	−18	9	6	15	37	47
净资产	105	113	130	156	168	164	173	197	201	186	180	169	158	140	139	156
净资产收益率	27%	23%	22%	18%	19%	17%	15%	18%	18%	19%	22%	26%	28%	38%	38%	42%
折旧/摊销	2	2	3	4	4	4	4	4	4	5	5	6	7	7	7	8
资本开支	2	2	3	3	2	6	3	2	3	3	3	4	6	4	20	12
股息	13	14	14	15	17	17	16	17	18	18	19	20	22	24	27	30
回购 **	−6	−8	−3	−7	8	13	−1	−4	21	33	27	42	28	31	30	22
总支付金额	8	6	11	8	25	30	15	13	39	51	46	62	50	55	57	52

续前表

	2003年	2004年	2005年	2006年	2007年	2008年	2009年	2010年	2011年	2012年	2013年	2014年	2015年	2016年	2017年	2018年
支付率	27%	22%	39%	29%	78%	107%	58%	36%	108%	142%	115%	141%	111%	104%	108%	80%
流通股（百万）***	16.6	16.9	16.8	16.9	17.3	16.8	16.7	16.7	17.0	16.1	15.6	15.2	14.7	14.4	14.1	14.0
每股盈利	1.71	1.50	1.65	1.66	1.83	1.64	1.58	2.15	2.14	2.20	2.54	2.87	3.04	3.64	3.72	4.64
每股股息	0.80	0.80	0.84	0.88	0.97	1.00	1.00	1.00	1.08	1.14	1.22	1.33	1.48	1.64	1.89	2.11

* 计算中将现金类现金的长期投资算作现金。负值代表净现金。** 负值＝净售出股份 *** 完全稀释

数据来源：WD-40 年报。

资，所以需要 200 万美元的留存收益用于支持有机增长。这样就剩下 6000 万美元的可持续盈利可以分配给投资者。

截至 2018 年 9 月底，购买 WD–40 核心业务的成本包括 23.92 亿美元的股权（172.10 美元 × 1390 万股流通股），加上 3700 万美元的净债务，企业价值总额为 24.29 亿美元。给股东的 6000 万美元可持续年度分配，相当于大约 2.5% 的现金回报（6000 万美元除以 24.29 亿美元）。加上 3% 的有机增长，总回报率为 5.5%，此处我们假设积极再投资可忽略不计。这个数字明显低于我们 8% 的长期资本成本率，意味着内在价值低于市场价值，而且 3% 的有机增长回报率夸大了真正的有机增长回报率，进一步降低了我们的"真实"回报率。[①]

此外，几乎可以肯定地说，零售业向互联网的转变削弱了 WD–40 的护城河。竞争对手的产品不再需要进行困难且昂贵的店内放置和分销过程，他们现在可以直接吸引广大消费者。与此同时，在线用户评论应该在一定程度上保证每个竞争对手的新产品的质量。最后，互联网零售极大地促进了价格比较，增加了价格竞争。随着这些变化深入到市场和消费者的行为中，WD–40 的经济特许权受到侵蚀的可能性将显著上升。在我们的术语中，"衰减"率可能会从每年 1%~1.5% 增加到 2.5%~3%（经济特许权半衰期从 50 年减少到 25~30 年）。目前 WD–40 的股价已经没有安全边际了，对于这种规模的经济特许权"衰减"，没有任何保护措施。2018 年底，WD–40 显然被高估了。即使是像 WD–40 这样根深蒂固的经济特许权，技术创新也能造成切实的威胁，只不过技术创新并非来自产品改进或工艺技术变化，而是来自销售和分销的基础设施。

---

① 谨记有机增长率 × 的是内在价值（V），而不是市场价值（M），因此必须 × V 除以 M 才能计算出"真正的"有机增长对回报率的贡献。如果我们计算的回报率低于资本成本，那么 V 将小于 M。因此，我们将有机增长率 × 一个小于 1 的因子（V 除以 M），计算出有机增长对价值的真实贡献。

案例四：英特尔

  无论以哪种标准衡量，英特尔公司都是商业历史上最成功的公司之一。2000 年 1 月，我们在本书第 1 版中首次做出了上述判断，彼时这家创立于 1969 年的公司市值达到了 2750 亿美元。就像 19 世纪的铁路以及 20 世纪的电力和汽车一样，在 20 世纪的最后 25 年，半导体行业是世界经济增长的重要引擎，而英特尔正屹立在行业之巅。英特尔的销售额从 1985 年的 14 亿美元增长到 1999 年的 290 亿美元，年复合增长率约为 24%。在这 15 年中，销售利润率平均超过 20%，净资产收益率经适当调整后超过 40%。在 1971 年首次公开发行时购买英特尔的股票是一个天才之举，在 10 年后的 1981 年和再 10 年后的 1991 年投资也是如此。27 年后，到 2018 年底，即便没有当初那么鹤立鸡群，英特尔也仍然是一家杰出的公司。2018 年的销售额超过 700 亿美元，销售利润率和净资产收益率（经适当调整后）都超过 30%。然而，英特尔在 2018 年 12 月的市值仅为 2180 亿美元，远低于 2000 年 1 月的水平，这 19 年英特尔股票的年平均回报率仅为 2%。尽管该公司的长期业绩相当优异，但在此期间的许多时点若投资于英特尔，其结果都将是令人失望的。问题的关键在于，本书介绍的价值投资流程和估值工具，能否让价值投资者成功渡过如同英特尔之类波涛汹涌的"股"海。为了给该问题以答案，本章将在英特尔历史上的几个关键时点，采用所有上述工具来进行投资决策。对除最后一期以外的每个决策时点，我们都可以将当时估计的回报率与事后证实的实际回报率做比较，这对每一个做预测的人来说都是很好的矫正训练。

英特尔极简史

英特尔的诞生历程就像《创世纪》中的一章。故事得从贝尔实验室讲起。20 世纪 40 年代末，约翰·巴丁（John Bardeen）、沃尔特·布拉顿（Walter Brattain）和威廉·肖克利（William Shockley）在那里发明了固态的晶体管，取代了曾是埃尼阿克（ENIAC）[①]一代计算机关键零部件的电子管。1956 年，他们三人被授予诺贝尔奖。同年，肖克利离开贝尔实验室并成立了自己的公司，肖克利实验室诞生。一年后，肖克利实验室最优秀的八名工程师离职，在谢尔曼·费尔柴尔德（Sherman Fairchild）的资金支持下创办了一家新公司——仙童半导体（Fairchild Semiconductor）。在该公司，罗伯特·诺伊斯（Robert Noyce）设法将多个晶体管集成在一块硅片上，发明了集成电路。然而随着一些人才离开自并立门户，仙童半导体开始分崩离析。1967年，继仙童之后，查尔斯·斯波克（Charles Sporck）离职并创建了国家半导体（National Semiconductor）。一年后，由于寄予厚望的创新技术并未结出硕果，仙童半导体的诺伊斯（Noyce）和研发主管戈登·摩尔（Gordon Moore）在沮丧之余决定离职。他们给亚瑟·洛克（Arthur Rock）打了电话，后者早在还没有"风险投资"这个名词之时就已经开始做风险投资了。亚瑟·洛克在两天内筹集到足够二人创业的资金，于是继仙童半导体之后，英特尔诞生了。

英特尔最初的业务是设计和制造计算机存储芯片。虽然它在 1971 年就开发了第一款微处理器 4004，但公司的主要产品仍是取代磁芯成为彼时大型计算机存储部件的集成电路。与磁芯相比，集成电路更小、更快、更便宜，这是当时计算机及相关行业持续创新与增长的动力源泉，也使英特尔的存储业务获得了丰厚的利润。彼时两位创始人并未掌握能使早期存储芯片获得成功的独家技术，英特尔也不是当地（很快这个地区将被称为硅谷）唯一能够生产这种芯片的公司。但英特尔成功地将产品设计、工艺流程和客户服务结

[①] ENIAC，全称为 Electronic Numerical Integrator And Computer，直译为电子数字积分计算机，又被简称为"埃尼阿克"。ENIAC 于 1946 年 2 月 14 日在美国宣告诞生，由冯·诺依曼等科学家开发，为全球第一台通用计算机，能够重新编程并解决各种计算问题。——译者注

合起来，迅速成为存储芯片领域最大的玩家。而曾是工程师和发明摇篮的仙童半导体则逊色许多。

英特尔于 1971 年上市，首次公开发行 30 万股，募得 700 万美元。上市后首年仍为亏损状态，但之后直到 1985 年都持续盈利。它源源不断地将廉价原材料硅，转化为有重要价值的产成品：存储芯片以及之后的微处理器。这可谓是一种"炼金术"，其打造方式是系统性地将公司人才的技术与工程方面的知识积累付诸应用。

我们将简单概括一下英特尔前 30 年[①]的历史。20 世纪 70 年代，英特尔在存储芯片上赚了很多钱，尽管它既不是市场领导者也不是最高效的生产商。1980 年前后，英特尔的一款微处理器 8088 被 IBM 选为其个人电脑的中央处理器。在个人电脑革命拉开序幕之时，英特尔的存储芯片业务开始亏损。日本大型企业日立和富士通等在动态随机存取存储器（DRAM）领域全方位击败了英特尔，它们生产的芯片质量更好（次品率更低）、成本更低，从而能以更低的价格供应给其合作方。

尽管英特尔自创立就和存储芯片交织在一起，但经过深刻的自我反省，戈登·摩尔和罗伯特·诺伊斯在 1985 年决定放弃存储芯片业务。从那时起，英特尔一直专注于微处理器，包括最初的个人电脑芯片及其后续迭代产品，以及一系列用于网络、工业和计算机的其他处理器。自 20 世纪 80 年代中期放弃存储芯片业务以后，英特尔开始持续盈利；尽管增速不及硅片世界起步之时，但公司仍持续增长。纵观其历史，英特尔一直重金投入于知识资本的开发。 1971 至 1998 年，平均研发费用占销售额的 11% 以上。同时，英特尔积极捍卫其知识资本，当它认为竞争对手和前雇员侵犯了它的专利权时，它不断地诉诸法律来予以阻止。

---

① 作者原文所述的"30 年"应该是从仙童半导体成立算起的，若从英特尔成立算起应为 20 年。——译者注

表 8–7	英特尔 1975—1998 年销售收入与利润增长情况	单位：百万美元
年份	净销售收入	净利润
1975 年	137	16
1980 年	855	97
年均增长率	44%	43%
1985 年	1 365	2
年均增长率	10%	−56%
1990 年	3 921	650
年均增长率	23%	234%
1995 年	16 202	3 566
年均增长率	33%	41%
1998 年	26 273	6 068
年均增长率	13%	14%
1975—1998 年	24%	28%

除了少数例外年份，英特尔在业务增长和盈利方面取得了炫目的成功，如表 8–7 和图 8–2 所示。其中，图 8–2 的纵轴为销售额的对数值，每一单位的增长都代表 10 倍的销售额增长。[1]

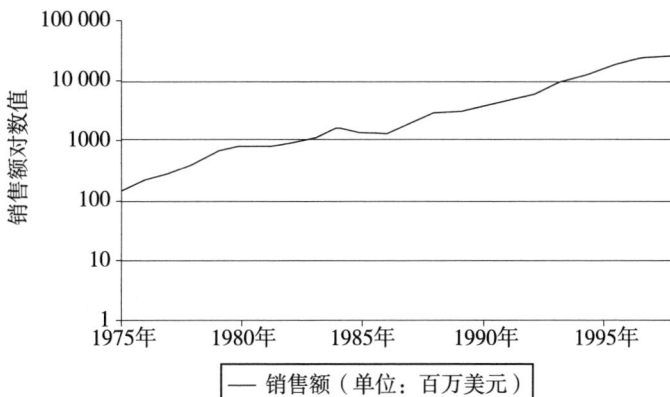

图 8–2 英特尔 1975—1998 年收入增长

数据来源：英特尔年报。

---

[1] 即以 10 为底的对数值 $\log_{10}X$，X 代表英特尔的销售额。——译者注

英特尔的发展历程与许多高速增长且拥有经济特许权的企业类似，因而是用来阐述如何对这类机会进行估值的一个有代表性的案例。

首先，新兴产业尤其是高科技产业，从没稳定过。英特尔和 WD–40 完全不像。英特尔最初是一家存储芯片制造商，但当全球范围内拥有同等技术能力的强敌入局时，这段存储芯片的制造征程就结束了。最初存储芯片市场很小，需要高度专业化的知识。此时像英特尔这样的先发者享有暂时的优势，它们领先一步沿着学习曲线①前移，生产出更便宜、可靠的芯片。初期市场整体规模较小，它们在研发、营销和分销方面还有明显的规模优势。此时决定性的因素是，客户十分依赖可靠的高质量存储芯片供应商，它们便占据了有利地位。对于这些客户来说，转向未经尝试的替代供应商风险很大。因为客户有较强的依赖性，所以早期进入者免受竞争之扰。

然而，随着市场规模的增长，技术越来越普及，客户也更加成熟。早期享有的竞争优势便消失了。市场扩大给进入者创造了更大的空间，只要获得较低的市场份额就能达到能活下来的规模水平。技术普及消除了任何专有的、基于学习的供给侧优势。客户成熟度的提高降低了客户的依赖性。正如英特尔所经历的那样，结果是高效运转的企业在全球范围内的激烈竞争。英特尔早年的轻松盈利无法持续。到 1985 年和 1986 年，英特尔遭受了严重的经营亏损（英特尔此间的经营历程见表 8–8）。

与许多存储芯片制造商不同，英特尔幸免于难，这归功于一些幸运之处。首先，在存储芯片盈利能力消失的时候，英特尔有一项重要的副业，是为 IBM 个人计算机和兼容机制造微处理器。到 20 世纪 80 年代中期，它与微软的 MS-DOS 操作系统一起成为个人电脑的行业标准。其次，英特尔有足够的资源支持它从存储芯片过渡到微处理器芯片。最后，英特尔的管理层勇敢且有远见，不仅断然放弃了不足以维持生存的存储芯片业务，而且还放弃了并行计算微处理器领域的一项有前景的计划，以集中精力开发个人电脑微处理器芯片。如果投资于没这么幸运的存储芯片公司，则不会获得像投资英特

---

① 学习曲线描述的是在一定时间内获得技能或知识速率的规律，其本质为"熟能生巧"，即随着探索次数的增加，单位时间或成本加速下降的过程。——译者注

尔这样的回报。所以成功地投资于如英特尔这样新兴且快速发展的企业，首
先需要拥有行业相关的高度专业化的知识和管理能力，或者超级棒的运气。

表 8–8			英特尔 1984—1990 年运营历史			单位：百万美元	
年份（12 月 31 日）	1984 年	1985 年	1986 年	1987 年	1988 年	1989 年	1990 年
收入	1 629	1 365	1 265	1 907	2 875	3 127	3 921
毛利率	46%	31%	32%	45%	48%	45%	51%
营业利润	250	−60	−195	246	594	557	858
营业利润率	15.3%	NM	NM	15.1%	36.5%	34.2%	52.7%
净利润	198	2	−203	248	453	391	630
净利润率	12.2%	0.1%	NM	13.0%	15.8%	12.5%	16.1%
净资产	1 360	1 421	1 245	1 276	2 080	2 549	3 592
净资产收益率	14.6%	0.1%	NM	19.4%	21.8%	15.3%	17.5%

数据来源：英特尔年报。

回头来看，尽管英特尔转向个人电脑微处理器是成功的，但这种成功
也不是板上钉钉的。能否在微处理器市场占据可持续的主导地位，取决于该
业务本身的性质以及英特尔管理层把握机会的能力。想在微处理器市场不走
存储芯片的旧路，需要具备几个截然不同的特质。首先，当半导体技术进步
时，存储芯片的复杂度并没有增加，制造出领先的存储芯片不需要持续地增
加研发费用。相比之下，对微处理器功能的需求是随着半导体技术的进步而
增加的。为了满足用户的需求，个人电脑需要微处理器能执行更复杂的操
作，变得更快、更小，能耗更低。因此，随着微处理器市场增长，对应需要
的研发支出规模也在增加。这意味着竞争者的生存空间不断减少而非增加，
这与存储芯片的情况不同。

其次，设计出有效的存储芯片不需要考虑特定的软件程序和操作系统，
而微处理器的效率主要取决于执行特定运算的顺序和频率，必须优化微处理
器内的组件和子系统布局，助力最高频的运算和系列运算。这些又取决于微

处理器运行的软件环境。因此，英特尔与个人电脑主导软件商微软的合作经验，赋予了英特尔在微处理器设计方面的重要优势，这是在存储芯片领域所不具备的。

再次，要培养这些潜在的竞争优势，在个人电脑和服务器的微处理器市场建立被规模所保护的主导地位，需要管理层几乎完全专注于这些产品上，并能够与主要软件供应商有效合作。考虑到技术管理人员通常具有救世主般的雄心，也没人敢打包票英特尔能保持在这个细分领域必要的聚焦和合作态度，尽管直到 20 世纪 80 年代中期，英特尔在这方面一直做得不错。与存储芯片公司一样，成功投资于英特尔等微处理器公司，需要对行业经济情况和管理层的能力有详细的了解。

最后，随着 20 世纪 80 年代末和 90 年代初，英特尔在个人电脑和后来的服务器微处理器领域取得市场主导地位的迹象逐渐显现，其股价必然上涨。成功投资于英特尔股票的投资者必须能够确定，在这样的价格水平下，面对不同的未来可能性，英特尔是不是一项有吸引力的投资。这比分析 WD–40 复杂得多。在英特尔历史的每个阶段，基于各种不同的行业演化与管理层行为，投资者都需要考虑相关的未来发展轨迹。在任何给定时间，英特尔都可能是情形 A（由于管理不善和经济特许权消失，资产价值高于盈利能力价值，其他几个存储芯片竞争对手就是这种情况），情形 B（处于完全竞争市场中，有出色的管理层），或情形 C（拥有经济特许权且具有成长性的企业）。在评估英特尔时，我们必须应用我们提出的所有三种估值技术，即资产价值、盈利能力价值和回报率估计，可能只有清算价值分析是不必要的。

估值 1：再生产英特尔的资产

一旦英特尔在存储芯片生产方面的竞争优势消失，公司价值的基础就是资产价值。没有进入壁垒，任何高于这些资产所能提供的基本回报率水平的超额利润，都将因为高效竞争者的进入而迅速消失。这些竞争者自身的需求是在存储芯片领域获得足够的投资回报，如果行业收益不足以提供这种回报，他们就不会进入该市场。因此，如果高效进入者所需的投资与英特尔的投资相当，即英特尔本身就是一个高效的运营商，那么盈利的价值就必须能覆盖再生产英特尔资产的成本。因此，英特尔的未来盈利将在很大程度上取决于该成本，这自然也是对英特尔进行估值的起点。

估算再生产价值的一个简便方法是信任英特尔的会计师，直接使用英特尔的账面价值。可以通过比较英特尔股权的整体账面价值和市场价值，或者是比较每股账面价值与每股的市场价格，来决定是否购买英特尔的股票。这种方法的缺点是没经过仔细分析和调整，账面价值可能无法很好地衡量公司资产的再生产价值。就如我们之前在第2章中提到的，以低于账面价值的大幅折扣购买股票一直是一种成功的投资策略。这也很容易做到，因此，对于不想做大量工作的投资者来说，这是一种合适的策略。不幸的是，很少有成功的企业可以按账面价值出售，能提供足够安全边际折扣的就更少了。

在这儿提一下，表8-9列出了英特尔从1975年开始每五年的账面价值和市值数据。这期间的市值与账面价值的比率图将这个关系展示得更清晰（见图8-3）。从1980年到1995年，英特尔的市场价格是其账面价值的两倍到四倍。这些都是年底的数字，每年内英特尔股价的高点和低点都与年末的价格不同，有时甚至相差甚远。但只有在1987年上半年的整体市场上涨中，该公司的市值才超过其账面价值的四倍以上。这种关系一直持续到1995年底，这时投资者认为，对于英特尔这样成功的公司，即使他们花了比账面价值的四倍还多的钱买入，仍然还能赚钱。

表8-9	英特尔 1975—1998 年账面价值与市值				单位：百万美元	
	1975年12月	1980年12月	1985年12月	1990年12月	1995年12月	1998年12月
账面价值	74	433	1 421	3 592	12 865	23 578
市值	503	1 760	3 447	7 812	50 167	197 761
市净率	6.8	4.1	2.4	2.2	3.9	8.4

数据来源：英特尔年报。

　　用市净率做分析速度很快，但这种方法就算不能说是简单粗暴，至少也是有些含糊不清。要更准确地了解竞争对手进入该行业需要花费的资金，我们必须逐项查看资产科目，计算或者估算它们的重置成本是多少。我们在第4章和第6章中做了这个练习，调整方法还是一样的。表 8–10 展示了英特尔1975 年财务报表中所列的资产。

市净率

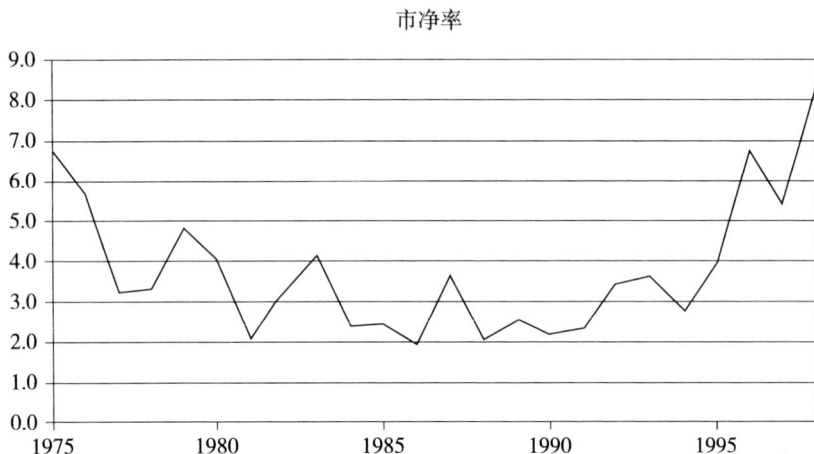

图 8–3　英特尔 1975—1998 年市净率

数据来源：英特尔年报。

　　我们几乎没有对资产负债表中报告的资产进行调整。英特尔没有使用存货计量的后进先出法（LIFO），也没有因收购其他公司而需要在账面记录商誉。这样就剩下固定资产需要详查了。

　　英特尔在圣克拉拉地区拥有芯片工厂，[①]这些工厂配备了生产集成电路所必需的精密设备和无尘室。1975 年英特尔是一家年轻的公司，所以没有很旧的厂房和设备，尽管它的第一个建筑是从联合碳化物公司购买的二手的。另一方面，行业瞬息万变，半导体生产设备的淘汰速度可能比英特尔自己折旧的更快。竞争对手可能以低于其账面价值的价格再生产这些设施。

①　行业用语是 fabs（晶圆厂）。

表 8–10 　　　　　　　　**英特尔 1975 年资产**　　　　　单位：百万美元

资产	账面价值	调整为再生产成本	调整金额	再生产成本
流动资产				
现金	19.3	无		19.3
应收账款（净值）	29.9	增加坏账准备；根据回收情况调整	1	30.9
存货	20.1	增加后进先出储备（如有）；根据周转率调整	0	20.1
预付费用	–	无	0	0
递延税款	–	折现为现值	0	–
其他流动资产	4.8		0	4.8
流动资产合计	74.1			75.1
固定资产（净值）	28.5	原始成本加上调整	0	28.5
商誉	–	产品组合和研发相关	0	–
总资产	102.7		1	103.7

数据来源：英特尔年报。

表 8–11 　　　　**英特尔 1975—1998 年调整后账面价值**　　　单位：百万美元

	1975 年 12 月	1980 年 12 月	1985 年 12 月	1990 年 12 月	1995 年 12 月	1998 年 12 月
账面价值	74	433	1 421	3 592	12 865	23 578
研发费用调整	27	190	500	1 149	3 202	6 377
销售费用调整	39	260	698	1 616	4 822	7 822
调整后账面价值	141	883	2 620	6 357	20 889	37 777
市值	503	1 760	3 447	7 812	50 167	197 765
市值 / 调整后账面价值的比率	3.6	1.9	1.3	1.2	2.4	5.3

数据来源：英特尔年报。

我们把英特尔实际的资本支出（图 8–4）拿来对比，检验它的固定资产账面价值的真实性。在公司的整个公开历史上，几乎每一年，英特尔的固定资产净值都大于其过去四年的资本开支总额，小于过去五年的资本开支总额。只有当人们认为竞争对手可以用远低于其四年资本开支总额来复制英特尔的整个生产和研发设施时,固定资产净值才是被高估的。反过来说,如果英特尔的固定资产净值水平高估了其固定资产的实际(市场)价值[①],它也就不需要每五年都花一笔等额开支。与资本开支相比,固定资产净值是一个合理的数字。

单位:美元

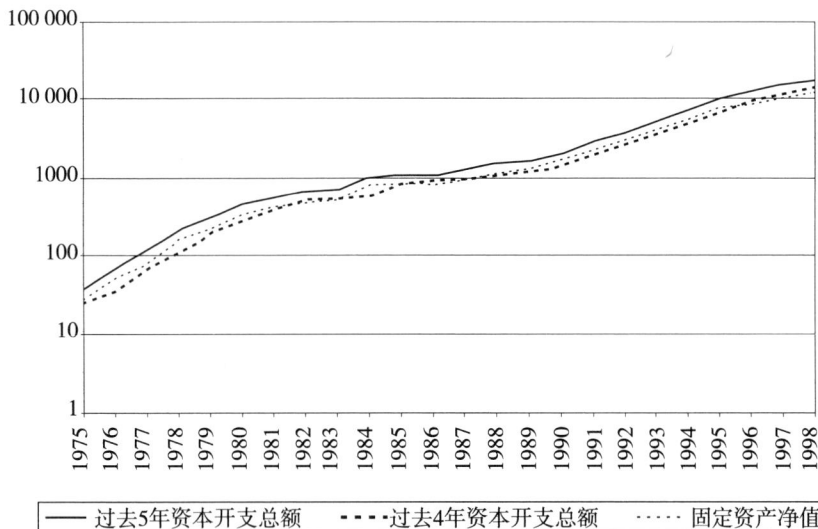

图 8-4   英特尔 1975—1998 年的资本支出和固定资产

数据来源:英特尔年报。

还有一些其他资产,是对手在与英特尔竞争时所需要的,虽然它们不展示在 1975 年的资产负债表上,但这不表示它们并不存在。别忘了,英特尔早就属于"新经济"股票了(至少是 20 世纪 20 年代之后的版本),虽然暂时还没有"新经济"这个名词。作为早期存储芯片和微处理器的主要制造商,英特尔投资于知识资源——设计和制造半导体所需的科学和工程技能,并为客户提供知识增强型产品,即计算机和工业设备的"记忆"和"脑力"。但英特尔的这些投资并未体现在资产负债表上,因为根据会计准则,研发通常被视为年度费用而非资本开支。但与水电费、计算机用纸或房产税不同,明智

[①]   也就是说,英特尔的固定资产账面净值超出再生产其固定资产的真实投入,固定资产账面净值大于其实际(市场)价值。——译者注

的研发开支在之后的很长一段时间内，还能继续为公司创造利润。设计和生产这些芯片所必需的专业知识，从安德鲁·格罗夫（Andrew Grove）1967 年出版的《半导体器件的物理与技术》（*Physics and Technology of Semiconductor Devices*）一书，到为提高某些难处理的制造工艺的产量而进行的数月反复试验，一切都来之不易；一旦购买后，它具有持久的价值。并不是所有的知识投入都反映在研发费用科目中，有一些无疑会作为制造费用淹没在生产成本之中。

英特尔的利润表显示它们在知识领域的投资相当大。我们之前提过，1975 年至 1998 年之间，其平均的研发费用占销售收入比为 11%（见图 8–5）。任何试图与英特尔竞争的公司都需要花费大量资金来建立同等的专业能力。

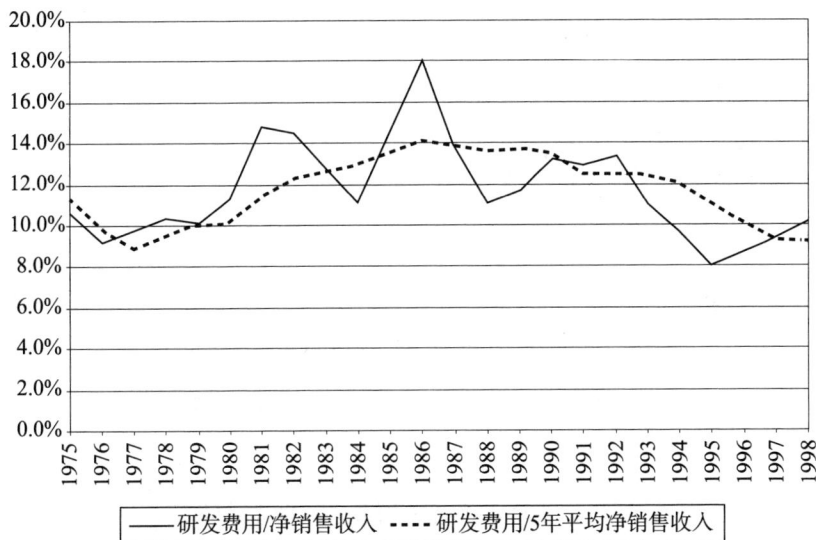

图 8–5　英特尔 1975 年—1998 年的研发费用 / 净销售收入
数据来源：英特尔年报。

多少才够？一些分析师建议将研发视为一项资本投资，用直线法分五年折旧。如果我们简化一下，把刚刚过去这一年的支出全算作资产，上一年算80% 依此类推，我们可以计算出资产负债表之外的无形资产价值，也就是竞争对手想要进入这项业务需要投入的金额。对于 1975 年的英特尔来说，这个数额是 2700 万美元。这将使资产再生产成本增加 40%，账面净资产价值从 7400 美元增加到 1.01 亿美元，增幅 37%。

还有其他方法可以衡量再生产知识能力的成本。如果我们用过去三年的研发费用总额，这个数字会比我们的折旧总额高一些；如果使用过去两年研发总额就会略低一些。所有这些可能都低估了再生产成本。也许竞争对手需要花费五年研发总额才行，或者高价挖走英特尔的一些关键员工，还得支付英特尔诉讼的费用。我们就用五年折旧总额作为英特尔知识能力再生产成本的保守估计值。

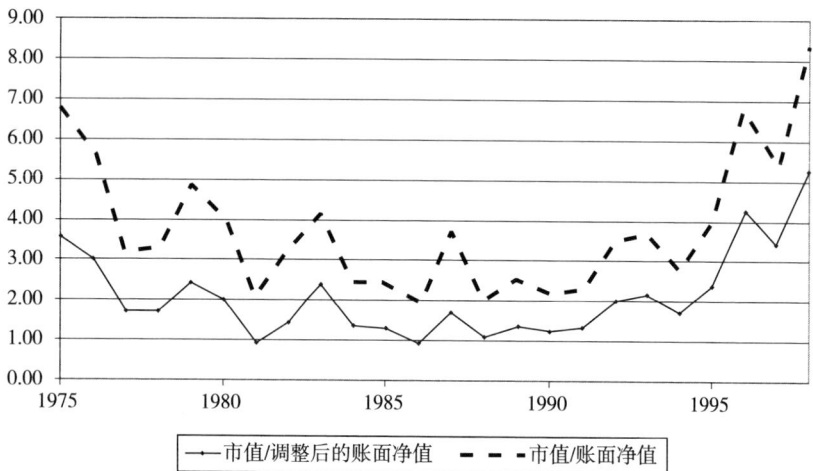

图 8-6　英特尔 1974—1998 年市净率和调整后的市净率

数据来源：英特尔年报。

为了与英特尔竞争，竞争对手必须创造另一种表外的无形资产。几乎每家公司都需要花钱营销其产品。尽管英特尔是在几十年后才开始花大价钱告诉消费者在他们的电脑中"内置英特尔"的好处。从一开始，它们就是把高科技产品卖给大量内行的买家。这种销售工作不仅仅是提供一个其半导体产品的规格和价格清单；销售主管必须与客户一起，弄清楚它们的需求并赢得合同。任何新的竞争对手都必须与客户建立融洽的关系并满足它们的具体要求，才能与英特尔正面交锋。所有这些努力都是要花钱的，也需要花时间来与客户公司的工程师建立关系。

算出英特尔营销支出规模的具体数字不太现实，它主要包括了销售人员的工资和佣金，广告支出和其他形式的促销费用。广告支出是单独列示的，但直到 1990 年，它从未达到管理费用（营销、一般和行政费用）的 8%。要算出竞争对手为与英特尔平起平坐而必须进行的合理投入，需要进行一些估算：

1. 为了平滑年度变化，我们将使用最近五年的平均管理费用与销售收入之比，× 当前的销售收入；
2. 我们假设需要投入三年的营销费用总额才能跟英特尔平等竞争；
3. 我们假设管理费用的一半用于日常运营，另一半用于营销。

上述假设并不完善，可能被挑战和进一步调整；我们的目标是得出一个加到英特尔资产中的合理数字，来代表新进入者将面临的再生产成本。这个数字很大，略高于大多数年份的研发调整（详见表 8–11 和图 8–5 ）。

把研发和营销费用加进来后，英特尔的市净率就大幅降低了。在 1975 年之后，在部分年份，是可以用调整后的账面价值或略低的价格买到英特尔的股票的。同样，我们关注的是年终净资产和年终市场价格。在一些年份，年中的价格比上年末的价格还要低。

英特尔从 1982 年开始投资其他公司，通常是为了推进英特尔的整体战略，提高对微处理器的广阔需求。在这些战略投资中，对公开上市公司，英特尔按股票市场价值计量；对非上市公司，它按成本价计量其股权价值。我们没什么理由质疑公司的这些做法，只是在这些非上市公司的股权价值在投资后出现大幅下跌时，才有必要对其进行下调。

我们没有调整英特尔的账面负债。多年来，该公司确实建立了一个可观的递延税款账户；如果将该数字贴现到现在，负债将减少，权益将因此增加。但这种调整很小，且到 1995 年之后才会显现出来，当时英特尔的市值已经大大超过了账面价值。

以账面价值或调整后的账面价值衡量，这一段历史时期里，购买英特尔股票的三个最佳时间应该是：

1. 1982 年 1 月，整个公司的市值短暂跌至 9.25 亿美元左右，可比的是，公司
   1981 年底调整后的账面价值略高于 10 亿美元；

2. 1986 年 8 月，公司市值约为 20 亿美元，可比的是，调整后的账面价值为
   25 亿美元；

3. 1988 年底，调整后的账面价值为 39 亿美元，与市值持平（见图 8-6）。

如果投资者保持严格纪律或足够幸运，每当英特尔的市值与其调整后的
账面价值相差不远时，都能买入英特尔，那么结果会非常好。在购买之后的
任何时候，股票的价值都不会显著下降，并且接下来的五年收益可观。现在
看来，这些时段都处在从 1982 年 8 月到 2000 年的长期牛市中。英特尔的投
资者可以说是乘风破浪。还得补充的是，在 1982 年初买入，将经历英特尔
历史上一个非常艰难的时期，但仍会得到一个可观的回报，虽然略低于标准
普尔 500 指数的回报率（详见表 8-12）。

表 8-12　　英特尔股票表现（选出的部分时段已根据股票拆分进行调整）　　单位：美元

时段	期初价格	期末价格	年复合收益率	标普 500 可比收益率
1982 年 1 月到 1987 年 1 月	0.47*	0.895	13.8%	14.6%
1986 年 8 月到 1991 年 8 月	0.82	3.14	30.7%	6.5%
1988 年 12 月到 1993 年 12 月	1.48	5.29	39.5%	17.5%

* 价格反映了后续的拆股。
数据来源：英特尔年报。

然而，重要的是别当事后诸葛亮，以为做出这些决策很容易。1982 年
初，存储芯片的竞争似乎不可避免，英特尔能否获得微处理器市场的主导地
位也几乎没把握。IBM 在 1981 年底才进入个人电脑市场，而且 IBM 自己生
产微处理器的可能性始终存在。如果英特尔无法在存储芯片或微处理器领域
获得可持续的竞争优势，那么作为一个竞争者，资产再生产价值基本就是英
特尔可以预期的全部价值。1986 年英特尔出现大额亏损，1988 年底英特尔
的盈利再次开始下滑。正如我们上面所指出的，在这种情况下要有信心投资
英特尔，就需要对英特尔的市场地位和管理水平有深入的了解。

另一方面的事实是，英特尔在一个可持续的行业中，以等于或低于净资产再生产价值的价格交易，从而提供了重要的下行保护。假设英特尔的管理层能够有效利用这些资产，冒风险探索英特尔的未来，即使未来没实现也不会造成严重损失。这里的关键是英特尔管理层有效利用其资产的能力，这将反映在英特尔能够产生的长期盈利能力上。因此，下一个重要步骤是着眼于英特尔的盈利能力价值。

估值2：盈利能力价值

此处我们将采用同估算WD-40盈利能力一样的方法。基本假设是公司不增长，当前收益会持续很长一段时间，股东作为公司所有者将按比例获得公司分配的收益。无增长假设很容易适用于WD-40，但它肯定不适合英特尔，这是一家在快速变化和扩张的行业中充满活力的公司。因此，需要大量的战略分析才能对英特尔在任何特定年份的持续盈利能力做出合理估计。由于我们要回答的问题是，使用我们的估值判断标准，英特尔股票是否出现了投资机会以及何时出现，因此我们只能查看当时可用的信息。

正如我们所见，根据公司的盈利能力估计公司当前的内在价值需要两个步骤：第一，调整财务报表中的盈利，得出一个数值，该数值代表投资者可以从公司拿走的额外现金，公司将如往常一样继续运作；第二，选择一个折现率，能综合反映利率水平和公司相对于其他投资机会的风险水平。用调整后的盈利除以折现率，得到盈利能力价值（EPV）。

调整后的盈利：特殊费用、商业周期、研发以及折旧与摊销

我们将专注于1987年以后的时期，这时英特尔已经放弃了存储芯片业务，个人电脑革命开始阔步向前。第一，与WD-40一样，我们从营业利润开始进行调整。第一项调整涉及特殊费用。它是公司在重估如存货、设备或其他过往投资等资产时所做的冲销，或者为裁员、工厂关闭等事项所提取的准备金。将这些费用与营业利润分开的理由是，它们是单一事件，并不会影

响公司的长期盈利能力。但实际上，这每一项都是公司经营中实际费用的累积。如果这些费用年复一年地持续存在，意味着公司低估了其真实的运营成本。为了消除这些特殊费用带来的不稳定，我们对当前和前四年的费用进行平均，然后从营业收入中扣除。

第二，与WD-40不同的是，英特尔的销售额和利润免不了受周期性波动的影响。英特尔在20世纪70年代涉足存储芯片业务时，营业利润率高时达30%，低时则为20%。而在微处理器业务中，竞争较少且市场不断增长，利润率似乎不太可能变化那么大。从1987年到1991年，随着销售额的快速增长，营业利润率稳定在略高于20%的水平，甚至在1990年的经济衰减期间还有所上升。因此我们认为，保守做法是用财报中20%的息税前利润作为这一时期进行调整的基数（详见表8-13）。

表8-13　　　英特尔1987—1991年调整后的税后营业利润　　　单位：百万美元

	1987年 12月	1988年 12月	1989年 12月	1990年 12月	1991年 12月
销售收入（净额）	1 907	2 875	3 127	3 921	4 779
报告的息税前利润（EBIT）	246	594	601	858	1 080
按销售收入20%计算的息税前利润（EBIT）	381	575	625	784	956
特别费用的均值调整	-14	-10	-30	-21	-11
加回25%的研发费用	65	80	91	129	155
加回20%的管理费用	154	194	212	283	346
调整后的息税前利润	587	848	899	1176	1445
调整后的息税前利润率（EBIT margin）	31%	29%	29%	30%	30%
扣除税率为38%的税项	364	519	557	729	896
加回25%的折旧和摊销	43	53	59	73	105
调整后的税后营业利润	407	572	616	802	1 000
调整后的税后营业利润率	21%	20%	20%	20%	21%
报告的税后营业利润	248	453	391	650	819

注：除了%，图中数据的单位都是百万美元。

数据来源：英特尔年报。

第三，对于英特尔来说，研发是每年的一项主要支出，从 1987 年到 1991 年平均占销售收入的 12% 以上，此后几乎没有下降。这些年是英特尔的增长年份，我们必须假设需要一些研发投入来支持这种增长。但在瞬息万变的集成电路世界中，一家公司需要大额的研发预算来维持运营。因此，为了更准确地了解零增长下的盈利能力，我们应该将一些研发费用加回到营业利润中。但是加多少呢？我们可以采用我们在计算资产重置成本时使用的方法，即将研发视为资本投入，并在五年内对其进行"折旧"。每年的费用都是折旧费，会比实际的研发成本少一些。第二种方法，是用估算维持性资本开支的逻辑来估算维持性研发费用，方法是将研发看作一项资产，找出这个资产与销售额的比率，并使用该比率 × 新增销售额得到用于支持增长的研发费用。维持性研发费用就是剩下的那部分。第三种方法是查看最接近的竞争对手所花费的研发费用，在本例中是超威半导体公司（AMD），把该数字用作英特尔的必要费用。最后，我们可以猜测一下，英特尔至少有一定比例的研发投入——这里我们假定是 25%，是用于支持其增长的，因而可以加回到息税前利润（EBIT）中。在完成所有这些计算之后，我们将在这里使用最后这个数字。它是最保守的，因为它调高当期利润的幅度比其他方法都小，而且操作起来也最简单。

第四，研发的调整方法也适用于管理费用，它其中很大一部分用于获取新业务。我们将加回总数的 25%，这是一个粗略但合理保守的估计。

第五，别忘了税收。我们假设所有这些年的税率为 38%，这比英特尔经审计的财务报表中报告的会计税率要高，也没考虑任何英特尔可能采取的税务筹划手段。对营业收入的这个税率估计是合理保守的。

第六，我们需要调整折旧、摊销和维持性资本开支。此处懂一些行业知识会有用处。半导体生产设备的成本，即英特尔用来制造微处理器的昂贵的大型机器设备，其产能不断提升，所以多年来价格处于下降趋势。因此，英特尔基于其机器设备的历史成本来折旧，这个折旧费用高估了英特尔保持相同产能的花费。与其将所有折旧和摊销加回扣完税项之后的息税前利润（EBIT），然后再减去维持性资本支出，我们将简化计算，即直接加回 25% 的折旧和摊销，假设其他 75% 足以支付维持性资本支出。在所有这些计算中，25% 的数字并没有什么特别之处，用它是因为它看起来合理保守。

进行所有这些调整后，我们得到英特尔在 1987 年至 1991 年间调整后的可分配营业利润，如表 8–13 所示。经过所有这些努力，财报中的净利润与调整后的税后营业利润差异不大，但这只是对估计是否合理的一个粗略检查。

从调整后的盈利到盈利能力价值

我们在前文中怀疑过，分析师是否有能力推导出一个足够精确的折现率，通过盈利折现算出一个有效的盈利能力价值。本例中，在我们观察英特尔盈利的期间，长期利率从约 12% 下降到 7% 以下，无风险利率从高于 13% 下降到 6% 以下。由于公司账面上鲜有净债务（扣减现金和短期投资后的债务），其加权平均资本成本不会受益于借款成本低于股权融资成本这个因素，尤其是在考虑了利息可以在税前扣除 [①] 之后。因此，与 WD–40 的情况一样，合适的资本成本就是股权成本。在 20 世纪 80 年代末和 20 世纪 90 年代初，风险投资人期望获得的回报和他们觉得吸收资金的必要回报率在 16%~18% 之间。长期 BAA 级债券平均利率约 9%。英特尔当时的股权成本应该落在这个范围内。英特尔的核心业务成熟但也面临威胁，它的股权投资风险比 WD–40 风险高。但由于低杠杆率和该核心业务过往长期的成功历史表现，它的风险将远低于风险投资。当时，股票市场投资的整体现金回报率约为 3%。假设加上 4% 的实际经济增长率，以及 3%~4% 的通货膨胀率，我们估计整体股市的回报为 10%~11%。假设投资英特尔的风险水平略高于平均水平，英特尔吸引到资金自愿投资的成本约为 12%。我们将用这个数字来对英特尔的盈利进行折现。

用我们已有的盈利能力，即调整后的税后息税前利润（EBIT）和折现率，我们基本可以计算出英特尔的盈利能力价值。在我们将该数字与资产价值和市场价值比较之前，我们需要再进行一组调整。我们计算的资产价值和我们引用的市场价值都是指英特尔资本中的股权部分，不包括债务。我们专

---

① 即"税盾效应"。——译者注

门从英特尔资产的再生产价值中减去这些债务，得出股权口径的资产价值。为了保持一致，我们需要在这里做同样的事情，从盈利能力价值中减去未偿还的债务。另一方面，这些年英特尔的账面上有大量现金，远远超过运营所需的现金。当我们进行资产估值时，我们将这笔现金包括在内。由于我们没有将这些额外现金计入盈利能力——营业收入遗漏了现金的价值，我们应该将剩余现金加回到盈利能力价值中。这笔现金肯定是包括在股权口径的市场价值之中。任何购买整个公司的人都将拥有这笔钱以及所有其他资产。我们的现金和债务调整，就是要使所有这三个价值具有可比性，因此我们将减去有息负债的账面价值并加回所有现金。[①] 通过这些最后的调整，我们得出了表 8–14 中 1987 年至 1991 年期间英特尔的一些列估值数据。图 8–7 展示了这些估值数据，并且向前和向后延伸了几年，以展现英特尔在这一时期的转变。

我们已经看到 20 世纪 80 年代中期是英特尔的不稳定和过渡时期。这一点能够从盈利能力价值相较于资产价值更大幅度的波动看出来。但此时的关键点是，在 1987 年和 1988 年，英特尔的交易价格一度等于或略低于其净资产的再生产价值，这两年平均盈利能力价值 33.5 亿美元基本上等于平均资产再生产价值 33.1 亿美元。英特尔的管理层似乎确实有效地利用了英特尔的资产，我们对英特尔管理行为的定性回顾也证实了这一结论。在此期间，英特尔价值的任何下跌都受到公司资产价值的充分保护。这种情况下，尽管英特尔未来发展的价值很难被精确衡量，但英特尔的平均预期价值是清晰的，对其进行投资是合理的。用格雷厄姆和多德的话来说，这将是一项投资，而不是投机。

---

① 由于英特尔在其资本结构中几乎没有债务，我们将重点放在资产的股权价值和盈利能力上。当一家公司具有很高的财务杠杆时，合适的起点是企业价值，包括债务和股权，然后减去现金。财务杠杆会减少股权的稳定性。就英特尔案例而言，债务微不足道。

表 8-14　英特尔 1987—1991 年盈利能力价值，调整后的账面价值与市值

单位：百万美元

	1987 年 12 月	1988 年 12 月	1989 年 12 月	1990 年 12 月	1991 年 12 月
按 12% 折现的盈利能力价值	1 891	4 768	5 137	6 684	8 337
减去有息负债	−750	−696	−569	−623	−536
加上现金	619	871	1 089	1 785	2 277
盈利能力价值合计	1 760	4 843	5 657	7 846	10 078
调整后的账面价值	2 755	3 893	4 781	6 357	7 671
市值	4 779	4 285	6 513	7 812	10 240

单位：百万美元

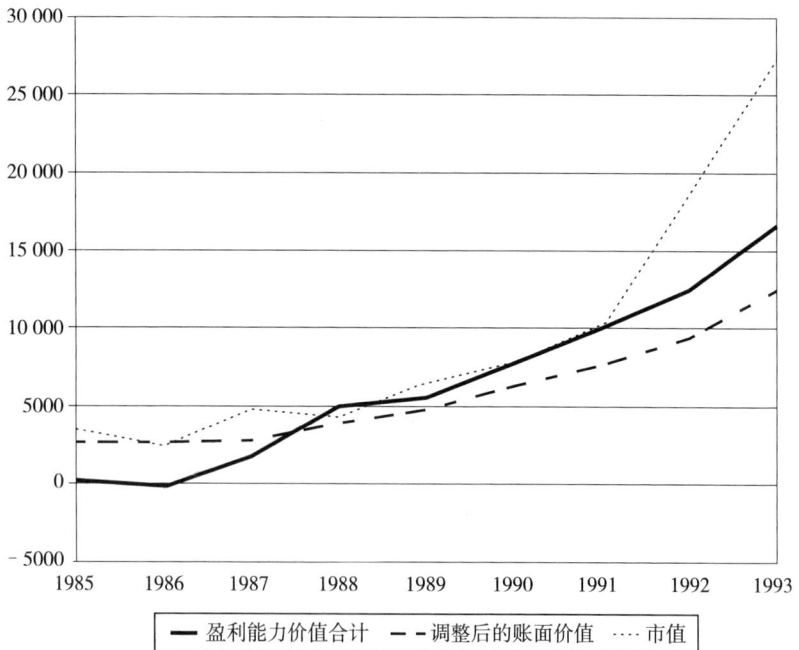

图 8-7　英特尔 1985—1993 年的盈利能力价值、调整后的账面价值与市值

数据来源：英特尔年报。

成长股英特尔

20 世纪 90 年代，英特尔凭借在微处理器行业的主导地位，盈利不断增长，股价也迅速上涨。到 90 年代后期，英特尔的市值基本是其合理资产再生产价值的四到六倍。在此期间投资英特尔，如果不考虑它远超资产部分的盈利能力价值，以及盈利持续增长的价值，那是不合理的。换句话说，进入 90 年代后期，英特尔将被归类为具有成长潜力的拥有经济特许权的企业，或者说是被纳入更传统的价值投资者完全规避的一类。

英特尔 1998—2017 年的经济特许权

在这种情况下，第一步是理解保护英特尔盈利的竞争优势／进入壁垒的特点和持久性。20 世纪 90 年代后期，毫无疑问，作为世界上主要的微处理器生产商，英特尔的竞争地位得到了强有力的保护。英特尔享有最持久的竞争优势——显著的规模经济效益加上强有力的客户锁定。

英特尔锁定客户的能力，来自任何个人电脑制造商想要提供使用非英特尔处理器的产品可能面临的风险。英特尔芯片是微软设计其无所不在的 Windows 操作系统的标配。替代芯片不太可能在这种软件环境中工作良好。低劣的微处理器性能会降低整个个人电脑的性能，在竞争激烈的个人电脑市场中，任何制造商都不能冒这个险，也不能指望新的供应商能够像英特尔一样，一直及时提供大量高质量芯片。任何高质量芯片供应的中断都意味着个人电脑生产延误的高昂代价。任何芯片质量问题都可能永久损害个人电脑制造商的产品品质和声誉。最后，"内置英特尔"的广告策略提高了个人电脑购买者对英特尔芯片价值的认识和接受程度。即使英特尔的竞争对手能够可靠地提供大量高质量、高性能的芯片，没有"内置英特尔"标签的个人电脑仍然可能面临失去客户的风险。①

---

① 在这个时段中期，2006 年，苹果将微处理器供应商换为英特尔。自 1984 年苹果个人电脑诞生后，其供应商先是摩托罗拉，后来改为 IBM。

这对竞争对手而言，比如 AMD、潜在竞争者 IBM 和一些日本公司，即使他们生产出更好的芯片，在短期内也只能占据微处理器市场的一小部分。在英特尔占主导地位的高端市场，大约每 18 个月就有新一代微处理器上市。当竞争对手的芯片被广泛接受时，它们的产品通常也要过时了。个人电脑市场的机会窗口期很短，这大大增加了竞争者切入英特尔主导市场份额的难度。在决定是否投资新的芯片技术时，英特尔的竞争对手不能指望销售额能达到英特尔的水平，也就不能指望能和英特尔有同等量级的研发预算投入。而且，除非这些公司能够提供比英特尔便宜很多或质量好很多的芯片，否则英特尔芯片将始终是个人电脑制造商最安全的首选。

这就是英特尔的规模优势发挥作用的地方。设计微处理器，尤其是当它们变得速度更快、更密集和更低能耗时，是一项巨大的固定成本，这跟能卖出多少微处理器无关。卖得越多，平摊到每个微处理器的设计成本就越少。表 8-15 展示了 20 世纪 90 年代英特尔及其主要竞争对手 AMD 的销售、研发支出和营业利润率水平。到 90 年代后期，英特尔的研发预算是 AMD 的四到五倍，而英特尔每一美元销售额对应的研发支出约为 0.10 美元，不到 AMD 的一半，AMD 是超过了 0.20 美元。此外，研发的会计数字仅代表将新芯片设计成功推向市场的固定成本的一部分。其他的研发类费用，比如每次新的芯片生产线投入运营、不断调整直到芯片良率（质量合格、可供销售的芯片占比）和质量达标时的费用，都被归入销售成本。向个人电脑制造商介绍新芯片及其功能还会带来营销费用。到 90 年代后期，英特尔的营业利润率是 AMD 的四倍，这一点并不奇怪。

表 8-15　英特尔和 AMD：销售收入、研发费用和调整后的息税前利润率

单位：10 亿美元

	英特尔			AMD		
	销售收入	研发费用	息税前利润率	销售收入	研发费用	息税前利润率
1990	3.92	0.52	31%	1.06	0.20	9%
1991	4.78	0.62	32%	1.23	0.21	22%
1992	5.84	0.78	36%	1.51	0.23	28%
1993	8.79	0.97	47%	1.65	0.26	30%

续前表

	英特尔			AMD		
	销售收入	研发费用	息税前利润率	销售收入	研发费用	息税前利润率
1994	11.52	1.11	40%	2.13	0.28	33%
1995	16.20	1.30	38%	2.43	0.40	26%
1996	20.85	1.81	42%	1.90	0.40	3%
1997	25.07	2.35	46%	2.30	0.47	11%
1998	26.27	2.67	40%	2.50	0.57	10%

注：英特尔和 AMD 的数据均为公司整体数据。英特尔有更丰富的产品线，有的研发费用花在并不与 AMD 竞争的产品上，因此这不是一个完美的比较。除百分比外，金额以 10 亿美元为单位。
资料来源：英特尔和 AMD 年报。

高成本并不是 AMD 和其他竞争对手的唯一劣势。如表 8–15 显示，即使每单位芯片研发成本更高，AMD 的研发支出也仅为英特尔的五分之一。由于微处理器芯片每 18 个月更新一次，研发的很大一部分投入到这些新一代芯片的开发中。在新一代芯片的竞争中，AMD 的支出只有英特尔的五分之一。在这种情况下，英特尔成为这场重复竞争的必然赢家。当 AMD 偶尔生产出更好的微处理器时，英特尔很快发布其下一代产品取代了该产品。与此同时，大多数个人电脑制造商选择等待英特尔——客户锁定在起作用——即使是 AMD 的"成功"芯片也从未能够占领超过 30% 的市场份额。以其现有的销售水平，如果 AMD 想在研发支出水平上与英特尔相匹配，它需要把收入的 50% 到 100% 用于研发，这是个痛苦且没有经济可行性的前景。因此，AMD 从未能够对英特尔的市场主导地位造成重大损害，也就不足为奇了。受客户锁定保护的规模经济效益，将每一代产品的短暂竞争优势转化为跨越多代产品的永久优势。从 20 世纪 90 年代开始，英特尔就拥有了强大而持久的经济特许权。

历史数据支持了这一看法。表 8–16 和表 8–19 展示了英特尔 1991—2002 年和 2002—2017 年的经营历史。净资产收益率，即使不考虑额外现金的调整、扩张投资于增长而使利润偏低的因素，平均来看都超过 20%。适当估算的话，许多年份都超过了 30%。由于回报如此之高，包括 IBM、日本科技巨头和最近的三星在内的资金雄厚的竞争对手都试图进入该市场。除了在非常低端的微处理器市场，这些后来者都是一败涂地。英特尔的市场份额平均超过 90%，并且随着时间推移还有所增长。这就是一个强大且可持续的经济特许权的样子。

1999 年初投资英特尔的回报

1999 年 3 月 1 日，英特尔发布 1998 财年业绩时，其股价为 29.70 美元，[①]流通股为 69.4 亿股，市值为 2060 亿美元。如果我们扣除英特尔 121 亿美元的净非核心流动资产（现金加投资减去债务），收购英特尔核心运营业务的净成本约为 1940 亿美元。表 8–16 展示了英特尔从 1991 年到 1998 年的经营历史，并附上了 1999 至 2002 年的情况，其中 1991 年是英特尔在微处理器领域的经济特许权变得清晰可见的年份。英特尔在 1998 年的收入为 263 亿美元，比前一年增长了 5%，比前五年增长了 24.5%。营业利润率从 1991 年的 22.6% 稳步上升到 1997 年的 39.4%，然后在 1998 年下降到 31.9%。从 1994 年（销售增长放缓和利润率下降的一年）到 1998 年的五年里，英特尔的平均营业利润率为 33.9%。在截至 1998 年的五年里，英特尔平均税率为 36%，从 1994 年的 37% 下降到 1998 年的 34%，因为企业税收政策对英特尔等科技公司略有优惠。

根据这段历史表现，英特尔 1998 年的可持续收入约为 270 亿美元。这展现出对当年收入增长的积极判断。1998 年发生了亚洲金融危机，对英特尔来说也是略微困难的一年，但没必要因可能发生的衰减而变得悲观，收入仍在增长。可持续的营业利润率约为 33%，高于英特尔 1998 年的实际利润率，但略低于前五年的平均水平。由于一直呈增长趋势，可持续营业利润率的合理估计值甚至可能高至 35%，高于五年平均水平。在这两种情况下，面对潜在的竞争对手，利润率看起来都是可持续的。假设固定成本占英特尔收入的 20%，并且英特尔的销售额是其最接近的竞争对手规模的 2.5 倍，考虑到

---

① 所有股票价格和已发行股票都根据拆分进行了调整，转换为 2018 年的水平（前复权——译者注）。

1998 年英特尔经济特许权的实力，这两个保守假设，英特尔相比于竞争对手
拥有 30% 的固定成本优势。竞争对手的固定成本占收入的 50%（2.5×20%），
而英特尔为 20%。这显然可以支持英特尔 33%~35% 区间的营业利润率。

270 亿美元的可持续收入 ×33% 的可持续营业利润率，得出 1998 年英
特尔 90 亿美元的可持续营业利润。合理的可持续税率约为 35%，介于 1998
年税率和五年平均税率之间，因为税收优待的商业环境不会永远持续。因
此，英特尔 1998 年可持续的税后净营业利润约为 59 亿美元（90 亿美元的
65%）。[①] 这意味着，以 1999 年 3 月上旬的市场价格购买英特尔拥有经济特许
权的核心业务的回报率为 3%。

1. 现金回报

英特尔可能以现金形式分配的回报部分相对难以确定。管理层没有阐明
长期的分配政策。历史上分配给股东的净现金是多变的。直到 1994 年，英
特尔的净售出股份超过了相对微不足道的股息分配（见表 8–16）。最近，净
分配占净利润的百分比从 20% 增长到 1997 年的 40%，然后 1998 年跃升至
80%。80% 分配水平下的留存收益，刚够支持英特尔在 1998 年这样缓慢增
长年份的有机增长。如果有机增长率更高一些的话，英特尔是没法按这种分
配率操作的。因此，60% 的分配率看起来比较合适，这也呼应了 1997 年和
1998 年的平均分配比例。如果将 60% 的净利润分配给股东，那么 1999 年初
投资英特尔的现金回报将达到 35 亿美元（59 亿美元的 60%），也就是 1940
亿美元投资的 1.8%（3%×60%）。

2. 有机增长的回报

英特尔连续不断地推出新芯片，其有机增长很难定义，更不用说衡量

---

① 我们没有针对任何固定资产的折旧过度或折旧不足，以及支持增长的研发和管理支出部分，来调
整这些盈利数据。在前一种情况下，这是因为会计折旧和维持性资本支出之间的差异很小。从 1990
年到 1998 年，会计折旧总额为 110 亿美元；总资本支出为 217 亿美元。收入增长为 252 亿美元。每 1
美元收入对应的净固定资产投资平均约为 0.45 美元。因此，252 亿美元的额外销售额需要 113 亿美元
的成长性资本支出。从总资本支出中减去这一数额，剩下 104 亿美元的重置资本支出，非常接近但略
低于 110 亿美元的会计折旧。

表 8-16　　英特尔 1991—2002 年历史财务数据年度利润表

单位：百万美元

截至当年12月31日	1991 年	1992 年	1993 年	1994 年	1995 年	1996 年	1997 年	1998 年	1999 年	2000 年	2001 年	2002 年
收入	4 779	5 844	8 782	11 521	16 202	20 847	25 070	26 273	29 389	33 726	26 539	26 764
毛利率	52%	56%	63%	52%	52%	56%	60%	54%	60%	63%	49%	50%
营业利润	1 080	1 490	3 392	3 387	5 252	7 553	9 887	8 379	9 767	10 395	2 256	4 382
营业利润率	22.6%	25.5%	38.6%	29.4%	32.4%	36.2%	39.4%	31.9%	33.2%	30.8%	8.5%	16.4%
税率	32%	32%	35%	37%	37%	35%	36%	34%	35%	30%	41%	26%
净利润	819	1 067	2 295	2 288	3 566	5 517	6 945	6 068	7 314	10 535	1291	3 117
净利润率	17%	18%	26%	20%	22%	26%	28%	23%	25%	31%	5%	12%
每股收益	0.13	0.16	0.34	0.34	0.54	0.78	1.06	0.91	1.10	1.57	0.19	0.47
每股股息	–	–	0.01	0.01	0.02	0.02	0.03	0.04	0.06	0.07	0.08	0.08
折旧和摊销	418	518	717	1 028	1 371	1 888	2 192	2 863	3 597	4 835	6 460	5 334
资本支出	948	1 228	1 933	2 441	3 550	3 024	4 501	4 032	3 403	6 674	7 309	4 703
股息	–	21	84	92	116	148	180	217	336	470	538	533
净回购	–112	–180	–91	432	757	985	2 727	4 658	4 049	3 210	3 246	3 333
分配比例				23%	24%	21%	42%	80%	60%	35%	293%	124%
净现金		2 271	3 629	3 658	3 365	8 230	10 276	12 130	18 514	16 450	11 545	12 466
净资产	4 418	5 445	7 500	9 267	12 410	16 872	19 295	23 377	32 535	37 322	35 830	35 468
净资产产收益率	19%	20%	31%	25%	29%	33%	36%	26%	22%	28%	4%	9%
平均股份数（百万）	6 688	6 872	7 056	6 992	7 072	7 101	7 179	7 035	6940	6 986	6 879	6 759
员工人数（千）	25	26	30	33	42	49	64	65	70	86	83	79

数据来源：英特尔年报。

了，尤其是与 WD-40 这样产品稳定的公司相比更是如此。从技术上讲，每一代新的设计都是一种新产品，都有其对应的新型高性能个人电脑、工作站和服务器的初始市场。但实际上，微处理器行业的增长是有机增长。计算机制造商及其主要客户，甚至是汽车控制等非传统应用中的算力用户，在历史上都构成了一个相当稳定的群体。设计和生产方面的难点基本也具有高度的延续性，因此市场供给是相对稳定的，主要就是英特尔。所有微处理器和微处理器应用领域的有机增长并非完全由经济增长和技术等外部经济因素驱动。例如，英特尔一直在寻找新的应用来扩展其芯片技术。但就像有机增长一样，这一过程在很大程度上是一个持续的过程，而不是一个大型资本配置决策议题。所涉及的绝大部分投资——研发和营销，都根据会计规则计入费用，并且独立于与留存收益相关的明确分配决策。

按照这个定义，从 20 世纪 80 年代后期到 1998 年底，英特尔的增长几乎全是有机增长。在那段时间里，英特尔没有进行重大收购。闪存是其在微处理器和相关芯片组之外的主要产品拓展，但在 1998 年底销售额还非常有限，仍未盈利。然而，即使把有机增长定义得这么宽泛，它仍然很难预测。

从 1991 年到 1998 年，英特尔收入和营业利润的实际增长率平均约为 28% 和 34%。管理层宣布的增长目标（通常在 20% 或更高的范围内）反映了这一情况。尽管英特尔表现出色，但从长远来看，这些增长率无法持续。对于分析师来说，解决这个难题的一个方法是定义一个高增长的固定期，然后是一个增长率低得多的长期稳定期。对于一些公司来说，这样的策略可能会奏效。例如，谷歌的技术取代了明确定义的信息广告这个细分市场。谷歌成熟期的销售收入的目标水平可以通过加总全球除中国外（因为谷歌在中国不占主导地位）的当前各种媒体信息广告收入来估算，包括黄页、报纸分类广告、商业目录、针对消费者的出版物、一些直邮等。从历史上看，它们的增长速度比全球 GDP 高约 1%。接下来的步骤是估计这些收入中有多少将转移到网络上——至少 80%，以及谷歌可能获得的市场份额，比如说 50%。这些计算得出了谷歌的"成熟"收入水平。我们可以根据谷歌过去的历史经验来推测未来，等到整个成长趋势达到"成熟"收入水平，即代表谷歌的高增长期结束，如此可以估计高增长期的长度。在高增长期之后，谷歌的收入增长预计将下降到高于全球 GDP 增速 1% 的水平。不幸的是，英特尔不存在如此明确的收入模式。各种形式的信息技术正在重塑整个工业社会。

对英特尔而言，唯一现实的选择是假设一个长期的有机增长率。这个有机增长率让英特尔的未来盈利有一个限定值，并且增长率本身高于全球 GDP 增速。很难说要高出多少，但在现代工业经济的历史上，没有哪个行业的增速比 GDP 增速要快 3% 且长达 50 年之久。因此，关于英特尔的长期有机增长率，我们可以合理估计为全球 GDP 增长率加上 3%。

1999 年全球 GDP 的名义增长率预计为 5%~6%。[①] 如果我们在这个数字上加上 3%，我们得到英特尔收入的持续有机增长率为 8.5%。从 1993 年到 1998 年，英特尔的营业利润率基本稳定。因此，营业利润和税后营业净利润的增长率可能会与收入相同，即以 8.5% 的速度增长。于是，我们初步预测有机增长应该给投资者贡献 8.5% 的回报。

3. 积极投资的回报

支持有机增长所需的投资额自然取决于增长率。在估计的 270 亿美元可持续收入的基础上，20% 的增长率（大约是英特尔 20 世纪 90 年代的平均水平）将给首年的收入增加 54 亿美元。从 1991 年到 1998 年，每 1 美元收入所需投资于固定资产的比率平均为 45%，早几年呈下降趋势，最近呈上升趋势。使用平均 45% 的数字可以得出，需要 24.3 亿美元的投资水平来支持 20% 的有机增长。[②] 1998 年，从 58.5 亿美元的可持续盈利中，若按 40% 留存收益率留下 23.4 亿美元，已经没有可用于积极投资的资金额度。若按 8.5% 的较低长期有机增长率计算，支持有机增长所需的投资为 10 亿美元（23 亿美元的增量收入 ×45%）。从留存收益中减去较低水平的有机增长投资，将

---

① 1999 年中国和印度的经济体规模比 2018 年它们各自的规模要小得多，所以 1999 年它们的增长对全球增长率的贡献较小。

② 英特尔在 1998 年需要的净营运资金基本上为零。1998 年 12 月 31 日的营运资产中应收账款和存货为 51 亿美元，几乎完全跟营运负债、应付账款和应计负债 50 亿美元相抵销。我们假设用于支持有机增长的营运资本投资为零。

留下约 13 亿美元用于积极投资。

在 20 世纪 90 年代，英特尔十分自律，专注于核心的微处理器业务。从 1993 年到 1997 年的五年间，英特尔没有进行任何收购。1998 年，英特尔斥资 3.21 亿美元收购了图形显示芯片制造商"芯片和技术公司"（Chips and Technologies），希望通过收购该公司能够增强其芯片组的图形功能。英特尔还为数字设备公司（Digital Equipment）的半导体业务支付了 5.85 亿美元，其中包括 4.75 亿美元固定资产和一些移动微处理器技术。1998 年 12 月 31 日，英特尔资产负债表上的商誉值很有限。对于归类为当期费用的投资，闪存是唯一开发的非核心产品。这部分业务是英特尔计算机增强部门（CEG）的一部分，该部门主要包括芯片组和相关产品，用于在非计算机环境中安装微处理器。"芯片和技术公司"也属于 CEG 的一部分。1998 年，CEG 的营业利润为 3.58 亿美元，销售额为 40 亿美元，而核心的微处理器业务销售额为 215 亿美元，利润为 91 亿美元。CEG 的所有利润基本上都来自我们视为有机增长的核心微处理器业务的自然扩展。对于英特尔在它有机经济特许权以外的积极投资，所创造的增长是很有限的，其回报也几乎可以忽略不计。

因此，任何投资如果不是在支持有机增长（这部分回报已经考虑在内），要不然就是运用于回报看起来为零的新举措。从 1996 年到 1998 年，尽管 CEG 的收入从 36 亿美元增加到 40 亿美元，但 CEG 的营业利润却从 1996 年的 9.4 亿美元下降到 1997 年的 5.29 亿美元，在 1998 年继续下降到 3.58 亿美元。在这种情况下，我们不需要在营业利润中加回 25% 的研发费用和管理费用，然后再追踪积极再投资的影响，这是我们之前的做法。之所以不用如此调整，是因为其影响为零。

一般来说，英特尔的留存收益不会用于新的投资，而是转成了现金和外部投资。从 1994 年底到 1998 年，英特尔的净现金加上投资，从 37 亿美元增加到 121 亿美元。这些投资的价值取决于现金在公司的存留时间以及花掉时的去向。当现金被留在公司时，对于投资者的价值而言，由于双重税负的缘故，其赚取的回报将减少 35%，一次是在公司层面赚取收益的税负，一次是向股东分配时的税负。在没有令人信服的投资机会时，最好的结果是把资金分配给投资者，越快越好。如果在五年内进行分配，那么赚得收益的价值损失可能只有 10%。如果最终英特尔在其核心业务恶化时去投资不相关的项目，这是管理层试图保持增长的常见做法，那么可能所有的价值都被摧毁了。到了 1998 年底，英特尔宣布了在非核心通信技术领域的两项相对较大的收购，以及该方向新的优先事项。因此，到 1999 年初，现金的第二种运用路径变成更为可能的结果。从长远来看，随着有机增长放缓，这种趋势只会变得更糟。考虑到这一可能性，我们把现金增加部分的价值减少 50%。因此，我们 13 亿美元的积极再投资应该会为我们的总回报增加 6.5 亿美元的积极投资回报，相当于 0.3% 的额外回报。

总回报、英特尔的资本成本，以及从价值投资看英特尔

这些计算总结在表 8–17 中。1999 年 3 月对英特尔投资的总回报率估计为 10.6%，其中现金回报率为 1.8%，有机增长回报率为 8.5%，积极投资回报率为 0.3%。我们估计英特尔在 20 世纪 80 年代后期的资本成本为 12%，1998年的资本成本应该差不多也在这个水平。即使英特尔在微处理器领域的主导地位已经确立之后，投资英特尔股票仍然是一项高风险的投资。回报中的绝大部分是有机增长回报率 8.5%，它建立在遥远而不确定未来之上。此外，与WD–40 面临的风险不同，英特尔的风险在很大程度上应该是不可分散的，因为英特尔未来盈利的增长在很大程度上取决于未来全球经济整体的增长。因此，总体而言，英特尔的投资回报率可能会低于资本成本。当然没有任何安全边际可以保护英特尔经济特许权的衰减。

表 8–17　　　　　　　　1999—2018 年英特尔的回报估计

	1999 年 3 月	2003 年 3 月	2018 年 3 月
现金回报率	1.8%	3.0%	4.2%
初始有机增长回报率	8.5%	4.5%	4.0%
经调整的有机增长回报率	5.8%	2.4%	2.6%
积极投资回报率	0.3%	0.7%	0.0%
初始总回报率	10.6%	8.2%	8.2%

续前表

	1999 年 3 月	2003 年 3 月	2018 年 3 月
经调整的总回报率	7.9%	6.1%	6.8%
资本成本	12.0%	11.0%	10.0%
衰减率	2.4%	2.4%	1.8%
扣除衰减后的初始总回报率	8.2%	5.8%	6.4%
经调整扣除衰减后的总回报率	5.5%	3.7%	5.0%

数据来源：英特尔年报。

到 1999 年初，英特尔在微处理器领域的经济特许权地位持续了 10~12 年，比 WD–40 所持续的时间要短得多。它的行业正在经历快速变化，并且已经有迹象表明部分英特尔的经济特许权面临着激烈的竞争。在低功耗设备的微处理器市场部分，例如智能手机（最初是个人数字助理，后来增加了电话功能）、笔记本电脑，研发成本要低得多。因此，进入者只需占有低得多的市场份额就可生存。低端设备也倾向于使用更老旧、更过时的技术，这也降低了客户锁定的程度。到 1998 年底，AMD 等公司已经在低端市场确立了可持续的竞争地位。如果增量技术性能的价值遵循边际效益递减的规律，那么低端市场在整个微处理器市场会占据更多份额；若是如此，英特尔的竞争地位可能会被快速削弱。在这种情况下，假设英特尔经济特许权的剩余寿命不超过 20~30 年并不过分。这种长度的寿命对应于每年 2.5%~3.5% 的经济特许权衰减率。如果我们从大约 10.5% 的估计回报率中扣除衰减率，那么投资英特尔提供的净回报率将降至 7%~8%，远低于英特尔的资本成本。1999 年初，经济特许权衰减率是投资英特尔的一个严重的负面因素。

事情甚至比这更糟糕。有机增长率适用于英特尔的内在价值，而不是其膨胀的市场价值。要计算有机增长的真正回报，我们必须将有机增长率的贡献 × 内在价值与市场价值的比率。正如我们在第 8 章对成长估值中得出的结论那样，内在价值与市场价值的比率应大致等于估计的未来回报率与资本成本的比率。如果我们假设估计的总回报率里包含 3% 的平均衰减率，那么英特尔的估计回报率为 7.5%。这只是我们 12% 资本成本的 62.5%。如果我们将

8.5% 的有机增长率 × 62.5%，我们将得到大概 5.5% 的"真实"/ 调整后的有机增长回报。我们估计的总回报率又减少 3%，这使得英特尔经调整的回报率仅为 4.5%，与英特尔 12% 的资本成本率相比，这确实是一个非常低的回报率。[①] 尽管英特尔在短期到中期的前景看起来有吸引力，1999 年 3 月的英特尔并不是一个很好的价值投资标的。

事实证明，英特尔的经济特许权在接下来的 15 年内并没有完全消失，但其增长率下降幅度超过了我们的预期。然而，我们估计的 4.5% 回报率大大高出了后续表现。表 8–18 展示了自 1999 年 3 月 1 日起英特尔股票的 5 年、10 年和 15 年回报率。年化回报率分别为 0.6%、–7.3%（2009 年金融危机低谷时），以及 0.7%。即使我们对英特尔回报的进行了悲观估计，也被证明是不够悲观的。在泡沫市场里投资泡沫股票，是价值投资实践者以及所有人都应该避免的。

表 8–18	英特尔的已实现回报率		
	5 年	10 年	15 年
1999 年 3 月投资			
英特尔	0.6%	–7.3%	0.7%
标普 500	–0.1%	–3.4%	4.7%
2003 年 3 月投资			
英特尔	5.6%	5.2%	10.2%
标普 500	11.2%	6.2%	10.3%

2003 年 3 月的英特尔

英特尔股价从 1999 年 3 月 1 日的 29.70 美元，上涨至 2000 年 8 月下旬的最高点 74.88 美元，然后在当年 10 月初触底至 13.42 美元。到 2003 年 3 月 3 日，每股价格已恢复到 16.66 美元。这个点位上，英特尔可能是价值投资的合理备选。该公司的股票市场表现实在非常令人失望。其市盈率仍处于 35

---

① 这个过程的进一步迭代，将进一步减少这个估计回报率。

倍的高位，市净率略高于 3，几乎没有资产保护。然而，有个情况是 2002 年的盈利处在周期性底部，因此每股 1 美元的可持续盈利是个更合理的估计盈利能力的基础。对于在具有良好长期增长前景的行业中拥有强大经济特许权的公司来说，这将得到 16~17 倍的市盈率。从 2002 年底来看，即 2003 年 3 月可以获得的最新一年数据，英特尔的进入壁垒 / 竞争优势没有发生重大损害。它从 2000 年开始的长期增长前景只是略有恶化（从表 8-16 中，我们可以了解英特尔从 1990 年到 2002 年的财务历史）。

从 1998 年到 2002 年，英特尔的经营业绩反映了其股价的过山车之旅。销售收入从 1998 年的 263 亿美元上升到 2000 年的 337 亿美元，然后在 2002 年回落到 268 亿美元。营业利润率从 1998 年的 31.9% 上升到 1999 年的 33.2%，2001 年只有 8.5%，在 2002 年恢复到 16.4%。投资英特尔要考虑的关键问题是，这么低的盈利、收入和收入增长情况是永久性的还是暂时的。

积极的一面是，英特尔以超过 90% 的份额继续主导微处理器市场。它在质量和技术上的卓越声誉没有受到损害。尽管 2000 年初科技互联网泡沫破灭，微处理器仍然是计算能力发展的核心，在自动化、图形界面、数据处理、互联网通信、远程计算和技术分析方面产生了创新。这些创新仍然是 21 世纪初经济增长的引擎。对可持续盈利和可持续长期增长的合理估计将低于 1999 年 3 月的水平，但低的幅度不会太大。对 2000 年人为中断的需求以及 2001 年和 2002 年的周期性发展进行调整后，可持续收入为 300 亿美元。从 1998 年到 2000 年，英特尔的收入增长了 13%，然而到 2002 年，收入规模回到了 1998 年的水平，这意味着 1998—2002 年期间收入没有增长。几乎可以肯定的是，微处理器的销售收入增长至少与 GDP 整体增长一样快，21 世纪初的名义 GDP 可能每年增长 4%~5%，因此，我们可以把先前估计的 270 亿美元可持续收入提高一些。自 20 世纪 90 年代中期以来，由于技术需求提高了成本，营业利润率确实出现了长期缓慢的下降。但英特尔的主导地位和定价能力应该会限制这种下降趋势。我们估计 2002 年可持续利润率是 25%，比我们 1998 年的估计值 33% 显著下降，与最近的经验一致，但明显高于 2001 年和 2002 年低迷的利润率。可持续营业利润估计为 75 亿美元。英特尔从 1998 年到 2002 年的平均税率为 33%，这与当时全球、美国联邦、州和地方企业所得税政策在未来可能的发展相一致。采用这一税率意味着 2002 年税后净营业利润估计为 50 亿美元。[①]

按年计算，从 1999 年到 2002 年，对股东的每年分配比例平均为 128%（见表 7–13）。因为利润下降了，包括 2001 年的严重下降，而股息和回购政策保持不变，所以分配比率显得比较高。如果我们不采用年度分配比例的平均值，而是将 1999 年至 2002 年的总分配额除以总净利润，分配比例是 70%，这比平均每年的百分比数据要合理得多。还有，英特尔的净现金头寸从 1999 年底的 185 亿美元下降到 2002 年底的 125 亿美元。从长远来看，几乎所有利润都用来分配，这样的分配水平不太可能持续下去。同时，就像我们接下来要更详细地讨论的，英特尔已经开始做业务多元化，这些并购和内部开发都需要大量资金。因此，我们决定用先前估计的 60% 作为 2002 年开始的分配政策。这样每年产生 30 亿美元的可持续现金分配。以每股 16.66 美元的价格计算，英特尔的市值约为 1120 亿美元，大大低于 1999 年 3 月的 2060 亿美元。[②] 从这个数字中，我们必须减去英特尔持有的现金和投资资产，扣除债务后 2002 年 12 月底的数字略高于 120 亿美元，获得在 2003 年 3 月 1 日收购英特尔核心经济特许权业务的市场成本是约 1000 亿美元。按此成本，30 亿美元的可持续年度现金分配代表 3% 的年度现金回报率，远高于 1999 年 3 月的 1.8%。这些估计总结在表 8–17 中。值得注意的是，在这种情况下，计算不同收入、营业利润率、税率和分配政策假设的影响是简单明了的。

2003 年 3 月的有机增长

在 1991—1996 年的五年里，收入规模的平均增长率为 34%。1996—

---

① 同样，这里也没有必要对过度（或不足）的折旧以及费用化的投资进行调整。关于折旧，我们还有进一步的证据表明，会计折旧非常准确地衡量了经济折旧。2001 年和 2002 年的收入基本持平。在这两年中，会计折旧和摊销为 118 亿美元。资本支出，因为增长为零，大概完全是维持性资本支出，为 120 亿美元。它们的差异可以忽略不计。就费用化的投资而言，对 1999 年的判断继续适用。这些盈利再投资的影响将在很大程度上体现在有机增长回报率之中。

② 此处原文为 206 million，经确认为笔误。——译者注

2002 年的六年期间，年平均增长率下降到略高于 4%。而 1998—2002 年，增长率则降低到年均 0.6%。很明显，到 2002 年，英特尔核心市场高速增长的岁月已经结束。另一方面，考虑到微处理器在先进技术领域的关键作用，根据 2002 年最新的情况来推断有机增长率低于全球 GDP 增长率可能过于悲观。2002 年全球 GDP 展望，实际增长率大约为 3%~3.5%，加上 1%~1.5% 的通货膨胀率，名义增长率每年达到 4%~5%。这略低于我们在 1999 年预测的 5%~6% 的全球增长率。21 世纪初，世界发达经济体的生产力增长率以及整体经济增长率明显放缓。中国和印度等快速增长的经济体在全球经济活动总量中所占比例的增加，部分抵消了前述下降。合理的假设是英特尔的核心市场将以这个速度或接近这个速度增长。我们估计自 2003 年 3 月起，英特尔的未来有机增长率为 4%~5%。我们假设英特尔下降后的长期利润率将稳定在 25%。盈利增速，以及价值增速，应该以与收入的有机增长率一样是 4%~5%。

积极投资的回报

按照这个增长率，英特尔从 2000 年到 2003 年的可持续收入每年将增长 13.5 亿美元。自 1998 年以来，支持每 1 美元增长所需的投资没有显著变化。2002 年的净固定资本投入与 1998 年大致相同，占收入的 45%。净营运资本仍然接近于零。按照这一投资水平，预计 13.5 亿美元的有机收入增长将需要 6 亿美元（13.5 亿美元 × 45%）的利润用作再投资。我们可持续的税后净营业利润为 50 亿美元，向股东分配 30 亿美元后，留存收益为 20 亿美元。再花费 6 亿美元支持有机增长后，14 亿美元将可用于积极投资。

从这种积极再投资中每 1 美元创造的价值来看，1998—2002 年的结果并不鼓舞人心。1999 年，英特尔耗资超过 50 亿美元，主要用于与通信相关的收购。2000 年，英特尔耗资 23 亿美元，2001 年是 9 亿美元。幸运的是，2002 年没有进一步的重大收购。但英特尔还在继续着眼于微处理器核心业务之外的领域。

这些尝试的回报令人沮丧。从 2000 年到 2002 年，英特尔的非核心业务，即无线通信和计算部门以及通信部门的收入为 153 亿美元，净营业亏损为 7

亿美元。仅收购方面的投资就超过 80 亿美元，但创造的价值为零。如果我们将 2001 年和 2002 年视为周期性萧条、不具代表性的年份，那么 2000 年的税后净营业利润为 6 亿美元。这意味着 80 亿美元收购相关的花费，回报率是 7.5%。由于这些新的、相对陌生的举措的资本成本可能至少为 12%，每 1 美元创造的价值约为 0.60 美元（7.5% 除以 12%），即积极再投资的价值创造因子充其量是 60%。我们将使用 50% 作为系数。按照这一回报水平，14 亿美元的积极再投资将创造 7 亿美元的价值，是英特尔核心业务成本 1000 亿美元的 0.7%。[1] 这个数字可以在表 8–17 中找到。

总回报、资本成本和衰减率

2003 年 3 月上旬，英特尔投资的总估计回报率为 8.2%，包括 3% 的现金回报、4.5% 的有机增长和 0.7% 的积极再投资回报。英特尔在 2003 年 3 月的资本成本应该低于 1999 年 3 月的资本成本，因为微处理器市场状况已经稳定下来，总回报里包含的增长也很少，远期来看也是如此。另一方面，1999 年以来发生的事件表明，未来的增长率具有高度不确定性，而且英特尔的业绩比预期更具周期敏感性。未来利润率的走向也存在很大的不确定性，这将取决于微处理器行业的发展，进而取决于全球整体经济的增长。在这种情况下，11% 的资本成本似乎不无道理。

1999—2003 年间，英特尔的经济特许权显然没有消失，但未来衰减的可能性仍然存在。英特尔担心随着基础计算机变得越来越强大，微处理器能力增强所带来的增量收益会随着时间的推移而减少。如果发生这种情况，那么英特尔过去经历的低端微处理器市场的激烈竞争，将扩展到整个市场。这种变化带来的影响开始出现在移动计算市场。对于移动设备，限制因素是通信带宽而非本地计算能力。因此，移动市场对高性能微处理器的需求明显低于基础 IT 计算市场。ARM 是移动市场领先的微处理器设计公司，其盈利能力和市值只是英特尔的一小部分。我们在 1999 年使用的 2.4% 的衰减率（30 年

---

[1] 从这里的讨论中可以清楚地看出，由于英特尔的积极再投资水平相对较低，相对于公司规模而言，此类投资不太可能成为价值创造的重要来源。

半衰期）在 2003 年应该继续适用。

英特尔在 2003 年要成为一个真正的价值投资标的，估计回报率 8.2% 必须超过资本成本 11%，安全边际至少等于 2.4% 的衰减率；相反，英特尔提供的回报低于其资本成本。不断变化的增长前景、管理层行为和 1999 年过高的估值，意味着在 2003 年，即使在价格下跌约 45% 之后，投资英特尔仍然没有吸引力。这些数字总结在表 8-17 中。

此外，我们对 2003 年的初步回报估计与 1999 年的估计一样过于乐观。回报公式将有机增长率用在了英特尔的市值上，而不是本该对应的内在价值。2003 年 3 月，减去衰减率后，投资英特尔的回报率为 5.8%，大约是资本成本 11% 的一半。估计回报率与资本成本的比率应接近内在价值与市场价值的比率。这个回报率为 53%（5.8/11）。因此，如果内在价值仅为英特尔市值的 53%，那么英特尔有机增长的"真实"价值仅为有机增长率 4.5% 的 53%，即 2.4%。这使未来回报率下降了 2.1%（4.5% 减去 2.4%），意味着从 2003 年 3 月 1 日开始的未来回报率估计仅为 6.1%。这时候英特尔是没有投资吸引力的。

在这种情况下，我们的估计回报率相对较好地跟踪了英特尔未来的实际回报。英特尔的经济特许权在接下来的 15 年内并没有消失，因此与我们估计的衰减前回报率 6.1% 比较是合适的。2003 年 3 月至 2008 年 3 月这五年的实际平均年回报率为 5.6%（见表 8-18）。尽管风险高于市场水平，但英特尔的表现比标准普尔指数年均回报低 5.6%。从 2003 年 3 月到 2013 年 3 月的 10 年间，实现的年均回报率为 5.2%，再次跑输标准普尔指数。这两个回报率都相当接近我们 6.1% 的估计。然而，从 2015 年到 2018 年，英特尔股票表现异常出色。在 2003 年 3 月之后的 15 年里，回报率为 10.2%，平均每年仅落后标准普尔 500 指数 0.1%。

我们要解决的下一个也是最后一个问题是，股票市场这 15 年的回报，是与我们所预测的实际业务发展和业绩相关，还是与自 20 世纪 90 年代以来推高英特尔股票的那种长期高估相关。

2018 年 3 月的英特尔

2002 年至 2017 年间，英特尔的业务持续演变[①]。平板电脑和智能手机的低端微处理器市场对公司而言已无利可图。对于这些性能相对较低的设备，英特尔的先进技术没有任何优势。然而，英特尔成功地主导了日益重要的服务器微处理器市场，其中高性能至关重要。它还继续在高性能台式电脑的微处理器市场享有强大的经济特许权地位。在视觉系统、可编程微处理器、计算机安全和通信方面的其他举措则不太成功。到 2017 年，英特尔有两个主要业务部门，是 PC（客户端计算部门）和服务器（数据中心部门）；以及三个较小的部门，用于嵌入各种智能设备的处理器（物联网部门），如无人驾驶汽车，可编程处理器（可编程解决方案部门）和非易失性存储器。

表 8-19 中列出了这一演变的最终结果。从 2002 年到 2017 年，英特尔的收入每年增长近 6%。营业利润率从 2002 年的 16% 上升到 2010 年近 36% 的峰值，然后在 2017 年下降到略低于 29%。英特尔的股价从 2002 年 3 月初的 16.66 美元上涨到 2017 年 3 月初的 47.84 美元。因此，英特尔核心业务的企业价值从 1000 亿美元增长到 2320 亿美元。投资者面临的问题是，英特尔核心业务业绩的改善是否足以支撑市值的大幅增长。

英特尔的现金回报率

到 2017 年底，英特尔的年化收入规模大约为 640 亿美元。这一年对英特尔来说是相对不错的一年，但不是周期性的顶峰。在 2018 年 3 月来看，640 亿美元的可持续收入估计看起来是合适的，尽管可能有点慷慨。

截至 2017 年（含 2017 年）的 5 年里，英特尔的平均营业利润率为 25%。在截至 2017 年的 10 年里，营业利润率平均为 26%，与 15 年期间的情

[①] 当我们在 2018 年初评估英特尔的投资机会时，可获得的公司官方信息截至 2017 年底。年度报告通常在 3 月中下旬公布，但第四季度的报告，包括未经审计的全年财务数据在内，通常在 2 月中下旬公布。折中办法是假设我们正考虑在 2018 年 3 月的第一个工作日购买英特尔股票，并且可以获取完整的 2017 年的年度报告。这与我们早年评估英特尔投资时所遵循的做法相同。英特尔 2017 年的财务信息实际上是在 2018 年 2 月 16 日提供的。考虑到日期的一些变化，我们使用 3 月初。

况一样。营业利润非常稳定，尽管有小幅但持续的下降趋势。 我们假设英特尔在 2017 年底的可持续营业利润率为 25%。这样估计可持续营业利润为 160 亿美元（640 亿美元 ×25%）。①

英特尔在 2012—2016 年五年间的企业所得税税率平均为 23%。2017 年，由于美国税收改革法案的一年效应以及离岸累积利润的汇回，英特尔报告的税率异常高，达到 53%。最终，2017 年的立法将降低而不是提高英特尔的税负。但随着对商业不太友好的政府当权，面对更高的退休和医疗支出，这些较低的税率可能无法长存。调整了税改的临时影响和一次性出售英特尔安全业务的影响后，英特尔自己估计其 2017 年的税率是 23%。我们将使用该数字作为我们对英特尔长期税率的估计。估计的可持续税后净营业利润为 123 亿美元（160 亿美元 ×77%）。

英特尔历史上现金分配占净利润的比率较高，并且在五年期间相对稳定。2003—2007 年，英特尔将其报告的净利润的 91% 当作股息和净股票回购分配了。2008—2012 年，分配比例为 92%。2013—2017 年，这一比例下降到 73%（见表 8–19 中的数据）。 这种下降似乎有两个原因。

第一，随着时间的推移，英特尔的核心业务的资本变得更加密集。在 20 世纪 90 年代初期，资产负债表上的固定资产约占年收入的 45%。到 2013 年，这一比例增加到 60%。2017 年这一比例为 65%。资本密集度的上升增加了支持有机增长所需的投资量，从而减少了可分配给股东的资金。随着管理层寻求业务多元化，对英特尔核心业务以外领域的广泛投资加剧了这种挤出效应。

第二，到 2017 年，英特尔一直以来为正的净现金余额（现金和投资减去债务）已经消失。2013 年底的 144 亿美元净现金在 2017 年底变成负 39 亿美元。继续分配 90% 或更多的净利润则需要进一步借贷和累积债务，英特尔的管理层似乎对这种财务策略没兴趣。基于这些原因，我们假设现金分配

---

① 该估计的误差范围应在 140 亿美元（约 600 亿美元 ×24%）到 170 亿美元（约 650 亿美元 ×26%）之间。超出这个范围的平均盈利水平将与英特尔的历史不符。除非英特尔的基础业务发生巨大变化，否则这就是现实的可能范围。对于像英特尔这样拥有经济特许权的成熟企业来说，显著的改进是罕见的。急剧恶化的可能性是估计衰退率时应该考虑的。

表8-19　英特尔 2002—2017 年历史财务数据

单位：百万美元

截至12月31日	2002年	2003年	2004年	2005年	2006年	2007年	2008年	2009年	2010年	2011年	2012年	2013年	2014年	2015年	2016年	2017年
收入	26 764	30 141	34 209	38 826	35 382	38 334	37 586	35 127	43 623	53 999	53 341	52 708	55 870	55 355	59 387	62 761
毛利率	50%	57%	58%	59%	52%	52%	56%	56%	65%	63%	62%	60%	64%	63%	61%	62%
营业利润	4 382	7 533	10 130	12 090	5 652	8 216	8 954	5 711	15 588	17 477	14 638	12 291	15 347	14 002	12 874	17 936
营业利润率	16.4%	25.0%	29.6%	31.1%	16.0%	21.4%	23.8%	16.3%	35.7%	32.4%	27.4%	23.3%	27.5%	25.3%	21.7%	28.6%
税率	26%	24%	28%	31%	29%	24%	31%	23%	29%	27%	26%	24%	26%	20%	20%	53%
净利润	3 117	5 694	7 516	8 664	5 014	6 976	5 292	4 369	11 646	12 942	11 005	9 620	11 704	11 420	10 316	9 601
净利润率	12%	19%	22%	22%	14%	18%	14%	12%	27%	24%	21%	18%	21%	21%	17%	15%
每股收益	0.47	0.86	1.17	1.42	0.87	1.20	0.93	0.79	2.06	2.46	2.20	1.94	2.39	2.47	2.18	2.04
每股股息	0.08	0.08	0.16	0.32	0.40	0.45	0.55	0.56	0.63	0.78	0.87	0.90	0.90	0.96	1.04	1.08
折旧和摊销	5 334	5 070	4 889	4 595	4 912	4 798	4 616	5 052	4 638	6 064	7 522	8 032	8 549	7 910	7 790	8 129
资本支出	4 703	3 656	3 843	5 871	5 860	5 000	5 197	4 515	5 207	10 764	11 027	10 771	10 105	7 326	9 625	11 778

续前表

截至12月31日	2002年	2003年	2004年	2005年	2006年	2007年	2008年	2009年	2010年	2011年	2012年	2013年	2014年	2015年	2016年	2017年
股息	533	524	1 022	1 958	2 310	2 618	3 100	3 108	3 503	4 127	4 350	4 479	4 409	4 556	4 925	5 072
净回购	3 333	3 045	6 662	9 435	3 547	-274	6 090	1 362	1 149	12 088	2 654	559	9 132	2 135	1 479	1 845
分配比例	124%	63%	102%	131%	117%	34%	174%	102%	40%	125%	64%	52%	116%	59%	62%	72%
净现金	12 466	17 384	19 487	15 025	12 395	17 616	13 832	16 651	23 804	8 957	9 697	14 414	9 519	10 494	2 712	-3 907
净资产	35 468	37 846	38 579	36 640	37 210	43 120	39 546	41 704	49 430	45 911	21 503	58 256	55 865	61 085	66 226	69 019
净资产收益率	9%	15%	19%	24%	13%	16%	13%	10%	24%	28%	51%	17%	21%	19%	16%	14%
平均股数（百万）	6 759	6 621	6 494	6 178	5 880	5 936	5 748	5 645	5 696	5 411	5 160	5 097	5 056	4 894	4 875	4 836
员工人数（千）	79	80	85	100	94	86	84	80	83	100	105	108	107	107	107	103

数据来源：英特尔年报。

水平为净利润的 80%——高于 2013 年至 2017 年的平均水平，但低于长期历史惯例。这一水平产生了大约 99 亿美元的可持续年均现金回报（123 亿美元 × 80%）。对英特尔来说，这个估计可以说很慷慨了；未来分配水平低于 2017 年 73% 的可能性似乎远高于恢复到 90% 历史水平的可能。[①] 99 亿美元的可持续现金分配，对应 2018 年 3 月英特尔企业价值 2320 亿美元，得到 4.3% 的现金回报率，高于 2003 年 3 月 3.0% 的现金回报率，远高于 1999 年 3 月估计的 1.8% 现金回报率。

有机增长回报率

在 2012 年至 2017 年的六年间（高峰到高峰），英特尔的收入平均每年增长 2.5%。从 2005 年到 2017 年（也是高峰到高峰），收入以每年 4.1% 的速度增长。最近的平均历史收入增长率似乎每年约为 4%，与全球 GDP 增长率持平或略低。从 2017 年开始，中国生产率和劳动力增长放缓，加上发达经济体增长持续放缓，意味着未来全球实际 GDP 增长率将是每年 3% 左右。年通货膨胀率约为 1.5%，名义全球 GDP 增长率为 4.5%。这些年英特尔的收入平均增长率接近 4%，略低于全球名义增长率。因此，英特尔 2017 年开始的收入有机增长率应该在 4% 左右。考虑到历史利润率的缓慢恶化，盈利增长应该略低于这个数字。乐观地说，我们估计英特尔的价值有机增长率为每年 4%，略低于我们 2003 年 3 月估计的 4.5%（见表 8–17）。

积极投资回报率

按 4% 的收入有机增长，英特尔 2018 年的收入应增加 26 亿美元（640 亿美元的 4%）。按固定资产占收入 62.5% 这个水平计算，支持这一增长所需的投资约为 16 亿美元。营运资本投资应基本为零，这是历史经验。123 亿美元的可持续税后净营业利润，在分配 80% 给股东之后，剩下的 20% 是留存收益，约为 25 亿美元。其中 16 亿美元用于支持有机增长，剩下 9 亿美元用

---

① 因此，我们将考虑较低的现金分配和较高的留存收益再投资水平的潜在影响。

于积极投资。

事实上，英特尔在新计划上的投资远不止这个数额。

从 2011 年到 2017 年，平均每年的收购支出为 60 亿美元。最大的收购是 2015 年 145 亿美元收购可编程半导体芯片制造商 Altera，以及 2017 年的 145 亿美元收购 Mobileye，这是一家业务涉及计算机视觉、数据分析、机器学习和自动驾驶汽车的公司。

这些投资创造的价值非常值得怀疑。2011 年，英特尔以 77 亿美元的价格收购了计算机安全软件公司 McAfee。2017 年，英特尔以 42 亿美元的估值出售了其持有的英特尔安全业务的多数股权。在此期间，该业务的税后盈利平均每年不超过 1.5 亿美元。假设与 McAfee 收购相关的资本成本为 10%，英特尔从其 77 亿美元投资中获得的价值是每投资 1 美元得到 0.20 美分。

Altera 的收购看起来同样令人失望。2010—2014 年的五年间，也就是 Altera 发布独立年度财务报告的最后一年，Altera 报告的营业利润从 8.68 亿美元下降到 5.53 亿美元。这五年期间的收入基本持平，从 2010 年的 19.5 亿美元下降到 2014 年的 19.3 亿美元。英特尔的可编程解决方案部门首次出现在 2016 年的年度报告中。Altera 的大部分业务都属于这一领域。该部门 2016 年报告的收入为 16.7 亿美元，2017 年为 19 亿美元。2016 年营业利润为 −1.04 亿美元，2017 年营业利润为 4.58 亿美元。如果我们慷慨地假设英特尔因收购 Altera 而增加的营业利润规模为每年 6 亿美元，那么其投资 Altera 的投资回报率为每年 4.1%（6 亿美元除以 145 亿美元）。假设资本成本为 10%，这代表每投资 1 美元所创造的价值大约为 0.40 美元。

收购 Mobileye 似乎也是一个错误。在作为独立公司的最后一年，Mobileye 的收入为 3.58 亿美元，拥有 660 名员工，营业利润为 1.2 亿美元。Mobileye 可能拥有有价值的技术，但在技术日新月异的领域开展业务，无论是该公司还是它的众多竞争对手中的任何一个都没有确立主导地位。在这种情况下，当前的盈利能力 / 资产价值可能就是 Mobileye 的价值。由于资产价值难以评估，盈利能力价值是我们衡量英特尔 145 亿美元收益的最佳指标。假设税率为 20%，资本成本率为 10%，Mobileye 的盈利能力价值大约为 10

亿美元（1.2 亿美元 ×80% 除以 10%），仅为英特尔支付价格的 7%。这看起来像是英特尔积极投资实践带来的又一个价值破坏的例子。鉴于这些历史，给予英特尔积极投资 40% 的价值创造因子（每 1 美元的积极再投资创造 0.40 美元的价值）都是偏乐观的。我们将价值创造因子估计为 1/3。如果英特尔在为有机增长提供资金支持之后、剩下的 9 亿美元留存收益去投资，创造的净价值为 3 亿美元（9 亿美元 ×1/3），增加的回报率约为 0.1%（3 亿美元除以 2320 亿美元）。但是，如果英特尔每年投入 20 亿美元用于这种积极投资，那么不仅远低于最近平均每年 60 亿美元的规模，而且这 11 亿美元（20 亿美元减去 9 亿美元）最终来自减少的股东分配。在这种情况下，净回报将大约为 –7 亿美元（每 1 美元价值损失的 2/3 × 现金分配减少的 11 亿美元）。这个数字相当于英特尔 2320 亿美元企业价值的 –0.3%。考虑到英特尔良好管理水平的整体历史，我们假设这种行为不会持续存在，假定英特尔的积极投资的回报率为 0（见表 8–17）。

总回报、资本成本和衰减率

我们对英特尔的总回报率估计为 8.2%，包括 4.2% 的现金回报率和 4.0% 的有机增长回报率。由于三个原因，衡量该回报的资本成本应该低于 2003 年的资本成本。第一，2018 年初的利率低于 2003 年。2018 年 3 月美国 20 年期国债收益率为 3.1%，而 2003 年为 4.1%。第二，鉴于 2003—2018 年现金回报率的增加，2018 年回报中较小的比例取决于未来的增长和回报。第三，与 2003 年相比，2018 年英特尔有更稳定的历史和更长的业绩记录，这降低了投资英特尔的不确定性。另一方面，英特尔仍然是一项风险相对较高的投资，合理的回报要高于市场平均水平。鉴于 2018 年风险投资需要的回报率约 13%，整体股市收益率约为 7%，介于这两个数字之间的 10% 做资本成本看起来是合适的。这比我们 2003 年的资本成本估计值低 1%（见表 8–17）。

但即使以较低的 9% 资本成本率计算，英特尔大约 8% 的回报率也无法为经济特许权衰减提供安全边际。2018 年，衰减风险仍然是英特尔投资者的一大担忧。

关于衰减率，自 2003 年以来的消息好坏参杂。好消息是英特尔的很大一部分经济特许权保持不变。尤其是在云计算驱动下增长相对较快的服务器市场，英特尔已成功占据主导地位。此外，英特尔继续引领台式机微处理器市场。截至 2018 年初，英特尔已在更大的微处理器市场保持领先地位长达 25~30 年。

坏消息是来自移动市场，尤其是智能手机和平板电脑，这些事实表明英特尔的经济特许权地位消失的速度可能会有多快。到 2012 年，英特尔的移动业务部门为智能手机和平板电脑制造微处理器，收入降至 18 亿美元，营业亏损 18 亿美元。两年后，收入下降至 2 亿美元，而营业亏损上升至 42 亿美元。2017 年，英特尔客户端计算部门，开发包括旧移动产品在内的个人电脑微处理器，收入为 340 亿美元，自 2014 年以来保持稳定，但利润仅为 129 亿美元，低于 2014 年的 146 亿美元。

如果客户端计算部门代表的台式机市场的发展跟移动市场的势头一样，那么整个英特尔就麻烦大了。

平衡这两个因素，乐观的做法是假设英特尔经济特许权的预期未来半衰期略有延长，比如从 30 年增加到 40 年。这意味着衰减率从每年 2.4% 降低到 1.8%。2018 年 3 月英特尔股票的衰减调整后回报率为 6.4%（8.2% 减去 1.8%）。与大约 10% 的资本成本相比，这相当于大约三分之二的内在价值与市场价值之比。调整有机增长回报以反映这一因素将导致我们的估计回报率进一步降低 1.3%（4%×1/3）。因此，我们调整后的衰减前回报率估计为 6.9%（8.2% 减 1.3%）；扣除衰减率之后的回报率仅为 5.1%。[①]

2018 年 3 月的英特尔股票并不便宜，而且从长期来看几乎肯定被严重高估了。我们也不应该感到惊讶。2014 年 3 月至 2018 年 3 月，英特尔股价几乎翻了一番；其在此期间的平均回报率约为每年 22%。经过这样的上涨后，它不再是那种大多数的令人失望的、便宜的、不受欢迎的价值投资机会。即使假设拥有可持续的经济特许权和良好的增长前景，现在这个价格起步，相

---

① 这里的数据因为四舍五入，跟表 8-17 里的相应数据有细微差距。——译者注

对于内在价值来说，仍对成功投资英特尔构成了重大挑战。

结论

英特尔股票在过去 30 年中经历了价格的巨大变化。有过大幅下跌，例如 1998—2002 年，也有过因经营业绩改善而迅速上涨，例如 2014—2018 年期间。但价格变动本身并不能决定英特尔是否值得进行价值投资。像英特尔这样拥有经济特许权的企业，其价值不仅取决于当前盈利，还取决于未来的有机增长前景、资本配置的质量以及经济特许权被侵蚀的可能性。只有使用我们所用的基于回报的方法，才能有效地平衡这些复杂力量对估值的影响。使用 DCF 估值想要囊括所有这些因素，则会不可避免地不透明和不精确。

第 9 章

研究策略 ①

VALUE
INVESTING

---

① Research 一词通常被译为"研究"，其英文单词是由词缀"re-"与单词"search"组合而成，"re-"这个词缀的意思是"回到，回到原来的地方"，也表示"再次，重新"，还传达了"撤销"或"向后"的概念。research 直译为"再搜寻"。本章所述价值投资流程的第三步是在选股（search）和估值的基础上，针对影响估值结果的重要因素进一步搜寻相关信息（"再搜寻"），在此基础上进行分析（"研究"）。——译者注

在搜寻和估值之后，投资流程的第三步是主动和密集深入的信息搜集。当本杰明·格雷厄姆和大卫·多德开展其颇具开创性的工作时，多数投资者甚至不曾对公司财务报表进行过深入分析。确实，在《1933 年证券法》颁布前，即便是对上市公司来说，系统性的财务信息定期公告也都不被强制要求。彼时，主动研究的主要内容就是搜寻信息以完成基本的估值工作。例如，格雷厄姆关于铁路估值的关键洞见之一，是获得详细的财务报表与经营信息，虽未广泛公布，却可以在公众拥有检阅权的、负责铁路监管的联邦政府主体——州际商务委员会，找到存档。时至今日，所有公司的基本财务和经营信息都已在互联网上对全部投资者公开。美国证券交易委员会（SEC）会在其电子数据收集、分析与检索网站（Edgar）上发布季报（10-Q）与年报（10-K）等公司公告。彭博（Bloomberg）与 Capital IQ 从多个来源收集数据并将其整理为标准的电子形式，使得对此类信息的浏览与进一步研究都更为便捷。当代投资者浏览到的已不仅仅是用于估值的基础数据。然而，即便是可被及时获取、非常重要的信息仍然是被忽视的，大量的精力被投入到了搜寻仅有次要价值的信息上面。系统的研究策略是严谨的投资流程的重要部分，尤其是在交易对手方可以轻易获取大量信息的情况下。

我们所说的"研究策略"，指的是在基本的估值已完成后，主动对投资机会展开调查研究的工作。一个好的研究策略是既完整又有效的。完整指的是，该策略应能覆盖到所有的重要信息，既包含公司层面的，也包含更一般的关乎一笔投资成功几率的信息，特别是那些可轻易获取但却常被忽视的各类间接信息。细致的分析师需要时刻洞悉标的公司当前或近期的重要股东、管理层的增减持行为、市场对该公司的主流观点及预期，以及自己过往类似投资的成败与经验。有效指的是，分析师的工作需要聚焦对估值影响最大的信息。这意味着需要识别出估值中的重要基础假设，并将研究精力集中于此。最后这点看起来是显而易见的，但是多数投资公司都有着必须遵循但却与特定投资决策无关的信息搜集与研究工作。

间接信息

间接信息搜集工作的第一步是着眼于公司的股东。这一信息在美国及其他主要市场都是定期公告的。信息的来源之一是公司自身，它通常会公告主要股东的身份。信息的另一来源是主要财务投资者的持仓信息。在美国，股票持仓超过 1 亿美元的投资者都必须在每个季度向证券交易委员会（SEC）呈交其持仓信息。另外，如果某位投资者持有一家公司的股票数量占该公司股票发行总量的比重超过了一定门槛，则必须将这一情况按监管要求予以专门披露，在美国及海外均是如此。[①] 这些信息一般可以从主要的金融数据服务商以及证券交易委员会（SEC）的电子数据收集、分析与检索网站（Edgar）获取。有些网站会专门公开特定投资者的持仓，尤其是值得跟踪的、有着优异过往业绩的投资者持仓情况。不过这里需要提个醒，这些信息可能并不及时，并且有声望的投资者也会犯错。著名投资者持有某只股票是值得关注的事情，不过不能盲目"抄作业"。

一种使用此类信息的显而易见的方法，是将其作为搜寻策略的一部分。关注类似沃伦·巴菲特这样的投资者，看看他们的当前持仓以及近期买入标的然后"抄作业"，是个不差的投资方法。如果该标的在最近的信息披露后股价下跌，买入价格可以比那些著名投资者更低，滞后的买入甚至可能带来更高的回报。采用这种策略，有助于识别那些著名投资者最成功的投资领域。几乎所有人都认同，沃伦·巴菲特是一位卓越的投资者。他长期学习银行和保险行业，自己拥有并参与业内的公司经营，因而在该领域内的投资尤

---

① 在美国，证券交易委员会（SEC）规定的这一门槛标准为 5%，投资者必须在超过这一门槛时发布公告。持股超过 10% 的股东则必须更频繁、更及时地发布公告。

其出色。他在其他领域的投资尽管也很成功，却并不及银行和保险公司那样出彩。另一个专业化的例子是，马里奥·加贝利数十年来都是传媒和电信行业的成功研究者。如果计划从著名投资者身上获取灵感，那就专注于他们最专业且（或）过往最成功的领域。

不仅在行业维度，在地理维度的专业度也有参考价值。假如你决定要在土耳其寻找潜在的投资机会，原因是该国刚刚经历了市场大跌且负面的政经新闻遍布，从那些长期投资于土耳其且过往业绩优异的投资人的当前持仓和近期买入标的开始，是个不错的选择。当关注不在自己能力圈范围内的行业或区域时，列出对该领域了如指掌的成功投资人并审视他们的持仓，可能会是个有效的方法。

在做完初步估值后，关注标的公司的股东还有第二项好处。如果该公司股东主要是纪律严明、以价值为导向的、在相关领域具备较高专业水准的投资者，那么就是个积极信号。[①] 如果在股价下跌时他们还加仓，那信号就更强了，这说明他们仍认同最初的正面判断，还愿意利用股价下跌的机会增持更多股份，即使金额的规模没有扩大。另一方面，如果股价下跌时那些投资者减仓了，那么就要小心并且仔细回顾一下自己的估值假设。如果该公司股东过往纪律性不强，对该领域也不算特别了解，且都是没那么成功的投资者，那么同样需要重新考虑一下最初的乐观观点，当然也不必直接放弃这一机会。

对公司未来前景了如指掌的一类投资者，是公司的董事和管理层，也就是传统的内部人。任何时候他们若想买卖公司证券，都必须披露其交易行为的性质、时间和数量。这类信息几乎会立刻由证券交易委员会（SEC）以及

---

① 也存在例外，比如2015年，许多价值投资者都在威朗（Valeant）上面犯了同样的错误——错误地认为其商业战略要比彼时所见更可持续甚至更具正当性。该公司是一家加拿大制药企业，与致力于自主研发的一般药企不同，该公司主要通过收购已拿到FDA认证的药品来实现增长，因而始终存在杠杆率较高的风险。2015年时，以香橼（Citron）为代表的做空机构针对其收入造假问题发布了做空报告（称其为"药业安然"），点燃了其股价崩盘的导火索。著名投资机构鲁恩–卡尼夫–高法伯公司（Ruane Cunniff & Goldfarb）、普信（T. Rowe Price）、比尔·阿克曼（Bill Ackman）管理的潘兴广场资本（Pershing Square Capital）彼时为其前三大股东。不过，伯克希尔–哈撒韦的两位掌舵者对该公司并不看好，芒格曾在2015年每日新闻（Daily Journal）的年会上认为其策略不道德，巴菲特曾在2016年的伯克希尔–哈撒韦股东大会上认为其业务模式有很大问题。——译者注

金融投资信息服务机构发布在互联网上。内部人行为一直以来都是投资会否成功的一项强有力的预示。如果他们买入，很大概率是因为相信股价被低估了且会上涨。有时内部人会事先安排，在股价达到预先设定的价位时出售股票，这些价位有时会预先披露，有时可以通过重复的交易推断出来。预先设定的出售价位越高，显然意味着对公司前景越乐观。

对某只特定股票而言，一定会有一部分投资者的持仓要比其余投资者的持仓更具信息含量，有些内部人的动作也同样比其他投资者的更具信息含量。内部人买入决策看起来是个比卖出决策更可靠的信号。同样，学术研究表明，长期任职的且居住在公司总部附近的董事的交易行为，要比其他与公司联系没那么紧密的董事的交易行为，更能作为预测公司未来业绩的指标。同样地，高管（如首席执行官与首席财务官）的动作有时可能也没有一些级别较低的管理人员的动作有信息含量。由于高管更容易曝光在公众视野当中，也更容易因其交易行为而遭受指责，因而也会对自己的行为更为小心谨慎。投资于特定公司时，通过内部人行为来仔细思考和辨别哪些交易行为最具信息含量，是非常重要的。仔细回顾过往内部人交易以及之后的公司业绩表现，对于最大化内部交易信息的价值很有必要。[①]

关于管理层对公司未来前景的看法，另一个信号是看其是否有发行股份的决策，无论是二级市场增发、以发行股权（而非现金）的形式进行收购，还是加大力度基于股票的薪酬计划。多年来学术研究的成果表明，发行更多股权是未来回报的负面信号。第一，如果希望在未来实现超越当前预期的业绩，以股东价值为导向的经理人是不会在当下发行股份的。在这种情况下，他们会通过借债的方式满足短期融资需求，并在随后股价上涨之际再出售股份，或者干脆推迟融资直到股价修复为止。第二，理性的经理人绝对不应在认为股价被低估之时出售股份。这样的出售是以牺牲当下股东的利益为代价，给外部投资人送上了一份大礼。发行股份通常是股价并未被低估甚至

---

① 详见 H. Nejat Seyhum.（1998）. *Investment Intelligence from Insider Trading*, Cambridge, MA：MIT Press.

有可能被高估的信号，这一点已经完全是市场共识了。[①] 第三，强大的公司比弱者更具债务承受能力，并且债务融资通常还有避税优势。因此，通过发行股份来融资的决策表明，公司的财务状况相对较弱（或者在管理层看来股价被高估）。在各类融资选项中，每一种特定的方式选择都能提供增量信息：与期限更短、限制较严格、利率较低的优先债相比，选择发行期限较长、限制较少、利率较高的次级债，意味着公司的财务状况不佳。[②] 与内部人出售股票一样，发行股份所传递的信息也要视情况而定。例如，如果市场整体股价都很低迷（通常处于或即将步入经济衰退），此时发行股份很可能对现有股东来说代价过高，因而在历史上很少发生。此时，发行股份的公司都是已经被逼到墙角不得不为之了，这是尤其强烈的负面信号。投资者需要考虑到这一点。

第三个信息来源或许是最有价值的，那就是搭建一个由能力足够、志趣相投且专长领域与自己互补的投资者所组成的人际网络。例如，对于投资中小型日本公司的投资者来说，投资对象在对待股东方面的公司治理质量至关重要。日本公司通常为增长、员工福利和行业地位等内部运营目标所驱动，这或许对公司自身是件好事，但却不太顾及股东利益。在很多情况下，经营出色的公司的股东几乎得不到现金分红的好处，但这种情况也不是不可改变的——能领先于市场预期到这种有利的转机，是投资于盈利不错的中小型日本公司的关键点。但这绝非易事，且不说存在内幕信息披露的违规嫌疑，大多数日本公司管理层是外部投资者所接触不到的，尤其是那些不总在日本露面的投资者。结果就是，最成功的中小型日本公司投资人，都是在日本生活和投资超过 30 年的外国人。这些人常常去日本的不同地区，并与当地日本企业建立起紧密的联系。因此，尽管没有接触不合规的内幕信息，他们也能够了解到当下公司文化的变动，进而预期此类变动会给股东带来怎样的影响。他们成功的关键一点便是定期碰面来分享信息，从而大家的投资就都不会仅限于某个单独的区域了。他们同样和欧美的类似投资者联系，这些投资者对

[①] 过往的股份发行公告，往往都带来公司股价的数年下跌。

[②] 一个例外的情形是，公司在濒临倒闭之际没有除了高限制性优先债之外的选择，不过这种情况很好分辨。

他们自己领域内中小型公司的观点很有参考价值。这样的网络使得全体成员都能取得比各自单打独斗更好的业绩。建立这样的网络是有效且完整的研究流程的关键部分。

对于一家公司的市场一致认知，有着不同的用途。与杰出投资者、公司内部人，或者由有能力、专注且消息灵通的投资者组成的人际网络不同，市场一致认知并不提供积极的投资指引。随大流去投资最多只能获得市场平均水平的回报，不过市场一致认知也并不总是误导性的。在很多情况下，市场一致认知优于任何个体的判断。如果计划像典型的价值投资者那样，对于公司未来持有与多数人不同的看法，那么熟悉市场一致认知也是非常重要的。有时其观点之中会包含你所忽略的因素——这些因素通常不影响你的原有判断，此时多了解也并无坏处；但一旦这些因素真的影响了原有判断，那就能起到纠偏的作用。价值投资者经常声称，他们会有意识地避开"华尔街"式的市场研究，此类研究通常是市场整体认知的综述。看起来他们是担心被市场一致的声音所干扰，但真正的价值投资者应该能客观地看待市场一致观点，并在必要的时刻反驳这种观点。对于一个纪律严明的价值投资者而言，发现市场"拥挤人群"相较于自己分析的各种"不同看法"，应该不会有什么害处。

最后，投资者应该仔细审视自身过往的行为。属于价值投资的大多数机会，都是由本杰明·格雷厄姆笔下市场先生的非理性行为所创造的。现代行为金融学领域已经定义出一系列常见的、持续性的非理性行为，对此类行为的充分挖掘是我们在第 2 章中所述搜寻策略的关键要素之一。但并不是只有价值投资群体以外的投资者才会存在非理性的问题，价值投资者也是有着同样本能的人类。除了极少数反人性的、极度自律的价值投资者以外，绝大多数价值投资者也会受特定倾向的影响而做出糟糕的投资决策，关键是不要让这类倾向诱使自己一而再再而三地犯错或者错过机会。

掌控自己的认知偏差需要首先识别它们，进而制定应对之策。识别的过程需要仔细检视。每位价值投资者都应保存买入、放弃、卖出或持有的决策记录，以及相应的决策依据。此类记录需要定期审视（至少每年），以确保不存在与目标流程和标准相冲突的、重复发生的行为模式。初次犯错尚可原谅，但重复犯错就是不上心了，无论是行动犯错还是未及时行动导致犯错。克服已识别的非理性行为的策略很多，但最简单有效的就是从根源上规避会做出错误投资决策的状况。别人的非理性是机会，自己的非理性就是损失了。

直接信息

对直接信息的高效追求植根于估值的流程中。对于本息支付额确定的固定收益投资来说（通常是困境之中的优先债），最关键的问题是投资时机——你知道你会得到什么，唯一的问题就是何时行动。例如，如果可获得债券面值，加上累积两年、按已知 5% 的票面利率计算的未付利息，则即期回报将是面值的 1.1 倍，持有一年后变为 1.15 倍，两年后变为 1.2 倍。如果该债券以面值的 9 折买入，即期回报率将是 22%（1.1 除以 0.9），这确实是一个很高的回报率水平。持有一年后，回报率将达到 28%（1.15 除以 0.9），这也相当于是持有该债券的年回报率。持有两年后，回报率达到 33%，但年化回报率降至 15.5%。

随着本息支付的时间逐渐推迟，假定合适的资本成本为 5%，本息的现值以及该项债券投资的回报率都会稳步下降。如果支付长期延迟，那么该项投资也可能会变得不再有吸引力。除非偿付优先顺序有问题，或者债务人清偿优先级债务的能力有问题，否则投资时机是决定回报率最重要的因素，因而也是主动研究的焦点。如果清偿优先顺序存在法律问题，这也是值得关注的，只要对潜在的本息支付有着实质性影响。如果公司偿付优先级债务的能力存疑，那么会影响到其偿付能力的情景就会是主动研究的关键。上述两种情形下，研究会聚焦在相对较窄的范围，多情景（尤其是包含乐观情景）的完整企业估值计算通常只是在浪费时间。

对于竞争性市场中的企业，或投资回报率被限制在接近资本成本水平的受监管企业，成长不太可能创造价值。在这些竞争性情形中，只有其文化能够持续孕育卓越经营效率的公司，才能实现对投资者而言有价值的成长，但它们以低价交易的机会实属罕见。对这些公司来说，建立在遥远未来的盈利、投资和现金流基础上的复杂模型，对于确认未来回报率通常没什么用处。在一定程度上，这些模型是以较高的增长率为基础推演出丰厚的收益，但其实却充满了误导意味，对理性的投资决策是有潜在伤害的，浪费一些研究的时间和精力已经算是最小的损失了。对没有经济特许权的企业来说，有效的研究应聚焦对当前资产价值和盈利能力价值的估计，但这两部分内容却常被忽视（尤其是资产再生产价值），分析师们都转而去关注盈利的短期波动和未来增长了。

麦格纳国际的例子，核心是聚焦 2008—2009 年金融危机之后的期间，在此具有参考意义。和其他汽车行业的股票一样，在对麦格纳国际的未来盈利进行仔细的情景分析后，最终发现这对确定其估值几乎没什么帮助。包含麦格纳国际这样的独立零部件供应商在内，北美汽车行业在相当长一段时期仍具备经济层面的生存条件，但也将会像此前一样充斥着激烈的竞争。这意味着未来长期的盈利能力将不得不成为必要资产之再生产价值的支撑。类似通用汽车的一些公司，最终由于资产的净再生产价值（净营运资产与带息债务，再减去应付供应商、经销商与员工的款项，即权益账面值）为负而面临破产。另外一些公司没有立即破产，是因为员工、经销商和供应商等债权人对其持续经营仍有强烈诉求。但破产仍是注定的，毕竟这些债权人无力注销那些随时间流逝而稳步增长的债务，而面对新的竞争对手进入，已经为负的净资产再生产价值也无法支持企业创利。不过几乎没有分析师愿意花时间计算这些公司的资产再生产价值，包括其无形资产的估计价值。其他那些净资产价值为正的公司也将走向破产，因为在高杠杆水平下，任何持续的衰退都将使其价值降至负值。[1]同样，几乎没有分析师愿意专门花时间对这些资产负债表恶化的情景进行分析。相反，分析师们都专注于复杂的未来盈利预测，但这些预测同 21 世纪前 10 年汽车行业的实际经济情况是脱离的。对于

---

[1]　这些企业起初微不足道的股东权益会被生意衰退逐步侵蚀，最终降为负值。与这些资产的再生产价值相关联的盈利能力，将不足以支持对其负债的偿付。在这样的情形下，若无外部干预，破产是迟早的事。

没有经济特许权的企业，一项严谨的研究流程应该在资产价值和盈利能力价值方面分配以大致相同的时间，毕竟此时二者对估值决策同等重要。

对于拥有经济特许权的企业来说，成长的确重要，资产价值的重要性相对较低。这一点和无经济特许权的企业有区别，此时研究的首要任务是确认公司经营受到进入壁垒的保护程度。原则上，正如我们在第 6 章和第 7 章中所述，确认进入壁垒是否存在是相对简单和直接的，需要投入大量主动研究精力的是确定特定竞争优势的程度、持久度以及影响范围。最重要的是对其生意的深入理解，包含公司实际所处的地理或产品维度的主要细分市场。研究需要从相关企业拓展至市场层面，其中最重要的是行业内其他公司的财务业绩表现。行业拥有长期的历史是至关重要的，最好能够历经一轮产业周期，这对于判断当前变动是属于长期趋势还是临时波动非常关键。在行业层面开展研究是个大工程，但好处在于其成果也可复用到同行业的其他公司，这些公司或许会在今后成为潜在有吸引力的投资机会。在这一层面积累的知识可使后续研究更有效，这也是专业化的益处之一。

一旦搞清楚了企业经济特许权的本质，主动研究便应再度聚焦估值流程这一定量分析层面。决定估值的关键要素包括：（1）当前盈利能力；（2）盈利的分配与留存政策；（3）收入和利润的有机增长率；（4）积极价值创造；（5）经济特许权的衰减率；以及（6）资本成本。

当前盈利能力和资本成本的测算是相对简单直接的，但积极价值创造、经济特许权衰减率甚至分配政策等要素，则需要对管理层的能力、战略认识以及优先事项有深入的理解，主动研究的时间和关注重点也应该有针对性的分配。其中最难的是由积极投资所创造的价值，尽管对常规分红率超过85%、基本没有什么利润留存再投资的公司来说没那么重要。

管理层、股东积极主义与催化剂

无论企业是否拥有经济特许权，管理层的表现对于企业当前的盈利能力以及未来的价值创造都很重要。关于管理层的主动研究应该是全面的。对股东友好的管理层的优秀表现，不仅体现在高分红比例方面，这是"用真金白银说话"的股东积极主义派的核心诉求。评价企业管理层的表现主要包含四个方面，即（1）经营效率的成就：包括成本控制、销售和产品研发等；（2）成长策略与资本配置：不能是为了成长而成长，而要聚焦能够创造价值的成长机会；（3）财务结构以及向投资者的现金分配；（4）人力资源管理。完整的管理层评估要关注上述所有方面。

截至目前，最重要的方面是对经营效率的追求。大量的学术研究（以斯隆基金会所赞助的研究为代表，但也包含许多其他来源[1]）表明，最高效企业的成本结构是行业平均水平的一半到三分之一。这意味着龙头和代表行业平均水平的企业之间的效率差距达到了一倍甚至两倍之多，即便二者在可观察到的员工特征（教育背景、年龄、性别等）以及资本开支水平方面并无显著差异，且龙头企业更倾向于使用成熟的而非前沿的技术。二者的差距并非源自资源，而是在于管理层在高效组织经营方面的决心和能力。另有研究表明，不同公司在营销和研发效率方面也存在差异，尽管这一点要比成本更难量化。最后，龙头企业在提升业绩的速度方面跟效率较低的同行相比也差不多，后者业绩即便能够有所提高，追赶龙头的步伐也很缓慢。

这意味着无论何时，企业都可以在管理层聚焦经营改善的情况下，获得丰厚的潜在回报。成功的管理层可以为股东创造可观的价值。对投资者来说，在市场充分认识到之前便尽早识别出这样的管理层，将会创造显著优于平均的回报水平。这里有两个可识别的特征。第一，出色的经营成就是一场马拉松而非冲刺跑，需要始终聚焦渐进式的改善。这反过来要求管理层重视驱动此类改善，包括首席执行官赋予其以高优先级。类似臭名昭著的"电锯阿尔"·邓拉普（"Chain saw Al" Dunlap）[2]那样的外部代理人的突然短期干预，能带来长期价值创造的实属罕见。第二，高管在有限的时间内只能关注

---

[1] 例如这个研究：van Biema, Michael, and Greenwald, Bruce.（1997）. Managing Our Way to Higher Service-Sector Productivity. *Harvard Business Review*（July-August）.

[2] 阿尔·邓拉普曾先后在斯科特纸业（Scott Paper）和日光公司（Sunbeam）面临增长乏力之际接任首席执行官，上任后因狠辣的裁员手段而被称为"电锯阿尔"（Chainsaw Al）。这样的手段的确会在短期内带来业绩改善，却无益于公司的长期成长。——译者注

有限的重点，致力于激进收购、国际扩张或增加其个人的公众关注度的高管很少能创造出色的经营成绩。聚焦高效运营业绩的管理层，大多有着简单、明确的全局战略。

管理层表现的第二个重要方面是成长战略。正如我们反复提及的，只有回报率能超过资本成本的成长投资才能创造价值。这样的成长必是源于可持续的竞争优势或长期的出色经营。由于能带来显著成长的出色经营实属罕见，因此能创造价值的成长更多属于那些当下享有可持续竞争优势的公司。对于初创企业而言，如果竞争优势有迹可循的话，其管理者必须明白竞争优势到底在哪里。当沃尔玛进军便利店领域或可口可乐增加非可乐产品品类时，它们都是在利用具有主导地位的既有局部分销基础设施。当微软给Windows操作系统和Office办公软件增加功能时，它同时利用了其现有产品和客户锁定优势。在提供产品改良以拓宽护城河时，明智地运用定价权，也代表着在拥有经济特许权的业务之中实现创造价值的成长。

企业的下一步行动则是向其核心竞争优势能够覆盖的相邻市场扩张。历史上，沃尔玛曾有序地向可复用其现有分销、广告和管理基础设施的相邻地域范围扩张。甲骨文在产品维度遵循了相似的战略，在其核心数据库管理系统的基础上，增加了面向行业的功能性软件。

在这两方面以外追求可创造价值的成长，难度要大得多。对于此前未涉足的特定市场，如果有最终占据支配地位的可能性，且规模经济和客户锁定能将支配地位转化为可持续的进入壁垒的话，那么纪律严明地切入该市场或许是有意义的。不过，妄图同时在多个市场完成这一任务注定会失败。最后，试图进入已有在位者主导的市场，并期待享有其回报水平，则是个毁灭价值的方案。之所以那些在位者能够持续享有较高的回报，就是因为他们的回报在被无法克服的进入壁垒所保护，以免受竞争的侵蚀。

优秀的管理层只会追求前两种类型的成长机会。追求没有竞争优势保护的成长是糟糕管理水平的表现，那些没想清楚就率领公司进军全球市场的管理者即为此类（除非全球化是该领域的未来大趋势），而不假思索地进入高速增长的新兴市场（如印度和中国）或者受增长刺激而盲目挤入新兴科技赛道的也不例外。没有可识别的特定市场的竞争优势，这样的成长并不创造价值。总是充满激情地宣告此类扩张计划的管理者是应该规避的。

管理层表现的第三个重要方面是对财务资源的管理。首先，如果公司没有明显的办法来利用财务资源创造不低于资本成本的回报，那么这些资金就应以分红或股份回购的方式分配给投资者，原因之一是双重税负（公司层面先就财务回报缴税，分配至个人层面再次被征税）。若过往经历表明，管理层迟早会禁不住诱惑而利用闲置资金做点什么，那么就更有潜在的危险了。如果此时并没有好的再投资机会，他们必将做出糟糕的决策，包括毁灭价值的无序扩张，或者更糟糕的——斥资挽救失败计划或陷入困境的部门，结果赔了夫人又折兵。优秀的管理层会通过将诱人的现金分配掉的方式来消除这种诱惑，大多数股东积极主义投资者也会通过向管理层施压或者干脆更换管理层的方式来推动现金分配。

其次，优秀财务管理的标志是以尽可能最低的成本来实施收购。如果债权比股权的融资成本低，无论是由于税的原因（公司的利息支付可在税前扣除，股息却不能），还是市场原因（比如政府干预而出现扭曲的低利率），管理有方的公司都会更青睐债权而非股权融资。债务的主要成本在于发生概率并不高的财务困境之时，偿付债务的压力可能实质性地损害公司的非财务运营。这可能会损害公司人员招聘、客户关系、供应商合作以及公众对公司的印象。不过债务水平只要合理，出现困境的概率就会很低，即便出现困境其负面影响也有限，例如对有着强势品牌的烟草公司而言。这种环境中，在不会对生意运转产生实质性影响的情况下，优秀的管理层会尽可能多地选择债务融资。通过降低资本成本，这种政策将会为股东创造长期价值。

最后，投资者应该寻求优秀或正在改良之中的人力资源管理政策。长期稳定且不受周期影响的人力资源管理政策是个积极的信号。在劳动力供应偏紧的高潮期大肆扩招，却在求职困难的低潮期以高成本裁员的公司，对其员工或股东而言都不友好。最终，这将使其更难吸引和留住高质量的员工，毕竟在劳动力市场的低潮期是最容易招到优秀员工的，自然也会使企业的经营业绩变差。人力资源管理的第二个责任在于梯队计划。优秀的管理层也应该为其自身谋划有秩序的接替计划。没有这一计划，任何高质量的管理都会是相对短期的，其对价值的影响也被削弱。

在评估优秀管理层的影响时，重要的是要谨记过往和当前的管理层质量已经反映在了公司财务业绩中，需要检验的是管理层质量的变化。有些变化源自管理层表现和公司文化的渐进改良，通常是濒临倒闭或其他逆境导致的，此类变化通常也将会在财务业绩的改善中体现出来。难点在于其持续时间：这些变化（无论好坏）会嵌入公司文化多深，并且可能持续多久。其他变化（同样无论好坏）可能源自新任高层，将首先反映在管理重点的变化上。然而，除非新任管理层的变革指令明确且拥有实施资源，就像 3G 资本收购亨氏那样，否则见效会相对较慢。因此，在做出重要的投资之前，通常需要一段时间来评估新任管理层的表现。

类似 3G 资本 / 亨氏那样的变化一般都是股东积极主义投资者干预的结果。由于预期股东积极主义投资者要干预某家目标公司而考虑投资于这家目标公司，不论是股东积极主义投资者宣布意向，或者公司对于股东积极主义投资者表示让步，还是股东积极主义投资者即将收购公司股份，这些都是价值投资者采取行动的常见缘由，显然也值得考虑。然而，并不是所有股东积极主义投资者的干预措施都是一样的。无论是对于股东积极主义投资者自身还是其跟随者而言，股东积极主义投资的成功取决于对可能出现的干预结果的理解，这依赖于两个要素。第一是目标公司的可能反应，对方是会接受还是拒绝股东积极主义投资者提议的变革方案。第二是干预的质量和范围，无论目标公司是自愿回应，还是在控制权变更后非自愿回应，这一点都将决定股东积极主义投资者进行干预的成效如何。

这种回应与公司文化有关，而公司文化在不同国家又有所差别。亚洲公司对股东积极主义投资者干预的接受度，要比欧洲公司低得多。欧洲公司（尤其是有家族控制历史的）则要比北美公司更难做出让步。不过，即便公司不接受像 3G 资本之于亨氏那样的巨大变动，还是会在一定范围内做出回应。有些公司强烈反对干预，它们拒绝与股东积极主义投资者达成一致，且不会对当前行为做出改变。系统性的学术研究表明，对于这一类公司，除非股东积极主义投资者能够取得目标公司的控制权，否则其干预很难给股东带来明显的好处。不过，也有许多公司是会回应股东积极主义投资者的诉求，相互之间还会有建设性地互动交流。对这些公司来说，虽然公司的回应也会有很大差别，但是可以在控制权未完全变化的情况下做出显著的有益改变。[①]

我们的第二个要点在于这种变化的实质及其收益的大小，这主要取决于股东积极主义投资者的动机。那些仅仅以改变公司分配政策为目的、在范围很广的多个行业中迫使公司增加分红与回购的股东积极主义投资者，所能创造的收益平均来看是最小的。而那些花时间精通公司所在行业、对全面改善公司管理实践非常在意的行业专精型股东积极主义投资者，更有可能实施成功的干预并在其成功后创造最大的收益。保罗·希拉尔就是此类股东积极主义投资者的代表。紧随此类股东积极主义投资者的干预行动进行投资，能够创造最佳回报。了解他们是谁、其专长为何，是股东积极主义型投资能够成功的重要因素。

股东积极主义干预是一种令管理糟糕的公司的潜在价值得以实现的方式。类似收购、资本结构调整以及股东积极主义干预这样使公司潜在价值反映在市值当中的事件，被称为"催化剂"，价值投资者的大量投资研究都是围绕识别催化剂展开的。对于一部分价值投资者来说，除非找到能使潜在价值在短期内得以实现的催化剂，否则压根不会投资任何被低估的公司。在投入时间识别和分析潜在的催化剂之前，搞清楚催化剂在不同类型的价值投资中扮演的角色是很重要的。

本杰明·格雷厄姆和大卫·多德基本不关注催化剂。首次声明催化剂重要性的，是马里奥·加贝利以及其他在先例交易基础上依靠非公开市场价值（private market value）进行估值的投资者。格雷厄姆和多德坚信，尽管决定股价的股票市场短期是"投票机"，长期却是"称重机"，内在价值终会显现。在此期间，折价买入的股权会持续提供超越市场的盈利回报。假设一家

[①] 参见姜纬（Wei Jiang）关于对冲基金的股东积极主义研究，例如：Bebchuk, Lucian A., Brav, Alon, and Jiang, Wei. "The Long Term Effects of Hedge Fund Activism." *NBER Working Paper* No. 21227, June 2015.

无负债且没有经济特许权的企业拥有每年 5000 万美元的盈利能力，在资本成本率为 10% 的情况下，其盈利能力价值（与其资产价值接近）将是 5 亿美元，因而盈利回报率为 10%。如果以 2.5 亿美元的价格（安全边际为 50%）买下它，那么盈利回报率将达到 20%。简单起见，假设所有的盈利都以股利形式分配，那么每年的现金回报与股票购买价格之比也是 20%。如果股价旋即上涨到与内在价值相等的 5 亿美元，那自然是再好不过的事情，但即便没有这么快，这也是一笔完全令人满意的投资。此外，如果我们考虑以 5 亿美元的价格卖掉该公司，但拿到钱后却找不到和该公司一样的廉价投资标的，那么继续把这 5 亿美元资金以 10% 的资本成本率投资在该公司中，即便股价不再上涨，每年也还是能创造同资本成本相同的盈利回报率。这就是格雷厄姆和多德对待催化剂的态度，在加速使市场价格向内在价值靠拢这件事情上，他们的心态是比较放松的。

假设公司的管理层选择将一半的盈利留存再投资，而不是将全部盈利以股利形式分配。如果这种做法既没有创造价值也没有毁灭价值，那么每年 2500 万美元的留存收益都将会产生 2500 万美元的价值，这会增加未来的盈利。在我们 2.5 亿元买入价格基础上的股利回报率将会是 10%（2500 万美元股利除以 2.5 亿美元），不过在不需要额外投入本金的情况下，我们也将收获一个有价值的生意的 10% 的额外回报。虽然还在等待真实价值显现，我们预计会获得每年 20% 的回报率。但这里有个问题是，如果管理层的资本配置能力很差，毁灭了留存收益再投资的那一半价值，那么我们的回报率将低于20%——此时换掉管理层就成了一个更紧急的任务，能够促使其实现的催化剂是相当重要的。

如果投资是基于资产价值而不是基于可比的盈利能力价值做出的，那么赶走糟糕管理层的催化剂就更加重要了。资产在糟糕的管理层手中无法创造足够的当期回报，且不说糟糕的资本配置能力还可能损害留存收益的价值。如果管理层毁掉了原有资产一半的价值，那么我们的盈利回报就只剩 2500 万美元。此时若再留存一半盈利，每 1 美元再投资仅能创造 0.5 美元的价值，那么盈利的价值将会是 1875 万美元（1250 万美元加上 625 万美元），对应

7.5% 的年回报率，而资本成本率为 10%。实现资产价值的时间如果被延迟，那么会磨掉原有的安全边际，催化剂成了投资成功的关键一环。

这个例子揭示了催化剂的根本性质——避免糟糕的管理层。如果管理层充分利用企业资产并有效地再投资，那么催化剂虽然可以提供帮助，但对成功的价值投资而言不是必不可少的。如果管理层很糟糕，实践中通常是以令人窒息的节奏在毁灭价值，那么催化剂就至关重要了，识别催化剂也应是各类研究流程中的关键一环。①

最后需要说明的是关于"价值陷阱"与催化剂。一部分价值投资者坚持认为，除非有即将来临的催化剂可以将市场价格提升至内在价值的水平，否则含有安全边际的价值就会"陷住"，永远无法实现。对这类投资者而言，他们永远不会在没有催化剂的情况下投资，识别和调查研究催化剂是其研究流程中的核心环节。以前述格雷厄姆和多德的分析看来，这种观点是有误导性的。投资于管理良好的公司时，价值是不会被"陷住"的，即便是价格向价值的完整回归需要很长的时间。真正的"价值陷阱"与糟糕的管理层分不开。在那种情况下，糟糕的管理层只有毁灭价值的能力，除非短期内有管理层变动的清晰前景，否则对其投资就是个错误。另外，过度强调催化剂，可能导致忽略了其他更重要的研究领域。

其他研究流程中的问题

关于研究流程，最后还有两点需要指出。首先是关于强迫行为。强迫自己关注细节或许会对投资分析师有用，帮助其扫清发掘隐藏价值或灾难的最后障碍。但在时间稀缺的现实世界中，强迫行为可能是有害的。在杰出投资人爱德华·兰伯特（Edward Lampert）大举买进汽车地带（AutoZone）的股份前，据说他已经走访了该公司上百家门店的每一家。这样的经历的确是个都市传说，但在此之外，这种细致程度是非常耗时和不必要的。从所有门店

---

① 同样的道理也适用于拥有经济特许权的企业，对其而言可被挥霍的价值更多。

中精选 10% 的样本去走访，便足以用一小部分时间获知几乎全部的必要信息。从后来兰伯特经营西尔斯（Sears）和凯马特（Kmart）时所遇到的困难来看，此前花费在汽车地带的时间放在学习零售业的经济必要知识上面可能会更好。强迫性、模式化的主动研究通常只会收集到大量增量价值很小的信息，却牺牲了对有价值数据的搜寻。

这种批评尤其适用于那些痴迷于将每年拜访公司管理层的次数列在表格里的投资公司。与管理层的沟通交流是一种获取信息的有用渠道，但在披露规则公平的当今世界，偶尔参访公司的价值已经大大降低了。管理层关于企业战略、市场以及短期前景的观点与陈述都已经被广泛且高频地传播。仔细阅读相关纪要，通常足以获取管理层所能提供信息的 90%。这些陈述的可靠性，可以而且应该通过其过往动作和业绩的公开纪要来评估。与管理层会面通常会耗费大量差旅时间，因而应当仅在充分研读过上述公开纪要之后，以及仍有关键点不清楚或不确定时采用这种方式。至于管理层对此类直接提问的回答是否靠谱，可以通过问一些已知正确答案的问题来检验。聚焦竞争优势和长期战略思考的问题，能为判断公司未来提供重要信息。资本配置的话题无疑是此类讨论的关键一环。实践之中，有洞见的行业分析师与低调的管理层之间持续、高频的联络，是在与管理层沟通交流时最有效的方式。

关于研究实践的第二点涉及搜寻信息的类别。格雷厄姆和多德的传统方式强调持续性以及长期价值。投资机会经常出现在大多数投资者把短期负面波动过度解读为长期负面影响时。格雷厄姆和多德的方法是关注此类情形，并识别那些存在根本稳定性的机会。就算他们对变化进行预测，那也是着眼于明确的长期趋势，这里的长期指的是好多年，而不是几个月。更常见的情形是，分析师试图使其对变化的预测领先于市场，其大量精力被投入到了预测短期盈利波动、商业或产业周期、颠覆性技术出现或者最新营销创新的影响之中。然而，预测这些变化的发生时点、持续期长短以及影响范围要比找出稳定不变的东西难得多。大的经济或产业衰退是很少见的，可能连续七年中都没有一年是衰退的，因而其余那六年都是处于周期性稳定状态。另外，大多数衰退都是暂时的，一个典型衰退的下行周期平均在 6~9 个月。

　　2008 年开始的全球金融危机可以说再次向投资者强调了，世界末日般的预测通常都是错误的。如果一家估值水平为 15 倍市盈率的公司损失了整整两年的利润，其价值仅仅减少了 15%，那么这部分损失历来都会被复苏后暂时性的盈利反弹抵消。最好选择一条竞争对手最少涉足的主动研究赛道。如果大部分投资分析师都在试图预测变化，那么聚焦稳定不变的东西就有更大概率成功。相比大多数人都在关注当季的收入增长率，对未来三到五年持有与众不同的观点更可能在业绩上胜出。基于上述原因，与寻找被低估股票的搜寻策略一样，格雷厄姆和多德在研究策略中的逆向思维方法是有可能创造优异业绩的。

第 10 章

风险管理与建立组合

VALUE
INVESTING

20 世纪 70 年代末，一家大型美国公司决定对其养老基金进行评估。这项工作从回顾聘用的超过 100 位权益投资经理的业绩表现开始。首先是检视交易成本，分析人员从一项简单的计算开始——在每一周，某一位投资经理的卖出操作，有多少被其他投资经理的买入操作所抵消。令公司吃惊的是，在有代表性的一周时间内，大约 90% 的操作指令是可以互相抵消的。在百余位投资经理之中，对任意特定股票的乐观与悲观的看法大致是平均分布的，悲观者的卖出操作与乐观者的买入操作大致相当。事实上，如果不是养老基金此前稳定收到的、用以覆盖在职员工的缴款多过给退休员工的支付额，那么相互抵消的交易占比还会更高。单看净买入的操作，也存在类似的问题。将上百名独立的投资经理作为一个整体来看，其操作相当于构建了一个密切跟踪股票市场整体走势的组合。对任何特定行业或股票（比如一家小型石油公司）感兴趣的投资经理，其偏好刚好被观点对立的其他投资经理所"抵消"。结果就是，90% 的净买入标的只是股票市场整体的一个简单"镜像"[1]。整体来看，99% 以上的交易操作，都相当于在买入被动的指数基金，却按照主动资产管理的标准付费。

此处的教训当然不只是说做饭的厨子太多。如果投资经理经过更为细致的挑选，且有着预先计划的不同视角，投资的自我抵消程度有可能会降低。关键是出于某种原因，分散化的投资决策不一定能够奏效。在这个大型养老基金的例子中，要求指令均提交至一个内部的集中清算部门，仅执行内部抵消后的净指令，可以实现显著的成本节约效果。买入指数基金后，仅执行与

---

[1] 这段时期（20 世纪 70 年代末）或许不是最有代表性的，彼时机构的投资组合都高度集中于少数大市值股票，不过类似的结果在其他时期和其他机构之中均有体现。

该指数基金所代表的市场组合有偏离的指令，同样可以在不忽视每位投资经理的"净"决策的情况下，节约更多成本。①

多位投资经理各自独立地为一个大型投资组合做出风控决策时，也会出现同样的问题。一部分投资经理会承担其他投资经理所规避的风险。在整体的投资组合之中，某一位投资经理为控制特定风险会采取代价不菲的对冲手段，然而另一位投资经理却主动选择了承担该风险。换句话说，如果某一位投资经理做多一只股票而另一位投资经理选择做空，那么整体的投资组合完全可以在不为降低风险而付出交易成本的情况下，达到对冲的效果。对于将投资委托给多个独立投资经理的财富拥有者来说，了解汇总后的投资组合是什么样的，是对其弱点进行有效评估和预防的前提。有效的风险管理需要财富拥有者对汇总后的弱点进行对冲，且不能让对冲在独立的投资经理的层面进行。风险管理的第一原则是，最终的财富拥有者或其受托人必须集中管理风险。

风险管理必须是个性化且集中式的。如果投资管理公司试图用一个统一的模型来管理其所有客户的风险，那么结果注定会很糟糕，主要有以下原因。首先，每位财富拥有者很可能将其资金分配给不同的投资团队。对不同客户来说，其团队中的某一位投资经理的组合和其他投资经理的组合之间的关系也会不同。对某一位客户有价值的风险管理方案，可能只会给另一位客户带来不必要的分散化。对于拥有财富的个人或机构来说，由于大量实质上缺乏流动性的财产是其总资产的重要组成部分，上述问题可能会加剧。拥有足够多的资产以至于需要依靠专业人士协助管理的家族，其财富很可能是在企业创业历程中集中积累的，即便是在放弃企业的控制权之后，这一财富来源仍是其财产的重要组成部分。另一些家族可能在特定地域经营服务业，或者在房地产行业取得成功，他们也将继续在这些地域拥有缺乏流动性的重要财产。对大学或医院等机构而言，其核心业务的经济健康水平很大程度上依赖于当地、全国或全行业的经济状况。个人投资者通过其工作岗位获取主要

---

① 指数基金目前已是权益投资的主要产品，但在 20 世纪 70 年代中期时才刚刚起步，不过公司依然可以很容易地搭建一个内部的市场组合为己所用。

财富，这些工作通常也会承受来自特定行业或地域的风险。在搭建具有流动性的投资组合时，适当的风险管理必须能够考虑到上述情况而做出调整。投资经理通常没有相应的知识储备、专业技能或时间精力来为每个客户做到这一点，但一位有实战水平的风险管理者必须能够根据不同财富拥有者的需求来调整其方案。

集中式风险管理的第二个关键层面是，最好将其与投资管理分开进行。财富拥有者本身对其持有的整体财产、承诺以及应对风险的态度最熟悉，因而应当由他们自己来指导风险管理工作。但由于大多数财富所有者不具备完成这一任务的专业水平，他们需要专业的风险管理者来监控每位受托投资经理的投资风险，同时分别管理每位客户的整体风险。这件事情的重要程度在财富管理行业中日渐增加。独立或联合家族办公室通常会将资产分配给多位投资经理，但却会针对每一位单独的客户开展整体风险管理工作。大型机构会有执行同样功能的组合管理部门，小型机构则开始选择类似联合家族办公室的服务。然而，独立投资经理却没有完全适应这一现实，他们当中的太多人在应对风险时，以为自己管理着客户的全部财富。结果就是，他们只是管理着客户的一部分资产，却使其持仓组合过于分散而不够集中专注。在接下来的内容中，我们将在风险管理的论述中，详细阐明财富管理者（wealth managers）和投资管理者[①]（investment managers）的不同角色。

适当的风险度量指标

有效风险管理流程的第一步，是要正确定义要被管理的风险。当前，最常用的风险度量指标是组合波动率[②]，由财富拥有者财产总值的方差来度量。理论上，完整的组合应当包含我们上文中提到的那类流动性较差的资产。但

---

① 在中文语境中，也经常被称作资产管理者。——译者注

② 某一不确定数值的方差，是其每个可能值与未来平均值之差值平方的平均数，取平均数的过程是以每个可能值出现的概率为权数来进行加权平均。标准差则是另一个常用的度量指标，是方差的平方根。

在实践中，通常只针对财富拥有者的证券组合来计算和管理其方差，原因是针对那些流动性较差的财产，估算其价值的方差比较困难。除此以外，使用证券组合的方差作为财富拥有者的风险度量指标，还有其他的严重问题。

首先，随着时间向未来推演，财富水平可能会在更大的范围内波动。财产价值从今天到下周末之间可能发生的变化很小，但从现在到明年年末之间可能发生的变化就要大一些，从今天起的 10 年之间发生的变化则要大得多。因此，当我们关注财富的方差（这里指的是未来财富的方差）时，我们必须明确未来变化的期间长度，即我们的投资期。

实践中，通常只使用不说明期间长度的一个单独的方差指标。这样的省略是基于传统方差指标的一个重要的基础假设，即不可预期因而不确定的未来价值变化是跨期不相关的[1]。如果明天的价值碰巧增加了，我们就会假定这对于后天价值如何变化没有任何预示作用。在这种情况下，两天内的方差只是两个相互独立的单日方差之和。如果我们进一步假定单日方差都相同，那么两天内的方差就是 $2 \times$ 天数。年方差则是 $12 \times$ 单月方差，或 252（即 12×21）$\times$ 单日方差。在此假设下，一旦"标准"的期间长度被选定了（通常以年为标准），那么任意期间长度的方差，都可以由"标准"方差 $\times$ 该期间长度与一年长度之比得出。考虑到这一点，我们显然可以将"标准"的方差作为特定组合的方差。

遗憾的是，上述独立性假设在实际的金融市场中并不成立。在通常不超过六个月的短期之内，价值的日变动呈现出正相关的关系。如果今天股价上涨，那么明天继续上涨的可能性要比下跌更大。对于六个月内的期间来说，较长期间的方差通常成比例地高于较短期间的方差。因此，方差计算的期间长度需要被说明且有针对性地计算。对于超过一年的期间，资产价值的变动之间呈现出负相关的关系。如果今年上涨了，那么明年下跌的可能性就会更大。因此，在这种自我抵消的变动之下，两年期的方差将会小于单独一年的方差。长期而言存在均值回归。同样地，如不说明期间长度，就无法计算出相应的方

---

[1] 由于未来是不可预期的，因而未来任一时点的价值都是不确定的，且和其他未来时点的价值没有关联。——译者注

差。如果方差是风险的度量，那么投资者将不得不考虑，在类似于一年的短期风险与长期风险之中选择哪个。格雷厄姆和多德凭直觉认定其为事实，并明确选择了聚焦长期，这一方式至今仍在价值投资者中占据主导地位。

方差作为风险度量指标的第二个问题，是它无法将以平均期望回报为基准的正负偏离区别开来。这里的假设是回报为对称分布，正负的变动是同质的，仅需要一个方差指标即可。在现实之中，回报并不是对称分布的，其正向偏离度要远高于负向偏离度。正向回报是没有潜在上限的，然而负向回报最多也就是 –100%。因此，方差这一风险度量指标是由正向不确定性决定的。然而，当绝大多数人想到风险时，他们通常想到的是亏损的概率，而非巨大的收益。格雷厄姆和多德也非常清楚这一不足。在评估投资风险时，他们推荐仅聚焦亏损的概率。加上他们专注于长期回报，因而其首选风险度量指标为永久性损失的潜在可能性与规模。换句话说，风险就是发生"永久性资本减损"（permanent impairment of capital）的可能性。

永久性资本减损并没有方差那么容易量化，不过仍然可以作为制定风险管理策略，以及任何财富拥有者赖以量化其财富的总体风险承受度的合理基础。基于方差在期限方面的偏差，以及与大众所理解的风险有所偏离，我们将会使用永久性减损作为对风险的定义。

控制永久性资本减损

典型的永久性资本减损发生在两种情形下。[①]

第一种情形是为一只证券付出了过高的价格。为仅值 50 美元的证券支付 100 美元，是永久损失 50% 资本的最快方式。如果将风险定义为永久性减损的话，那么上述买入时点就是风险最大化之时。若想避免买得太贵，首先要从理智的搜寻策略开始。证券的溢价买入行为最常出现在市场经历极度高估之时，事后一般被称为"泡沫"。市场价格与经济价值基本度量指标之比

---

① 原书此处为"三种情形"，译者已与作者确认为笔误，应该是"两种情形"。——译者注

出奇地高是此时的显著特征，例如有代表性的股票，其价格同可持续盈利之比超过30倍或市净率超过8倍。这样的估值一直都是证券价格经历了持续上涨后的结果，就像20世纪80年代末的日本股票、20世纪90年代末的科技、互联网和电信股票，以及2008年最终酿成金融危机的房地产以及相关的金融机构。对于一套精心设计的搜寻策略，其本质是应该可以规避这种情况。如果某些证券有任何处于泡沫区间的显著可能，它们都不应成为买入的标的，至多是划入"太难懂而无法形成意见"的类别，迟早会有其他更具吸引力的机会出现。

更加普遍地说，以价值为基础的方法，在买入时防范永久性资本减损，依赖于所付价格和投资估算价值之间的安全边际。对于纪律严明的格雷厄姆和多德式的投资者，充分的安全边际是对于投资安全性最重要的度量标准。这种方法需要一套能够精准评估内在价值的估值流程，无论是对短期固定收益投资的现金流折现估值，对无经济特许权企业的资产价值或盈利能力价值的评估，还是对拥有经济特许权企业的资产加现金再加潜在成长价值的评估。对于一些企业来说，尤其是年轻且高速增长的拥有经济特许权的企业，以十分精确的估值作为投资基础是不太可能的，那么无论它们多么有吸引力，都应被纳入"太难懂而无法形成意见"的类别，且从风险管理的角度出发，仅在有可能做出更精确估计的时候才会考虑买入。

永久性减损的第二种情形是过高的杠杆。能够导致破产甚至竞争地位持续受损的公司层面的债务水平，将会使临时性减损变为永久性减损。公司层面的理想债务水平应该足够低，以至于在尚属合理的糟糕情景（比如连续三年的困难时期）之下，营业利润和资本回收仍足以覆盖全部债务支出，且不损害未来对客户、供应商、员工、监管机构或必要融资方的偿付能力。在投资组合层面，如果保证金债务导致在短期市场下滑时被迫进行卖出操作，就会使临时性减损变为永久性减损。这类杠杆也应避免。投资于看涨的限时期权，也是一种风险同样大的杠杆。如果暂时的下跌持续至期权到期，过期的期权将一文不值，损失将变为永久性的。聚焦永久性减损的风险管理的第二条原则，就是要避免有可能致命的、过高的杠杆水平。如果对于杠杆水平何时过高并无把握，最明智的做法就是干脆不要加杠杆。

分散化

如果以充分的安全边际买入证券，同时没有过分地加杠杆，那么一般来说只有两个原因会导致永久性减损。第一个是估值中的简单错误，即买入时高估了证券的内在价值。第二个是出现了未预期到的重要负面变化，以至于影响到了证券发行主体的财务处境。对于仔细且纪律严明的投资者来说，这两类事件基本上都是随机发生的。如果投资者能够仔细检视其过往业绩，并且学会规避系统性错误（例如，因未考虑衰退的可能性，使得对于能创造价值的企业成长或可持续盈利的估计过于乐观），那么估值过高只会在出现了意想不到的新变化时发生。就其本质而言，这些错误都应是非系统性的。未预期到的、能永久损害公司处境的事件，一般来说都是公司或行业层面的。在公司层面，可能是新产品发布或地域扩张遭受灾难性失利，新竞争者趁公司管理层精力分散之际实现了未预料到的市场入侵，或者新任管理层以牺牲经营效率为代价，聚焦于不理智的扩张。在行业层面，这类事件应该是针对特定类型的企业或者地理区域的，可能包括损害行业当前经济状况或资产价值的新技术、削弱行业利润的政府监管变化、市场全球化的负面影响或者迫于新竞争者压力而被打破的合作局面。这样的变化基本不会影响整个经济层面。

另一类非系统性风险存在于事件驱动型的投资领域。举例来说，套利头寸、投资于将被收购的公司或新近被剥离的子公司、投资于《破产法》第 11 章下进行破产重整之公司的证券，以及投资于处于清算之中的公司，都属于收益规模可能比较明确但时机尚不确定的投资类型。这类投资通常与其他事件无关，也与决定其他证券回报的一般经济情况没有关系。收益的实现是非系统性的事件，与之相关的是非系统性风险。

一般来说，这类非系统性的风险都是可以被分散掉的。假设有一家小型石油公司，仅开采单一油井，成功概率为 20%。对于一位仅投资于该公司的投资者而言，倘若有 80% 可能性的开采失败的情况出现，意味着发生了资本永久性减损。投资于这家小型石油公司看起来风险极高。现在假设另有 1000 家小型石油公司，在不同区域钻井的前景与上述公司相近，挖出原油的概率也是20%，并且不同公司能否挖出原油互不相关。[1] 总体来看，有200家将会成功，成功的油井数量介于150~250之间。[2] 如果一位投资者将其投资分散至全部1000个油井中，每个油井对应的仓位是0.1%，那么最大损失就不是在80%可能性之下损失100%，而是仅在5%可能性之下损失25%（50/200）。事实上情况比这更好。如果成功投中一个油井的回报率为5.5倍（如此整个投资才能提供合理的10%平均回报率），那么在最差150个油井出油的情形下将创造825倍于单井投资额的回报，亏损率仅为17.5%，即（1000–825）÷1000，且同样只有5%的发生可能性。分散化将潜在亏损概率由80%的可能性之下亏损100%，降至不到5%发生可能性下的亏损17.5%。分散化小型石油公司组合的风险并未完全消散，但风险被大幅降低了，最大亏损的期望值的降幅超过了98%。[3]

原油价格下跌之类的行业层面风险会影响到全部石油公司，既影响全部小型石油公司，也影响大型石油公司，这种行业风险是无法被分散掉的。不过，跨行业的分散化能够降低这种风险。如果投资者在15个行业中的持仓大致相同，其中仅有一个行业严重依赖原油（例如石油开采公司自身），那么油价下跌对组合整体价值的负面影响仅为7%（1/15）。更现实的是，尽管有些行业会受到油价下跌的冲击，但对以石油为投入要素的行业来说，其受益程度可能足以抵消这些直接损失（甚至受益更多），因而整体承受的风险很可能低于7%。在前后两例中，分散化都将最悲观情景下的损失降低了超过90%。这意味着因非系统性错误和未预期变化带来的风险，可以很大程度上通过持有适度分散化的组合来消除。

事实上，只要持有30只在行业和地域层面适当分散的证券，就可以降低这方面的绝大部分风险。但也没有必要持有完全分散的投资组合，即按比

---

[1] 1000家小型公司的量级听起来有些夸张，不过例子中的油井生意确实风险极高，因而即便是小型石油公司也会钻很多井，进而在不同项目之间、在公司内部实现较高程度的分散化。通过分散化能实现的风险降低程度可能不如这个极端例子所描述的那么高，但仍不低于90%。

[2] 本例假定结果是正态分布的。

[3] 在单一公司投资情景下的最大亏损期望值为80%（80%发生可能性下亏损100%），在分散化组合情景下则为5%发生可能性下亏损17.5%，即0.875%。

例持有整个市场的证券。对于价值投资者来说，即使持有便宜股票构成相对集中的投资组合，仍然可以获得足够程度的分散化。然而，由于公司和行业层面的非系统性事件可能带来永久性资本减损，合理程度的分散化（例如由不同行业和地域范围内不少于 30 只股票的组合）在永久性减损的角度看来，甚至要比以方差为基础的风险度量更重要。在格雷厄姆－纽曼公司的撰文和实践中，本杰明·格雷厄姆明确强调了分散化的重要性。[①]

对于分散化的股票投资组合，如果建仓时有充分的安全边际，而且杠杆水平处在合理的低位，剩余的风险将来自整体经济和金融市场。这个层面的永久性资本减损往往是源自市场价格处于不可持续的水平（比如 20 世纪 80 年代末的日本），或者国家经济面临致命崩溃（比如 21 世纪前 10 年中期的委内瑞拉）。正如证券市场在 2008—2010 年全球金融危机后的复苏过程所展示的，我们观察到运转良好的国家，其经济具有非凡的韧性。部分原因是政府致力于采取一切必要手段来维持宏观经济的稳定性。不同政府对 2008—2010 年危机的反应程度和性质有很大不同，但除了少数例外，金融市场都得以复苏。这个经历表明，长期来看，鲜有全面性的经济和金融减损。尽管我们有如此乐观的观点，但对于一些地域和资产而言，永久性减损的风险仍旧存在。对于各种规模和持续期的未预期通货膨胀，几乎见不到在其结束后，物价会以同等程度下跌。在这样的环境中，期限较长的固定收益资产会遭受重大且永久性的减损。20 世纪 50 年代末，有很多机构依赖长期债券的收益，它们发现自己在这方面承担了持久的代价。权益市场也会经历 10 年以上的估值下跌或持平时期。尽管经济基本面具有韧性，而且企业的长期回报也是有保证的，但期间的差劲业绩也会给投资者带来惨痛的经历。因此，谨慎的做法是，对于长期但不算永久的宏观经济减损采取一些防范措施。

全球分散化的投资组合应该对于可能发生的个别国家经济困境提供保护。对于所有投资者而言，尤其是在不那么稳定的新兴市场的投资者，采取一定程度的全球分散化是有必要的。不过正如 2008 年金融危机所揭示的，全

---

① 请参考《聪明的投资者》英文原版第四次修订版第 54 页，译见第 5 章"防御性投资者与普通股"的"普通股的投资规则"部分。

球市场的整合程度日益加深，各国市场的回报水平已经高度相关。这种趋同意味着，即便做到了全球分散化，也无法获得对于各国宏观经济混乱的完全保护。

管理全球宏观风险

自律的价值投资者在充分分散化基础上进行投资，而且选择的标的都提供充足的安全边际。在这种情况下，管理宏观风险虽然很重要，却是相对次要的事情。这与认为管理宏观风险是主要关注点的、现代投资组合理论拥护者的实践操作完全相反。这种遵循现代投资组合理论的方法，对于细分资产类别的配置与整体投资组合的宏观"风险因子"敞口，不仅细致关注资产类别的配置，还对风险敞口进行量化定制。宏观"风险因子"敞口通常是在统计学意义上的复杂定义，利用其进行投资被称为因子投资。大多数价值投资者将宏观风险视作下列两类之一。第一类是通货膨胀的环境，经济处于相对繁荣期，但存在较快的物价上涨，且难以预测。第二类是通货紧缩时期，物价稳定甚至处于下降中，但整体的景气状况和增长率都很低迷。通货膨胀和通货紧缩事实上是可以共存的，即增长停滞叠加高通货膨胀的滞胀（stagflation），以许多发达经济体在 20 世纪 70 到 80 年代的情况为代表。虽说如此，最好还是分别管理这两类风险会更有效。

资产总体上可以被分入四大类别。第一类是票面回报固定的资产：债券、票据、保单以及其他公开或非公开发行的长期债务工具。这类资产在通货紧缩的环境中表现较好，在通货膨胀的环境中表现较差。第二类是实物资产：自然资源、房地产以及没有经济特许权的企业。这类资产在通货膨胀的环境中表现较好，因其价格水平可以长期上涨，且繁荣的经济也可以提升其回报[①]，而在通货紧缩的阶段表现较差。第三类是拥有经济特许权的企业（如可口可乐），它们享有定价权，且能够抵御常在通货紧缩环境中出现的激烈

---

① 这种关系只存在于温和的和相对稳定的通货膨胀之时。恶性的、不稳定的通胀环境一般会导致企业经营受损，带来低水平的实物资产回报。这属于滞胀的情景。

竞争的侵蚀。这类企业能在一定程度上免受通货膨胀和通货紧缩带来的负面影响。第四类是低风险但回报也相对较低的备选，例如现金与现金等价物。

对于价值投资者而言，自下而上的分析将从三类非现金资产中做出投资选择。如果固定收益类资产的价格便宜，若预期利率将呈现下降趋势，投资组合中应该增加高息债券这类固定收益资产的仓位。实物和拥有经济特许权的资产也一样。由于投资集中于估值较为便宜、相对不易受损的资产类别，这个筛选过程自身就可以在一定程度上抵御整体的宏观风险。不过一个组合总是不可避免地会承担剩余的一些宏观风险，除非该组合正好全部由拥有经济特许权的企业构成。以固定收益持仓为主的投资组合需要特别防范通货膨胀，而实物资产仓位较重的投资组合则需要防范通货紧缩。

只有这些剩余的组合层面的风险是应该采取保护措施的，并且需要集中管理。这样的保护措施基本上可分为三类。第一类是持有类似现金或黄金这样的、在物价下跌之际依然可以保值甚至增值的资产。这样的资产配置通常是自然而然地发生的。如果经过搜寻和估值的步骤，发现三类非现金资产的投资机会寥寥，那么现金这一缺省方案的仓位自然就会很高，当然投资者也可能会选择持有一部分黄金之类的资产。从历史上看，金价与金融市场整体价格长期负相关，且能够提供对通货膨胀的长期防御功能。[①]

第二类的保护措施，是选择性做空。这是对冲基金在分散化的基础上常用的风控战术。如果执行得当，这一方法确实能提供有效的保护，但做空本身也有三点劣势。第一，对于需缴税的投资者而言，做空所得通常被视为普通收入，而长期投资所得通常是按照更优惠的资本利得税率来征税。对比之下做空交易的成本相对要高一些。第二，如果做空所得是以现金形式持有，那么持有现金的平均回报水平，通常要显著低于被做空的标的资产所属类别的平均回报水平。对权益资产来说，这一差距一般介于 4%~8% 之间。因此，在大多数时间里，做空的平均成本明显更高。第三，做空本身存在不幸的风险属性。如果做空时搞错了方向，标的证券的价格上涨了，那么做空头寸也

---

① 现金与金融市场名义回报的相关性一般接近于零，与现金相关的利率通常会与通胀率同向增长（尽管并非始终如此）。

会相应增加，更高的头寸也意味着更大的组合风险。对做空头寸来说，计算的错误会被不断放大，风险水平也显著提升。然而在做多一侧，错误的计算只是会面临不达预期的低股价和缩水的仓位，风险相对较小。为了弥补这种差异，采用做空头寸作为对冲手段的投资者，会倾向于比做多的投资者持有更多标的，但这也意味着对每个持仓的分析都更不充分，这本身会增加潜在风险。

第三类的保护措施是使用期权。一种使用方法是在卖出证券的同时买入看涨期权，这一工具保障了上涨时的回报，并且损失有限——仅为看涨期权的买入成本。另一种方法是买入看跌期权，无论市场价格跌到什么程度，投资者都可以按固定价格卖出证券。但由于期权是有时限的，为了能够提供持续的保障，投资者不得不对一系列未来到期的期权进行展期，以保证其不会同时到期——如果它们同时到期，所能提供的保护程度也就会随着到期日的临近而降至零。同样，期权成本也可能会带来高成本，看跌期权的税务处理通常和做空是一样的。不过，如果执行得当，期权策略倒是有一个独特的优势。在市场信心最爆棚的时候，也就是投资者对于未来最乐观、认为根本不会有毁灭性事件发生的时候，期权是最便宜的。过往这种程度的自信心，都会导致高昂的资产价格和高得多的风险水平。结果就是，期权策略在其最便宜之时最有价值。谨慎实施的期权策略就是在大家普遍认为买期权没有必要的时候，买入它作为保护手段。对于担心总体组合风险的、纪律严明的价值投资者而言，这可能是最佳的保护手段。不过这种保护应该只针对组合整体的净弱点——对现金或稳定的拥有经济特许权的企业提供保护是一笔不必要的开支；为通胀环境中的固定收益资产，以及通缩环境中的实物资产组合各自而非总体的净风险敞口提供保护，也同样是低效的。

行为风险

到目前为止，我们所讨论的风险都源自金融市场和企业的不确定性，他们难以预测的经济活动会影响相关证券的价值。[1]另一个风险的来源是投资者自身的行为,其重要性不亚于经济风险。对价值投资者来说,如果几乎没有证券能够以包含充分安全边际的价格出售,那可谓危机四伏。此时,投资经理要不然就是清仓之后不再将所得收益再投资,要不然就是在对当前持仓经过理智分析且仍然满意的情况下不进行任何操作。但是,坐观现金积聚却毫无动作,并不能遏制下手的冲动,毕竟这种冲动是那些最勤奋的投资经理的动力来源。最本能的诱惑是会强迫性地行动并且买入一些标的,但在这种环境下这样的操作一般都是错误的。与抵御多数诱惑一样,对待这种诱惑的办法就是提前制定方案并且坚持执行,尤其是在放弃该方案的想法很强烈的时候。

当几乎不存在有吸引力的买入机会时,具有讽刺意味的是,价值投资者也将和其他投资者一样,处于近似有效市场假说所描述的环境之中。知道什么都不值得做,就像做什么都不会有优势一样,都是有效市场假说的明确含义。此时,遵循金融学术理论,最好的选择就是由高度分散的组合以及无风险资产混合而成,其混合程度取决于相关投资者的风险厌恶程度。对价值投资者来说,由于在这种市场环境中对市场回报的价值预期很低,因而会在配置之时倾向于重仓现金。风险厌恶程度最高的价值投资者会满仓现金。另一方面,以市场指数(例如标准普尔 500 指数)作为业绩比较基准的权益投资经理,会通过满仓标准普尔 500 指数的方式来最小化其职业风险。

这里有个问题是,如何评判什么样的分散市场组合是最好的。历史和行为金融学观点都表明,当市场提供的价值投资机会很少时,统计学意义上的廉价股(低市净率、低市盈率或其他相对估值指标较低)组合仍能战胜市场组合。同样,等权重持有成分股的股票组合的过往表现,也优于类似标准普尔 500 指数这样的按市值加权持仓的组合。在机会稀缺的环境中,价值投资者可能会构建一个等权重组合,较少投资于大市值股票,以此作为其投资组合与现金混合配置之下投资组合构建的选项。不过铭记没有什么能一直奏效还是很重要的,如果投资经理的业绩比较基准是经市值加权的标准普尔 500

---

[1] 家庭和政府部门的活动也可能是难以预测的,后者经常发行债务证券。

指数，那么这也算是最安全的藏身之处，直至真正的机会显现。

投资者应该提前思考适当的现金与证券组合混合配置，以及合适的证券持仓组合，若是没有碰到合适的机会，就可以自动执行这种预设的策略。否则就只能在没有机会的环境中费劲搜寻，放松安全边际的标准，最终做出糟糕的投资决策。总想做点什么的诱惑是很强大的。沃伦·巴菲特曾说，投资是一场不存在"叫振"（called strikes）的棒球比赛，因而你永远都只用等待好打的慢球（fat pitch）即可[1]，但这只是部分情况，因为在投资经理的业绩要跟全体投资者的平均回报（也就是全部资产的平均回报）进行比较时，不管投资经理是否挥棒，其他投资者都是会在击球得分的。一个好的基础策略对于能够平和面对这一现实，并且理性地操作至关重要。

对于非职业投资者来说，糟糕行为的代价一直都很惨痛。在市场回报介于 7%~11% 的时期，个人投资者平均回报率仅为 1%~5%，中间差了 600 个基点。[2]此外，采用按资金加权的平均回报率计算，会得到与按时间加权平均的回报率一致的结果，都是领先 600 个基点。[3]在一类情形中，个人投资者会在股价高涨时买入证券，在股价低迷时卖出证券，这是典型的错误时机。在另一类情形中，投资者的所作所为是一样的，只不过是买入投资基金而非证券，依然是在错误的时机买卖。考虑到此类亏损，真正出色投资者的长期业绩一般可以平均每年跑赢市场 3%~5%，这个数字的绝对值还是低于存在羊群效应的个人投资者跑输市场的那 6%。积极点来看，总得有人站在交易的错误一边。

---

[1]　在棒球比赛中，当投手投出的球被裁判认定为好球区域内的投球，而击球手没有挥棒或者挥棒未能击中球，裁判就会喊出"叫振"，表示这是一个好球。当投手投出的球速度较慢，而且通常是在好球区域内的投球，这种投球被称为"慢球"或者"肥球"。这样的球对于击球手而言，比较容易击打。巴菲特此处是把投资者比喻为击球手，在棒球比赛中击球手如果始终不挥棒，是有可能因为对手连续三次"叫振"而被三振出局的，但当不存在"叫振"时，投资者只需要耐心等待好打的慢球即可。——译者注

[2]　特伦斯·奥丁（Terrance Odean）撰写了大量有关个人投资者行为和业绩表现的内容，参见其网站：http://faculty.haas.berkeley.edu/odean/。

[3]　按资金加权的回报率在计算时会把当年度基金所管理的资产规模考虑进来，因而管理规模较大的年份所占比重会高于管理规模较小的年份。按时间加权的回报率仅关注每年的净回报，各个年份的权重都是一样的。咨询公司达尔巴（Dalbar）自 1964 年起测算了与机构回报相比较的个人投资者回报，参见：https://www.dalbar.com/QAIB/Index。

大多数个人投资者纠正其行为并停止追涨杀跌的可能性极小。如果心理学家和经济学家所言非虚，那么这种行为反应已经历经多代进化刻在人类脑中了。但对于至少一部分投资经理来说，还是有希望的。他们既可以挑选行为并非如此的投资人（这更多是对冲基金以及其他投资合伙企业的选择，而非共同基金的选项），也可以尝试通过教育引导来告诉客户追涨杀跌是个愚蠢的行为。投资顾问能够在多大程度上说服其客户坚持长期投资（无论行情好坏），对于长期投资回报的影响要比一般的投资决策更大，顶级的投资决策除外。

简单的组合再平衡是实现这一目标的一种方式。当某类特定的投资相对于其他类别表现更好时，其在整体组合价值之中所占的比例也会增加。此时减仓此类特定资产至原先预定的仓位标准，同时加仓表现稍逊的其他类别，能够中和追涨杀跌的本能倾向。系统性的再平衡在实践中能够显著提升组合回报，是管理行为风险的很有价值的手段。

风险管理架构

风险管理的最优架构与证券筛选的最优架构不同。证券筛选是可以分散化的，并且因为专业化已经改善了投资选择，分散化是能使其受益的。但正如我们在本章开头所言，风险管理必须是集中的。一家机构是有可能同时具备上述两种功能的——专注于特定行业或地域的专业化分析员基于其确定性程度对持仓比例提出建议，组合经理把控整体组合，并对风险管理负责。这样的架构能够奏效的前提是，机构对其全部客户财产了如执掌，就像包普斯特集团（Baupost Group）那样。当财富所有者将其资产分配给多位独立投资经理时，必须有一个中心机构来对整体组合和风险管理负责。

成熟的财富所有者，如果也有时间来监控其财产，可以自行承担这一集中式的风险管理任务。但在更多情况下，财富所有者没有时间、意愿或者相应技能。因此，近年来财富管理的发展方向便是专门的家族办公室（有时以多户家族联合为客户基础）与资产管理机构分工协作。这些家族办公室将资金分配给投资经理，投资经理将从各个家族办公室汇聚而来的资金池以不同的方式和风格投资出去。投资经理必须就其所承担的风险水平以及其投资的性质与财富管理经理充分沟通，进而后者可以通过以下方式控制风险：（1）将资金恰当地分配给投资经理们；（2）对投资经理设定相应的仓位限制（例如，若财富所有者作为客户，其流动性较差的资产主要是家族汽车企业，那么组合中对汽车行业的投资就应被严格限制）；以及（3）对总体组合的风险进行选择性对冲，包括对财富所有机构或家族的任何正在经营的企业的价值进行对冲。

随着这种监控式的办公室开始负责更多的组合搭建以及分散化的任务，独立的投资经理可能会更加专业化并专注于一小部分证券。在地域和行业层面分散的不低于 30 只股票，或许已经足以构建一个完整的组合了。但若财富经理将资金分配给了超过 10 位这样的投资经理，那么整体来看不仅存在明显的冗余，同时分散化也将会达到 300 只股票这样一个多数情形下完全没有必要的过高程度。只将资金分配给专注于特定地域或行业的投资经理，可以规避这一问题。不过如果有 10 位这样的投资经理，每位有三个专长领域且每个领域持有三到五只标的，最终也会导致整体组合中拥有超过 100 只股票。因此，作为组合基石的专业化投资经理，每位可能仅需拥有 5~7 个核心仓位即可。

这种集中程度不可避免地会给主要的投资经理（也就是选股者）带来问题。集中化的组合会有相对较高的非系统性风险水平，财富所有者可以进一步将其分散掉，但投资经理无法做到。专业化的投资经理，哪怕是拥有多达五个专业领域的，都可能会面临一个问题——在一段时期内，其目标领域内不存在有吸引力的、有价值的投资机会。在这种情况下，投资经理最理想的情况是及时与客户沟通这种暂缺机会的处境，但如果这种处境要持续较长的时间，让投资经理对客户如此坦诚也很困难。在风险管理经理与投资经理的合约之中，有必要制定相应条款，在不损害投资经理想做好投资的动机之下，对其进行保护。但想做到这一点并不容易，就算前面关于风险管理经理与投资经理的专业化角色分工能够达成一致，止不住地想问"你最近为我干了什么活"的冲动也很难被抑制。

第 11 章

价值投资实践：12 位价值投资人的简介

VALUE
INVESTING

在本书的第 1 版中，我们认为除了讨论价值投资的基本原则之外，详细描述有成就的价值投资者做投资的实务做法会很有帮助。本杰明·格雷厄姆写了两本书——《证券分析》（与大卫·多德合作）和《聪明的投资者》，阐述了他的投资理论并描述了他自己的实践。投资是格雷厄姆的主业，尽管他作为兼职教授的课程很有名，而且几乎是所有郑重对待投资的华尔街专业投资人士的必修课。我们作为本书作者，虽然也有投资经验，但没办法跟格雷厄姆的实践知识水平相提并论。为了弥补这一点，我们在本书第 1 版中加入了投资者简介部分，描述了成功的以价值为导向的投资者是如何工作的，还包括他们投资的真实案例。按照字母顺序，这些投资者包括沃伦·巴菲特、马里奥·加贝利、格兰·格林伯格、罗伯特·海尔布伦、赛思·A. 卡拉曼、迈克尔·普赖斯（Michael Price）、施洛斯父子（Walter and Edwin Schloss）以及保罗·松金（Paul Sonkin）。这些成功投资者的简介，有的来自采访，有的整理自哥伦比亚大学商学院价值投资课程上的演讲，以及大量书面材料。这些投资者的年龄从 35 岁到 90 多岁不等。有三位曾为格雷厄姆本人工作或与他共事。另外两位曾为另一位传奇投资人麦克斯·海涅工作，海涅最初是格雷厄姆的经纪人，两人始终来往密切。剩下三位曾在哥伦比亚大学商学院学习，师从格雷厄姆的继任者罗杰·默里（Roger Murray）和布鲁斯·格林沃尔德。

这些投资人采用的价值投资方法，各有不同的风格。一些投资人专注于以合理价格投资优秀企业，他们打算持有这些公司几十年，甚至更久；另一些投资人则寻找以极低价格买入受损企业和资产的机会。有些投资人管理的投资组合只有六只或者八只股票；另一些投资人则一次拥有数百只不同的股票。他们有些购买即将破产或已经破产企业的债券，分析和测算这些债券将以何种形式帮他们赚得诱人的回报，比如现金、新发行的债务或者公司破产重组之后的股权。另一些则投资于运营稳定的公司，预期战略投资者愿意支付高于公开市场价格的溢价买下整家公司。有些投资人试图避开人群，专注于大资金投资者所忽视的小市值、不知名公司。而另一些投资人，他们自己管理着堆积如山的资金，专注于大市值、成熟的公司。一些投资人只投资有价证券；其他投资人则购买整家公司或者房地产。我们在这里介绍的投资人，他们专精于某个特定领域或者是数个领域的组合。他们所采用的方法横跨整个投资风格的光谱。

自从本书第 1 版问世以来，已经过了 20 余载，第 1 版里介绍过的一些投资人已不再积极管理投资组合。我们在第 2 版继续收录了施洛斯父子以及罗伯特·海尔布伦的简介，几乎没有改变。沃尔特·施洛斯于 2012 年去世，他是这个有时很肮脏的行业里最正派的投资人之一。沃伦·巴菲特一直非常活跃，继续贡献了 20 多份年报，其中蕴含大量投资智慧。我们重写了他的简介，以纳入他近年来的洞见。和以前一样，我们几乎完全依赖巴菲特自己的文字，其精巧程度足以媲美他的投资。对于其余的投资人简介，我们则利用了新技术。在过去的 20 多年里，马里奥·加贝利、格兰·格林伯格、赛思·A.卡拉曼和迈克尔·普赖斯几乎每年都会来哥伦比亚大学商学院的价值投资课程进行分享。我们录制、整理了这些讲座，并将编辑过的视频放在网站上供各位学习。我们在本章末尾提供了访问视频的方式。除了视频之外，我们还将本书第 1 版里的投资人介绍汇编成一个文件，供读者下载。我们向感兴趣的读者推荐上述视频和本书第 1 版的投资人简介。

自 2001 年本书第 1 版问世以来，价值投资者面临着重大挑战。当我们在 1999 年开始写作时，价值投资者这个"物种"被认为要不就已经"灭绝"，要不至少是濒临"灭绝"。到 2001 年 6 月本书上市时，互联网络泡沫已经破灭，价值投资者从他们的实际回报率及其跑赢主要股票指数的幅度受益。当袜子木偶[①]落地时，主要指数也随之跳水。但在过去 10 年里，自从大衰退复

---

① 此处"袜子木偶"的含义有渊源。Pets.com 是一家美国在线宠物食品用品零售商，可能是 21 世纪初互联网泡沫中最显著的失败者，从 IPO 到破产清算，短短 268 天便结束了这个公司的一生，而 Pets.com 的袜子木偶则成为互联网泡沫的代名词。Pets.com 的营销活动很有名，用一只狗的袜子木偶在街上采访路人。这个吉祥物还出现在超级碗的广告中，甚至在 1999 年梅西百货的感恩节游行中拥有自己的气球。——译者注

苏以来，由估值水平低于平均市盈率或市净率的股票所组成的价值型股票组合，产生的回报水平既落后于大盘指数，也落后于成长型股票的投资组合。在这些前所未有的情况下，许多以前成功的价值投资者表现不佳。有几个经济因素似乎应该对此负责。首先，随着经济活动从制造业转移到服务业，一般会计指标与内在价值的相关性有所减弱。在很大程度上，服务行业企业的主要资产是无形资产——产品组合、品牌形象、客户关系、训练有素的劳动力和组织资本——这些都被视为当期费用，不会出现在传统的资产负债表上。为了在资产的基础上获得对企业内在价值的有效估计，价值投资者需要找到有创造性但又合乎现实的方法来衡量和纳入无形资产的价值。同时，在传统的利润表中，无形资产的投资和折旧都不能很好地被识别。销售活动、广告、培训，特别是研发方面的支出，可能有很大的投资成分，也就是说，它们创造的收入和利润不仅仅在当期，但却通常被当作当期费用处理。折旧和摊销的会计处理通常在衡量无形资产的真实折旧方面做得很差，甚至根本没有进行有效评估。同样，成功的价值投资者必须学会调整他们衡量盈利的方法，将这些因素考虑在内。

服务行业企业的重要性逐步提升，还给投资者带来另一个影响，无论他们是否以价值为导向。服务行业的生产和消费通常都发生在本地。服务行业的市场往往规模不大且具有地方性，更与大规模和全球性不沾边。与规模较大的全球市场相比，规模较小的本地市场更容易被享有规模经济优势的单一公司所支配。同时，与生产商品的公司相比，服务行业涉及与客户更频繁、更重要的面对面接触。在这些互动中，客户锁定的程度提高了。由于这两个原因，进入壁垒，也就是沃伦·巴菲特和其他人所说的"护城河"，在服务业可能比在制造业能发挥更大的作用。随着服务业在经济活动中的占比越来越大，对拥有经济特许权的企业（包括成长的价值）进行估值的能力，也变得更加重要。想要成功，价值投资者必须调整他们对内在价值的估计方法，将这一新的现实考虑在内。

随着信息技术向云端发展，硬件成本下降，软件变得更加重要。这方面的发展强化了服务业兴起的趋势。人工智能往往是高度专业化的。流行的游戏程序都针对特定主题——国际象棋、《危险边缘》和围棋，而不是泛泛娱乐。在医学上，人工智能程序被用来针对某个专科和某种疾病。软件产品的成本结构几乎必然是固定成本占比较高，而边际成本很小，这种结构孕育了显著的规模经济效益。产品维度的专业化市场，就像服务中的本地化市场一样，比芯片和其他计算机硬件所属的通用市场更容易被支配。与硬件相比，软件的使用需要更多持续的直接客户互动，这也是一个俘获客户的途径。因此，像服务行业一样，这类科技行业的生意性质往往会增加经济特许权的重要性，使成长成为内在价值里一个更重要的部分。

过去几十年来全球化的发展促成了投资的全球化。成功的价值投资者现在必须处理全球的投资机会。投资者可以使用的金融工具在数量和复杂性方面成倍增加，给价值投资者带来了另一个挑战。沃伦·巴菲特和其他价值投资者，包括我们书里介绍的，都获得了惊人的成功，吸引了越来越多的投资者加入了格雷厄姆 – 多德 – 巴菲特的阵营。这种趋势又得到全面统计研究的推波助澜，清楚地证明了价值投资的优越性。相较于 2000 年科技与通信行业狂热的年代，现在有更多的价值投资者可以随时上网获得各种财务信息和商业资讯，借以评估价值投资机会。面对更多精明的投资者，实现卓越的回报率变得更加困难。

为了应对这些发展，我们在本书第 2 版的投资者简介部分增添了几位成功的价值投资者。我们增加了托马斯·鲁索，他专注于全球消费品公司，特别是那些家族经营的企业；安德鲁·韦斯，他专注于复杂的金融工具，通常要求复杂的管理能力；保罗·希拉勒，他积极干预企业运营，推动管理层改善公司的运营；以及扬·胡梅尔，他投资德国、北欧和英国的小盘股，这些公司都拥有具市场支配地位的服务性业务。我们已为上述每位投资人提供了简要介绍。所有这些投资人的视频都可以在网上观看。[①]

---

① http://www.wiley.com/go/greenwald/valueinvesting2e，观看视频的密码是 investment。——译者注

沃伦·巴菲特

投资即资本配置

如果说沃伦·巴菲特是有史以来最杰出的投资人，那么应该很少人会反对这一说法。他能赢得这样的声誉，一方面是因为他在 60 多年里为其合伙人和股东创造了超凡回报，另一方面是他以清晰、谦逊和幽默的方式，向世人解释了其精巧的投资艺术，既不矫揉造作，也不自我夸张。在他经营有限合伙企业的那些年里，从 1956 年到 1969 年，以及从 1970 年作为伯克希尔－哈撒韦公司的董事长开始，巴菲特每年都会写致合伙人或股东的信，除了报告他在这一年里做出的重大决定，还有更长久的意义，那就是分享指导他行动的投资理念。给予这些信以"投资智慧的丰富源泉"的评价仍旧低估了它们的真正价值，所有从这些信里面挖掘灵感、获得版税的书籍作者都会为这一点作证。

我们从巴菲特在伯克希尔－哈撒韦公司时期的致股东信里选取了一些段落，进行整理，借以呈现我们认为巴菲特投资方法中最核心的要素。至于这些信件的完整版，读者可以上网查询，或者在伯克希尔－哈撒韦公司的网站上阅读和下载。所有材料的版权都属于沃伦·巴菲特，本书引用已经获得了巴菲特的许可。

除了选择和整理这些信件摘录的片段，我们的贡献只是提出巴菲特作为投资人的三项特质。第一，正如他自己在信中经常说的那样，他与伯克希尔的合伙人查理·芒格的关系，帮助他避免局限于本杰明·格雷厄姆的正统方法，即偏好以相对于价值来说打了极大折扣的价格购买资产，无论标的企业多么糟糕，转而以合理的价格买入优秀或卓越的企业。虽然巴菲特在伯克希尔时代仍然对格雷厄姆充满敬意，但他寻找的是那些拥有强大经济特许权和出色管理层的公司，尽管它们的市场价格可能是其账面价值的数倍。

第二，虽然许多投资者声称他们是在购买企业而不是股票或者债券，但巴菲特真的是以购买整家企业的心态做投资的。伯克希尔－哈撒韦公司本身就是一个综合体：它直接拥有一些企业，包括一些保险公司，同时也大量投资其他上市公司。随着伯克希尔的规模持续扩大，能够吸收其海量可投资资本的公开市场机会的数量急剧减少。因此，巴菲特将越来越多的资金用于收购和发展整家企业。但这种演变并不要求他重新调整基本的投资理念。卡萝尔·卢米斯（Carol Loomis）是巴菲特的多年朋友，也是见证者，她写道：

> 虽然巴菲特兼具投资人与生意人的双重身份，但重点是他都以完全相同的方式看待企业的所有权。投资人看到的机会，是在股票市场上以低于内在价值的价格购买企业的一部分，也就是说，低于一个理性买家为拥有整家企业而支付的价格。生意人看到的机会，是以不高于内在价值的价格购买整家企业的机会。

巴菲特想投资的企业，简单来说就是"好生意"（good business）。对他来说，这基本上意味着拥有强大的经济特许权、高于平均水平的股权回报率、对资本投资的需求相对较小，因此有能力创造现金流。这些听起来像是母爱与苹果派一般十全十美。但是，寻找和购买这样的企业并不容易；巴菲特把这种寻找比喻为捕获"罕见而移动迅速的大象"[①]。

或者，换言之，即不管买什么，投资就是分配资本。

第三，价值投资者有一个共同的信念，即当他们待在自己的能力圈之内时，他们是最成功的。巴菲特多次强调，他只投资自己能够理解的企业，他会避开那些命运取决于技术优势的企业。巴菲特的能力圈包括保险、媒体和消费品行业，通过投资这些行业的企业，多年来他已经为自己和投资人赚了很多钱。可能听起来有点奇怪，这位有史以来最伟大的投资人，只能遵守自我约束的谦卑戒律而发家致富，当然，他之所以拥有卓越的业绩，肯定不仅仅来自严格遵守这一规范。不过，仍然有很多才华横溢的投资人，因为离开自己的能力圈而惨遭滑铁卢。就像可口可乐承认自己的强项是制造和销售软饮料，而非制作电影，巴菲特拥有足够的智慧，能够认识到他享有"经济特许权"范围的界限。

[①] 卡萝尔·卢米斯，《跳着踢踏舞去上班：巴菲特的快乐投资与人生智慧》，北京联合出版公司 2017 年 11 月出版。英文原版：Loomis, Carol.（2013）. *Tap Dancing to Work: Warren Buffett on Practically Everything*, 1966–2012: A Fortune Magazine Book. New York：Portfolio, p. 65.——译者注

投资的一般原则

这些年来，对于伯克希尔和其他美国股票的持有者来说，获得不错的回报是件容易的事情。让我们看一个真正长期的例子，从1899年12月31日到1999年12月31日，道琼斯指数从66点上升到11 497点。这种巨大的上涨主要出于一个简单的原因：在20世纪，美国企业的业绩十分优异，投资者也乘风破浪赶上了繁荣的浪潮。美国企业的运营也持续保持繁荣。但现在，股东们因为一系列自我伤害行为，严重损害他们能够从投资中实现的回报。

想要解释这一切是如何发生的，我们首先要理解一个基本的事实：除了少数不重要的例外情况，比如企业破产而债权人承担损失，企业所有者们在长期所能获得的最大总体收益，是他们所拥有的所有企业本身赚得的利润之和。诚然，通过聪明或幸运地买卖，投资者A可能以牺牲投资者B的利益为代价，获得超过其份额的收益。没错，如果股价上涨，所有的投资者都变得更富有。但是，任何所有者想要离场，必须有别人买下他的份额才能退出。如果一个投资者高价卖出，另一个投资者必须高价买入。对于整体所有者来说，根本就没有什么魔法，能让他们从企业提取超出企业本身所创造的财富。没有来自外太空的金钱雨。（摘自2005年致股东信）

所以，我的论证如下，现在让我整理成简单的方程式。假如A组（主动投资者）和B组（被动投资者）构成了整个投资者群体，如果在扣除成本之前，B组注定赚得平均水平的回报，那么A组也必定如此，谁的成本低谁就会赢（我身上的学术细胞要求我提出一个小小的修正，虽不值得细说，但使得这个公式需要稍做调整）。如果A组的成本过高，那么其落后的程度将是巨大的。

当然，有一些能力高超的人极有可能实现超越标准普尔指数的长期业绩。不过，在我的一生中，我只找到了十来个专业投资人能够达成这一壮举，还是在我年轻时发现的。

毫无疑问，应该还有成百上千的人——也许是成千上万的人——我从未见过他们，但他们的能力与我所找到的专业投资人相当。毕竟，这种成就并非不可能实现。问题仅仅在于，绝大多数试图打败指数的基金管理人都会失败。用概率思维来思考问题，那些向你募资的人，很可能也不是例外。比尔·鲁安是一个真正优秀的人，我在 60 年前就认定他几乎肯定会创造卓越的投资回报，他有句话说得很好："在投资管理行业，从创新者到模仿者，再到蜂拥而至的不胜任者，这是一个普遍的发展趋势。"

想要寻找值得收取高昂管理费率的基金管理人，这个历程还会遭遇其他的难题——一些投资专业人士，就像业余玩家一样，在短期之内只是运气好而已。如果有 1000 位基金管理人在年初对市场进行预测，那么很可能其中至少有一个人的预测连续九年都是正确的。当然，1000 只猴子也可能产生一个看似同样睿智的预言家。可是，这其中有个差别：这只幸运的猴子不会发现有人排着队、争抢着把钱给它管理。

最后，有三个相互关联的现实，它们会导致投资成功演变为失败，第一，优秀的投资业绩会迅速吸引大量的资金。第二，大量资金总是会拖累投资业绩。几百万容易管理，几十亿就让人挣扎，真是令人唏嘘。第三，大多数基金管理人还是会争取募集新的资金，这是因为个人利益，因为管理的资金规模越大，他们收取的管理费就越多。（摘自 2016 年致股东信）

伯克希尔－哈撒韦的投资目标

我们的长期经济目标（但受到后文提到的某些限制）是让伯克希尔的每股内在商业价值，取得最高的年平均收益率。我们不以规模来衡量伯克希尔的经济重要性或者业绩，而是以每股内在商业价值的成长来衡量。可以确定的是，每股收益率在未来会有所下降，这是资本规模大幅提升之下，所产生的必然结果。但是，如果伯克希尔的成长率不如美国大型企业的平均水平，我们会非常失望。［摘自《所有者手册》（*An Owner's Manual*）之 "与所有者相关的企业原则" 部分］

作者按： 因为伯克希尔－哈撒韦公司承诺，只有当发行新股换来的内在价值超过已发行股票的价值时，才会发行新股；只有在市场价格低于内在价值时，才会回购公司股票，所以最大化每股内在价值的增长率，就相当于最大化伯克希尔的内在价值。对内在价值的定义和估计是巴菲特和芒格资哲学的核心所在。

业绩衡量

从一开始，查理和我就相信要采用理性的、不折不扣的标准来衡量我们的业绩，以判别我们是否实现了目标。这使我们不会受到诱惑，看到业绩的箭头落在哪里，然后在落点周围画靶。

选择标准普尔 500 指数作为我们的标杆是一个自然的选择，因为我们的股东几乎不需要任何成本，就可以通过持有指数基金来获得指数的业绩。如果我们的业绩只是复制指数，他们凭什么付钱给我们？（摘自 2009 年致股东信）

现实的回报率预期

让我们重温一下我两年前提到的一些数据。在 20 世纪，道琼斯指数从 66 点涨到 11 497 点。这个收益虽然看起来很大，但如果按年复利换算，缩水为 5.3%。如果投资者在整个世纪都持有道琼斯指数，那么在大部分时间里还会获得丰厚的股息，但在最后几年只有大约 2% 左右的股息收益率。那是一个美妙的世纪。

想想现在这个世纪。对于投资者来说，如果仅仅是获得 20 世纪年均 5.3% 的市值增长率，道琼斯指数（最近不到 13 000 点）需要在 2099 年 12 月 31 日达到大约 2 000 000 点。我们已经进入本世纪 8 年，在这 100 年里，市场需要上涨 1 988 000 个点才能实现 20 世纪年均 5.3% 的回报率，而我们现在只积累了不到 2000 点。

股息收益率继续维持在 2% 左右。即使股票平均每年增值 5.3%，达到 20 世纪的水平，计划资产中的股票部分，在考虑 0.5% 的费用之后，收益率也不会超过 7% 左右。而且 0.5% 很可能低估了成本，因为存在着多层的顾问和高收费的基金管理人（所谓的"帮手"）。

我必须指出，有人想从股票中赚到 10% 的年回报（假设其中 2% 来自股息，8% 来自股价上涨）。这个回报水平意味着到 2100 年道琼斯指数将上涨到约 24 000 000 点。如果你的顾问跟你谈起股票的两位数回报，请向他解释这个数学问题，并不是故意让他狼狈不堪。这让人想到了《爱丽丝梦游仙境》里女王的名言："有的时候，早餐之前我已经相信了六件不可能的事情了。"很多顾问显然是女王的直系后裔。对他们的花言巧语要保持警惕，这些人在给你灌输幻想的同时，还用你支付的费用塞满他们自己的口袋。（摘自 2007 年致股东信）

衡量内在价值

我们的股权投资策略与 15 年前相比没有什么变化，我们在 1977 年的年度报告里写道："我们选择有价权益证券所采用的评估方法，与买下一整家企业的情况没有什么两样。我们希望投资标的：（1）是我们能够理解的企业；（2）具有良好的长期前景；（3）由诚实和有能力的人经营；以及（4）可以用非常有吸引力的价格买下来。"考虑到市场状况和我们的规模，我们认为只有一项需要调整——把"非常有吸引力的价格"改为"有吸引力的价格"。

但是，你会问："如何判断什么样的价格有吸引力？"在回答这个问题时，大多数分析师认为他们必须在两种习惯上被认为是对立的方法，即"价值"和"成长"中做出选择。事实上，许多投资专家认为将这两种概念混为一谈是一种智力上的异装。

我们认为这是一种似是而非的想法（必须承认，我自己多年前也是如此）。在我们看来，这两种方法是一脉相承的。成长始终是价值计算中的一个组成部分，构成了一个变量，其重要性可以从微不足道到十分显著，其影响可以是负面的也可以是正面的。

无论是否恰当，"价值投资"这个词都被广泛使用着。通常情况下，它意味着投资于低市净率、低市盈率或者高股息率的股票。不幸的是，即使某只股票同时符合这些特征，也远不能确定投资者是否真的以其价值买入，是否真正符合从投资中获得价值的原则。相应地，"价值投资"的反面——高市净率、高市盈率和低股息率，也不代表不是一项有"价值"的投资。

同样，企业成长本身也并不能告诉我们其价值几何。诚然，成长往往对价值有积极影响，有时是惊人的比例，但其影响没有确定性。例如，以往很多投资者将大量资金投入美国的航空业，支持不赚钱（或者更糟）的业务增长。对这些投资者来说，如果奥维尔·莱特当初没能让飞机在小鹰镇成功起飞，情况可能会更好。这个行业越是成长，投资者的灾难越严重。

只有当相关企业能够以诱人的增量回报进行投资时，成长才会使投资者受益。换句话说，只有支持成长的每一美元投资能够创造超过一美元的长期市场价值时，成长才会使投资者受益。至于那些需要资金却只能创造低回报率的企业，成长对于投资者是有害的。

50 多年前，约翰·伯尔·威廉姆斯（John Burr Williams）在《投资价值理论》（*The Theory of Investment Value*）一书中提出了他的价值方程式，我们在此简略回顾。今天任何股票、债券或企业的价值，都是由在资产的剩余寿命内可望产生的现金流入和流出（按适当的利率进行折现）所决定的。请注意，这个公式对于股票和债券来说是一样的。即便如此，两者之间仍有一个重要且难以处理的区别。债券条款里的息票和到期日能够界定明确的未来现金流；但对于股票而言，投资分析师必须自己估计未来的"息票"。此外，只在很少的情况下，主要是当管理层非常无能或者不诚实，以至于暂停支付利息时，企业管理层的质量会影响债券的票面价值；相比之下，管理层的能力会极大地影响股票"息票"。

根据前述现金流折现方法计算，最便宜的投资就是投资者应该选择的，不管企业是否增长，不管其盈利展现出波动性还是平稳性，市盈率或市净率是高还是低。此外，尽管价值方程式通常显示股票比债券便宜，但这一结果并不是必然的。当债券被计算结果显示为更具吸引力的投资时，投资者应该买的就是债券。

撇开价格问题不谈，最值得拥有的是那种能够在较长时期以非常高的回报率运用大量增量资本的企业。至于最不值得拥有的企业，情况则刚好相反；换言之，这种企业在回报率非常低的情况下，会持续占用越来越多的资本。不幸的是，很难找到第一种类型的企业。大多数高回报的企业需要相对较少的资本。如果这样的企业将大部分盈利用于分红或者进行大量股票回购，其股东通常会受益。

尽管评估股票所需的数学计算并不困难，但即使是经验丰富和天资聪明的分析师，在估计未来"票息"时也很容易出错。在伯克希尔，我们试图通过两种方式来处理这个问题。

第一，我们坚持只考虑自己理解的生意。这意味着这些生意必须相对简单且稳定。如果一个生意本身很复杂或者经常发生变动，我们实在是没有足够的聪明才智去预测其未来现金流。顺便说一下，这个缺点并没有困扰我们。对大多数人来说，在投资中最重要的不是他们知道多少，而是他们如何务实地定义自己所不知道的。只要能避免犯大错，投资人需要正确处理的事情并不多。

第二，同样重要的是，我们坚持在买入价格中留有安全边际。如果我们计算出一只普通股的价值只比其价格略高，我们不会考虑买入。我们相信格雷厄姆极力强调的安全边际原则是投资成功的基石。（摘自 1992 年致股东信）

增加财富不等于增加规模

当查理和我买入股票时，我们认为买的是企业的一小部分，所以我们对于买入股票的分析与我们购买整个企业的分析非常相似。我们会先判断自己是否可以合理估计企业未来五年或更长时间段的盈利水平，大概处在什么范围。如果答案是肯定的，而且该股票（或者企业）的市值相对于我们对其盈利估计范围的下限，依然算是合理的价格，那么我们就会买入。如果我们缺乏估计未来盈利的能力——通常是如此，那么我们就去研究其他有前景的机会。在我们合作的 54 年里，我们从未因为宏观或政治环境的因素，或者其他人的观点而放弃任何有吸引力的机会。事实上，在我们做决定时，这些从来都不是考虑的话题。

然而，至关重要的是，我们要认识到自己"能力圈"的边界在哪儿，并且保证自己身处边界之内。即便如此，我们仍会犯一些错误，无论是在股票还是企业方面。但是，这种情况下如果犯错，还不至于成为灾难，例如，一个持续上涨的牛市诱导大家根据预期价格走势买股票，或者促使大家想要参

与热门行情而买入。（摘自 2003 年致股东信）

衡量伯克希尔的内在价值

伯克希尔价值的第一个组成部分是我们的投资：股票、债券和现金等价物。截至年底，这些投资按市场价值计算总额为 1580 亿美元。

保险浮存金——我们在保险业务中暂时持有但不属于我们的资金，为我们的投资提供了 660 亿美元的资金。只要承保业务能够实现收支平衡，即我们收到的保费等于我们承担的损失和费用，这些浮存金就是"免费"的。当然，承保业绩是波动的，时而盈利时而亏损。但是，在我们整个历史上，盈利性还是很不错的，我也期望我们在未来平均来看能够达到收支平衡或更好的水平。如果我们能做到这一点，那么所有的投资——无论是由浮存金还是由留存收益提供资金，都可以被视为伯克希尔股东价值的一个要素。

伯克希尔价值的第二个组成部分来自投资和保险承保之外的其他来源的盈利。这些盈利由我们所拥有的 68 家非保险行业的企业贡献。在伯克希尔的早期，我们专注于投资。然而，在过去的 20 年里，我们越来越强调开发非保险业务的盈利，这个运营思路将维持不变。

在过去的 40 年里，我们每股税前非保险业务盈利的年复合增长率为 21%。在同一时期，伯克希尔股价的年复合增长率为 22.1%。随着时间的推移，你可以预期我们的股价与伯克希尔的投资和盈利大致同步。市场价格和内在价值经常走不同的路线——有时持续很长时间，但它们最终会相遇。

内在价值的计算还有第三个更主观的因素，可能是正面的也可能是负面的：未来留存收益将如何有效地投入使用。我们和许多其他企业一样，在未来 10 年保留的盈利，规模可能等于甚至超过我们目前运用的资本规模。有些公司会把留存的每 1 美元变成 50 美分硬币，而有些公司则有能力把留存的 1 美元变成 2 美元。

这个"他们会如何处理这些钱"的因素必须与"我们现在拥有什么"的计算一起评估，以便我们或者任何人得出合理的公司内在价值估计。这是因为外部投资者只能无奈地看着管理层再投资他在公司中份额对应的盈利。如果可以预期 CEO 能够做好这项工作，那么再投资的前景就会增加公司目前的价值；如果 CEO 的才能或者动机令人怀疑，那么今天的价值就必须打折。两者之间可能会产生重大差异。20 世纪 60 年代末期，同样是 1 美元，交到西尔斯 – 罗巴克公司或者蒙哥马利 – 沃德公司的 CEO 手中，与交给山姆·沃尔顿（Sam Walton）打理，有着截然不同的命运。（摘自 2010 年致股东信）

关于衡量内在价值以及区分投资与投机的结语

不考虑税收因素，我们用来评估股票和企业的公式是相同的。事实上，自从大约公元前 600 年一个聪明人首先提出这个公式以来，用来评估所有为了获得财务收益而购买资产的公式就没有改变过（尽管他的智慧还不足以让他知道当时是公元前 600 年）。

这位先知就是伊索，他那历久弥坚而不太完整的投资洞见是"一鸟在手，胜过两鸟在林"。为了让这个原则具体化，我们需要回答三个问题：有多确定林中确实有鸟？它们什么时候会出现，会有多少只？无风险利率是多少（即美国政府长期债券的收益率）？如果你能回答这三个问题，你就会知道林中鸟的最大价值，以及最多拿几只手中鸟去交换林中鸟。当然，这只是一种比喻，不妨换成美元来思考。

伊索的投资格言，经过这样扩展并转换成美元，就代表永恒不变的公理。它适用于农场、石油特许权、债券、股票、彩票和制造业工厂等所有资产的支出。而且蒸汽机、电力和汽车都没有改变这个公式，互联网也不会。只要输入正确的数字，你就可以对全宇宙所有可能使用资本的方式进行吸引力排序。

常用的标准，如股息率、市盈率或者市净率，甚至增长率，与估值没有任何关系，除非它们能提供关于现金流入和流出企业的规模与时间的线索。事实上，如果一个项目或企业在早期需要的现金投入超过了这些资产在未来产生现金流的折现值，那么增长就会破坏价值。市场评论员和投资经理轻率地将"成长"和"价值"说成对立的投资风格，显示了他们的无知而非精明。成长只是价值方程中的一个组成部分——通常可以增加价值，但有时也可能减少价值。

虽然伊索的公式和第三个变量（也就是利率）很简单，但为另外两个变量赋值却是一项艰巨的任务。事实上，使用精确的数字是愚蠢的；使用可能的数值区间是更好的方法。

通常情况下，这个区间会太宽，以至于无法得出有用的结论。偶尔情况下，即使非常保守地估计未来林子里出现鸟的情况，也会发现要价比价值低得惊人（我们称这种现象为"无效树林理论"）。当然，投资者需要对商业和经济有基本理解，并且有独立思考的能力才能得出有根据的积极结论。但投资者并不需要才华横溢或者拥有非凡的洞察力。

在另一个极端，有很多时候，即使采用非常宽的估计区间，最聪明的投资者也无法对未来出现的鸟有所把握。这种程度的不确定性，经常出现在新公司和快速变化的行业。在这种情况下，任何资本承诺都必须被标记为投机。

请注意，投机关注的重点不是资产能创造什么价值，而是下一个人愿意为其支付出多少钱。投机既不违法也不违反道德，更不是不爱国。但是，这不是查理和我想玩的游戏。我们没有带任何东西参加聚会，那么我们为什么要期望带走任何东西呢？

投资和投机之间的界线从来都是既不清楚也不明确，尤其在大多数市场参与者最近都享受过胜利的时候，这界线就变得更加模糊。没有什么比大量不劳而获的金钱更能麻醉理性。经历过这种令人兴奋的事情后，通常明智的人也会陷入类似于灰姑娘在舞会上的行为。他们知道在舞会上逗留过久，也就是说，继续投机于那些相对于未来可能产生的现金而言估值巨高的公司，最终豪华马车会变回南瓜和老鼠。但他们还是不愿错过这场派对的任何一分钟。因此，已经眼花缭乱的参与者们都计划在午夜前的几秒钟才离开。不过，这里的问题是：舞会场地的时钟并没有指针。（摘自2000年致股东信）

风险管理——谁负责

在我看来，如果一个大型金融机构的董事会不坚持要求其CEO对风险控制负起全部责任，那就是玩忽职守。如果 CEO 不能胜任这方面的工作，那就应该另谋高就。如果风险管理失败了——政府因此不得不介入，提供资金或担保，那么 CEO 和董事会应该承担严重的经济后果。（摘自 2009 年致股东信）

分散化与集中投资：风险与回报

我们采用的策略使我们无法遵循标准的分散化教条。因此，许多专家会说，我们的策略比更传统的投资者所采用的策略面临更大风险。我们不同意这种说法。事实上，我们认为集中性投资组合反而能够降低风险，前提是投资者在投资之前，必须更加深入地思考企业的生意，而且对于其经济特性掌握得游刃有余。在陈述这个观点时，我们用字典上的术语来定义风险，即"损失或伤害的可能性"。

然而，学者们喜欢用不同的方式来定义投资"风险"，他们认为风险是一只股票或一个股票组合的相对波动性，即相对于一个大型股票群体的波动性。利用数据库和统计知识，这些学者精确地计算出一只股票的"贝塔值"（beta）——该股票过去相对于其他股票的波动性，然后围绕这个计算建立了晦涩难解的投资和资本配置理论。他们渴望用一个统计量来衡量风险，却忘记了一个基本原则：模糊的正确远胜于精确的错误。

对于一家企业的所有者（这就是我们对股东的看法），学者们对风险的定义是大错特错的，甚至有点荒谬。例如，根据以贝塔值为基础的理论，一只股票相较于市场大幅下跌（就像我们在 1973 年买入《华盛顿邮报》时那样），在较低价格时比在较高价格时更"有风险"。如果有人大幅降价向你出售整个公司，那么这种描述对你来说有任何意义吗？

事实上，真正的投资者欢迎波动性。格雷厄姆在《聪明的投资者》一书的第 8 章中解释了原因。他在那里介绍了市场先生——一个乐于助人的家伙，每天都会出现，无论你想要从他那里买还是卖。这个家伙越是躁郁症，投资者就有越大的机会。这是因为一个剧烈波动的市场意味着殷实的企业会定期被贴上"非理性低廉价格"的价签。对于一位可以完全自由选择无视市场或者利用其愚蠢行为的投资者来说，不可能认为这种价格的出现会增加其危险性。

在评估风险时，一位纯粹的贝塔主义者根本不在意企业的生意，企业生产什么、它的竞争对手有何作为、这家企业的杠杆程度如何等，这些他都不会关心。他可能甚至都不想知道企业的名字，而他珍视的是其股票价格的历史。恰恰相反，我们很乐意放弃对价格历史的了解，而是寻求任何能够促进我们加深理解生意的信息。因此，在我们买入一只股票后，即使市场关闭一年或两年，我们也不会感到不安。对于我们在喜诗糖果（See's Candies）或者布朗鞋业（H. H. Brown）的 100% 持股，我们不需要每天查询报价来证明我们很好。那么，我们为什么需要知道在可口可乐 7% 权益的每日报价呢？

在我们看来，投资者必须评估的真正风险，是他从一项投资中获得的税后收益（包括在出售时获得的收益）在他预期的持有期内，是否能给他带来至少与最初投资规模相当的购买力，再加上初始投入的适当利息。尽管这种风险无法用工程学的精度来计算，但在某些情况下存在一定程度的准确性，可以做出判断，这对于投资者是有用的。影响这方面评估的主要因素有：

1. 这家企业长期经济状况可以评估的确定性；
2. 这家企业的管理层发挥企业潜能以及有效运用现金流方面可以评估的确定性；
3. 能否确信管理层会将企业获得的利益确实回报给股东，而非中饱私囊；
4. 买入这家企业的价格；
5. 预期要缴纳的税金和发生通货膨胀的水平，将决定投资者的毛回报率转换为购买力回报率的减少程度。

对于许多分析师而言，这些因素可能太过模糊，因为它们无法从任何类型的数据库获得，但是难以精确量化这些问题，并不能否定它们的重要性，而且也不是无法克服。正如斯图尔特大法官发现难以制定认定淫秽物品的标准，但仍然主张"当我看到，自然就知道"。同样，投资者也可以在不参考复杂方程式或历史价格的情况下，以一种不准确但有用的方式"看到"某些投资的内在风险。（摘自 1993 年致股东信）

伯克希尔角度的优秀管理层

作者按： 决定一家企业内在价值的最重要因素是管理层的质量和企业本身的经济质量。巴菲特详细地描述了何为优秀的管理层和企业。

1983 年，我列出了 13 条与股东相关的经营原则，我认为这些原则会帮助新股东理解我们的管理方式。

- 虽然我们的形式是公司，但我们的态度是合伙。查理·芒格和我把我们的股东看作所有者合伙人，把自己看作管理合伙人。由于我们持有大量股份，无论好坏，我们也是拥有控制权的合伙人。我们不把公司本身视为我们商业资产的最终所有者，而是把公司视为一个渠道，我们股东通过公司这个渠道拥有资产。

- 与伯克希尔的所有者利益相一致，我们大多数董事都将他们很大一部分的资产净值投资于公司。我们做的饭，自己也一起吃。

- 会计处理不会影响我们的经营或者资本配置决策。假设收购成本相仿，一个潜在收购标的之业务盈利为 2 美元但根据会计准则无法计入当期损益，另一个潜在收购标的之业务盈利为 1 美元且根据会计准则计入当期损益，我们更愿意选择前者。这正是我们经常面临的选择，在拥有整个企业的情况下，其盈利完全并入利润表，相比之下，拥有企业少数股权的情况下，其大部分盈利无法在利润表中反映出来。按股比计算可比的价格之后，前者的售价经常是后者的两倍。总体而言，随着时间推移，我们期望未能在利润表反映出来的盈利，将通过资本利得的方式完全反映在我们的内在商业价值之中。

- 我们谨慎使用债务。我们宁愿拒绝有趣的机会，也不愿让我们资产负债表的杠杆水平过高。这种保守主义损害了我们的业绩，但这是唯一让我们感到舒适的行为，考虑到我们对保单持有人、债权人和许多股东（他们已将自己净值中非常大一部分交付给我们）承担的信义义务。诚如印第安纳波利斯 500 英里 [①] 大奖赛的一位冠军所说："想完赛时领先，得先

[①] 500 英里约为 804.672 千米。——译者注

能完赛。"[①]

- 管理层不能以股东利益为代价来实现其"愿望清单"。我们不会为了实现分散，就以忽视股东长期经济利益的控股权价格去购买某个企业。我们用打理自己资金的态度来管理你们的资金，充分权衡你们可以通过直接在二级市场购买其他公司股票，以实现投资组合分散化所能获得的价值。

- 我们认为，应该定期检查高尚的意图是否与实际结果相符。我们通过评估每保留 1 美元盈利是否能在一段时间内为股东带来至少 1 美元的市值，来检验我们在保留盈利（而不分配股息给股东）方面的智慧如何。到目前为止，我们通过了这一测试。我们将在五年滚动的基础上继续这一测试。随着我们的净资产增长，明智地使用留存收益变得越来越困难。

- 只有当我们收到的商业价值与我们付出的一样多时，我们才会发行普通股。这一规则适用于所有形式的发行——不仅仅是企业合并或者公开股票发行，还包括股转债、股票期权和可转换证券等。我们不会在与整个企业价值不一致的基础上，出售公司的小部分——这正是发行股份所涉及的问题。（摘自《所有者手册》更新版）

　　每天，以无数种方式，我们每家企业的竞争地位要么变弱，要么变强。如果我们让客户满意，消除不必要的成本，改进我们的产品和服务，我们就会变强。但是，如果我们冷漠地对待客户，或者容忍自我膨胀的心态，我们的企业就会走向衰亡。在日常工作中，我们的行为所产生的影响是难以察觉的；但累积起来，其后果是巨大的。

　　当我们的长期竞争地位由于这些几乎不可察觉的行动而得以提升时，我们称这种现象为"拓宽护城河"。如果我们想在 10 年、20 年之后拥有我们想要的生意，这么做十分有必要。当然，我们总是希望在短期内赚更多的钱。但是当短期和长期发生冲突时，必须优先考虑拓宽护城河。如果管理层为了

[①] 英文原文为"To finish first, you must first finish"。这句话经常用在赛车运动中。它的意思是，你需要先专注于完成比赛，再考虑赢得比赛。应该避免冒不必要的风险，可能导致撞车或抛锚。乔塔姆·拜德（Gautam Baid）在他的《复利的喜悦》（*The Joys of Compounding*）一书的第 25 章中对这个话题做了详细讨论，该书于 2020 年 6 月由哥伦比亚大学出版社出版。——译者注

达到短期盈利目标而做出错误决策，并因此导致企业在成本、客户满意度或品牌实力等方面落后于其他竞争对手，那么无论后来有多么出色，也无法弥补已经造成的损害。不妨看看汽车与民航业的企业管理层所面临的困境，他们正在努力解决前人遗留的巨大问题。查理喜欢引用本杰明·富兰克林的名言："预防胜于治疗。"但有时候，再多的治疗也无法克服过去的错误。

我们的经理人专注于拓宽护城河，并且在此方面表现出色。简单地说，他们对自己的业务充满激情。通常，在我们出现之前，他们就已经投身于经营这些业务很久了；之后我们唯一要做的就是不干涉他们。如果你在股东大会上看到这些英雄，以及我们的四位女英雄，请感谢他们为你所做的工作。

很难过分强调一家公司的 CEO 有多重要。在吉姆·基尔茨（Jim Kilts）于 2001 年加入吉列之前，该公司一直处于困境中，资本配置的失误尤其严重。最主要的例子是，吉列的金霸王收购让吉列股东损失了数十亿美元，而这种损失在传统会计准则下从未显现出来。简单地说，吉列在这次收购中获得的商业价值低于它付出的对价。令人惊讶的是，当进行收购讨论时，企业管理层及他们的投资银行几乎总是忽略这个最基本的衡量标准。（摘自 2005 年致股东信）

一般收购行为

从我们的历史可以看出，我们愿意拥有企业的全部所有权，也愿意通过公开市场买进企业的部分股权。我们不断寻找在每个领域运用大量资金的方法。但我们尽量避免小规模投资——"如果一件事不值得做，就不值得做好"。事实上，由于保险业务和票证交易业务的流动性要求，我们必须对有价证券进行大量投资。

我们对于收购进行决策时，考虑的是最大化真实的经济利益，而不是最大化管理范围或者会计报表上的数字。从长远来看，强调会计报表的表面业绩而非经济实质的管理者，通常最后两头落空。

无论对报表盈利产生什么即刻影响，我们宁愿以每股 X 美元的价格，买入某标的公司的 10% 股权，而不愿意以每股 2X 美元的价格收购其 100% 股权。大多数企业管理层的行为恰恰相反，而且可以找到很多理由支持他们的想法。

然而，对于大多数高溢价收购，我们怀疑这类行为涉及以下三种可能的动机，通常心照不宣。

1. 无论是商业还是其他领域的领导者，很少缺乏动物精神，而且往往采取主动和迎接挑战。在伯克希尔，当有潜在的收购时，公司的脉搏从不加快。

2. 大多数组织，无论是商业还是其他领域，都以规模为标准来衡量自己、被他人衡量，会因为规模变大给予其管理层更多薪酬，而不是以任何其他标准为准绳。问一位财富500强的管理层，他的公司在那个著名榜单上排名多少，毫无例外地，他回答的数字是按销售规模榜单上的排名；他甚至可能并不知道他公司在同样是《财富》杂志认真编制的按盈利能力排序的500强榜单上排名多少。

3. 许多管理层在小时候可能深受青蛙王子童话故事的影响，认为只要漂亮公主奉献自己的亲吻，就能解救身中魔法诅咒的王子，让他变回人形。因此，他们相信自己管理能力的亲吻，能够让目标公司的盈利能力产生奇迹。

这种乐观是必不可少的。如果没有这种美好的看法，那么收购方的股东为什么要以每股2X美元的成本收购标的公司的全部权益，而不是自己直接以每股X美元的价格在公开市场购买？

换句话说，投资者总是可以按照青蛙的市场价格买到青蛙。如果投资者选择资助想要付出双倍价格来亲吻青蛙的公主，那么这亲吻最好有真正的魔力。我们观察了许多亲吻，但很少见到奇迹。然而，许多管理层公主们仍然对自己未来之吻的潜力充满信心——即使他们公司的后院已经堆满了毫无反应的青蛙。（摘自1981年致股东信）

企业——伟大、良好和可怕的

让我们来看看什么样的企业能让我们兴奋。顺便说一下，我们也要讨论一下我们想要避开的企业。

查理和我寻找那些（1）我们能够理解的企业；（2）具有良好的长期前景；（3）由诚实和有能力的人经营；（4）合理的价格。我们希望能够买下整个企业，如果管理层是我们的合作伙伴，那么希望至少能买下 80%。当无法以控股方式买下优质企业时，我们也很乐意通过股票市场买入，拥有伟大企业的很小一部分。我们宁可拥有"希望钻石"[①]的一部分，而不是一颗人造钻石的全部。

一家真正伟大的企业必须拥有持久的护城河，保护其投入资本的优异回报。资本主义的活力保证了竞争者会不断地攻击任何赚取高回报企业的"城堡"。因此，强大的壁垒是持续成功的必要条件，比如低成本生产者（如GEICO 和开市客）或者强大的全球品牌（如可口可乐、吉列和美国运通）。商业史充满了"罗马蜡烛"，[②]这些公司的护城河被证明是虚幻的，很快就被跨越了。

我们对"持久"的界定标准使我们排除了那些容易受到快速和持续变化影响的行业里的企业。尽管资本主义蕴含的"创造性破坏"对社会非常有益，但它却排除了投资确定性。一条必须不断重建的护城河，根本就不是护城河。

此外，这一标准也排除了那些依赖于拥有伟大管理层才能取得成功的企业。当然，一个出色的 CEO 对任何企业都是巨大的财富，在伯克希尔，我们拥有一批这样的管理层。他们的能力创造了数十亿美元的价值，如果他们所经营的企业由普通 CEO 来运营，这些价值是永远不会实现的。

但是，如果一家企业需要一个超级明星来创造出色的业绩，那么这家企业本身就不能被认为是伟大的。一个由你所在地区首屈一指的脑外科医生领导的医疗合伙企业，可能享有亮眼且不断增长的盈利能力，但这并不能说明其未来。当这位明星外科医生离开时，合伙企业的护城河也就消失了。不

---

① 希望钻石（Hope Diamond）是世界上现存最大的一颗蓝色钻石，重 45.52 克拉。目前，该钻石藏于美国首都华盛顿史密森学会旗下的美国国立自然历史博物馆中。——译者注

② 这句话用"罗马蜡烛"来比喻那些昙花一现的公司，很快就从人们的视野中消失了。这个比喻源于一种能够射出缤纷火花的烟花，也叫"罗马蜡烛"。——译者注

过，你可以指望梅奥诊所（Mayo Clinic）的护城河是可持续的，尽管你可能说不出它的 CEO 的名字。

我们寻找的是在稳定行业中具有长期竞争优势的企业。如果这样的企业还能快速有机增长，那就更好了。但即使没有有机增长，这样的企业也很有价值。我们只需拿走企业丰厚的盈利，用来买其他类似的企业。你不必把赚到的钱留在原地。事实上，这样做往往是个错误；真正伟大的企业，能够在有形资产上获得巨大回报，但不可能在任何长时间内将大部分盈利留下来再投资，还能获得高回报率。

让我们看一个理想企业的典范——我们自己的喜诗糖果。企业所处的盒装巧克力行业并不令人兴奋：美国人均消费量极低且没有增长。许多曾经重要的品牌已经消失，过去四十年里只有三家公司赚到了不菲的利润。没错，我相信喜诗糖果，虽然其销售额大部分只来自少数几个州，但利润却占了整个行业的近一半。

1972 年蓝筹印花公司（Blue Chip Stamps）收购喜诗糖果时（当时查理和我控制了蓝筹印花公司，后来将其并入伯克希尔），喜诗糖果每年销售 1600 万磅巧克力。去年喜诗糖果销售了 3100 万磅，年均增长率只有 2%。然而，喜诗糖果持久的竞争优势由喜诗家族花了超过 50 年经营建立，随后由查克·哈金斯（Chuck Huggins）和布拉德·金斯特勒（Brad Kinstler）进一步巩固，为伯克希尔带来了非凡的业绩。

我们以 2500 万美元的价格买下了喜诗糖果，当时它的年销售额是 3000 万美元，税前利润不到 500 万美元。经营这家公司所需的资本是 800 万美元。每年还需要一些季节性的债务，持续几个月。因此，这家公司在投入资本的税前回报率是 60%。两个因素有助于减少运营所需的资金。首先，产品是现金销售，这就消除了应收账款。其次，生产和分销周期很短，这就降低了库存。

去年，喜诗糖果的销售额为 3.83 亿美元，税前利润为 8200 万美元。现在经营这家公司需要的资本是 4000 万美元。这意味着自 1972 年以来，我们只需要再投入 3200 万美元，就能应对这家公司的适度门店数增长和相当惊人的财务增长。与此同时，税前利润合计达到了 13.5 亿美元。除了 3200 万美元之外，所有的钱都被送回伯克希尔（早期是蓝筹）。在缴纳企业所得税之后，我们用剩下的钱买下了其他有吸引力的企业。正如亚当和夏娃开创的活动衍生了 60 亿人类一样，喜诗糖果也为我们孕育了好几个新的现金流。我们在伯克希尔非常认真地遵守《圣经》中"要生养众多"这一命令。

在美国企业界，并没有多少像喜诗糖果一样的公司。通常情况下，企业将盈利水平从 500 万美元提升到 8200 万美元，需要大约 4 亿美元的资本投资来支持其增长。那是因为成长中的企业既有与销售增长成比例增加的营运资本需求，又有大量固定资产的投资需求。

任何公司为了支持增长，如果需要显著增加资本，这实际上也可以是一项令人满意的投资。根据我们前文提到的例子，运用 4 亿美元的净有形资产，创造 8200 万美元税前利润，这个回报率算不上寒酸。但是，对于喜诗糖果的所有者来说，例子里的回报水平跟喜诗糖果可谓截然不同。拥有不断增长且几乎不需要重大资本投入的盈利，这个生意显然更好。不信去问问微软或者谷歌吧。

我们自己的飞安公司（FlightSafety）就是一家经营良好但远非惊人的企业。这家公司为其客户创造效益，就如同我知道的类似公司一样。飞安公司同样拥有持久的竞争优势：如果客户选择其他公司进行飞行训练，而不是我们这家顶尖的飞机训练公司，就像是在外科手术之前，对价格斤斤计较一样。

然而，这个业务的增长，需要大量盈利再投资的支持。我们在 1996 年买下飞安公司时，它的税前营业利润为 1.11 亿美元，对于固定资产的净投资为 5.7 亿美元。自我们买下该公司以来，折旧费用总计为 9.23 亿美元。但是资本支出总计为 16.35 亿美元，其中大部分用于模拟器，以适应不断推出的新机型飞机。一个模拟器的花费可能要超过 1200 万美元，而我们拥有 273 个模拟器。我们的固定资产在折旧之后，现在达到了 10.79 亿美元。2007 年的税前营业利润为 2.7 亿美元，比 1996 年增加了 1.59 亿美元。这一增长使我们在增加的 5.09 亿美元投资上获得了还不错的回报，但远不及喜诗糖果那样惊艳。

因此，如果只从经济回报来衡量，飞安公司是一家质地优良但算不上非凡的企业。这种拿出更多钱以赚取更多的业务模式，是大多数企业所面临的情况。举例来说，我们在受监管公用事业领域的大量投资就完全属于这一类别。10 年后，我们将在这项业务中赚取更多的钱，但我们也将投入数十亿美元来实现这一目标。

现在，让我们来看看属于可怕等级的企业。这类是最糟糕的企业，能够快速成长，但需要大量资本来支持成长，而且生意不怎么赚钱。不妨看看航空公司。自从莱特兄弟的时代以来，这个行业一直难以获得持久的竞争优势。事实上，如果当年有一位具有远见的资本家出现在小鹰镇，阻止奥维尔成功起飞，那将是给后人留下的巨大恩惠。

自从第一架飞机起飞以来，航空业对资本的需求可谓欲求不满。投资者被增长所吸引，把钱投入了一个无底洞，实际上他们应该对这种增长感到厌恶。我也为自己感到羞愧，我曾经也参与过这种愚蠢行为，伯克希尔在 1989 年投资了美国航空的优先股。在我开出的支票上的墨水刚刚干透，这家公司就陷入了困境，不久之后我们的优先股股息就不再支付了。但是我们后来非常幸运。在又一轮被误导的，对航空公司的乐观情绪爆发时，我们居然在 1998 年卖出了我们的股份，而且获利颇丰。在我们卖出之后的 10 年里，美国航空公司破产了两次。（摘自 2007 年致股东信）

荷马也有打盹之时：为什么好企业比差企业更好

最初 25 年所犯的错误（浓缩版）

引用罗伯特·本奇利（Robert Benchley）的话说，"养狗可以教会男孩忠诚、坚持以及在躺下之前转三圈。"这就是经验传承的不足之处。所以，在犯新的错误之前，最好回顾一下过去的错误。让我们简略回顾过去的 25 年。

- 我的第一个错误，当然就是购买了伯克希尔的控股权。尽管我知道它的业务（纺织制造）是没有前途的，但我被看起来便宜的价格吸引了。虽然我早年的投资经验证明投资这样的股票确实能获得合理回报，然而在

1965年伯克希尔出现在我面前时，我开始意识到这种策略并不理想。

如果你以足够低的价格买入一只股票，通常企业的命运会出现一些小插曲，让你有机会卖掉并赚取体面的利润，尽管企业的长期表现可能很糟糕。我把这种投资方法称为"烟屁股"投资法（"cigar butt" approach）。被扔在街道上的烟屁股，捡起来只能再吸一口，但妙在"价格实在便宜"，让最后一口都是赚的"利润"。

除非你是清算人，否则这种投资企业的方法是愚蠢的。首先，最初的"便宜"价格可能并不是真的那么划算。对于处在困境中的企业而言，一个问题刚刚解决，另一个问题又接踵而来——厨房里的蟑螂绝对不会只有你看到的那一只而已。其次，你获得的任何初始优势都会被企业赚取的低回报率迅速侵蚀。例如，如果你以800万美元的价格买入一家企业，并立即以1000万美元出售或清算，你可以实现高回报率。但是如果这家企业在10年之后以1000万美元出售，在此期间每年只能基于初始投资规模赚得和分配仅仅几个百分点的利润，那么这笔投资就会令人失望。时间是优秀企业的朋友，却是平庸企业的敌人。

你可能认为这个原则是显而易见的，但我不得不经历惨痛教训才真正搞懂——事实上，我不得不多次学习。在购买伯克希尔之后不久，我收购了巴尔的摩一家百货公司霍施希尔德-科恩（Hochschild Kohn），通过一家叫作多元零售（Diversified Retailing）的公司买下，后者后来与伯克希尔合并。我以远低于账面价值的价格买下这家百货公司，公司的人员都是一流的，并且交易还包括一些额外收益——未记录在册的房地产价值，以及"后进先出"存货计价法带来的可观缓冲。我怎么会失手呢？——三年后我幸运地以约等于之前付出的价格卖掉了这家公司。结束了我们与霍施希尔德-科恩之间的"企业婚姻关系"，让我不禁想起一首乡村歌曲，我就像歌词里的那个丈夫一样，"我老婆跟我最好的朋友跑了，但我还是很想念她。"

我还可以给你其他一些我个人买便宜货的愚蠢例子，但我相信你已经明白了：以公允的价格买下一家优秀的公司，远比以实惠的价格买下一家普通的公司要好得多。查理老早就明白这个道理，而我则迟钝了一点。但现在，无论是买下公司还是投资普通股，我们要找的是一流的企业，还有一流的管理层。

- 这里引出一个相关的教训：优秀的骑师在好马上才能发挥出色，但在跛脚的马上就无能为力了。伯克希尔的纺织业务和百货公司霍施希尔德 - 科恩都拥有诚实而有能力的管理层。同样的管理层，如果身处拥有良好经济特性的业务，他们就会取得优秀成绩。可是，他们在泥沙中奔跑，永远不会有所建树。

我曾多次说过，一位以卓越才华著称的管理者去经营一家以经济状况不佳而闻名的企业，保持不变的是企业的声誉，而不是管理层的声誉。但愿我再也没有那么多精力来创造新的例子。我的行为与梅·韦斯特承认的一样："我曾经是白雪公主，但如今随波逐流。"

- 另一个相关教训：量力而行。经过 25 年买下和管理各种各样的企业，查理和我并没有学会如何解决困难重重的商业问题。我们学到的是如何避免它们。我们之所以取得成功，在一定程度上，是因为我们专注于识别那些可以轻松跨越的、一英尺高度的障碍，而不是因为我们获得了跨越七英尺高度障碍物的能力……
- 我最惊讶的发现：企业里存在一种具有压倒性的重要无形力量，我们称之为"机构惯性"（the institutional imperative）。在商学院里，没有人给我暗示过这种力量的存在，而我也不是一开始进入商界就能凭直觉理解。当时我以为正派、聪明、有经验的管理者会自动做出理性的商业决策。但随着时间推移，我发现事实并非如此。相反，在机构惯性发挥作用时，理性的力量通常销声匿迹。

举例来说：（1）仿佛受到牛顿第一运动定律的支配，一个机构会抗拒违反当前行动方向的任何改变；（2）就像工作总会填满可用时间一样，企业的新项目或收购案总能用尽可用的资金；（3）企业领导者的任何愿景，无论多么愚蠢，都会迅速得到其属下准备的详细回报率分析与战略研究的支持；（4）同行业公司的行为，无论是扩张、收购、设定高管薪酬还是其他任何举动，都会被盲目模仿。

是机构运行机制，而不是贪婪或愚蠢，使企业走上了这些往往是错误的道路。在忽视了这种惯性力量而造成一些昂贵的错误之后，我试图用最小化其影响的方式来组织和管理伯克希尔。此外，查理和我也试图将我们的投资集中在那些对这个问题有警觉性的企业……

- 我们一贯保守的财务政策可能看起来是一个错误，但在我看来并不是。回顾过去，伯克希尔实现了平均 23.8% 的净资产收益率，很明显，如果提升杠杆水平，但仍然保持在传统范围内，那我们可以获得更高的回报率。即使在 1965 年，也许我们可以判断，上述调高杠杆有 99% 概率只会带来益处。但我们看到有 1% 的可能性，某种外部或内部的冲击因素会使得传统的杠杆水平也能引发暂时性困难，甚至是违约。

我们永远不会喜欢这种 99 : 1 的赔率。在我们看来，陷入困境或声誉扫地的小概率风险，不能被大概率的额外回报所抵消。如果你的行动是明智的，你一定会得到好结果；在大多数情况下，杠杆只是加快了事情的发展。查理和我从来没有急于求成：我们更享受过程而不是结果，尽管我们也学会了接受结果。（摘自 1989 年致股东信）

关于优秀企业和优秀管理层的结语

我根据自己的经验和对其他企业的观察而得出的结论是，一项优秀的记录（用经济回报率来衡量）更多地取决于你身处什么样的企业之船，而不是你划桨的效率如何（当然，对于任何企业，无论好坏，智慧和努力也非常重要）。几年前我写道："一位以卓越才华著称的管理者去经营一家以经济状况不佳而闻名的企业，保持不变的是企业的声誉。"从那以后，没有什么能改变我对这个问题的看法。当你遇到一艘总是会漏水的破船，与其不断白费力气去补破洞，还不如把精力放在如何换条好船之上。（摘自 1985 年致股东信）

关于投资的思考：三类资产

投资通常被描述为现在投入一些钱，期望未来能收回更多钱。在伯克希尔，我们采取了一种更苛刻的方法，将投资定义为将购买力转让给他人，并有理由期待将来——在缴纳名义收益相应的税金之后——能够获得更多的购买力。简而言之，投资就是放弃现在的消费，以便未来能够消费更多。资产价格可以大幅波动，只要资产在投资人持有期内能够合理确定地带来购买力的增加，就不能说有风险。正如我们后面会提到的，价格没有波动的资产可能会充满风险。

可供选择的投资种类繁多，而且各有不同。然而，主要有三大类别，理解每一类投资的特点非常重要。让我们分别简略讨论这三类投资。

- 第一类投资，以某种货币计价，包括货币市场基金、债券、抵押贷款、银行存款和其他投资工具。大多数此类基于货币的投资都被视为"安全的"，但事实上这类资产却可能属于最危险的资产。它们的贝塔值可能是零，但风险却是巨大的。

在过去的一个世纪里，这类基于货币的投资工具在许多国家摧毁了投资者的购买力，即使投资者能够按时收到支付的利息和本金。而且，这种丑陋的结果将永远重复出现。政府决定了货币的最终价值，而系统性力量有时会导致政府倾向于采取导致通货膨胀的政策。而这些政策总是会一次又一次地失去控制。

即使在美国，这个对货币稳定有强烈愿望的国家，美元自从 1965 年我接管伯克希尔以来，其价值已经下跌了惊人的 86%。今天需要至少 7 美元才能买到当时 1 美元能买到的东西。因此，在这段时间里，一个免税机构需要从债券投资中每年获得 4.3% 的利息才能维持其购买力。如果他们认为其中任何一部分利息是"收益"，他们就是在自欺欺人。

除了满足流动性和监管机构对我们的要求之外，我们一般不会购买与货币相关的证券，除非它们有可能提供非同寻常的高收益率——无论是因为特定信用被错误定价，如周期发生的垃圾债券灾难，还是因为利率上升到一定水平之后，当利率下降时，提供了在高信用评级债券上实现巨大资本利得的可能性。尽管我们过去曾利用过这两种机会，而且可能会再次利用，但我们现在与这种前景相差 180 度。华尔街人士谢尔比·库洛姆·戴维斯（Shelby Cullom Davis）很久以前的一句辛辣评论似乎很合适形容现在的状况，"被宣传为提供无风险回报的债券，以现在的价格提供的是无回报的风险。"

- 第二类投资是那些永远不会生产出任何东西的资产，但购买者希望其他人——他们也知道这类资产永远没有生产力——将来会为这类资产支付更高的价格。在所有这类资产中，最典型的例子就是郁金香，在 17 世纪它一度短暂成为这类买家最喜爱的投资品种。

这种类型的投资需要一个不断扩大的买家群体，反过来，他们被吸引是因为他们相信买家群体会进一步扩大。所有者并不是基于资产本身的生产力而投资——这类资产永远没有生产力，而是因为相信其他人将来会更加热烈地追逐。

这类资产里最主要的是黄金，对于恐惧黄金以外所有其他资产尤其是纸币会大幅贬值的投资来说，黄金是他们最为喜爱的投资品种。如前所述，他们害怕纸币的价值贬值是合理的。

现在世界上黄金保有量约为 17 万公吨。[①] 如果把所有这些黄金都熔炼在一起，可以形成一个边长为 68 英尺[②]的立方体（考虑其体积大小，可以放进棒球场的内场。）按照每盎司 1750 美元计算——我撰写本文时的价格，其价值将达到 9.6 万亿美元。我们把这个全球黄金做成的黄金立方体称为 A 组资产。

现在，让我们用同样金额创建 B 组资产。为此，我们可以购买美国所有农田（4 亿英亩，年产值约 2000 亿美元），再加上 16 个埃克森美孚石油公司（世界上最赚钱的公司，每年盈利超过 400 亿美元）。除此之外，我们还会剩下大约 1 万亿美元的零花钱（在这次疯狂购物之后，手头还没有感觉拮据）。你能想象一位拥有 9.6 万亿美元的投资者会选择投入 A 组而不是 B 组吗？

一个世纪之后，4 亿英亩农田将产出产量惊人的玉米、小麦、棉花和其

---

① 17 万公吨约为 18.7 吨。——译者注
② 68 英尺约为 20.7 米。——译者注

他作物，并将继续产出有价值的回报，与货币没有关系。埃克森美孚可能已经向其所有者支付了数万亿美元的股息，并且还将拥有价值数万亿美元的增量资产（记住，你一个世纪之前买了16个埃克森美孚）。相比之下，17万公吨黄金将保持不变，仍然无法生产任何东西。当然，你可以抚摸这个立方体，但它不会有任何反应。

前两类资产在恐惧顶峰时享有最热烈的受欢迎程度：对经济崩溃的恐惧驱使人们转向以货币为基础的资产，尤其是美元债务，而对货币崩溃的恐惧则促使人们转向无生产力的资产，比如黄金。我们在2008年底听到"现金为王"的说法，当时正是应该投资而不是持有现金的时候。同样，我们在20世纪80年代初听到了"现金是垃圾"的说法，而当时正是我记忆里美元固定收益投资最具吸引力的时候。遇到这种情况，如果投资者避免不了从众心理，恐怕将因此而付出昂贵代价。

我自己的偏好（你知道这一点）是第三类资产：投资于生产性资产，无论是企业、农场还是房地产。理想情况下，这些资产应该在通货膨胀时期能够提供保持其购买力价值的产出，同时只需要最低规模的新资本投入。农场、房地产和很多企业（如可口可乐、IBM和我们自己的喜诗糖果）都属于符合这两个标准的好资产。某些其他公司，比如我们拥有的、受到政府监管的公用事业，则不符合这一标准，因为通货膨胀给它们带来了沉重的资本需求。要赚更多钱，它们的所有者必须投入更多钱。即便如此，这些投资仍然优于无生产力或者基于货币的资产。（摘自2011年致股东信）

投资债券当作买下企业

华盛顿公共电力供应系统

从1983年10月到1984年6月，伯克希尔的保险子公司不断买入华盛顿公共电力供应系统（WPPSS）针对其项目一、项目二和项目三发行的大量债券。同一个实体于1983年7月1日违约了22亿美元债券，当时用于资助现在已经放弃的项目四和项目五。虽然两类债券背后的债务人、承诺事项和抵押品等方面存在重大差异，但是项目四和项目五的问题给项目一、项目二和项目三蒙上了阴影，可能会给这三个项目带来严重问题。此外，还有许多直接与项目一、项目二和项目三相关的问题，可能会削弱或破坏由波内维尔电力管理局提供担保的信用背书效力。

尽管存在这些重要的负面因素，但查理和我在购买债券时，曾经评估过相关的风险，以及考虑到伯克希尔支付的价格（远低于目前价格），我们认为获利前景大大超过了风险。

如你所知，我们为我们的保险公司投资上市公司股票的标准，是基于我们买下整个企业的标准。这种企业估值方法在专业基金管理人中间并未普遍使用，还受到许多学者的嘲笑。然而，对于奉行这套方法的人而言，实际效果还不错（对此学者们似乎说，"嗯，它在实践中可能没什么问题，但它永远不会在理论上奏效。"）。简单来说，对于经济特征优秀的企业，如果能够买入整个企业的一小部分，价格也是该企业每股价值的一小部分，那么最后会带来不错的结果，尤其是如果我们能够拥有一个组合的这类证券投资的话。

我们甚至将这种基于企业估值的方法扩展到了像 WPPSS 这样的债券投资。我们把年底在 WPPSS 投资 1.39 亿美元跟我们用 1.39 亿美元投资企业进行比较。对于在 WPPSS 的投资，这个"企业"按合同在税后赚取 2270 万美元（通过收取债券支付的利息），而且这部分盈利是立即以现金形式为我们所用。我们无法购买到在经济特性上能够接近 WPPSS 债券投资的企业。只有少数企业每年能赚到 16.3% 的税后无杠杆资本回报率（WPPSS 投资所做到的），就算有，其股票价格的溢价也会非常高。在一般的并购交易谈判中，一家每年可赚 2300 万税后盈利（等于税前赚 4500 万）的无杠杆企业，大概要价的范围是 2.5 亿 ~3 亿美元（有时还更高）。当然对于那种我们理解且特别喜欢的公司，或许真下得了手，但那还是等于我们投资 WPPSS 债券的两倍价钱。

不过，我们在 WPPSS 的投资也存在着我们认为非常轻微的风险，即"企业"在一两年内可能一文不值，还有利息支付可能中断很长一段时间的风险。此外，"企业"最多也只能值我们拥有的债券面值约 2.05 亿美元，只比我们支付的价格高出 48%。

上行潜力存在上限是一个重要的负面因素。然而，我们也应该认识到，除非不断地向企业投入更多的资本，否则绝大多数企业的上行潜力也是有限的。那是因为大多数企业无法显著提高其平均净资产收益率，即使在通货膨胀条件下也是如此，尽管人们曾经一度认为通货膨胀会自动提高回报率。

让我们把债券作为一种特殊"企业"的例子再推进一步：如果你选择"保留"一张息票率 12% 债券的年收益，用票面收益买入更多的债券，那么这种债券"企业"的收益增长率将与那些也将所有盈利进行再投资的大多数企业相当。在第一种情况下，现在[①]以 1000 万美元购买 30 年期、零息票、收益率 12% 的债券到 2015 年将值 3 亿美元。在第二种情况下，对于一家净资产收益率为 12% 且保留所有盈利进行再投资的企业，现在资本为 1000 万美元，到 2015 年将拥有 3 亿美元资本。在最后一年里，无论是企业还是债券都会赚得超过 3200 万美元。

我们对债券的投资方法（将其视为一种具有特殊优势和劣势的不寻常"企业"）可能会让你觉得有点古怪。然而，我们相信，如果投资者能够从生意人的角度看待债券投资，就可以避免很多令人震惊的错误。例如，在 1946 年，20 年期 AAA 级免税债券以略低于 1% 的收益率交易。实际上，在当时购买这些债券的人买了一个"企业"，基于"账面价值"每年赚略低于 1% 的利润（而且绝不会高于 1%），并且买入价没有打折。

如果投资者有足够的商业头脑来思考这些条款——面对达成交易的现实，他一定会大笑着摇头走开。因为，与此同时，可以用接近或等于账面价值的价格购买未来前景美好的企业，能够基于账面价值赚取 10%、12% 或者 15% 的税后利润。在 1946 年，当时能以账面价值交易的公司，大概没有人会怀疑它赚不到 1% 的回报率。但当时有债券购买习惯的投资者却欣然地以这样的基础做出经济承诺。之后 20 年的时间里，情况仍然很类似，虽然没有那么极端，债券投资人还是热衷把自己套牢在 20 年或者 30 年期而条件从商业角度来看完全不合理的债券上。格雷厄姆所著的《聪明的投资者》是我认

---

① 这里的"现在"指的是 1985 年。这部分摘自"1984 年致股东信"，落款日期为 1985 年 2 月 25 日。——译者注

为迄今为止最好的投资书籍，该书的最后一章最后一节的第一句话是，"最像做生意的投资，才是最明智的投资。"这节被称为"结语"，标题恰如其分。

我们再次强调，WPPSS 的债券投资无疑存在一定的风险。这也是一种难以评估的风险。如果查理和我在一生中要做出 50 个类似的评估，我们的判断结果应该令人满意。好在我们不是在一年内做出 50 个甚至 5 个这样的决策。即使我们的长期业绩会很好，但是在任何一年，我们都有可能看起来非常愚蠢。（这就是为什么句子里主语我都用"查理和我"或者"我们"。）

大多数经理人很少有动力做出聪明但有可能看起来像白痴的决策。这种决策对于他们个人得失的影响太明显了：如果一个非传统决策取得了好结果，上司可能拍拍他的肩膀，赞扬一番；但如果失败了，则会被炒鱿鱼。如果失败，那么墨守陈规是可行之路。作为一个群体，旅鼠可能身负臭名，但没有任何一只旅鼠受到责难。（摘自 1984 年致股东信）

关于投资的一些思考

最像做生意的投资，才是最明智的投资。

—— 本杰明·格雷厄姆，《聪明的投资者》

引用格雷厄姆的话来开启这个讨论是很恰当的，因为我对投资的很多理解都是从他那里学来的。我稍后会多谈谈有关格雷厄姆的事情，还会涉及股票投资。但我想先与各位分享我在多年前的两笔无关股票的小投资，虽然对于我的财富没有产生很大影响，但是颇具启示意义。

故事发生在内布拉斯加州。从 1973 年到 1981 年，美国中西部地区经历了农场价格的暴涨，原因是对通胀失控的普遍预期，然后又有小型村镇银行的贷款政策推波助澜。随着泡沫破裂，农场价格大跌超过 50%，严重伤害了杠杆水平较高的农场主和他们的债权人。在那次泡沫之后，艾奥瓦州和内布拉斯加州倒闭的银行数量是上一次大萧条的五倍。

1986 年，我从美国联邦存款保险公司（FDIC）购买了一块 400 英亩的农场，位于奥马哈以北 50 英里处。我花了 28 万美元，比倒闭的银行在几年前借给这个农场的钱要少得多。我对经营农场一无所知。但是我有一个热爱农业的儿子，我从他那里学到了这个农场能产出多少玉米和大豆，以及运营费用是多少。根据这些估算，我计算出当时这个农场的正常化回报率约为 10%。我认为随着时间推移，生产力会提升，并且产出农作物价格也会上涨。这两个预计最后都实现了。

我不需要任何不寻常的知识或智慧，就能得出这样的结论：这项投资没有任何风险，而且有可能有很大的回报。当然，有时候作物收成不好，价格有时也会令人失望。但那又怎么样呢？同样的，也会有非常好的年份，而且我永远不会因为财务压力而卖掉这个农场。现在，28 年过去了，农场的盈利是最初的三倍，价值是我初始投资的五倍甚至更多。我对农业仍然一无所知，最近才第二次造访这个农场。

1993 年，我又做了另一笔小额投资。当我在担任所罗门的首席执行官时，我们的房东拉里·西尔弗斯坦告诉我纽约大学附近有个零售物业，重组信托公司（Resolution Trust Corporation，RTC）正在打算出售。同样地，这是另一个泡沫的破裂——商业房地产的泡沫破裂，于是政府设立 RTC 来处理破产储蓄机构拥有的资产，这些机构当初乐观宽松的贷款政策助长了愚蠢的行为。

关于这笔投资，分析也很简单。与农场一样，在没有杠杆的情况下，该物业目前产生约 10% 的回报率。但是该物业在 RTC 的管理下经营不善，在几家空置店铺被租赁出去之后，其收入将会增加。更重要的是，最大租户——占整个物业可租面积约 20% 的租户，每平方英尺只支付 5 美元左右的租金，而其他租户的平均租金为每平方英尺 70 美元。这个便宜的租约将在九年后到期，届时肯定会给盈利带来重大提升。该物业的位置也非常好——纽约大学搬不走。

我、拉里和我的朋友弗雷德·罗斯一起买下了这个物业。弗雷德是一位经验丰富的高段位房地产投资者，他和他的家人会管理这个物业。他们也确实做得很好。随着旧租约到期，盈利提升到之前的三倍。现在每年的股息分配超过了我们最初投资额的 35%。此外，我们最初的抵押贷款分别在 1996 年和 1999 年进行了两次再融资，使得我们获得了几次特别股息分配，总额超过了我们初始投资的 150%。我至今还没去看过这块物业。

无论是农场还是纽约大学附近的零售物业，其收益在未来几十年都可能会增长。虽然增幅不会很疯狂，但这两项投资将是我一生以及我的子孙后代可以一直持有的稳固且令人满意的投资。

我讲这些故事是为了说明投资的一些基本道理。

- 你不需要成为专家才能获得令人满意的投资回报。但如果你不是，你必须认识到自己的局限性，并遵循一个肯定会有合理效果的路径①。保持简单，不要揠苗助长。当有人承诺让你快速获利时，迅速拒绝。
- 关注你所考察资产的未来生产力。如果你觉得很难对资产的未来盈利做出粗略估计，那就放弃，继续前进。没有人有能力评估每一个投资机会。无所不知并不必要，你只需要理解自己所采取的行动。

对宏观做判断，或者听取他人对宏观或市场的预测，是在浪费时间。事实上，这是危险的，因为它可能模糊了你对真正重要事实的视野。当我听到电视评论员轻率地发表对市场下一步走势的看法时，我想起了米奇·曼特尔（Mickey Mantle）犀利的评论："直到你进入那个直播间，你才知道这个游戏有多容易。"（摘自 2003 年致股东信）

关于巴菲特相关投资的最后说明

在本书的第 1 版中，我们尝试引用巴菲特对他非常熟悉的领域（保险、非耐用消费品和报纸媒体）所做的投资，来向大家展示在能力圈内进行投资且获得成功是什么样子。我们认为一个更好的方法是，直接推荐读者阅读巴菲特的年度致股东信。特别是，阅读他对伯克希尔的保险业务，包括国民保险公司（早期）、伯克希尔再保险、通用再保险、GEICO 和其他专业保险公司每年的连续评论，这应该可以帮助读者理解如何才算是对生意的深刻理解。你也可以思考，对于保险公司的投资，如果像沃伦·巴菲特这样的人是

---

① 值得注意的是，在这两个投资案例里，巴菲特都依赖于值得信赖的专家建议（他儿子对内布拉斯加州农场的理解；经验丰富的高段位房地产投资者对纽约大学附近物业的判断）。另一方面，这些交易中另一方——处置困境资产的银行和美国政府机构，几乎都不是见多识广、精明算计的投资者。

你的交易对手方，你能表现得多好。

罗伯特·海尔布伦

投资于投资人

1929 年，就在罗伯特·海尔布伦刚入学沃顿商学院不久，他的父亲去世了。海尔布伦辍学，接管了家族的皮革贸易业务。对于他这样年纪的人来说，这本来就是一个很大的挑战，但是大萧条的到来让事情变得更加困难。除了生意之外，他的父亲还留下了一份由股票和债券组成的投资组合。这也成了海尔布伦的责任。当时并不是投资史上令人愉快的时刻之一，当年的市场跌幅令人震惊。虽然海尔布伦利用寒暑假参与过家里的皮革贸易生意，但是他没有管理投资组合的任何经验。

为了获取必要的知识，海尔布伦报名参加了证券交易所和纽约大学提供的课程。然而，这些课程都没有讲授他想学的投资实务知识。他记得父亲曾经告诉他，有位他父亲认识和信赖的投资顾问叫本杰明·格雷厄姆。于是，海尔布伦在电话簿里找到了格雷厄姆，并给他打了电话。格雷厄姆确实记得海尔布伦的父亲，两人约好了见面。正如格雷厄姆后来告诉海尔布伦的那样，鉴于当时的情况，他以为海尔布伦是来向他借钱的。事实上，海尔布伦想要的更多，他想让格雷厄姆成为他的投资顾问，并帮助他管理投资组合。格雷厄姆同意了，但他告诉海尔布伦每个月要收取 25 美元费用。海尔布伦当然没有错过这个机会，接受了格雷厄姆的要求。

他们开始检视投资组合中的持股。海尔布伦的父亲给高评级公用事业债券分配了很大的仓位。尽管那时候一些公用事业公司变成金字塔型控股公

司 [①] 的一部分，在股灾中倒闭，但海尔布伦持有的债券表现良好，按期支付利息，并以接近面值的价格交易。格雷厄姆的建议让海尔布伦感到惊讶，他说他们应该卖掉债券。海尔布伦疑惑地问道："为什么？这些都是不错的证券。"格雷厄姆告诉他："没错，这些债券永远不会比今天更有价值了。"海尔布伦还想知道，他们会如何处理出售债券所得。格雷厄姆回答说，"菲斯克轮胎的债券"。他告诉海尔布伦，尽管该公司破产了，每 1 美元面值的债券以 0.30 美元的价格出售，但格雷厄姆相信菲斯克将会进行重组，目前持有票面本金 1000 美元的债券持有人，重组之后可以获得 700 美元的新债券。这就是海尔布伦初识价值投资的过程。

海尔布伦决定遵循格雷厄姆的建议——毕竟他每月支付 25 美元的费用，他还致电他的经纪人，要求出售公用事业债券并买入菲斯克轮胎的债券。在他下订单之后大约一个小时，证券公司打电话给他，告知他们不会购买菲斯克的债券，因为他们是一家有档次的公司。他们认为，如果传出他们在交易破产公司的债券，那么他们的声誉可能会受到损害。当海尔布伦向格雷厄姆分享这一回应时，格雷厄姆告诉他，证券公司是错的，这些债券将被证明是成功的投资。海尔布伦将他的业务转到另一位经纪人，此人是格雷厄姆的兄弟。海尔布伦此后与他合作了很多年。不出所料，菲斯克债券之后的发展就像格雷厄姆预测的那样。海尔布伦也因此认定格雷厄姆确实是一位杰出的投资者。他介绍很多家族成员寻求格雷厄姆的帮助，而他自己也开始运用从格雷厄姆那儿学来的知识和洞见为其他人提供咨询服务。

1934 年，格雷厄姆和多德出版了他们的经典著作《证券分析》。海尔布伦对这本书非常着迷，于是报名参加了格雷厄姆在哥伦比亚大学商学院讲授的课程。为了给全职工作的人提供学习机会，这个课程是晚上授课。海尔布

---

① 在 20 世纪 20 年代和 30 年代，美国大多数公用事业领域的公司都以金字塔型的股权结构存在，即少数顶层控股公司通过一个或多个中间控股公司层来控制全国大部分电力和燃气公用事业。由多层控股公司组成的金字塔结构对于非控股股东构成特定风险，因为控股股东拥有远超过其现金流权利的投票权。1935 年，美国国会颁布了公用事业控股公司法，该法规定一个控股公司只能拥有一个地区的公共事业，任何公共事业运营公司之上只能有一层控股公司。有兴趣的读者可以阅读美国弗吉尼亚大学法学院保罗·马哈尼教授（Professor Paul Mahoney）于 2012 年 1 月发表在《法学研究期刊》（*The Journal of Legal Studies*）的论文《公共事业领域的金字塔股权结构》（*The Public Utility Pyramids*）。——译者注

伦越来越觉得格雷厄姆是一位出色的老师，即使是格雷厄姆在课上剖析他为海尔布伦购买的公司的财务报表，海尔布伦也没有觉得重复而兴趣索然。在这个课程结束时，海尔布伦意识到自己早已厌倦了皮革行业。他想为格雷厄姆工作，当然，这也是很多有幸上过这门课的学生的共同愿望。可是，格雷厄姆当时并不准备招聘另一位员工。不过格雷厄姆建议海尔布伦成为一名独立的调研员。格雷厄姆将和他讨论一些投资机会，而海尔布伦将做实地调研工作：打电话给公司，拜访公司，还要尽量找到低调的方法获得更多关于公司的信息。当时，尽管《1933年证券法》和《1934年证券交易法》刚通过，但还需要过一段时间，上市公司才会公开披露应该披露的信息。当时没有互联网，也没有EDGAR数据库或免费Edgar，更不像现在只要鼠标点几下，就能调用各种高效的工具。所以，对于精力充沛和聪明的研究员来说，这是好事。

大约在1937年，本杰明·格雷厄姆为他与杰罗姆·纽曼合作成立的投资合伙企业——格雷厄姆–纽曼（Graham-Newman）购买了一家天然气管道公司的大量股票。为了获得所需的信息，格雷厄姆前往州公用事业委员会，该委员会要求所有公用事业公司提交详细的文件，描述其运营情况。海尔布伦依葫芦画瓢，将这种调查方法应用于得克萨斯州的一家保险公司——政府雇员保险公司（Government Employees Insurance Company），并在州保险办公室找到了他所需要的信息。格雷厄姆–纽曼在这家保险公司的投资规模很大，海尔布伦帮助他们获得了有关公司的更多信息并加深了理解。但是，海尔布伦还发现，投资公司拥有保险公司的控股权是违法的。格雷厄姆–纽曼通过直接将所持有的保险公司股份分配给有限合伙人的方式解决了这个问题，合伙人随后直接拥有保险公司的股份。政府雇员保险公司现在被称为GEICO，几十年来一直是价值投资者关注的对象。在格雷厄姆–纽曼分配股份之后，该公司引起了沃伦·巴菲特的注意，他前往华盛顿了解该公司的有关情况，在星期六碰巧遇上正在加班的时任副总裁洛里默·戴维森（Lorimer

Davidson），①进行了长达四小时的交谈。经历了一些起伏之后——GEICO 几乎破产，该公司最终被伯克希尔－哈撒韦全资收购。

海尔布伦参与了格雷厄姆－纽曼公司在大萧条时期的其他投资，也获得了丰厚的回报。纽约的房地产市场受到了大萧条冲击，20 世纪 20 年代的过度建设使其遭受的打击更加严重。当开发商和业主在抵押贷款上违约时，产权公司会把一些抵押贷款打包，然后作为债券出售。贷款证券化的历史比我们许多人意识到的要长。由违约抵押贷款支持的债券以远低于面值的折扣价格出售，海尔布伦和格雷厄姆－纽曼一起买了大量债券。他们预计，在某个时候，对纽约市房地产的需求会恢复。此外，为建造华尔道夫－阿斯托利亚酒店（Waldorf-Astoria Hotel）进行融资的债券于 1929 年发行，支付 6% 的利息。在 20 世纪 30 年代初，即使是这个城市最负盛名的酒店也无法达到健康的入住率，于是利息支付被暂停。随着债券违约，债券价格下降到每 1 美元面值债券以 30 美分交易，即 1000 美元面值债券的市场价格为 300 美元。在这个价格上，这个债券看起来很有吸引力，而且由于大通银行愿意为每张债券借给买家 250 美元，所以投资者实际上只需要支付 50 美元。几年后，这些债券被全部偿还，包括所有的应计利息。购买损坏的货物，也能获得丰厚的回报。

海尔布伦继续参与格雷厄姆－纽曼的研究和投资，跟后者分享信息，而且他自己也做一些投资。为了专注于投资，他出售了皮革贸易业务。他所采用的投资方法基本都是从格雷厄姆那里学到的——寻找便宜货。在那段时间，当《巴伦周刊》发布年度低价股名单时，海尔布伦和格雷厄姆会研究名单上的公司，买入其中 10 只最好的股票。有些公司可能最终消失了，但那些股价表现优异的公司弥补前者的损失可谓绰绰有余。海尔布伦遵循格雷厄

---

① 本书英文原文的内容是巴菲特在星期日与公司主席进行了交流。但是根据巴菲特口述和其他相关资料，巴菲特在星期六从纽约坐火车到达华盛顿特区，但发现那儿并不像他老家奥马哈，周六并不是工作日。幸运的是，巴菲特依然敲了门，门卫把他介绍给当时唯一在公司加班的时任副总裁洛里默·戴维森，鉴于巴菲特是时任公司董事长格雷厄姆在哥伦比亚大学商学院的学生，戴维森回答了巴菲特很多有关保险行业和公司本身的问题，巴菲特回忆起这四个小时左右的交流，感叹道"那个下午改变了我的人生！"鉴于此，译者在中文译文上做了相关修改和更新。有兴趣的读者可以参考 GEICO 官网的公司历史介绍部分、消费者新闻与商业频道的"巴菲特档案"网站（CNBC Warren Buffett Archive）和《巴菲特的估值逻辑：20 个投资案例深入复盘》第 9 章。——译者注

姆比较同一行业两家不同公司的做法，比如对比伯利恒钢铁公司和坩埚钢铁公司，看哪家公司的股价相对其内在价值更便宜。他们的重点都是资产负债表，而不是利润表。他们一起讨论投资机会，并以格雷厄姆为中心形成了一个价值投资者群体。

本杰明·格雷厄姆和这个群体的长期兴趣之一是寻找量化的公式，以便于有纪律性地执行投资策略。海尔布伦在 1958 年发表的一篇文章[①]为这些规则的发展做出了贡献。他提出的方法，可以说是当今价值投资者所运用的诸多量化公式的前身。海尔布伦研究了特定公司的价格、盈利和股息历史，以确定进行证券交易的市盈率和股息收益率范围。基于这些信息的投资策略是，在股票估值水平处于其历史市盈率范围的低位区间或历史股息收益率范围的高位区间买入，或者两者兼具。通过确定定量的范围，这种方法可以帮助投资者检视自己的情绪。这非常重要，因为情绪可能会扭曲投资判断，比如上涨市场带来的狂热和下跌市场带来的绝望。海尔布伦写下了一段有警示意义的话，这段话在今天依然适用：

专业投资者和业余投资者都必须警惕牛市中过度乐观的情绪。这两类人都会受到报章媒体、杂志文章、演讲、报告和各类分析等过度渲染牛市氛围的影响。这么说并不是对证券分析师提出批评，但身为人类，就不免受到这方面的心理压力，尤其是这个行业特别明显。

海尔布伦的创新在于，关注单个股票历史交易的波动性，将该股票于自身历史交易的估值水平高点和低点相比较。在此之前，更为常见的价值投资方法是以低市盈率、高股息收益率和低市净率为指标，在所有股票中进行筛选。由桑福德–伯恩斯坦（Sanford Bernstein）等主流价值投资机构开发的现代量化技术已经将这两种方法结合起来了。他们检视股票处在自身历史估值区间的相对位置，然后根据相同估值指标来比较不同的股票。找到股价位于历史估值低位区间的股票之后，再根据其他一些指标来分析每只股票。如果

[①] 这篇文章于 1958 年发表在《分析师杂志》（*The Analysts Journal*），标题为《普通股票估值的实用方法》（*A Practical Approach to Common Stock Valuation*）。该杂志是美国 CFA 协会发行的专业刊物，现在的名称为《金融分析师杂志》（*Financial Analysts Journal*）。——译者注

股票价格在上市公司披露新的坏消息之后不再下跌，这就是一个好迹象。如果公司内部人士和其他有见识的投资者正在买入，这也是一个好迹象。经过最初的定量方法筛选之后，再深入检视分析个别股票，这样的整体价值评估更有纪律性。

在投资实践中，海尔布伦践行了价值投资的核心原则之一。围绕格雷厄姆的价值投资者群体里，有两位实际上为格雷厄姆－纽曼工作，他们分别是沃尔特·施洛斯和沃伦·巴菲特（20 世纪 50 年代中期）。巴菲特所有的追随者都知道，他是在读完了《聪明的投资者》一书后，决定去哥伦比亚大学商学院向格雷厄姆学习。经过一段时间，海尔布伦开始意识到，他能够做出的最好的投资是投资于格雷厄姆、施洛斯和巴菲特。他在巴菲特成立合伙基金的大约一年之后，投了一笔资金给巴菲特管理。他也委托了一笔钱给施洛斯管理，虽然他起初并不打算这么做。后来，海尔布伦又找了其他一些杰出的价值投资者来管理他的资金。这些决策为海尔布伦带来了丰厚的回报，或多或少，这使得他再也不需要自己选股做主动投资了。

通过将自己的资产委托给其他基金管理人管理，海尔布伦践行了价值投资的一个经久不衰的原则——知道你知道什么，然后留在你的能力圈范围内。虽然投资记录并不是决定性的，但似乎很明显，只有少数专业投资者，特别是价值投资者，能够在长期获得超越市场的回报。单纯只是因为运气好的可能性很小。当这样的投资业绩与谨慎设计的投资方法以及特定行业的专业知识联系在一起时，当其他人能够以合理的价格获得这样水平的投资顾问服务时（格雷厄姆每月向海尔布伦收取 25 美元，但那是 1929 年），那么把资金交给这样的投资人或者投资机构来管理是明智的。认识到其他职业投资者在什么时候会超越自己的兼职投资能力，可能是所有价值投资洞察力中最重要的部分。

几年前，当特威迪－布朗公司（Tweedy, Browne Company LLC）认为富国银行是个有潜力的投资机会时，他们指派了一名分析师对富国银行进行详细研究。不久之后，他们发现伯克希尔－哈撒韦已经买入了富国银行的大量股份，于是立刻也买入富国银行，并让那位分析师做别的工作。他们认为自己的研究不太可能超过沃伦·巴菲特。多年来，罗伯特·海尔布伦在评估甄选管理他的资金的候选人时，也运用了类似的判断力，这个能力得益于他自己作为价值投资者的经验。他做出了明智的选择。

施洛斯父子

买得简单，买得便宜

沃尔特·施洛斯在 1955 年中成立了他的有限合伙企业。他的投资业绩可追溯至 1956 年 1 月 1 日，这一时间起点足够给予其同一机构、同一投资经理史上最长连续纪录之一，同样也是业绩最优秀的经理之一。在 1956 年至 2000 年的整整 45 年中，沃尔特·施洛斯和他 1973 年加入公司的儿子埃德温·施洛斯，为其投资人创造的年复合回报率达到了 15.3%，同一时期标准普尔工业指数[①]的可比回报率为 11.5%（见图 11–1）。对每一位信任施洛斯的投资人来说，在 1956 年初投资的每 1 美元都在 2000 年末增值为 662 美元（包含管理费），同期投资标准普尔指数的每 1 美元则增值至 118 美元。施洛斯父子的成就优于比较基准的表现还不止于此：在整整 45 年中，其投资组合有 7年是亏损的，而标准普尔指数有 11 年；施洛斯有限合伙企业的平均年亏损率为 7.6%，而标准普尔指数为 10.6%。现代投资理论认为投资回报是对风险的补偿，更高的回报率只能通过增加投资组合的波动率来实现，施洛斯父子的投资成就并不符合这一理论。

施洛斯父子是极简主义者。他们的办公室（"施洛斯城堡"）只有一间简单的屋子，他们不访问公司，也很少同公司管理层或分析师交流，更不怎么使用互联网。由于不愿被影响去做不该做的事情，他们很少同外界交流。投

---

① 沃尔特·施洛斯在 1955 年选取标准普尔工业指数（作为比较基准）的原因是，不含公用事业和交通运输行业公司的该指数，与其投资组合更为匹配。他始终将该指数作为业绩比较基准，尽管标准普尔 500 指数已经成为业内选择的代表。在过去二十年中比较两个指数，我们发现二者走势非常接近，且标准普尔工业指数的回报率略高于标准普尔 500 指数。

资世界里充斥着聪明且善于表达的人，其中绝大多数总能为购买某只股票或债券找到有说服力的理由。施洛斯父子则更愿意相信自己的分析，始终坚持购买便宜的股票。这种投资方法令其几乎只关注上市公司必须按季披露的财务报表。他们从关注资产负债表开始——买入价格是否可以低于公司资产扣除全部债务后的价值？如果可以，该股票可作为候选。

单位：美元

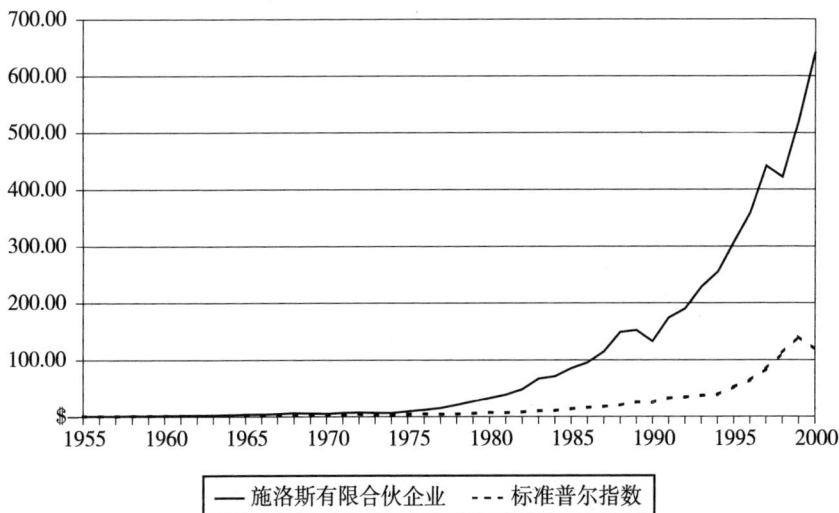

图 11-1　施洛斯有限合伙企业与标准普尔指数回报率比较（1956—2000 年）

这一切听起来令人颇感熟悉。如果说沃尔特·施洛斯并未现身于价值投资兴起之初，那他也并未迟太久。在 1934 年的大萧条期间，18 岁的他开始在华尔街工作。在 20 世纪 30 年代末，施洛斯学习了本杰明·格雷厄姆在纽约金融学院[①]讲授的课程。他有很多志同道合的同学，包含时任高盛套利部门负责人格斯·利维，纽约证券分析师协会前主席、亚伯拉罕公司[②]的

---

① 纽约证券交易所（New York Stock Exchange, NYSE）自 1922 年起拥有并运营纽约金融学院（New York Institute of Finance），格雷厄姆曾在该机构授课，《格雷厄姆精选集：演说、文章及纽约金融学院讲义实录》一书收录了其 1946—1947 学年的课程讲义。——译者注

② 原文为亚伯拉罕（Abraham），经译者跟作者确认，此处指的是亚伯拉罕公司（Abraham & Co., Inc.）。根据《纽约时报》1974 年 12 月 25 日的报道，该公司于 1974 年被雷曼兄弟收购。——译者注

赛·温特斯以及其他华尔街大佬。彼时施洛斯正在卡尔M.勒布公司（Carl M. Loeb & Co.）工作，格雷厄姆的兄弟莱昂是该公司的注册代表，格雷厄姆本人也在勒布·罗茨公司（Loeb Rhodes & Co.）①开立账户，这使得施洛斯可以确认格雷厄姆确实在实践其课上所讲的"价值"，即买入股票的价格低于流动资产扣除全部负债后的价值②的优势。

格雷厄姆偏好的授课方式是同时比较分析两家公司，尤其是它们的资产负债表，即使两家公司分属不同行业。他会选择名称字母顺序相近的两家公司，比如可口可乐和高露洁，询问相较于其净资产价值哪只股票更便宜。格雷厄姆主要关注安全边际，也正是这一点使他未曾发觉可口可乐的巨大增长潜力。格雷厄姆的方法并不是都奏效。他会在买入某个行业的领先公司（如伊利诺伊中央铁路公司）的同时，做空另一家表现逊色的公司（例如密苏里－堪萨斯－得克萨斯铁路公司）作为对冲手段。不过，结果证明，这两只证券并没有相关性，对冲手段并没有起作用。格雷厄姆常用的另一种对冲手段是，买入一只可转换优先股的同时做空其普通股——如果可转换优先股的股价下跌，他可以从做空普通股中赚钱；反之，他可以收获优先股股利。这种方法已经成为业内的标准实践方式，尽管它不再拥有曾经的税费优势。施洛斯将格雷厄姆视为一位真正的天才，具有与既定共识不同的原创思维。在施洛斯看来，格雷厄姆的主要贡献在于思维层面——他对思想的兴趣大于金钱，尽管他也获得了物质回报。

寻找廉价股

如果问及其投资策略，施洛斯父子都会给予同样言简意赅的回答：我们买入便宜的股票。这里的"便宜"指的是将价格与价值相比较。一般会引起施洛斯父子注意的股票都是价格正在下跌的标的。他们通过仔细查阅"新低列表"来寻找股价下跌的股票——如果股价跌到过去两年或三年的新低就更

---

① 卡尔 M. 勒布公司（Carl M. Loeb & Co.）后更名为勒布－罗茨公司（Loeb Rhodes & Co.）。——译者注

② 即净－净营运资本的概念。——译者注

好了。一些跟他们打过多年交道的经纪人致电他们时，所推荐的标的和大部分经纪人兜售的趋势型股票正好相反。施洛斯父子尤其热衷于股价跳空而下或急速下跌的股票。

这种对股价大跌的偏好是逆向思维的展现。股价显著下跌往往反映了投资者的失望情绪，无论是因为盈利不达预期的即期事件，还是持续不佳的业绩表现使得哪怕有耐心的投资人都会认输。在施洛斯父子管理资金的多年之中，他们投资过不同的行业，不同规模的大型、中型或小型公司，价格暴跌或持续阴跌的股票，共性是他们买的都是廉价出售的标的。

施洛斯父子策略中同样重要的另一方面是，他们只买股票，而不买衍生品、指数或大宗商品。他们不做空，尽管他们早期也尝试过做空并赚到了一些钱，但做空的经历让他们并不舒适。他们不做市场择时，尽管他们会让市场告诉他们哪些股票是便宜的。施洛斯父子投资过破产债券，如果再出现合适的时机他们可能也会再次投资，但进入这个赛道的投资者日益增多，像其他的价值投资者一样，他们并不喜欢群雄逐鹿。至于普通固定收益证券，施洛斯父子同样选择规避——它们的潜在收益有限，且一旦利率上升还会亏损。他们做的就是一门通过买入廉价股票为合伙人赚钱的生意。

当他们发现一只廉价股的时候，他们可能会在完成全部研究工作之前买入。他们对上千家公司至少有基本的了解，并且可以通过查阅《价值线》或《标准普尔股票指南》来快速查阅公司的财务状况。父子俩都认为了解一只股票的最好方式就是拥有它，因而有时会先建立初始头寸然后再搜寻财务报表。如今，市场变动之迅速让他们不得不快速行动。

价值几何？评估资产、盈利和公司的价值

在沃尔特·施洛斯为格雷厄姆工作的九年半，以及几年后他运作自己的合伙企业的过程中，他都成功找到了价格仅为其营运资本三分之二不到的股票。但在 1960 年之后，当大萧条已经成为遥远的记忆，这样的机会基本消失了。如今，符合这个条件的公司要不然负债累累，要不然亏损严重、处境危险。跟所能提供的安全边际比起来，这样的投资机会更令人存疑。

　　然而，沃尔特·施洛斯依然保持他对基于资产进行估值的偏好。公司的资产要比盈利稳定得多。如果一家公司的有形资产账面值达到每股 15 美元，即使在当下并未实现盈利，其资产价值大概率也不会迅速缩水。按每股 10 美元或 12 美元买入的投资者依然可以心安，因为他们知道股价背后有着资产的支撑。在施洛斯的长期投资生涯中，那些可以按低于资产价值的价格买入的公司，更大可能会回归盈利状态或者被其他公司收购。这样的投资方式需要些时间，施洛斯父子一只股票的平均持有期限大约是 4 年。他有充足的耐心持有，因为他相信市场的过度反应是一个廉价买入的好机会，只要等待足够长的时间，他就会获得回报——他常常挂在嘴边的是"会有好事发生的"。在此期间，资产价值给予了股价一些保护，以防止其迅速下跌。尽管他倾向于在股价触底之前建仓，①且喜欢在股价进一步下跌时的加仓机会，他仍然能在晚上睡得安稳，因为他知道就算还有什么大的利空因素，股价也已经跌透了。

　　埃德温·施洛斯同样重视资产价值，但他更愿意关注公司的盈利能力。他也需要一些资产的保护。如果他从常规的盈利能力出发发现了某只廉价股，他依然不会在市净率超过 3 倍时考虑买入。在食品、军工以及传统制造业中存在一些有韧性的公司，其股价在低位时依然高于账面价值。埃德温·施洛斯基于对公司盈利能力的估计，仍然可能找到足够便宜的股票。

　　当施洛斯父子开始严格审视一家公司时，他们会确保仔细地阅读了公司年报。财务报表本身自然是重要的，不过财务报表附注也同样重要。他们希望能够确保公司没有重要的表外负债。他们通过查阅公司的资本开支历史来确定其固定资产的状况。设备折旧期已结束的公司或许会比新工厂刚刚落成的竞争对手拥有更高的盈利，但后者如果资本开支谨慎的话，却有可能令业务运转更加现代、高效。10 年的广告宣传费用虽然并未体现在资产负债表中，但只要公司懂得如何利用这笔开支，就能够对品牌增添价值。施洛斯父子在寻找的是修复的潜力——他们买入的股票曾因一些原因变得便宜，而他们的成功是基于精准判断市场是否过度反应的能力。他们并没有试图比管理

---

① 即左侧交易的方式，建仓后股价通常还会有一段时间的下跌。——译者注

层更加了解生意之中的运营细节，也不要求或期待这种专业程度，而是聚焦于一个个单独的公司，基于丰富和深入的投资经验来指导其投资判断。

由于施洛斯父子已从业多年，他们也不得不随着市场状况的变化来调整其标准。当市场价格水平偏高时，他们对"便宜"的定义也会在一定程度上更有弹性——追求相对的便宜。当类似于破产债权这样的特定投资策略流行时，他们也会转移阵地。就像许多优秀的运动员以及其他价值投资者一样，他们顺着比赛发展而做出调整。他们的核心原则始终不变——买入便宜的股票，持有到它们实现价值修复。不过除此之外，他们也愿意接受一切市场给予他们的机会，因为只要他们遵循"买得足够便宜"这一正确准则，好的结果就很可能会出现。

跟踪动向

有个关于施洛斯父子的笑话是，他们只会去参加距离办公室 20 个街区范围以内的公司年会。由于他们在曼哈顿中城（纽约曼哈顿，而不是堪萨斯的曼哈顿）办公，这个限制可能并没有想象中的那么严格。当在年会中露面时，他们更喜欢独处，而不是扎堆在分析师和投资经理之中。施洛斯父子曾持有过一家铜矿采掘和熔炼公司——美国熔炼公司（American Smelting and Refining Company，Asarco），他们在参加公司年会时发现座无虚席，但仔细观察发现参会人员无外乎管理层、员工和投资者关系相关业务人员。不必多言，这是一只还没有被市场充分发掘的廉价股。事实证明，这家公司后来的确修复了下跌的股价，并最终被墨西哥铜业集团（Grupo Mexico）收购。

因为施洛斯父子平均持仓期限在 4~5 年之久，他们有充分的时间不断熟悉标的公司。他们持续关注公司的每一期季报，但对每天的价格波动，或两美分的每股收益超预期或不及预期不感兴趣。正如我们所说，他们的方法是极简主义。如果公司公告的收购在他们看来是愚蠢之举，他们很可能为此担心而直接做出卖出决定。由于他们选择的方法天然地帮其规避了快速变化的行业——在那些行业中技术革新可能会在几周甚至几天内削减公司价值——这样一来，他们静观其变和等待的做法是可行的。

施洛斯父子也不是完全被动的。在通过自下而上的方式发现了一只廉价股后，在已经持有的情况下，他们也会分析行业中的其他企业进行横向比较——这些公司是不是也因为同样的原因变得便宜？如果是的话，他们或许会认为同行之中的某一家公司是比最初选择的那一家更好的投资标的，新的标的可能因为利润率更高或负债率更低而品质更优。如果真的是这样，他们便会买入质量更好的那家，只要他们仍然可以把握住行业尚处低迷的机会。

买点与卖点

那些认为投资者可以买在股价最低点的想法都只是幻想。没有人可以精准地预测顶部、底部甚至中间的任何位置。价值投资者更多买在股价的下跌趋势之中。那些使股价变得便宜的失望情绪或悲观预期并不会立刻消失，并且在价值投资者建仓之时也依然会有仍未放弃的其他股东。如果接近年末，先卖出股票从而利用亏损抵税的动机也会促使股价进一步下跌。用业内的俗话来讲，价值投资者知道自己是在"接飞刀"，因而会倾向于控制仓位、分批买入。不过这对于像沃伦·巴菲特这样的投资者来说并不容易，一旦有风声说伯克希尔 – 哈撒韦要买入某只股票，股价便会立刻飞涨。据施洛斯父子所言，格雷厄姆本人也曾遇到这个问题——他曾在一次午餐时向一位投资人同伴透露了一个公司的名字，在回到办公室的时候发现股价已经大幅上涨，以至于他没法在坚持价值原则的情况下继续买入[①]。这也是施洛斯父子对外交流甚少的原因之一。

不过在被问及他最常犯的错误时，埃德温·施洛斯承认是在建仓时买入过多，以至于随后股价进一步下跌时没有足够的资金加仓更多。如果在初次买入后股价便不再下跌，那么他自然做出了正确的决策，但他很少有这样的机会——他通常拥有的机会都是通过在股价下跌之中继续加仓来摊低平均的持仓成本。施洛斯父子多年的从业经历，足以支持他们认为选中的股票会如

---

① 参见《格雷厄姆精选集：演说、文章及纽约金融学院讲义实录》第 3 页，沃尔特·施洛斯在个人文集（该书的前言部分）曾提及这段经历，彼时他向格雷厄姆推荐了卢肯斯钢铁公司（Lukens Steel Company），但在格雷厄姆"不小心"将这只股票的名字透露给友人后，该公司股价在午餐结束后就大幅上涨。——译者注

其所愿地股价上涨。投资是一种需要非常谦卑的工作，不过在多年的优秀业绩证明了其投资策略的明智之处后，这种谦卑也可以为自信所调和。

价值投资者总是买得太快也卖得太快，施洛斯父子也不例外。便宜的股票常常会在买入后变得更便宜。而当困境扭转、公司业绩开始改善时，股价会在一定时刻修复至"不再便宜"的位置，此时施洛斯父子会开始将其卖给热衷于股价上涨趋势的其他投资者。在多数情况下，股价仍会继续上涨甚至是剧烈上涨，然而此时价值投资者已经在搜寻新的廉价标的了。施洛斯父子曾在几年前以低于账面价值的每股 15 美元的价格买入投资银行雷曼兄弟的股票，并在股价涨至 35 美元的时候卖掉。几年后雷曼兄弟的股价涨到了 130 美元以上，很显然中间的 100 美元的收益并没有进入价值投资者的口袋。在这些年里，类似的情形也发生在浪琴 – 维纳欧、克拉克石油以及其他股票的股价瞬间由低谷、公允涨至高估的过程中。用另一句投资行业的俗话说，这些钱被留在了牌桌上，为的是夜里能睡个好觉。

比起卖出一只已被证实修复成功的股票，卖出一只基本面尚未修复的股票需要更多的判断。有时候，所有人都会认输。对像施洛斯父子一样的价值投资者来说，这么做的触发点往往是公司的资产或盈利能力较之预期出现了恶化。此时股票或许仍旧便宜，但是其修复的前景变得黯淡了。即使是最有忍耐力的投资者的耐心也会被最终耗尽，毕竟总会有其他可投资的领域。而且一笔实现的亏损至少还能让合伙人享有一定的抵税收益，但真的陷入困境的股票只会是曾经犯错的提醒。

组合策略：适度的分散化

在基金经理的大脑中，分散化是对未知的防御。对行业、公司甚至宏观经济有充分认知的投资者，可以在其充分认知的领域内更集中地持仓，即持有更少的标的而单只标的拥有更高仓位。价值投资者同时考虑分散与集中，尽管他们都认为主动选股是很重要的。施洛斯父子持有分散化的组合，但并未给予仓位预先设定好的限制。即便他们持有 100 只股票，前 20 大重仓股仓位合计占到约 60% 也是很常见的。他们偶尔会给予单只标的高达 20% 的仓位，不过这种集中度很少出现。我们必须记住，他们买入的是廉价股，而非有着光明前景的伟大公司。尽管过往业绩证明，他们的大部分投资都如预期兑现了，但总会有一些例外——提前分辨出孰优孰劣是十分困难的。分散化是对不确定性的保障措施，也是施洛斯父子成功策略的关键特征。

这一点和他们投资方法的其他方面一样，他们依靠自己的判断而不是固定的标准。尽管他们不会在任何时候将持仓只集中在一两个行业中，当发现廉价股在冷门行业扎堆时，他们也会选择超配。在这种情况下，他们会在这些冷门股中选择相对更优质的公司。如果像铜这样的大宗商品价格暴跌，铜相关的股票都会以廉价抛售——除非铜彻底不再是工业和通信所用的材料，否则供需周期会实现自我纠偏。低成本或低杠杆的公司是此时胜率更高的安全选择，主要因为没有谁这个时候想拥有它们——便宜的价格可以弥补周期、运营甚至管理等许多层面的不足。

照顾好客户

在沃尔特·施洛斯从业二十周年（包含与埃德温一起工作的几年）前夕，沃伦·巴菲特在信中告诉朋友，施洛斯离开格雷厄姆 - 纽曼公司的时间是在：

1955 年，然后格雷厄姆 - 纽曼公司在 1956 年关闭了。我不想详细谈论这两件事情之间的关联。

不管怎样，施洛斯仅有一份《股票指南月刊》，一套受我影响的老练投资风格，半间从特威迪 - 布朗公司分租来的办公室，以及一群刚登陆埃利斯岛（Ellis Island）[①] 的投资人。如此，沃尔特·施洛斯迈出了挑战标准普尔指数的步伐。

我们已经见证了这场挑战的结果。

在此后的 25 年中，除了依旧卓越的表现，并没有什么其他不同。施洛斯父子的办公室仍旧转租自特威迪 - 布朗公司，只是换成了一间完整的房间。

---

① 埃利斯岛是位于美国纽约州及新泽西州纽约港内的一个岛屿。埃利斯岛在 1892 年—1954 年期间是移民管理局的所在地。许多来自欧洲的移民在这里踏上美国的土地，进行身体检查和接受移民官的询问。——译者注

他们在《股票指南月刊》的基础上，增补了一份《价值线》以及一台报价机。并且他们的客户没有本质上的变化，这是能够区分施洛斯有限合伙企业同大多类似结构基金的一点。有些合伙人权益已经由父母传承给子女，甚至是第三代人。整体来看，按照通常的有限合伙企业（投资基金）的标准，他们并不算富有。经由施洛斯父子投资的资金对他们来说很重要，这也是施洛斯父子坚持不能亏钱的原因之一。这也解释了为什么施洛斯父子不向他们的合伙人透露所持有公司的名字——他们投资的都是难登大雅之堂的、没法在酒会等场合吹嘘的股票。对于自己和有限合伙人而言都很痛苦的经历告诉他们，透露持有公司的名字并不能让客户更舒适，相反地，一些客户会担心持有某只股价正在下跌的股票风险太大，进而选择退出合伙企业，尽管他们有价值投资的经验，也知道施洛斯父子是如何实践的，这些曾经的客户依然无法认同"以非常便宜的合适价格买入一家困境中的公司是一笔好投资"这一理念。

施洛斯父子非常关注其合伙人所需缴纳的税款。他们不偏好在有可能构成"短期资本利得"的情况下卖出浮盈股份，这种选择有时会存在一定的风险——在延长持有期使之能达到"长期资本利得"要求之前，现行税法之下几乎没有办法通过对冲方式来保护原先的浮盈。但考虑到短期和长期的资本利得税率之差，施洛斯父子仍然愿意承担这一风险。

施洛斯父子在合伙企业中所遵循的两个原则，使他们与大多数类似基金的基金经理区别开来。第一，他们会假定每年都要将所有已实现收益分配给合伙人。当然，如果有合伙人要求将其收益留在基金里，他们也会遵从。多数合伙制投资基金都会要求提前数周提出赎回请求（无论实现盈利或亏损），但施洛斯父子不认为其受托管理的资金应当被限制，以至于合伙人需要采取"营救"行动才能让其资金"自由"。这个原则也有助于他们保持基金管理规模的一个大致上限。他们并不希望管理数十亿美元之上的资金，每年返还一大部分收益同修剪灌木以保持理想高度是同样的道理。第二，施洛斯父子的工作报酬来自一定比例的投资收益分成，这也是有限合伙投资基金的典型做法。不同的是，他们承担同等比例的投资亏损，这意味着如果基金在某年度亏损了，有限合伙人的亏损数目会小于整个基金的亏损数目。同样地，和大多数价值投资同行一样，他们不收取基金管理费，只从业绩表现中获得报酬。回顾其足够久的投资经历，45 年之中只有 7 年是以投资亏损告终，上述投资原则也是他们不愿意亏钱的另一动机。

案例 1：美国熔炼公司：廉价资产寻得买家

在 1999 年时，美国熔炼公司是一家历史远比现状辉煌的铜业公司。作为曾经道琼斯工业指数的成分股，自 1995 年至 1998 年，其每股收益已在 5.65 美元的基础上跌去 1.7 美元。当股价跌至 15 美元之下时，其市值跌至 6 亿美元之下，甚至低于 8.85 亿美元的长期债务账面值。尽管面临上述困境，美国熔炼公司仍然拥有约 40 美元的每股净资产。它还拥有南秘鲁铜业公司（Southern Peru Copper Company）50% 的所有权——调整成跟美国熔炼公司股价完全可比的口径之后，南秘鲁铜业公司的可比股价在年内多数时候介于 10 到 14 美元之间。在 15~20 美元之间的任何价位买入美国熔炼公司都会给予投资者以基于账面价值至少 50% 的安全边际，相当于在扣除南秘鲁铜业公司的价值后，以 5~10 美元购买公司的剩余盈利。

沃尔特和埃德温自 1993 年起开始买入美国熔炼公司。他们在大约 20 美元的价位买入，并在后一年以超过 30 美元的价格卖出。当其股价在 1999 年下跌之时，他们再次买入，结果很不错。美国熔炼公司同意与竞争对手塞浦路斯－阿玛克斯矿业公司（Cyprus Amax Minerals）合并，随后更大规模的铜业企业菲尔普斯－道奇（Phelps Dodge）同时向双方提出报价，希望在其合并前完成收购。虽然对美国熔炼公司的估值达到了每股 22 美元，这份报价还是被拒绝了——既然美国熔炼公司已经入局，出现一份更高的报价只是时间问题。最终，施洛斯父子将其所持股份按每股 30 美元的价格，以现金交易的形式卖给了墨西哥铜业集团。正如沃尔特所说，只要资产还在，就会有好事儿发生。

案例 2：斯味可（J. M. Smuker Co.）：把糖卖给美国人

据我们所知，沃伦·巴菲特并没有说过上述这句话，但他的投资——可口可乐、喜诗糖果、冰雪皇后（Dairy Queen）都支持这种说法，那就是把糖卖给美国人是一门绝对不会破产的生意。这正是斯味可家族多年从事的生意，把糖做成果酱、果冻或者其他甜品。不过尽管公司在持续地赚钱，但其外部股东的感受并不太好——其股价自 1992 年触达 39 美元的高点后，直到 1999 年都几乎没有再超过 30 美元。这段时期内，公司的盈利没什么太大变化，1993 年的每股 1.27 美元到了 1999 年为 1.26 美元；每股净资产从 7.33 美元增至 11 美元。市净率从未跌至 1~1.5 倍的区间，市盈率仅在 1999 年的某天跌到 15 倍以下——无论从资产还是盈利的角度来说，此时投资斯味可都不算是价值投资。

接着到了 2000 年，股价跌到了 15 美元以下。食品股整体都很低迷，斯味可也不例外。施洛斯父子以 10 倍市盈率的价格买了一些，远低于其历史估值区间。尽管该公司并不算是拥有经济特许权的生意，它仍旧拥有已建立的品牌和超市渠道。从盈利能力的角度评估，它足够便宜、值得入手。

两件事使得这项投资很圆满。一是，联合利华买下了百富（Best Foods），令其他食品股股价同时上涨。同时，控股股东斯味可家族决定放弃超级投票权以简化公司的股权结构，这一改变增强了公司股票的流动性，也使得公司被收购的可能性大大增加。得益于联合利华和斯味可家族各自的作为，公司股价在 7~8 个月内由 15 美元涨到了 25 美元。此时，施洛斯父子需要做出抉择，是以并不喜欢的短期资本利得的方式获利了结，还是在标的已不再便宜甚至有可能被高估的情况下继续持有。他们最终做出了理性的卖出选择，毕竟多交一些短期资本利得税比将来见证股价跌回 15 美元要舒服得多。当然该公司的股价在年末之前涨到了 27 美元，但在那个价格高位，就换其他人来担惊受怕了。

马里奥·加贝利

马里奥·加贝利于 1967 年毕业于哥伦比亚大学商学院，曾师从罗杰·默里——在本杰明·格雷厄姆和大卫·多德退休后接棒的价值火炬手。在后来的 10 年里，加贝利成为一名卖方分析师，起初覆盖汽车行业，后来覆盖娱乐行业。1977 年，他成立了加贝利资产管理公司（Gabelli Asset Management，GAMCO），开启了主动投资的职业生涯，并于 1999 年带领公司上市。公司保持着长期优异回报的纪录，截至 2019 年末管理资金规模达到 365 亿美元。他从一开始就是一名自下而上的投资者，对公司层面的研究格外细致。在财务信息可得的基础上，他通过将公司各个部门的价值加总来估计公司整体价值，并在公司层面思考这种分部加总[1]的价值如何被公司管理层的水平，尤其是资本配置所影响。加贝利从来不会基于对利率或金融市场总体情况等宏观变量的预测来调整其投资布局。

在 20 世纪 60 年代末这个高估值的时点入市，加贝利在当时持有和沃伦·巴菲特类似的观点——价值投资若想成功，便无法再依赖于寻找格雷厄姆式的"净 – 净营运资本"的机会。当时基本已经不存在市值低于净营运资本扣除其他负债后净值的三分之二的公司标的，他被迫寻找有长期前景、价值取决于远期未来现金流的更加优质的资产。遗憾的是，加贝利当时就明白通过现金流折现来估计内在价值的方法对未来增长率和资本成本的假设过于敏感，因而不得不寻找其他更可靠的内在价值估计方法。

加贝利应对这一挑战的创造性答案是寻找被其称为公司的"非公开市场价值"（Private Market Value，PMV），他对此的定义是"一位对业内情况了如指掌的产业人士，会愿意为拥有相似特点的（公司）各项资产开出的总价"。这类价格可以从先例交易中推算，包括公司、部门甚至是单项资产的交易（如有线电视系统的交易）；具体地，可以通过会计指标［为 1 美元息税折旧摊销前利润（EBITDA）所支付的价格］或直接运营数据（为每一位有线电视用户所支付的价格）等指标来按比例推算。[2]加贝利开发出了系统性的先例交易数据库。这种估值方法有双重优势。首先，与依赖市值或者盈利与现金流的假设相比，这种方法能从懂行的产业人士出价的角度给出更可靠的估

[1] 分部加总（sum-of-the-parts）估值法，根据其英文名称又被简称为"SOTP"估值法。——译者注
[2] 即国内常见的相对估值定价法，在可比公司 / 先例交易中，市值 / 支付对价与会计或运营指标之比即为相对估值指标，如此处所例举的"为 1 美元息税折旧摊销前利润（EBITDA）所支付的价格"便类似于"企业价值（EV）/ 息税折旧摊销前利润（EBITDA）"这一相对估值指标。——译者注

计，并且产业人士的出价中往往包含了控制权溢价——管理水平提升、新旧业务协同效应的潜在增值空间等。

同时，加贝利也意识到非公开市场价值可能不太稳定，会随着市场情况的变化而波动——整体市场的估值越早地反映在个股的市场价格里，负面市场事件对个股造成影响的风险越低。因此，加贝利会去寻找那些将促使公开市场价格和非公开市场价值收敛的催化剂。催化剂既可以是公司层面的事件，如收购报价、管理层更替、剥离业务等重组行动或股份回购，也可以是影响整个行业的变动，如监管规则变动或需求转移。上述催化剂将吸引人们积极关注相关投资，从而直接（如并购）或间接地推升其公开市值。

非公开市场价值加上催化剂，已成为加贝利投资策略的标志性特征。

格兰·格林伯格

格兰·格林伯格（Glenn Greenberg）投资生涯的成功应归功于综合素质与教育，而非技术性的训练或前期经验。他在耶鲁大学的专业是英国文学，毕业后的首份工作是教师——先当小学教师，再当中学教师兼校长。鉴于其获得的最大认可来自管理学校，他听从了老板的建议，去商学院进一步学习，以期施展其管理方面的天赋。在哥伦比亚大学商学院，最吸引他的有两个项目，一项是从潜在投资者的角度分析一家公司（他选择了环球航空公司，并且提出了反对投资的建议）；另一项是对其家族企业，拥有萨克斯第五大道精品百货店（Saks Fifth Avenue）的金贝尔兄弟公司（Gimbel Brothers）的细致且批判性的研究。1973 年毕业时，他考虑过咨询公司与投资银行的工作，但最终决定加入摩根大通的资产管理部门。

他在摩根的经历还是很有用的。正如他所说，他看清了"反面教材"。投资经理从经过核准而理当无懈可击的名单中挑选合适的公司来建立投资组合，他们一般无权更换清单中的公司，也对这些公司了解不多。从 1973 年初到 1974 年末，由这些标的构成的投资组合下跌超过 40%，并未跑赢标准普尔 500 指数。1978 年，格林伯格去了一家规模较小的机构，该机构的典型持仓仅包含不超过十只股票，但每一只都被透彻地研究过。他在这家机构学会了对主流观点保持怀疑，以确保他自己真的搞懂了为什么要投资所持有的任何一只股票。

基于上述投资理念，1984年，格林伯格和约翰·夏皮罗（John Shapiro）建立了他们自己的公司——酋长资本管理公司（Chieftain Capital Management）。对于任何潜在投资机会，除非他们相信自己已经掌握了有关业务的充分信息，且愿意投资至少5%的仓位，否则不会进行投资。他们每年只做少数几个投资决策，而把精力放在对于选中的、甚至被筛掉的公司的深度研究之中。公司的四位成员对每项投资都了如指掌，他们都会参加公司会议、各自细读财务报告并且跟踪产业动态。买入任何公司的决策都需要全体成员一致同意，而他们对于已在持仓之中的公司也会以同样细致的程度进行跟踪研究。这种聚焦使得酋长基金的认知水平甚至超过了大多数行业专家，他们也很少听取外界那些在其看来大多有误的建议。

在选择投资标的时，即便作为聚焦快速成长的投资者，格林伯格仍会关注由几百家公司组成的一个"股票池"——这些公司规模较大且经营稳定，竞争优势突出，资本回报率高，并且现金分红能力强。这些投资机会有三个显著特征。首先，他们寻找的是能规避竞争的好生意，通常是能与同行长期和平共处的双寡头，或盈利能力不受政府干预的局部垄断企业（如有线电视网领域），但也包含能增加市场份额的公司，如空客、美国前进保险公司以及美国医院集团（HCA）。其次，他们会寻找与股东利益一致的管理层，即聚焦高效运营、能够创造价值的资本配置以及股利或回购等形式的超额资金分配。最后，他们会寻求远低于保守估值的买入价格。

格林伯格对押注公司管理层或行业层面的潜在改善机会这种"投机"行为不感兴趣，换句话说，他对困境反转不感兴趣。相反地，他会寻找被错误定价的好生意，这样的投资对象往往被误解陷入了当前或预期的某种困境。例如，他是个激进的有线电视股票购买者，在他看来，卫星设备竞争以及退订有线电视服务会限制有线电视业务增长这一广泛的担忧是错误的。再如，在新型冠状病毒流行后，许多投资者没搞清楚这仅仅是一个短期事件，而不会对许多公司价值构成永久损伤。

2010 年，格林伯格结束了同夏皮罗的合作，建立了勇士顾问公司（Brave Warrior Advisors）。他继续秉持"把鸡蛋放在少数几个篮子里，并仔细看好它们"的理念，不过篮子里开始包含科技股，因为他的合伙人更加年轻，可以帮助他找到哪些高增长的公司拥有他所看中的品质。

保罗·希拉勒

保罗·希拉勒成长于纽约一个杰出的学术与医学家庭。1988 年，他在哈佛大学取得学士学位，专业为生物化学；1992 年，他在哥伦比亚大学取得法律博士（J.D.）与工商管理硕士（MBA）学位；此后五年，他在彼时的头部科技咨询公司 Broadview Associates 从事并购咨询工作，并在五年的紧张工作后选择了休假去环球旅行。

1998 年 1 月，他加入哥哥彼得的以价值导向的投资机构——希拉勒资本管理公司（Hilal Capital Management），负责开拓和管理信息技术行业的投资。正是在这家公司，他发掘出正在苦苦挣扎的上市软件商 Worldtalk 通信未被发现的潜在价值。他主导了基金对该公司的重要投资，并在 1999—2000 年出任该公司的董事会主席和首席执行官。他将这家公司重新组织、构建，然后高价卖出，获利不菲，这段经历也永久性地改变了希拉勒对于投资的观点。

2002 年，希拉勒创办了自己的投资管理公司——Caliber Capital Management，主要聚焦信息技术行业的公司，以集中的仓位投资于少数标的。2005 年 12 月，他的大学室友兼密友比尔·阿克曼（Bill Ackman）邀请他加入潘兴广场资本（Pershing Square Capital），在这里希拉勒可以继续践行其积极干预公司管理的集中投资风格，同时还可以扩展投资范围、增加投资规模。

在后续 10 年希拉勒完成的六项投资中，有三个引人注目的项目拓展了潘兴广场资本的行业覆盖范围。他的首次尝试是一个类似于 WorldTalk 的信息科技公司的转型项目，这次的对象是在业内处于落后位置的赛瑞迪恩（Ceridian）。潘兴广场确保了希拉勒和其他三人的董事会席位，然而很快赛瑞迪恩收到了一份十分有吸引力的报价，最终潘兴广场接受了报价并且放弃了长期重组计划。这对希拉勒来说是个苦乐参半的结果，毕竟他还期待着能够改善赛瑞迪恩的业绩表现。

希拉勒的下一次公开干预就和信息技术没什么关系了。长期的研究使其确信铁路行业是集中式主动投资的沃土。加拿大横贯北美大陆的两大铁路之一——加拿大太平洋铁路公司（Canadian Pacific，CP）是北美洲表现最糟糕的铁路公司。尽管公司管理层声称针对公司的结构性挑战影响了其业绩，希拉勒仍然相信公司运营可以快速地获得实质性改善。彼时希拉勒已经具备丰富的行业知识储备，他识别并雇用了能够带领加拿大太平洋铁路转型的新任CEO——亨特·哈里森（Hunter Harrison）。这是位受人尊敬但也饱受争议的铁路运营者，他刚刚被行业龙头加拿大国家铁路公司（Canadian National）的董事会解雇，尽管在任期间显著改善了公司业绩。希拉勒最初希望同加拿大太平洋铁路公司的董事会达成合作重组协议，结果并未实现，于是潘兴广场发起了代理人争夺战，并最终争取到 90% 股东的支持，以及包含希拉勒和阿克曼在内的全部七个董事会席位。哈里森得以上任，并开启了加拿大太平洋铁路公司成功的运营转型。

希拉勒又在后一个项目中对工业气体这个新行业展开了数月的研究。作为一项依赖固定设施的配送业务，这个行业和铁路行业有点类似。他再次鉴别出重组的特定对象——空气化工产品公司（Air Products and Chemicals），这是四大工业气体供应商中业绩最差的，跟行业龙头普莱克斯（Praxair）相比还有着很大的改进空间。跟加拿大太平洋铁路的案例一样，希拉勒找到并雇用了一位卓越的管理者来带领公司转型——赛菲·葛思民（Seifi Ghasemi），这是一位广受尊敬的业内老手。潘兴广场起草了与时任管理层的协议，进入公司董事会，并任命葛思民为新任首席执行官。随后，包含业务剥离的重组计划以及运营层面的巨大改善，迅速增加了公司的价值。

希拉勒负责的上述三个项目，加上另外三个小一些的项目，为潘兴广场创造了很大的回报。在阿克曼的支持下，他于 2016 年 1 月离开，并创立了自己的公司——Mantle Ridge，其使命是专注于干预公司的运营管理来创造价值，这也是他在潘兴广场成功实践过的。

希拉勒在 Mantle Ridge 的第一个目标是 CSX 运输公司——另一家表现不佳的铁路公司。他再次选择了亨特·哈里森作为更替人选。为了令其入主 CSX，希拉勒不仅获得了 CSX 董事会的同意，还劝说加拿大太平洋铁路公司在不附加竞业协议的情况下解聘了哈里森。在花费了 1 亿美元后，与 CSX 的协议终于达成，希拉勒和团队中的其他四人进入 CSX 董事会，哈里森当选首席执行官。尽管哈里森新上任后仅仅九个月就去世了，但公司转型仍然完成，其价值翻了一倍还多。

希拉勒在 Mantle Ridge 的指导原则是，"职业投资人需承担对合伙人宝贵资本的管理职责，董事会和管理层需承担对行业以及股东等相关方利益的管理职责，而'积极干预型'职业投资人两种职责都要承担。"他对于这一原则的成功应用依赖于"董事会、管理团队与'积极干预型'股东之间建设性的、合作性的行动参与"。这种方式能够奏效的关键是"积极干预型"股东所具备的全面行业知识，获取这样的知识需要像保罗·希拉勒在其职业生涯中所实践的那样，通过持续地专注某一行业来实现专业化。这种方式同样需要高度自律，只去把握依靠坚持不懈的专注所能把握住的少数非凡机会，而放弃其他绝大多数机会。

扬·胡梅尔

扬·胡梅尔在 16 岁时首次买入了一家在瑞典的上市公司股票，这对于一位在瑞典乡下长大的孩子来说很不寻常。他于斯德哥尔摩经济学院获得理学硕士学位，并拿到了赴斯坦福大学学习金融经济学和数学的奖学金，随后受雇于伦敦的博思艾伦咨询公司。接着，胡梅尔于哈佛商学院获得工商管理硕士（MBA）学位，布鲁斯·格林沃尔德正是其教授之一。从商学院毕业后，他的首份工作是在美林的投资银行部，不过对投资更感兴趣的他选择离开美林去了一家私募股权基金，投资于困境反转和重组类的机会。几年之后，他意识到私募股权基金对于所投项目的狂热竞价，在提高投资成本的同时降低了后期投资回报，吞噬了大部分基金投资收益，因此他决定将关注点放在二级市场公开交易的股票上面，并在2001年创立了私募基金Paradigm Capital。他专注的投资策略以及优异的投资业绩吸引了马里奥·加贝利的参与。2007年7月，他创立了欧洲最早的价值投资基金之一——Paradigm Capital Value Fund，锚定投资者包括他自己（自有资金）以及加贝利的公司。

胡梅尔聚焦小型和中等规模的生意，他通常投资于市值在2~50亿欧元之间的公司。在欧洲投资界，大型银行、保险公司和养老金等大机构占据支配地位，而上述规模的公司通常不会被这些机构关注，毕竟其管理资产高达几十亿欧元之多，关注如此小规模的公司太不值当了。Paradigm Capital的股东多是相对保守的家族企业主、个人投资者以及小型机构。

胡梅尔专门投资于奥地利、德国、爱尔兰、北欧（丹麦、挪威、瑞典、芬兰）以及英国这些监管有序且公司治理良好的市场中的公司。仅仅有一小部分公司符合胡梅尔对于规模、地域以及生意品质的标准和要求，他和分析师团队只针对符合初步要求的公司进行细致研究，包括对管理团队的研究。

胡梅尔寻找的是投入资本回报率高的、拥有经济特许权的企业，其运营往往受到强大的进入壁垒的保护。由于他的标的公司规模不大，其经济特许权往往是在地理维度局部市场的主导权；如果产品销往全球的话，则聚焦某一细分产品领域。这些企业往往是在采购、广告、销售、服务基础设施以及管理方面拥有局部规模经济优势的服务类企业，例如局部区域的客流生意（如航空）和广义物流生意（如物流、零售和批发），局部区域的承包商（如管道、电力、房地产和教育），金融服务供应商（如专业保险和地方银行）等。一个格外有前景的类别是制造成本比局部销售与服务成本更低的制造商，他们往往被评估为小型制造商而非拥有局部支配地位的服务供应商。胡梅尔寻找的是价格不高于标的公司公允价值的机会，通常是对于积极干预型投资者来说有机会实现价值提升的，例如通过相邻市场拓展、资本结构优化、高管变动或者可能的有补充意义的收购。

胡梅尔按照以下几个维度去寻找高品质的公司管理层。第一，他希望企业管理层坚持不懈地聚焦日常高效运营。第二，他认为能创造价值的增长策略，必须满足对业务增长的投入回报超过资本成本，在实践中这意味着企业在向新市场扩张时，原有规模经济优势必须能够得以复用。第三，Paradigm Capital 寻找的是在意股东的管理层，资金倘若留存再投资盈利前景不佳则需分配给股东，融资必须要选择可能的最有效的方式（如承担适量的债务和持有不过量的现金）。管理层的股权激励尤其应该和资本使用的长期回报率挂钩。

将投资范围限制在有限的地理区域内，使得 Paradigm Capital 可以和投资对象的管理层持续接触。如果觉得管理层需要改善其运营，胡梅尔都会公开表达自己的观点。有吸引力的买入机会往往出现在投资对象管理不佳时，甚至是 Paradigm Capital 已经投资的公司。他偏爱于与公司建立合作型关系，做一个"建议者"而非倾向于采用强力手段的积极干预型投资者。如果有必要的话，Paradigm 会取得公司的控制权，并雇用管理才能已被证实的人才。Paradigm 在这种情况下的成功主要依赖于其识别有能力的、能在区域内为其所用的管理者的能力，这都是地理层面的聚焦带来的好处。

胡梅尔认为集中持仓是 Paradigm Capital 成功的关键。其投资组合之中，75% 的仓位投资于约 10 家公司，每家的仓位约占 6%~12%。这些主要的持仓都会长期持有，在投资之前，胡梅尔必须保证已经对投资对象的生意和管理层非常熟悉。剩下 25% 的仓位之中，有至多 10% 的公司前景看起来不错的"探索性仓位"，一些事件驱动的类现金持仓以及纯现金。探索性仓位在初次建仓后会被持续关注，包括同管理层的接触以及对管理层的评估；这当中只有很小一部分会转化为主要持仓，主要由估值和相应的预期回报所决定。

Paradigm Capital 每年会从 50~70 家公司中进行选择，进入探索性仓位，其中约 20 家能通过初筛。Paradigm 的五位分析师每人会调查研究这 20 家中的 4~6 家，具体根据行业或者专业性来分配指派。再经过进一步的挑选后直到所剩无几，差不多每个分析师 1 家。此时这几家公司进入探索性仓位，每家公司都由推荐它的分析师聚焦跟踪。最终，经过全部投资人员的讨论，这些探索性仓位标的要么被放弃，要么成为基金的主要持仓。没有最终被选中的公司会进入"目标公司库"，一旦其价格下跌到合适位置，Paradigm 仍旧可以迅速行动。

风险管理在胡梅尔的投资哲学中扮演着重要角色。任何投资启动前都必须确保一定的安全边际。分散化也同样可以降低风险。当股价和投资者信心都高涨的"市场泡沫易碎期"，各类衍生金融工具成本较低，胡梅尔会进一步通过衍生品持仓来降低市场风险。与此同时，Paradigm Capital 同样会持有现金、类现金套期保值以及其他事件驱动的仓位，目的是获得比纯现金更高的收益。Paradigm Capital 认为自己并不擅长判断汇率变动，因而对非欧元资产都采取了对冲手段，对海外的美国投资者则对冲掉了美元与欧元之间的汇率风险。结果就是，拥有严格风控纪律的 Paradigm Capital 价值投资策略，其回报和市场的相关性极低。

Paradigm Capital 通过高度纪律性以及深度基本面研究建立起自己的专长。它的整体策略是主动聚焦于：（1）好生意；（2）高质量的管理层；（3）良好的公司治理；（4）竞争优势；（5）有利的资产价格。通过这种聚焦的方式，胡梅尔在不加财务杠杆的情况下，创造了远超市场水平的投资回报，表明专注品质、只买自己懂的这种传统价值投资原则在欧洲也一样有效。纪律、聚焦、专业化、勤奋以及细致的风险管理，为 Paradigm Capital 及其投资者创造了优异的回报。

赛思·A. 卡拉曼

赛思·A. 卡拉曼青年时期开始投资，在大学的时候与价值投资结缘。他在大学期间的一个暑期曾与马克斯·海涅（Max Heine）和迈克尔·普赖斯共事，在进入哈佛商学院之前跟二人工作了 18 个月。1982 年他毕业后，两位教员雇用了卡拉曼替自己和另两个家族管理财富，经过了对外部投资顾问的详细搜寻后，他们认为赛思·A. 卡拉曼要比其他人更为出色——这可以说是资金管理史上最明智的决策之一。他们建立了包普斯特集团，由卡拉曼担任组合经理，并于 1983 年初启动了对 2700 万美金的资产管理工作。截至 1999

年末，在没有重要外部募资的情况下，基金管理规模已经接近 20 亿美元，并在 2019 年末增至 280 亿美元。

卡拉曼对包普斯特的定位是与众不同的。大部分机构的投资经理只管理客户的一部分财富，因此他们并不专注于风险管理，尽管风控也会影响其投资决策。包普斯特一直管理着基金创始家族的重要资产，以及卡拉曼公司员工的资产。就好像是"自己做饭自己吃"，员工也是公司的最大客户。毫无疑问，《安全边际》（*Margin of Safety*）是卡拉曼最宝贵的投资著作。包普斯特的目标是在长期实现经风险调整后的回报。

在投资实践的过程中，卡拉曼在投资伊始都会自问："我拥有什么优势？"他意识到，每次他觉得满意并买入某个标的时，一定会有对标的价值不那么乐观的另一个人卖出。卡拉曼认为，长期来看，如果不能掌握优势，他没有理由会是那个经常正确的交易一方。幸运的是，包普斯特的结构以及与客户的长期关系，意味着卡拉曼管理的资金是有耐心的，他不需要去应对每天的市场压力，在遇到同预期不一致的短期波动时也能够安稳度过，而不必在并不合适的时机出售。卡拉曼专注的市场与证券，对手方通常是有特定目的且草率的卖家，包括：被受限于持有投资级资产的投资经理所抛售的困境固收证券；因为重要性原则而被投资经理近乎是自动卖出的大公司所分拆出的子公司；金融机构卖出的困境或不良资产；政府机构卖出的资产，例如 20 世纪 90 年代初，重组信托公司先前基于稳定经济原因而买下的倒闭储贷银行或其他金融机构的资产，随后必须出清这些资产；因被移出指数成分股而被指数基金卖掉的股票；非优质地产，例如空置房屋或其他难以出售的资产。

这类市场还有另一个有吸引力的特点，那就是卡拉曼面临的来自其他消息灵通的和流动性充裕的买家的竞争会更少。然而时间久了，当投资者都发现了类似的机会，还是会有其他买家蜂拥而至，进而推高价格，卡拉曼也只能不断地寻找新的领域去挖掘机会。例如，卡拉曼搭建了一个局部地产运营伙伴的人脉网络，对这些伙伴而言，他可以提供主要的甚至是独家的、经验丰富的、即时可用的外部资本。

在选择特定投资对象时，卡拉曼首先专注于下行风险——他把这种风险定义为资本永久性损失的概率和程度。这种方式使得他获取的资产虽然价格变动剧烈，但总体来讲长期价值是可预期的，典型的例子是他在 20 世纪 80 年代收购德士古公司的优先债券——在不利裁决之下，德士古公司出于自保，被迫宣告破产并暂停了一切债务的利息支付。在重组期间，应付利息额持续累积。不过即便在不利裁决之后，德士古所拥有的资产依然足以覆盖其在外的债务本金，以及累积多年的优先债券的利息。这项投资最大的不确定性并不在于最终的偿债能力，而是产生回报的时间点。除非解决破产问题耗时异常地长，彼时其债券售价所隐含的年化回报率能达到至少 15% 以上，当然这一价格在此期间也可能因破产程序进展而产生波动。在拥有长期视角，并将风险定义为资本永久性损失的情况下，卡拉曼并不受上述担忧影响。最终结果证明，他在几年之中以极低的风险换取了超过 20% 的年化回报。

另一个下行风险有限但上涨空间可观的困境信用债券的例子是安然。安然的债券价格在财务造假新闻曝光后跌至 1 美元以下，在资产的实际价值尚不明确的情况下，其债券的市场价格似乎承担了过高的风险折价。

卡拉曼还有其他优势。他将业内常见的聪明智慧与少见的纪律性结合在一起，这种纪律性令其不受市场趋势或其他情绪性因素的影响。他和团队做研究非常谨慎细致，也因为他一流的名声，他拥有吸引和留住一流人才的能力。不过，他所实现的非凡投资业绩，不太可能发生在不太有耐心的投资者身上，以及那些更关注"最近股价表现如何"的投资者身上。他打造了一支有着浓厚的合作文化并追求卓越的队伍。

迈克尔·普赖斯

1973 年，刚刚大学毕业的迈克尔·普赖斯成了业内传奇马克斯·海涅的研究员，自此开启了他长久而成功的价值投资生涯。当他在海涅证券起步时，公司旗下的共同股份系列基金（Mutual Shares series）管理着大约 500 万美元的资金。1988 年海涅去世后，普赖斯成功获得了公司的控制权。1996

年，他将公司出售给了富兰克林资源公司，不过继续管理基金到 1998 年。此时，在没有重大宣传、推广或销售佣金刺激的情况下，基金管理规模超过了 150 亿美元——卓越的投资业绩是规模增长的主要原因，且并未因基金规模的增长而衰减。这样的业绩是普赖斯投资能力以及他所实践的价值投资方法有效性的证明。

普赖斯采用一种折中的方式进行投资。大部分基金会选择投资价值股，并意图长期持有。不过普赖斯还会投资于事件驱动型的收益机会，包括破产重组（马克斯·海涅的特长）、并购套利以及积极干预。在构建投资组合时，普赖斯目标是在有限的下行风险下获得 15% 的回报率，前提是买入的价格包含足够充分的安全边际。

长期价值型的股票投资占到了其组合的三分之二，包含充分分散化的几十只股票。普赖斯寻求价格低于内在价值 30%~40% 的股票，这样一来，他规避了投资者情绪高涨、价格飞涨的领域（如互联网泡沫）或华尔街兜售的股票（如大肆炒作的首次公开发行）。他很有耐心也很自律，有时会等待数年直到股价达到其要求。剩下的三分之一仓位包含事件驱动型的投资，普赖斯将其视为与市场整体波动不同的类现金价值。经过仔细挑选的并购套利机会经常能够实现年化 15% 以上的收益率，这些交易失败并带来亏损的风险与市场整体波动并不相关。从上百个交易中精心挑选 5~10 个，其中某一例的失败可以被充分分散，使得损失最小化。与此同时，普赖斯始终持有至少 5% 的现金仓位。他平衡的组合以稳定著称，主要回撤比同期股票市场整体跌幅要低 40% 以上。

普赖斯对内在价值的评估主要基于非公开市场估值（PMV）。他一开始使用财务数据检验独立经营的生意及资产。对每个标的，他都会查看类似资产"懂行买家意愿报价"的历史记录。大部分此类信息来自投行详细分析的并购和套利交易，包含每项收入流以及非营运资产（如持有的公开交易证券）。对近期相关交易信息系统性的收集和分析，可以揭示懂行的买家曾愿为类似的资产开出多少价码。将各个单独部分的价值相加，便能得到近似的价值上限；如果当前标的公司的市场价格达到或者超过这个价值上限，那么这只股票价格不理想，需要规避（我们在本书第 1 版提到，普赖斯曾对彼时世界上最大公司之一的通用电气做过类似计算，发现其股价被严重高估了），此时被大加吹捧的正协同效应可能极小甚至并不存在。另一方面，糟糕的管理层也可能毁掉潜在的协同效应，因此普赖斯的最后一步就是仔细查验公司管理层的历史表现。如果发现重大价值毁灭行为的迹象，普赖斯会随时准备好介入干预，就像 1995 年他在大通曼哈顿银行成功做到的一样。

1995 年，出售共同股份系列基金后，普赖斯继续为自己、一些朋友和少数机构管理资金，其投资风格始终未变。

他专注于寻求潜在的买入机会，且十分有效率。如果一家前景光明的公司的内在价值并不足够便宜，他不会简单地中断而是继续研究跟踪，从而持续提升对公司的理解与认知，从而可以在标的公司价格达到其安全边际标准之时，做到准备充分且能迅速行动。在因为价格上涨到位而卖出一家公司后，他也会继续保持关注，以便在价格再次下跌、达到便宜的标准之时再次行动。他将这种方式应用在破产投资中——从立案前的困境到立案，从不同的重组方案到最终的破产脱困，他会跟进整个流程中的每个阶段，以便在投资机会涌现时准备充分。

普赖斯对新机会的搜寻始于对商业新闻的仔细阅读。他对宏观市场信息不感兴趣，而是聚焦公司新闻（尤其是负面新闻）和行业动态（例如很可能改变市场价格与内在价值，从而创造投资机会的并购重组）。随后他会让团队开启对相关公司（包含其行业地位与管理层）的仔细研究。普赖斯的基本策略是要有耐心地等待机会，同时充分准备以便机会出现时迅速行动。

托马斯·鲁索

1977 年从达特茅斯学院毕业后，托马斯·鲁索在 1980 年进入斯坦福大学攻读法律博士（JD）和工商管理硕士（MBA）联合学位。他在商学院选修了一门由杰克·麦克唐纳（Jack McDonald）教授开设的课程——在彼时金融系都致力于有效市场假说研究的背景下，这是一门格雷厄姆和多德式的价值投资课程。沃伦·巴菲特在课上的一次嘉宾演讲确立了鲁索的价值理念。他在 1984 年拿到法律和商业学位毕业后，受雇于鲁安 – 坎尼夫公司（Ruane, Cuniffe），为公司旗下的红杉基金（Sequoia Fund）工作——红杉基金是巴菲特在其著名文章《格雷厄姆和多德部落的超级投资者》一文中所谈及的基金之一。[①] 五年后，他加入加德纳投资公司（Gardner Investments）[②]，自此开始管理永赢[③] 系列基金。

鲁索的投资方法植根于三大基础原则。第一，他寻找"以 50 美分买 1 美元"的投资机会，即价格不高于所估计的内在价值 50% 的股票。第二，他聚焦拥有"伟大的品牌"且有机会能以丰厚的回报率再投资于其品牌拓展的公司。第三，他寻求拥有"承受煎熬能力"的公司和管理团队——愿意以当期盈利为代价做出长期投资决策。短期投资者通常会在盈利下滑公告后卖出股票，从而使股价下跌，直到符合鲁索的"以 50 美分买 1 美元"标准。对于鲁索投资的拥有"伟大品牌"的公司，其成长所带来的回报要高于资本成本，长期来看收益终会显现，进而推动股价上涨。

这一流程的示例之一便是百富门（Brown Forman）的全球扩张。起初，以著名的杰克丹尼（Jack Daniel's）为代表的威士忌品牌仅在美国流行，在全球范围内的存在感不强。鉴于国内销售陷入停滞，最明显的增长路径就是出口。彼时国外销售额仅占公司总收入的不到 10%。增加国外销售的行动耗资巨大，包含广告、渠道和销售费用，且这类运营费用的增长要早于带来的相应收入增长。结果就是，公司在销售额停滞多时之后报表盈利下滑。此时，公司股价下滑到了鲁索"以 50 美分买 1 美元"的标准。最终，国外销售额占到了百富门收入的一半，利润也相应增长。鲁索在住宅与花园有线电视

---

① 巴菲特在 1969 年解散了自己的合伙企业后，将原来的客户介绍给了威廉·鲁安（William Ruane），后者在 1970 年成立了鲁安 – 坎尼夫公司，同年发行了红杉基金。这只红杉基金与另一家著名机构红杉资本不是同一家企业，后者是于 1972 年成立的著名创投机构。——译者注

② 鲁索后来在 2014 年成为公司管理人，公司名称改为加德纳 – 鲁索 – 加德纳公司。公司现名为加德纳 – 鲁索 – 奎恩公司（Gardner Russo & Quinn LLC），新名字中的"奎恩"来自合伙人 T- 查理·奎恩（T. Charlie Quinn），奎恩兼任哥伦比亚大学商学院客座教授，主讲 MBA 价值投资项目（Value Investing Program）的"应用价值投资"（Applied Value Investing）小班课程。——译者注

③ 基金的英文名为"Semper Vic"，是拉丁语"Semper Victores"的缩写，意思是永远的赢家，这里翻译为"永赢"。——译者注

台（House and Garden Cable Television，HGTV）的发展过程中寻得了相似的模式。住宅与花园有线电视台在斯克里普斯集团（E. W. Scripps）旗下，这是一家业务涵盖报纸、杂志和地方电视台的家族控制的企业。编制电视节目、安排播放渠道等都增加了费用支出，这些都在任何看得到的效益之前。耐心最终带来回报，斯克里普斯和鲁索都见证了投资收益的兑现。最终，住宅与花园有线电视台为斯克里普斯集团增添了超过10亿美元的价值。

这些投资的成功依赖于两个因素。第一，通过在地理范围拓展品牌的覆盖面（百富门的案例）或者将现有内容拓展至新的分销渠道（斯克里普斯的案例），且回报超过资本成本的机会必须存在。鲁索需要能够分辨有再投资盈利前景的"强品牌"和能力不足以拓展至新市场的"弱品牌"。第二，管理层必须有能力精准识别市场，同时愿意承担短期阵痛并且能够有效地推行扩张战略。鉴别具备这一能力的管理者需要在产业内对其足够熟悉——鲁索通过把精力聚焦在消费品牌等少数几个行业以及行业里的管理者，以建立这种能力。

长期以来，他意识到家族控制的企业是一个值得关注的沃土。比起需要在季报后回应市场反应的职业经理人而言，家族控制的企业更容易拥有更长远的视野。并且在一个大多数公司都由持股微不足道的职业经理人掌舵的世界中，家族控制的企业更容易"收获"非理性的偏见，这也会使其股价承受一定压力。不过有时上述偏见也是合理的。因而在其目标行业内，鲁索尤其专注于如何分辨出高效的家族企业管理（尤其是海外业务）和机能失调的家族企业管理。

为了最大化利用其专业知识，鲁索不得不进行全球投资。他是最早放眼国外的美国价值投资人。他的投资组合集中程度也很高。截至2019年末，在其管理的130亿美元资金中，前五大持仓合计占到了大约一半的仓位——其中四个是广为人知的全球消费品牌（如万事达卡），另一个则是长期持有的伯克希尔 - 哈撒韦。他持有仓位稍小的后面十家公司合计占有40%的仓位，其中包含六家全球消费品牌公司，以及三家鲁索自从业起就跟踪的公司（就跟他长期跟踪学习的伯克希尔 - 哈撒韦一样），还有一家是家族控制的企业。

最后 10% 的仓位由约 30 家轻仓位的标的构成，有的是探索性的，有的正在清仓过程中，其中多数仍是全球消费品牌公司。

基于集中持仓的方式，加上与长期投资视野匹配的长持有期，鲁索每年只需要做出少数投资决策，这也使得他只需要带一支精简的研究团队。他非常认同"把鸡蛋放进一个篮子里并看好它"的理念。在卡拉·诺布洛赫[①]（Carla Knobloch）以集中持仓的价值型投资者为主要对象的全面而周密的研究中，有专业领域特长的投资经理表现最佳，而鲁索在其中排名首位。不过这一长期的成就也依赖于找对了投资人，正如他本人所言，"能够被给予足够的时间，从容不迫地赚取回报，我十分幸运。"

安德鲁·韦斯

安德鲁·韦斯是以经济学学者的身份开启专业投资生涯的。他在威廉姆斯学院主修政治经济学，随后数年担任公立学校教师，并于 1977 年获得斯坦福大学经济学博士学位。之后他在哥伦比亚大学教授经济学，同时担任彼时世界顶尖研究机构贝尔实验室的经济学小组成员。1986 年，他去往波士顿大学，直至退休。他所发表和广为引用的论文为其积累了杰出的名誉。在此期间，他也是一位纪律性强的成功投资者，从管理自有资金到一些家族资金，再到 1991 年成立基金。2004 年，当他已经疲于应付教职工作的政治和行政事务时，他选择了名誉退休以聚焦投资管理。

作为一名投资者，韦斯始终热衷于因晦涩与复杂而被低估和忽视的投资对象，但通常不是个股。在 20 世纪 60 年代后期，当美国投资者都在聚焦美国的证券时，他把眼光投向了国外。他开始对日本工业很感兴趣，彼时日本还未成为经济强国，只是以简单、低端的廉价消费品制造而被熟知。他发现了一家投资于日本制造业股票的美国封闭式基金。封闭式基金不同于更普

---

① 卡拉·诺布洛赫自 2014 年起担任休斯顿信托公司（Houston Trust Company）的投资顾问委员会成员，此前曾担任布朗基金会（The Brown Foundation）的首席投资官。

遍的开放式基金，它只在首次公开发售时卖出有限的份额，并将所得用于投资。这些份额随后会在股票交易所进行交易。尽管基金的持仓公开且净值可以很简单地计算出来，封闭式基金通常还是以折价出售，很少出现溢价的情况。韦斯发现该基金持有的公司都以极低的市盈率（有时低至 5 倍）交易，但他通过自己的研究却发现日本经济整体有着强势的增长前景。该基金份额的价格相较于所持有股票的市值还有很大的折价，未来基金有很大概率会清盘，进而将持仓清空，将收益分配。尽管这对韦斯来说再明显不过，但对于鄙视日本公司的投资者而言不是未曾发觉就是视而不见。随着日本作为制造业强国的地位获得认可，相关股票开始升值。截至 20 世纪 80 年代初，日本股市已经不再被低估，韦斯清空了其持仓。韦斯的回报既来自标的股份的重新定价，也来自他初始购买基金时折价的收窄。这种复杂和晦涩形成了双层的安全边际——本就廉价的股票还在市值基础上打折出售。

他也开始聚焦于更加成熟市场中的复杂投资对象，从而可以凭借其经济学专长发现被市场错误定价的机会。例如，在 20 世纪 90 年代初期两德统一的狂热而乐观的氛围中，不仅德国股票的价格飞涨、形成泡沫，德国基金（一家投资于德国证券的封闭式基金）的价格甚至远高于其持仓证券的总值。这些股票的价格大幅上涨是基于宏观经济的变化，但这种变化在韦斯看来并不能改善企业的未来盈利（西德给予东德的补贴无益于西德公司的税后盈利）。

韦斯自 1991 年起开启专业的资产管理工作，并将其日本投资中显露出的两项原则付诸实践。他在全球范围内寻找机会，通常是那些被忽视的、不被看好的市场，并且通过封闭式基金高度分散化的组合投资于复杂的证券，以获得安全边际。在 20 世纪 90 年代末和 21 世纪初，这些机会通常存在于东欧的原共产主义国家，以及苏联国家（如哈萨克斯坦）。彼时政府正在通过给原职工分配股权的方式，将原先的国有企业私有化。但这些职工并没有能力或兴趣持有这些股票，只是简单地在当地新建立的股票市场中将股票抛售。与此同时，腐败猖獗加上一直以来的虚假瞒报，让本土和国外的投资者都退而远之。结果是，许多这样的公司仅以其资产价值的很小一部分出售，甚至低到仅为其年度盈利的一半。部分意在捡这个便宜的封闭式基金，在预期的高回报没能立即兑现之时，折价巨大。原本风险规避型的韦斯，最终从中发掘出价格已能充分补偿相应风险且基金管理尚佳的投资机会。在某些情况下，他买入基金的价格，甚至低于基金对持仓公司的现金所有权；或者说，他获得持仓公司之业务的成本甚至为负。

另一个在 20 世纪 90 年代中期出现的机会，来自对巴西前景的地域性观点分歧。一个巴西的封闭式基金在欧洲以显著的溢价出售，但同时持仓相近的另一只基金却在阿根廷以大幅折价出售。买入那只阿根廷的基金，同时做空那只欧洲的基金，可以以低风险获得高预期回报。

金融灾难也会创造其他机会。正如 21 世纪初美国抵押贷款证券被切分和分级，创造出"安全"和"有风险"的投资机会，20 世纪 90 年代末英国资产管理行业也曾基于普通债权或股权组合来将证券进行切分和分级。组合中的成分证券被称为"被分割的证券"。令情况变得更复杂的是，存在不同类别的成分证券，它们拥有不同的治理结构与权力以及支付暂停时的索取权。当底层证券的价值在 2002 年春夏之际暴跌之时，某一级别证券的持有者原本以为分红会自动到账，结果发现出现了大面积的分红中止。原以为是安全的证券变得如此不安全，这些投资者无暇进行必要但复杂的估值计算，直接将所持证券抛售。韦斯及其分析师团队使用严谨的方法估算了这些底层证券的价值，当然也需要保证合法权利、相关公司治理权利得以执行所需的行政和法律能力，但这通常需要他们在海峡群岛或苏格兰现场出席会议。

最后，系统性的局部异象也能创造不错的机会。韩国的企业往往同时发行普通股和优先股，但其优先股却与发达金融市场的优先股大为不同。这些优先股同普通股一样，都拥有对公司盈利的部分索取权，不过能收到稍高的分红。不利的一面是，这些优先股没有选举权，也没有除了直接与优先股相关事项之外的表决权——由于大部分韩国公司的运营管理并没有太多股东参与，这看起来不是什么大的损失。尽管优先股有时相较于普通股存在大幅折扣（有时超过 50%），但问题是这样的折价在不同时点、不同公司之间的差异很大。韦斯和他的同事研究了折价的历史变化，构建了一个优先股组合，还可以同时用相应普通股进行风险对冲。

鉴于投行拥有无尽的空间去开发复杂的金融工具，类似这样的投资机会看起来会一直存在。韦斯创立的机构拥有很强的分析和管理能力，以有效利用上述投资机会。此外，对于那些结构和需求与传统商业银行或投资银行产品的条款和条件不匹配的公司，他们可以提供创新的融资形式。这家高度专注的机构管理着超过 20 亿美元的资金，自 1991 年至 2019 年创造了可观的回报，且没有任何一年发生亏损。

致谢

自从在 1999 年至 2000 年间完成本书第 1 版的写作以来，希望我们已经明确地表达：作为作者，我们也学到了很多。对于本书第 2 版的各种改进，我们要感谢哥伦比亚大学商学院价值投资项目里聪明绝顶而又精力充沛的学生们，包括高层管理教育项目的学生和这些课程的助教。我们还感谢很多人：这些价值投资课程的演讲嘉宾；在每年一度的"格雷厄姆和多德早餐会"（Graham & Dodd Breakfast）[1]上发言的嘉宾；参加哥伦比亚学生投资管理协会（Columbia Student Investment Management Association）[2]举办的专业年度会议上的主讲人和圆桌会议参会嘉宾；海尔布伦格雷厄姆与多德投资学中心（The Heilbrunn Center for Graham & Dodd Investing）[3]的同

---

[1] 格雷厄姆和多德早餐会始于 1990 年，体现了格雷厄姆和多德在哥伦比亚大学商学院八十多年积淀的传统。该早餐会每年秋季在纽约举行，汇集了校友、学生、学者和业界投资者，就当前投资领域的洞见和方法论进行分享交流，每年都有投资界的杰出人物出席这一令人振奋的活动。——译者注

[2] 哥伦比亚学生投资管理协会是哥伦比亚大学商学院规模最大的学生社团之一，其宗旨是为社团成员提供投资管理行业相关的各类资源和实践机会，包括定制化的招聘信息、定期的业界嘉宾演讲活动、月度荐股练习场（业界投资人点评）、业界实地交流旅行（波士顿，加州，新加坡和香港等地）、CSIMA 投资大会、《格雷厄姆－多德通讯》、伯克希尔年会之旅、志愿者机会和各类技能培训等。——译者注

[3] 海尔布伦格雷厄姆与多德投资学中心是哥伦比亚大学商学院负责投资领域产学研结合的官方中心，其宗旨是：促进价值投资的研究和发展；通过世界一流的教育、研究和学业界交流，提升投资实践；不断提升哥伦比亚大学商学院在投资管理行业的影响力。海尔布伦格雷厄姆与多德投资学中心负责组织和提供哥伦比亚大学商学院 MBA、EMBA 和高层管理教育项目的几十门投资课程，运营 MBA 价值投资项目，组织各类投资比赛和业界活动，管理 5×5×5 学生投资组合，运营"传奇投资人聊价值投资"系列播客，以及管理各类奖学金项目。除此之外，该中心还保存价值投资发展历史的珍贵材料并于中心网站分享，供世界各地想了解和学习价值投资的学生、业界投资者和学者参考。——译者注

事、理事会成员和工作人员，特别是席德·勒纳（Sid Lerner）和海伦·勒纳（Helene Lerner），他们是该中心创建的"助产士"，以及管理中心日常运营的梅雷迪思·特里维迪（Meredith Trivedi）；还有更广泛的价值投资群体。我们还从与实践价值投资的投资公司的合作中受益匪浅，包括 First Eagle Investment Management、Paradigm Capital Management、Hummingbird Capital Management、Davidson Kahn Capital Management、Omega Advisors、Pequot Capital 和 PIMCO。最后，我们非常感谢沃伦·巴菲特允许我们从他的年度致股东信中引用大量相关内容，同样感谢允许我们在本书中对其进行介绍的杰出投资者们。源自本书第 1 版的任何错误、缺陷或者"变质"均由我们负责。

将手稿付印需要大量工作，我们感谢出版商约翰威立工作人员的耐心和热情，尤其是比尔·法伦先生。我们的经纪人约翰·赖特坚持不懈的努力。如果没有艾娃·西夫和安妮·罗金，这本书仍会在白板上。艾娃使巴黎和纽约之间的书信对话成为可能，该对话延续了两个英超赛季。更重要的是，她是本书随附视频的作者、导演和制作人。如果不是因为她的谦虚，她会被列为本书的作者之一。

译者后记

在北大光华恩师姜国华教授的引导下，我在硕士研究生阶段接触到了价值投资。2016 年，在我投身业界多年后，姜国华教授又给了我回学校修读价值投资课程的机会，授课人正是来访的格林沃尔德教授。课程参考书是格林沃尔德教授所著的《价值投资：从格雷厄姆到巴菲特》和《竞争优势：透视企业护城河》。由于当时没有合适的中译版，部分同学难以在课程期间读完这两本书。格林沃尔德教授当时告诉樊帅（时任课程助教）和我，《价值投资：从格雷厄姆到巴菲特》这本书虽然长期畅销，但仍有改善空间，他会撰写第 2 版；《竞争优势：透视企业护城河》虽然已出版多年，但是书中的分析框架和案例背后的逻辑都不过时。如果能将这两本书高质量地翻译成中文出版，一定会对价值投资在中国的普及和教育有所贡献。我们备感荣幸，欣然领命。

时光荏苒，岁月如梭。我们已经完成了《竞争优势：透视企业护城河》的翻译且本书于 2021 年出版，获得了业内同仁的不少好评，这是对我们翻译工作的肯定，同时也是鼓励。同年，花费格林沃尔德教授近 5 年心血的《价值投资：从格雷厄姆到巴菲特》英文版第 2 版也出版了。樊帅和我又马不停蹄地开始了这本书的翻译工作。回忆起这些年的翻译经历，在西雅图冬春季阴雨笼罩下的小书房里、在飞机上、在高铁上，我从未停歇过。经过两年多的努力，终于完成了翻译，不辱使命，如释重负。我们对翻译工作怀有敬畏之心，因为这不仅是传播专业知识，也代表了我们的情怀和声誉，于公于私我们都要尽力做到最好。直到现在，每次《竞争优势：透视企业护城河》加印，我们都会请出版社改几个我们自己和热心读者发现的小瑕疵。本人才疏学浅，但是逐字逐句地学习第2版，将其翻译成中译本，还算能力圈范围之内的事情。在翻译的过程中，我跟樊帅经常讨论书里的内容，我作为代表跟格林沃尔德教授往来邮件上百封，确认了一些不明白之处，也更正了一些小瑕疵。相信您手里这本《价值投资：从格雷厄姆到巴菲特（第2版）》不会让您失望。

格林沃尔德教授已于2018年从哥伦比亚大学退休，我幸运地成了他的关门弟子。作为教授在哥伦比亚大学商学院MBA（价值投资项目）的最后一届学生和助教，能够把他最经典的两本投资著作介绍到国内，我备感荣幸。MBA毕业后还能拜在投资大师门下，继续潜心学习和实践价值投资，于我而言实属人生幸事。见到泰山之后，才知自己渺小。这几年读了一些书，做了一些案例研究，也积累了一些实践经验，自己越发感觉到加深对生意的理解、提升投资能力的过程，也是发现自己的过程：发现自己的认知盲点、认识自己的兴趣和性格特点，同时也是对所有者心态、长期主义、历史发展、文化积淀和人性本质的深入探究。这些往往听起来有些难以把握的东西，却是事物发展背后的主要驱动因素。芒格先生曾经说过，所有理智的投资都是价值投资。但是，常识和理性通常是稀缺的。如何科学、高效地长期积累知识，提升认知水平，是每一位投资人都要经常思考的问题。如何顺应自己的秉性，释放自己的禀赋，超越心灵的绊马索，让自己不断成为更好的自己，也是每位追求成长的朋友都需要反思的问题。我的翻译之旅告一段落，但在持续提升自己的旅程上，我永不停歇。

本书的翻译工作分工如下：序言、前言、第1章～第6章、投资人简介（前两位）和致谢由林安霁翻译；中文版序、第7章～第10章、案例、投资人简介（后十位）由樊帅翻译。全书由林安霁统稿、斟酌与校对修改。为了准确呈现本书精华，在翻译过程中，樊帅和我虽然有所分工，但是我们相互校阅、反复斟酌。一些朋友也在本书出版前阅读初稿，并提供了各种帮助，对此我们非常感激！感谢专业编辑欧阳敏女士的逐页细心修改，感谢杨文全先生、王韦华先生、杨耀华先生、王嘉俊先生等朋友们的宝贵意见。感谢余乐博先生和陈赛特先生在本书翻译过程中提供的各种帮助！本人在此声明：本书的翻译和出版与我所任职的机构喜马拉雅资本无关，义责自负。最后，特别感谢郭咏雪老师、白桂珍老师、车琳老师为本书出版所做的努力与贡献！

翻译若有错漏，敬请读者诸君批评指正。译者联系邮箱：andrew.aj.lin@hotmail.com。

林安霁

于美国西雅图贝尔维尤

2023 年 11 月 18 日

作者简介

布鲁斯·C.格林沃尔德

美国著名经济学家，哥伦比亚大学商学院罗伯特·海尔布伦终身金融与资产管理讲席教授（荣誉退休），海尔布伦格雷厄姆与多德投资学中心（The Heilbrunn Center for Graham & Dodd Investing）的创始主任，在多家业界投资机构任职，包括担任 First Eagle Funds 的研究总监（2007–2011 年）和资深顾问（2011 年至今）以及 Paradigm Capital 的主席（自 2007 年创立至今）。格林沃尔德教授被《纽约时报》称赞为"华尔街大师的宗师"，是价值投资学术与实务领域的权威，在生产力和信息经济学方面也颇有建树。

格林沃尔德教授基于格雷厄姆价值投资课程及哥伦比亚大学商学院在投资领域的传统与积淀，创立了工商管理硕士价值投资项目（MBA Value Investing Program），为入选学生提供由顶级投资人授课的数十门投资课程、招聘求职机会、个人导师和业内社交活动等一系列丰富的教学与实践资源，培养了一代代成功的价值投资者。

因杰出的教学与实践，格林沃尔德教授获得多项褒奖，其中包括哥伦比亚大学商学院终生成就奖，格雷厄姆 – 多德、默里与格林沃尔德价值投资奖，以及哥伦比亚大学校长教学奖（该奖项旨在表彰哥伦比亚大学最优秀的教师）。格林沃尔德教授的课程广受欢迎，每年有超过 650 名学生选修他的课程，包括价值投资，战略行为经济学，全球化、市场与经济格局变化（与诺贝经济学奖获得者斯蒂格利茨教授共同授课）和传媒行业战略管理等。

格林沃尔德教授著作颇丰，包括《价值投资：从格雷厄姆到巴菲特》《竞争优势：透视企业护城河》《全球化》《被诅咒的巨头》《劳动力市场的逆向选择》《增长的方法》和《关于货币经济学新模式》等，后两本与诺贝尔经济学奖获得者斯蒂格利茨教授合著。

格林沃尔德教授先后获得麻省理工学院电气工程学士、普林斯顿大学电气工程硕士与公共管理硕士以及麻省理工学院经济学博士学位。在 1991 年加入哥伦比亚大学商学院之前，格林沃尔德教授于维思大学任教，在贝尔实验室担任经济学家，在哈佛大学商学院担任助理教授和副教授。

贾德·卡恩

戴维森－卡恩资本管理公司合伙人，拥有 20 多年的投资管理行业经验，曾在维思大学教授历史，与格林沃尔德教授成为同事和朋友，在之后几十年里做过咨询顾问、证券分析师和首席财务官。20 世纪 90 年代，卡恩先生进入投资管理行业，并与格林沃尔德教授合著了多本经典畅销书籍，包括《价值投资：从格雷厄姆到巴菲特》《竞争优势：透视企业护城河》和《全球化》。卡恩先生拥有哈佛大学学士学位和加州大学伯克利分校历史学博士学位。

艾琳·贝利西莫

圣母大学全球投资研究院执行主管。贝利西莫女士是海尔布伦格雷厄姆与多德投资学中心的创始执行主管，曾在对冲基金和投资银行工作多年，并担任非营利机构 Girls Who Invest 理事。贝利西莫女士拥有巴克内尔大学学士学位和宾夕法尼亚大学沃顿商学院工商管理硕士学位。

马克·A.库珀

MAC Alpha 资本管理公司联合创始人和首席投资官，哥伦比亚大学商学院兼职教授。库珀先生曾在 First Eagle Investment Management、PIMCO、Omega Advisors、Pequot Capital 和摩根大通拥有丰富的投资经验。库珀先生拥有麻省理工学院学士学位和哥伦比亚大学商学院工商管理硕士学位。

塔诺·桑托斯

哥伦比亚大学商学院大卫与埃尔西·多德金融学讲席教授，兼任海尔布伦格雷厄姆与多德投资学中心学术主任。桑托斯教授已接替格林沃尔德教授为各类学生讲授价值投资课程。桑托斯教授拥有马德里康普顿斯大学学士学位和芝加哥大学经济学博士学位。

译者简介

林安霁

CFA、CPA、ACCA Fellow，价值投资者，在国内外著名投资机构拥有丰富的实战经验。林先生毕业于北京大学光华管理学院，师从格林沃尔德教授并获得美国哥伦比亚大学商学院工商管理硕士学位，就读期间通过层层选拔入选前身为格雷厄姆价值投资课程的价值投资项目（MBA Value Investing Program），担任格林沃尔德教授的价值投资（Value Investing with Legends）和战略行为经济学（Economics of Strategic Behavior）课程助教，在第十届潘兴广场价值投资挑战赛中夺得冠军，并荣获院长提名的荣誉毕业生称号。林先生在研究与投资之余，翻译了多本专业著作，包括《价值投资：从格雷厄姆到巴菲特》《竞争优势：透视企业护城河》《巴菲特的估值逻辑：20个投资案例深入复盘》《格雷厄姆精选集：演说、文章及纽约金融学院讲义实录》《价值投资之道：世界顶级投资人的制胜秘籍》《新手学估值：股票投资五步分析法》和《换位决策：建立克服偏见的投资决策系统》。

樊帅

清泉石资本合伙人，于北京大学光华管理学院先后获得会计学学士、博士学位，曾协助开设北大光华价值投资课程并担任助教、辅导员，参与翻译价值投资经典著作《价值投资：从格雷厄姆到巴菲特》《竞争优势：透视企业护城河》《格雷厄姆精选集：演说、文章及纽约金融学院讲义实录》，所著论文《价值投资：会计信息价值相关性的累积效应检验》《基金经理利用基本面信息选股吗？——来自基金持仓方面的证据》发表于《会计研究》《投资研究》等期刊。

北京阅想时代文化发展有限责任公司为中国人民大学出版社有限公司下属的商业新知事业部，致力于经管类优秀出版物（外版书为主）的策划及出版，主要涉及经济管理、金融、投资理财、心理学、成功励志、生活等出版领域，下设"阅想·商业""阅想·财富""阅想·新知""阅想·心理""阅想·生活"以及"阅想·人文"等多条产品线，致力于为国内商业人士提供涵盖先进、前沿的管理理念和思想的专业类图书和趋势类图书，同时也为满足商业人士的内心诉求，打造一系列提倡心理和生活健康的心理学图书和生活管理类图书。

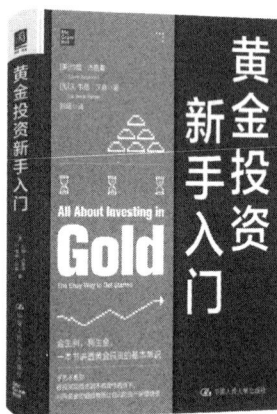

《黄金投资新手入门》

- 金生利，利生金，一本书讲透黄金投资的基本常识。
- 手把手教你在投资风险充满不确定性的当下，利用黄金的避险特质让自己的资产保值增值。

《巴菲特教你选择成长股》

- 价值投资追随者经典入门之作，清晰阐释巴菲特选股策略，跟着巴菲特学会找到好生意、好企业、好价格，将股王经验转化为直接可用的投资准则。
- 巴菲特推崇长期甚至终生持有股票，而摒弃超短线操作。在他看来，市场先生短期是情绪异常、捉摸不定的。本书结合案例分析，使投资者更容易理解巴菲特的长期投资策略，并能够一步一步地跟随巴菲特的道路，在市场中找到便宜货。